ize # 城乡中国的教育

EDUCATION IN CHINA'S URBAN AND RURAL AREAS

柯春晖 著

团结出版社

图书在版编目（CIP）数据

城乡中国的教育 / 柯春晖著 . -- 北京：团结出版社，2023.12
ISBN 978-7-5234-0614-4

Ⅰ.①城… Ⅱ.①柯… Ⅲ.①教育政策－城乡一体化－研究－中国 Ⅳ.① G520

中国国家版本馆 CIP 数据核字 (2023) 第 214713 号

出　　版：团结出版社
　　　　　（北京市东城区东皇城根南街 84 号 邮编：100006）
电　　话：（010）65228880　65244790（出版社）
　　　　　（010）65238766　85113874　65133603（发行部）
　　　　　（010）65133603（邮购）
网　　址：http://www.tjpress.com
E-mail：zb65244790@vip.163.com
　　　　　tjcbsfxb@163.com（发行部邮购）
经　　销：全国新华书店
印　　装：三河市东方印刷有限公司

开　　本：170mm×240mm　32 开
印　　张：26.5
字　　数：350 千字
版　　次：2023 年 12 月　第 1 版
印　　次：2023 年 12 月　第 1 次印刷

书　　号：978-7-5234-0614-4
定　　价：86.00 元
　　　　　（版权所属，盗版必究）

前　言

一

呈现在各位面前的文字，本来是我当年攻读北京师范大学教育经济与管理专业博士学位时的论文，论文的题目叫"城乡二元结构背景下教育政策特征研究"。论文答辩通过后，也曾考虑将其改造成书出版，但主要是因为自己疏懒，也因为自己对一些问题不时有新的认识，所以迟迟没有动手。尽管如此，自己对相关问题的关注和思考一直没有停止。论文答辩结束后的几年时间里，我曾经与同事一起去湖北黄冈中学听课，也曾带队到安徽毛坦厂中学调研，还曾经将衡水中学等"超级中学现象"确立为教育部政策法规司的重点研究课题，并委托相关高校的专家进行研究。后来由于自己的工作发生变动，课题研究的事没有再参与，论文成书的事也束之高阁。

2022年春夏之际，已经肆虐两年多的新冠疫情仍然此起彼伏，丝毫没有消停的意思，北京的疫情也是反反复复，俄罗斯和乌克兰的战争呈胶着状态，所有人都在继续见证历史。其间我自己的工作也遇到点新情况，便想着做点别的有意义的事情：把当年的论文整理成书出版。这一想法得到了周围师友的支持和鼓励。于是翻出论文，再度进入城乡二元结构的语境之中。其间除了工作和应对疫情、反复做核酸外，几乎把全部的心思都花在了上头，搜枯索肠，苦心孤诣。之后又花了大量时间，增删改查，点校句读，直到又一个秋去冬来。一年多时间里的很多个周末和节假日，自己是在地处长安街西头的办公楼里，迎来并送走复兴门的一个个晨昏，沉浸在文字推演、逻辑拉扯和标点符号之中，个中甘苦、冷暖自知。

此次整理，对论文作了比较大的改造，近乎面目全非。考虑到成书的需要，也考虑到问题讨论更加充分的需要，打破了论文的框架结构，重新组合，大开大合，补充、增加了大量新的内容，删削了大量旧的文字，使得本书的讨论从城乡二元结构背景下教育政策问题开始，延展到了城乡教育的各个方面。也因此觉得原先论文的题目已经不能涵盖书的内容，反复考虑之下确定用现在的书名。考虑到学位论文这样的东西难免枯燥，不想让各位阅读时感觉过于乏味，行文时尽量口语化。书中设计了一些专栏，一方面是认为其与讨论的问题有相关性，另一方面也是为了增加点阅读的乐趣。

二

我对于中国农村教育问题、城乡二元结构背景下教育问题的关注和思考，起始于在教育部政策法规司工作期间。我曾经在教育部机关工作20多年，其中绝大多数时间从事综合文稿起草和教育宏观政策与发展战略研究工作，参与过不少重要文件的起草，主持或参与过一些课题研究活动。

20世纪90年代以来，农村教育问题、教育公平问题、教育均衡问题、处境不利人群的教育问题等进入人们的视野，成为教育理论研究的重要领域和教育政策制定的重要议程。也是在这个过程中，众多的教育研究者和实践者提出，城乡二元结构及其背景下的政策、制度是时下中国教育诸多问题的根源。受此启发，自己开始关注城乡二元结构问题，后来将其作为博士论文的题目，本人也申报并主持过全国教育科学规划同样内容的课题。

所谓城乡二元结构或者叫城乡二元体制（制度），是指城乡有别的户籍制度及由此衍生出来的带有二元特征的种种规定、法律和制度安排。1958年，《中华人民共和国户口登记条例》以法令的形式把我国人口分为城镇人口和农村人口,限制农村户口迁往城市,此后又通过一系列的政策措施不断固化,形成了城乡二元结构。城乡二元结构曾经是中国社会的一个巨大特征和浓重底色。半个多世纪的时间里,其以极强的力量渗透到中国人的生活之中,经过不断强化,铸成了一副坚厚的社会结构框架,铸就了中国社会和公共政策的性格,也铸就了中国教育政策和制度的性格,提供了一个相当特殊的研究个案。城乡二元结构是讨论中国各种问题、进行宏大叙事的现实背景,也是讨论中国教育问题、研究制定教育政策时必须认真面对的重要前提。借用钱理群先生说过的话——这里有一个最简单、最基本的事实:生活在中国这块土地上的,绝大多数是农民。正是中国的农村:土地上的房屋,河流与森林……构成了一个永恒的存在。因此,不认识中国的农民和农村,不了解他们真实的生存状态,不懂得他们的思想感情,不知道他们的要求、愿望,陌生于他们的文化,就很难说真正认识中国这块土地。

关注并研究城乡二元结构背景下的教育问题,也是因为自己的成长经历和挥之不去的记忆。当年,时代的某一粒灰尘之下,我在农村度过了自己的童年和少年时期,经历了所有农村孩子都要经历的事情,对农村生活有切肤的体认,品味过农村生活的艰难困顿,深知"乡下人"的生活境况、精神状态、思想状况,深知教育对于他们的意义和无奈。

当自己再度思考城乡二元结构问题的时候,脑海里经常浮现的是路遥和他笔下的高加林,是莫言的高密东北乡,是那些在太阳底下汗流浃背的人们,是当年背着编织袋到城市讨要生活的许许多多人,是长途汽车、绿皮火车,是大凉山爬"天梯"上学的孩子,是写出"我奋斗了18年才和你一起喝咖啡"的麦子,是"十年砍柴",是"走了很远的路,吃了很多的苦,才将这份博士学位论文送到你的面前"的论文致谢,是《故土的陌生人》《乡下人的悲歌》《压裂的底层》。自己记录、思考他们,也是因为"那无穷的远方、无数的人们都与我有关"。

三

论文写作以及此次修改成书的过程中,有两个问题始终困扰着自己:一是采取何种研究方法,是走"技术路线",多用图表、数字、公式和"国际性"语言,还是"宏大叙事"?二是秉持什么样的研究立场,是"客观中立",还是带有"价值取向"?

长时间里,学术研究呈现着两种不同的方法取向,一是宏大叙事和哲学思辨,二是以现实问题为取向的精微品证,二者常常彼此攻讦、互相诟病。其实,无论是宏大叙事还是精微品证,都只是学术研究的不同方法,这从许多研究领域一直存在着的实证主义与人本主义两大研究范式如何在长时间里两极对立、此消彼长,后来又逐渐走向融合可得印证。本人同意:单纯的宏大叙事或哲学思辨,容易让人忽略真正对绝大多数人产生影响的教育现实问题。本人同样同意:重大历史事件确以其强大的震撼力,改变着人们的思想、情感和态度。黄仁宇先生在《万历十五年》序言中,说他自己由于"受过被裁失业、与家人一起感受经济危机和被人歧视的景况,才越来越把眼光放大,才知道个人的能力有限,生命的真意义,要在历史上获得,而历史的规律性,有时在短时间内不能看清,而须在长时间上大开眼界,才看得出来"。在《中国大历史》中,黄仁宇先生解释为什么要称为"中国大历史",是因为中国过去150年内经过了人类历史上规模最大的一次革命,从一个闭关自守中世纪的国家蜕变而为一个现代国家,影响到10亿人口的思想信仰、婚姻教育与衣食住行,其情形不容我们用寻常尺度衡量。伽达默尔说过:一个人需学会超出近在咫尺的东西去视看——不是为了离开它去视看,而是为了在一更大的整体中按照更真实的比例更清楚地看它。城乡二元结构背景下的教育问题,也不容我们用寻常尺度来衡量。

在一个崇尚"价值解构""意义消解"的时代,在一个"一切公众话语都以娱乐的方式出现,娱乐成为我们的文化精神","娱乐至死"甚至"愚乐至死"的时代,在一个经过了调侃、恶搞、"无厘头"之后争相"内卷""躺平""摆烂"的年代，学术研究过多的"价值关照"或许会有夏炉冬扇之嫌。但是对于一种曾经影响了几乎所有中国人、至今仍然在影响着一半中国人的政策和制度安排，采取事不关己、一味"客观中立"的立场显然也是有困难的。不仅如此，深入研究农村包括农村教育问题，我们可以发现，正如钱理群先生曾经说过的，中国农村是一个巨大的思想宝库，那里有教育的源头，有逝去的教育传统，有许多能使我们的生活更有意义的东西，只是目前在"现代化""城市化"的强大思想话语体系之下，他们显得"渺小"和"不合时宜"。同样的道理，正如刘铁芳教授所说，我们今天关注乡村教育，一个重要的意义就是为我们物欲化的都市生活寻找新的根基。这种根基表现在两个层面：一是作为族类的根基，一是作为个体生命的根基。

四

20世纪，有人认为是"短世纪"，也有人认为是"长世纪"甚至"漫长的世纪"。艾瑞克·霍布斯鲍姆在《极端的年代》中认为20世纪是"短世纪"，其理由是：20世纪初，人类尤其是欧洲还沉浸在19世纪晚期以来的"太平岁月"里，直到1914年第一次世界大战爆发，随后是一系列的革命、暴力、战争、冷战恐怖；而随着1991年苏联解体和东欧剧变，人类历史开始了另外一个时期，20世纪也在事实上"寿终正寝"。按照这种逻辑，中国的20世纪应该是一个"长世纪"甚至"漫长的世纪"。盖因为，中国的20世纪从19世纪末就开始了，中国20世纪初的动荡、革命、巨变孕育在19世纪末的甲午战争、戊戌变法甚至1840年以来的天风海雨之中，清朝的末年，帝国的黄昏，也是新世纪、新世界的曙光；也因为，发端于20世纪70年代末、深刻改变了中国前途命运的伟大的改革开放，至今仍然是中国社会的主旋律，仍然在影响并改变着几乎所有人的生活，而贯穿整个20世纪的中国现代化、城市化进程，也正在继续进行之中。20世纪中国经历了人类所有样式的革命和空前的社会改造运动，山河巨变，沧海桑田，制度的变迁前所未有、世所罕见，国家、民族和人民都有许多不可磨灭的记忆。城乡二元结构是这个宏大舞台的一个深重背景、寥廓记忆的斑驳底片。

黑格尔曾说过，历史是一堆灰烬，但灰烬深处有余温。在广阔的社会、历史背景之下，选取一个小小的角度，通过相关的政策、制度文本，穿插着时光，在历史的皱褶、缝隙中打扫、钩沉，既为过往，也为救赎。

伴随着现代化、城市化、工业化、信息化的进程，传统中国的城乡二元结构已然发生变革和解构。陶渊明的"东篱""南山"，少年闰土的故乡，很多人记忆中的事物，以及"和伙伴们一起尿尿和泥、在田垄河沟里乱滚"的日子，已渐渐远去，取而代之的是许多人"去国怀乡，却感极而悲"地叙说着的故土，剩下的是魂魄所依的乡愁和时常被唤起的集体记忆。

有人认为，从历史变迁的角度来审视，改革开放以来中国最伟大的成就，是从乡土中国转型为城乡中国。城乡中国深刻的分野，促使费孝通先生在20世纪40年代写出著名的《乡土中国》。若干年前，北大周其仁教授推出《城乡中国》，书中有这样一段话："中国虽然大，可以说只有两块地方：一是城市，一是乡村。中国的人口十几亿，也可以说只有两部分人：一部分叫城里人，另外一部分叫乡下人。这样看，城乡中国、中国城乡，拆开并拢，应该就是一回事。"城市和乡村两个曾经的不同空间，在大时代的变迁里逐渐融汇，而每个普通人身处其中载浮载沉。

当今世界，原有的秩序正在继续崩坏，旧的地图正在失效，人类正处在历史新的十字路口。今日中国，正继续抖擞精神，奋力"跨越三百年的自卑"，在以中国式现代化全面推进中华民族伟大复兴的道路上星夜兼程、大步流星，正在继续经历着人类历史上最为深刻、最为宏大的社会改造实践与探索。作为仍然的世界上最大规模的发展中国家，作为一直以来的超大规模社会、而今的超大规模复杂社会，社会治理、制度变迁的复杂程度自不待言。中国仍然有很长的路要走，但我们有充分的理由对未来抱持信心。值此佳际，以自己微弱的书写，感受历史的律动、时代的脉搏、家国的命运。

目 录

内容提要 / 1

第一章　城与乡里的中国 / 1
　　一、城乡关系的前世今生 / 1
　　二、城乡二元结构社会的雏形 / 8
　　三、城乡二元结构社会的固化 / 14
　　四、城乡二元结构社会的变化 / 25
　　五、"乡土中国"到"城乡中国" / 38

第二章　城乡中国的教育制度 / 45
　　一、制度及制度变迁理论 / 45
　　二、基础教育管理体制的演变及特征 / 52
　　三、中小学办学体制的演变及特征 / 60
　　四、义务教育财政制度的生成及演变 / 68
　　五、中小学学制与重点学校制度 / 76

第三章　城乡中国的教育政策 / 85
　　一、政策与教育政策 / 85
　　二、中小学教师政策的演变及城乡差异 / 92
　　三、高等教育考试招生政策的城乡有别 / 101

四、"就近入学"政策的初衷与无奈 / 110

五、基础教育课程教材政策的城乡同异 / 118

第四章　城乡中国的"教育众生" / 131

一、民办教师：光荣与痛楚 / 131

二、代课教师：边缘与落寞 / 137

三、农民工随迁子女：浪潮之下 / 142

四、农村留守儿童："制度性孤儿" / 149

五、大学毕业生聚居群体："蚁族" / 158

第五章　城乡中国的"县中现象" / 165

一、黄冈中学：曾经的"教育神话" / 166

二、毛坦厂中学："最大的高考工厂" / 172

三、衡水中学："超级高考加工厂" / 177

四、甘肃会宁：苦瘠之地的"状元县" / 187

五、"县中"故事的背后与未来 / 192

第六章　城乡中国的教育公平 / 203

一、我国教育公平的演进路径 / 203

二、受教育权利及实现中的城乡差异 / 211

三、教育与社会分层、城乡流动 / 220

四、"寒门再难出贵子"与教育公平 / 231

五、"内卷"、"躺平"与"孔乙己的长衫" / 239

第七章　伦理视域的城乡中国教育 / 250

一、制度伦理及其重要性 / 250

二、政策取向的意蕴与价值 / 260

三、农村教育价值取向的"两难" / 268

四、城乡有别教育政策之"困" / 277

五、中国教育曾经的城乡分野 / 284

第八章 城乡一体化进程中的中国教育 / 288

一、思想渊源与中国实践 / 288

二、城乡一体化进程中的教育理念 / 295

三、城乡一体化进程中的教育政策 / 301

四、城乡一体化进程中的教育制度 / 309

五、中国城乡教育的历史性变迁 / 316

第九章 中国式现代化与城乡教育的未来 / 328

一、中国式现代化：新的思想场域 / 329

二、城镇化下半场：一种宏阔背景 / 335

三、城乡教育重构：一种未来可能 / 339

四、政策体系重构：改变制度落差 / 344

五、通往未来的路不止一条 / 350

参考文献 / 356

致谢 / 409

内容提要

从城市和乡村的关系入手，在近代以来中国社会、历史变迁的宏阔背景之下，回顾、梳理城乡二元结构社会的形成及演变，探讨其如何在半个多世纪的时间里型构了中国的经济和社会，如何曾经影响了大多数中国人的生活和命运，全方位呈现我国教育政策和制度演变的经济、政治、社会和历史背景。运用马克思、恩格斯城乡关系理论、二元（经济）结构理论，探讨中国城乡二元结构的独特性和内在机理，分析长时间里我国公共产品和制度供给及教育政策与制度的"城市偏向"。讨论改革开放以来中国城乡关系的历史性变化、"乡土中国"转型为"城乡中国"。

综合运用新制度主义、制度经济学、公共政策分析理论、教育经济学、教育社会学等多学科原理，对1949年以来、特别是1958年以来我国经济社会和相关教育政策、制度文本进行梳理，分析城乡二元社会教育政策和制度的生成逻辑、演变历程。通过对基础教育管理体制、中小学办学体制、义务教育财政制度、中小学学制和重点学校制度的探讨，来说明我国教育制度曾经的城乡二元性。选取中小学教师政策、高等教育考试招生政策、中小学"就近入学"政策、基础教育课程教材政策等，展开讨论长时间里我国教育政策的城乡有别、城乡差异。

运用教育叙事方法，对城乡中国背景下一些具有典型性的教育事件、人物和现象进行记录。选取民办教师、代课教师、进城务工人员随迁子女、农村留守儿童、大学毕业生低收入聚居群体等作为研究和考察对象，讲述他们的遭际，并进行政策和制度分析。选取黄冈中学、毛坦厂中学、衡水中学、会宁中学等，分析中国大地上曾经普遍存在的"县中"现象，揭示其与教育政策、制度的关联。

就城乡中国的教育公平问题展开探讨，讨论了新中国教育公平的演进路径、受教育权利及实现中的城乡差异，分析了教育与社会分层、城乡流动的关系，展开讨论了"寒门再难出贵子"里的教育公平问题。从伦理的视域，探讨制度伦理、政策取向的意蕴及其价值，对城乡中国的教育政策和制度进行审视，对其合理性、正当性进行分析，探讨其存在的困境、困惑，致力于揭示"好的政策、制度应当是怎样的"、"何以可能"。

讨论了中国城乡一体化的思想渊源、宏大实践，展开讨论了城乡一体化进程中教育理念、政策、制度的转向和城乡教育的变迁。在中国式现代化的思想场域之中，就城镇化下半场中国城乡教育的未来可能进行了探讨，提出要重塑城乡教育版图、重构城乡教育政策体系、改变城乡教育制度落差、重建城乡教育生态，期盼有教无类的梦想在中国大地真正得以实现。

第一章 城与乡里的中国

本章从城市与乡村的关系入手,在近代以来中国社会变迁的宏阔背景之下,回顾、梳理中国城乡二元结构社会的形成及演变,探讨其如何在半个多世纪时间里型构了中国的经济和社会,探讨改革开放以来"乡土中国"如何转型为"城乡中国",探讨教育政策和制度演变的宏阔经济、政治、社会和历史、时代背景。

一、城乡关系的前世今生

(一)悠久的城乡关系

城市和乡村的关系问题,应该是自人类社会出现城市以来就一直存在的问题。人类在结束了50多万年的狩猎生活后进入农耕社会。游牧民族逐水草而居,无须建造固定的房屋。居无定所,无法形成固定的村落,也不存在保护不动产的必要。只有在农业社会形成后,村落才有可能产生,村落是农业社会的产物。为了确保个人人身和财产的安全,人们兴建围墙和沟壑,村落也因此逐步演变为城堡。对于城市形成的确切时期,有着不同的看法。有人认为人类城市化进程大约始于一万年前,也就是《圣经》中耶利哥(Jericho)建城的时代。[①]《人类简史》认为,公元前5000年到公元前4000年,肥沃月湾(Fertile Crescent)一带已经有了许多人口达万人的城市;公元前3100年,整个下尼罗河谷统一,成为史上第一个埃及王朝;大约在公元前2250年,

---

① 黄凤祝. 城市与社会[M]. 上海:同济大学出版社,2009:1.

萨尔贡（Sargon the Great）大帝建立起第一个帝国：阿卡德王国。[1]有人认为"我国古代城市的出现应该在原始社会后期"，[2]"形成于商代"，[3]也有人认为"完全意义上的城市兴起从春秋初年开始"。[4]古代的城市必须具备四个基本要素：有环绕居民区能够起防御作用的墙垣设施；有相对集中的非农业人口；有进行经常性的商品交换的场所；在地域上具有一定的政治、经济中心作用。[5]随着经济的发展，人类的分工不断明晰。为了满足生活上的需要，必然产生物品交换，市场由此兴起。定期交换的集市，在城市中逐渐形成固定的商业店铺，城市由此形成。[6]当具有防御意义的"城堡"与作为商品交换中心的"集市"逐渐融合为一体后，真正的"城市"得以形成。

乡村和城市作为聚落的两种主要形式，承载着人类的繁衍生息。城市是人类进入文明时代的关键标志，是文明成果的荟萃之地。[7]自城市产生以来，人群就分成"城里人"和"乡里人"、"市民"和"农民"，从而产生了城乡差别和城乡对立的矛盾关系，并且成为人类社会不同时代必须面对的基本矛盾之一。可以说，城乡关系发展的矛盾变化，是整个人类社会发展变化的缩影。[8]工业革命以后，整个社会不断地向城市化方向发展，农村人口向城市迁移和集中。工业经济具有突出的空间密集性，从事工业生产活动的企业为获得集聚的经济效益而在地理上趋于集中，随之引起区域工业化的提高，带动了非农产业就业比例相应提高，非农产业就业人口向城市迁移并引起了城市人口比例的提高；同时，由于工业经济要求经济要素和经济活动的集中，所

---

[1] [以色列]尤瓦尔·赫拉利.人类简史——从动物到上帝[M].林俊红,译.北京：中信出版集团,2017：99-100.

[2] 崔春华.中国古代城市的起源与发展特点[J].中国史研究,1987(6)：34-39.

[3] 耿曙生.论中国城市形成于商代[J].苏州科技学院学报,2007,24(3)：107-111.

[4] 张鸿雁.论中国古代城市的形成[J].辽宁大学学报,1985(1)：45-49.

[5] 张全明.论中国古代城市形成的三个阶段[J].华中师范大学学报,1998(1)：80-128.

[6] 黄凤祝.城市与社会[M].上海：同济大学出版社,2009：5-6.

[7] 陈恒.关于城市史研究的若干思考[J].华东师范大学学报(哲学社会科学版),2019(5)：195.

[8] 唐任伍.中国共产党百年城乡关系探索[J].人民论坛,2021(36)：33-37.

以必然会对共同资源、交通运输、市场及为生产和生活服务的各种基础设施产生必要依赖。[1]工业化导致了城市化的发生。此时的城市不同于以往城市的最大转变是非农业就业比例越来越大,并且工业化进程逐步诱导了城市中心化,与之相对的便是农村边缘化。

工业化加速了城市化进程,城市人口急剧膨胀、土地面积不断扩大,乡村社会向城市社会转型,传统与现代发生激烈碰撞,人们的物质生活、观念世界、行为举止等发生了巨大变化,也带来了环境恶化、社会急剧分层、卫生恶劣等负面问题,这一转型引起了包括马克思、恩格斯、滕尼斯、涂尔干、齐美尔、马克斯·韦伯等思想家和社会学家的关注。[2]《共产党宣言》说:"资产阶级已经使乡村屈服于城市的统治。它创造了规模巨大的城市,使城市人口比农村人口大大地增加起来,因而使很大一部分居民脱离了乡村生活的愚昧状态,正像它使乡村从属于城市一样。它使野蛮和半开化的国家从属于文明的国家,使农民的民族从属于资产阶级的民族,使东方从属于西方。"在《资本论》中,马克思写道:"一切发达的、以商品交换为媒介的分工的基础,都是城乡的分离。可以说,社会的全部经济史,都概括为这种对立的运动。"[3]"城乡之间的对立只有在私有制的范围内才能存在。"[4]

工业化初期阶段的城乡关系主要表现为农业部门对工业部门的贡献,农村为城市的发展提供最初的资本原始积累。农业除了为整个社会提供了生活必需的粮食之外,还为城市工业的发展提供原材料,同时提供源源不断的廉价劳动力和大量的资金支持。由于工农产业特性差别大,导致城乡差别出现。当城市产业结构发生转变,第三产业快速发展的时候,也就进入了快速城市化阶段,导致农村劳动力和资本大量被城市所吸收,城市经济急速膨胀,农村资源严重匮乏,富裕的城市与贫穷的农村并存,城市取得了绝对的

---

[1] 赵煦.英国城市化的核心动力:工业革命与工业化[J].兰州学刊,2008(2):138-143.
[2] 陈恒.当代西方城市史研究的五次转向[N].光明日报,2019-01-14.
[3] 马克思.资本论第1卷[M].北京:人民出版社,1975:390.
[4] 马克思.德意志意识形态[M].北京:人民出版社,1961:47.

控制权，城乡差距明显扩大，城乡矛盾加深。[1]

（二）传统中国的城市和乡村

中国的城市与西方古代及中世纪的城市仅仅在形式上是相同的，即城市与城堡等同。古代的中国城市通常是指一个国家的国都，或是一个领主的都城，或是官员衙门的所在地。那时所谓的"城"，不过是一些小的城池、城郭，主要是地方的统治者为了安全防护的需要修建的，用于养兵和抵御外敌，跟欧洲中世纪城堡的用途差不多。而所谓都城，不过是这些城池城郭的升级扩大版。当时所谓的"市"，是在城郭周边官方设置或自发发展起来的物资交易场所，有点像现在的乡镇集市。那个时期所谓的"城市人"，只是一些在"市"里讨生活的手工业者。而那些坐拥万亩田产的大地主和有头有脸的"土豪乡绅"，一般都是居住在乡村的私家大院。封建社会的中国是以乡村为基础并以乡村为主体的，城市和乡村有着密切的联系。中国所有文化，多半从乡村而来，又为乡村而设。法制、礼俗、工商业莫不如是。[2] 城市和乡村在精神文化、政治经济、建筑物以至日常生活方面都是同质的，甚至连教育、印刷业都是一体的。广大乡村始终是中国传统文化的汪洋大海，几千年来的城镇不过是这汪洋大海中零星散布的岛屿，基建于乡村社会而存在。[3] 即便是宏大雄伟如北京城，在本质上仍然是属于乡土的。高大的城门和城墙，与其说是城乡之间的界限，不如说是城乡之间的纽带。[4] 中国传统的乡里社会如同大海可以包纳百川，它不仅是中国世世代代休养生息的地方，是离退休官僚发挥余热和安享晚年的地方，同时也是许多官僚喘息避风和等待时机的地方。[5] 直到近代，在中国乡村，小传统并没有使价值观和城市上流

---

[1] 刘维奇,韩媛媛.工业化、城市化进程中城乡关系的演变逻辑[J].未来与发展,2013,36(03): 2-7.
[2] 梁漱溟.梁漱溟全集（第二卷）[M].济南：山东人民出版社,1991：150.
[3] 李涛.浙江近代乡村教育史（第一版）[M].杭州：杭州出版社,2009：13.
[4] 易中天.读城记（第三版）[M].上海：上海文艺出版社,2006：67-68.
[5] 李涛.浙江近代乡村教育史（第一版）[M].杭州：杭州出版社,2009：63.

社会的大传统产生分离。[①]

因此之故，有人认为上下五千年的中国文明史，证明中国历史上并未存在所谓的"二元社会"。最早出现的城乡分离，是西周时期的"国""野"之分，但是那种分离并不是 J.H. 伯克（J.H.Boeke）所描述的完全异质的两个社会。当时的"国""野"之分，完全是出于政治统治的需要，城里住的是周族的贵族及与之有宗法血统关系的平民，而城外及广大的农村则居住着其他族和农民，他们的社会本质上都是一样的，经济性质也没什么两样，无法构成 J.H. 伯克所描述的二元社会，当然更不会是刘易斯所指的二元社会。而在以后漫长的封建社会中，随着自然经济的发展、政治力量的增强，出现了更为复杂、巨大的城乡差别，如春秋战国时期的市籍制、唐代的市坊制甚至后来的"闯关东""走西口"等大规模的社会变迁，它们都没有离开西周时期所体现的本质——政治因素所促成的城乡差别。[②]这种分野和差序并没有引致城乡分离。虽然此时的城市事实上已成为国家或地区的政治、经济和文化中心，已经有了一系列区别于乡村的独特生活方式，但城市的发展却未能独立于农村之外，而是在政治上统治农村，在经济上依赖农村。城市与农村的经济联系主要是单向的，即城市从农村征收贡赋、调集劳役，而很少向农村提供产品。[③]城市所具有的严重政治性和消费性倾向，导致城市手工业基本上专为统治阶级服务，其经济功能极弱，对社会经济发展的推力很小。

费孝通先生认为，从基层上看去，中国社会是乡土性的。这"乡土性"带有三方面特点：其一，"乡下人离不了泥土"；其二，不流动性；其三，熟人社会。[④]乡土性社会存在"差序格局""男女有别"和礼治秩序等。直至20世纪40年代，中国社会仍是一个绝大多数人口生活在乡村、流动率小、人

---

① [美]费正清，费维恺，编.剑桥中华民国史（1912—1949）（上卷）[M].杨品泉，等译.中国社会科学出版社，1994：33.
② 陈文龙.城乡壁垒抑或城乡二元结构[J].战略与管理，2001（1）：38-40.
③ 苏雪串.中国城乡二元经济的形成和演变分析[J].学习与实践，2008（2）：14-18.
④ 费孝通.乡土中国[M].上海：上海人民出版社，2006：3.

际交往范围狭小的熟人社会；就每个村而言，每个人终其一生基本上都在村里度过，不仅彼此都认识，也受着一套礼俗的规范。[1] 西蒙娜·德·波伏娃[2]在《长征：中国纪行》中认为：中国的历史就是农民的历史。尽管东面和南面都是海洋，可中国并没有像地中海盆地的国家那样，拥有伟大的海洋文明，它的经济曾经是大陆国家的经济；4000年来，它只开发土地资源。中国封建的商业阶层最大的雄心不是扩大生产，而是买地置屋，商业中心的影响力有限，每个社会团体——农场、村庄、小镇和省市都处于自给自足的孤立状态，缺少一种引起变化的活跃因素，即缺乏西方资产阶级的进取精神。[3]

直到20世纪初，中国城市的一个主要特征依然是作为官衙府署所在地。中国传统城乡关系演变经历了西周时期的国野分立，春秋战国时期的城乡分离，秦汉隋唐时期的城乡分化以及宋元明清时期的城乡一体，其发展演变遵循了亚当·斯密的"自然顺序"，最终形成了传统时期城乡无差别的统一。[4]

不过也有不同的认识。费正清认为自古以来就有两个"中国"：一是农村中为数极多从事农业的农民社会，那里每个树林掩映的村落和农庄，始终占据原有土地，没有什么变化；二是城市和市镇的比较流动的上层，那里住着地主、文人、商人和官吏——有产者和有权势者的家庭。这种分野仍旧是今天中国政治舞台的基础。[5] 有人认为，城市和乡村之间的区别全世界概莫

---

[1] 秦子忠.现代化进程中的中国嬗变——"差序格局"的再考察[J].兰州学刊，2023（09）：19-29.

[2] Simone de Beauvoir，又译作西蒙·波伏瓦（1908.1—1986.4），20世纪法国最有影响的女性之一，存在主义学者、文学家。波伏娃一生著作甚丰，其中以荣获龚古尔文学奖的长篇小说《名士风流》、被奉为女权主义圣经的理论著作《第二性》和鸿篇巨制的四卷本《波伏娃回忆录》最为突出。

[3] 晓读晓看.波伏娃《长征：中国纪行》：中国是一部需要耐心才能读完的史诗[EB/OL].（2019-05-20）[2023-05-18].https://baijiahao.baidu.com/s?id=1633967648679523397.

[4] 任吉东.历史的城乡与城乡的历史：中国传统城乡关系演变浅析[J].福建论坛（人文社会科学版），2013（04）：106-112.

[5] ［美］费正清.美国与中国[M].张理京译，北京：世界知识出版社，1999：20.

能外，但城乡二元结构和在此基础上形成的伦理观，则为中华民族所独有。①

（三）教育是连接传统中国的桥梁

教育是连接传统中国城市和乡村的桥梁，其通道便是人才选拔尤其是科举制度。传统中国，学校系统的设立尽管有"国""野"、官学和私学之分，但精神实质一致。《礼记·学记》载："古之教者，家有塾，党有庠，术有序，国有学。比年入学，中年考校。一年视离经辨志，三年视敬业乐群，五年视博习亲师，七年视论学取友，谓之小成。九年知类通达，强立而不反，谓之大成。夫然后足以化民易俗，近者说服而远者怀之，此大学之道也。"国家在两个方面对教育的成果表示兴趣，一是遴选有才之士为官，二是使百姓了解指导上层人士生活的为人准则，以求教化民众。早在2000年前的汉代，人才的选拔就开始通过地方荐举秀才来进行，到东汉，每批步入仕途者都须经过儒家经典的考试。②隋开皇七年（587年），文帝废九品官人之法，开科举选士之途。唐代踵事增华，科举日臻月进。李唐既亡，科举仍存，千载而后止于清朝新政。③明清之际，科举被牢牢地确立为选拔各级官员的唯一途径。"朝为田舍郎，暮登天子堂"，独一无二的科举制度，使得哪怕是最底层的人也有可能通过考试实现向上的社会流动。

在传统中国的旧学教育制度下，教育的重心在乡村。费孝通和潘光旦先生曾分析过950个清朝贡生、举人和进士的出身，从他们的地域分布看，52.40%出身于城市，41.16%出身于乡村，另有6.34%出身于介于城乡之间的市镇。④在以往的科举中，尽管城市地区确实比乡村地区占有更多的优势，但是君主政体通过控制学子向上流动的科举配额，在一定程度上维持了乡村

---

① 任继周，方锡良.中国城乡二元结构的生成、发展与消亡的农业伦理学诠释[J].中国农史，2017（4）：83-92.
② [美]吉尔伯特·罗兹曼.中国的现代化[M].国家社会科学基金"比较现代化"课题组，译，南京：江苏人民出版社，1988：243.
③ 陈锟.中国乡村教育战略[M].北京：中共中央党校出版社，2006：1.
④ 李涛.浙江近代乡村教育史（第一版）[M].杭州：杭州出版社，2009：19.

和城市之间科选的平衡。[1]传统中国社会绅士大多居于乡间，他们耕读在农村，关心的事务关乎农村，包括意识形态教化、精英分子的养成都以农村为中心。中国历史上是以农立国的国家，人们的根子在农村，从乡村走出来到城市当官、经商，最后叶落归根回到乡村。[2]在重土观念的支配下，绝大多数从政或游学的士子，都将他们离家在外的寓居之地视作人生旅途的驿站，最后还要返归故里，因为只有故里才是他们心理情感上真正认同的归宿之地，所以告老还乡的士子又将文化带回了乡村。[3]人和土地的桑梓情谊，滋养起历久未衰的乡土文化伦理，那些由"庙堂"而归隐"故乡"的士绅阶层成为维持乡土社会秩序与治理的精英。在历史的长河中，乡土中国人与土之间紧密而无法挣脱的土地黏度，塑造了乡土中国的经济、政治、制度与文化。[4]

二、城乡二元结构社会的雏形

（一）近代中国的城乡分离

鸦片战争打开了中国长期封闭的大门，西方国家在中国办银行、修铁路、建工厂，拉开了中国近代工业化的序幕。但这种工业化的目的是扩张和侵略，它的发展自始至终是建立在掠夺基础上的，它投资工商业的目的也仅仅是为获得高额利润，对收益小的农业缺乏投资热情，农业逐渐处于边缘化的趋势。同时，洋务运动也促进了中国民族工业的发展。一方面，在当时战争频发的背景下，军事工业尤受重视，洋务派创办了大量的军事工业以强国；另一方面，以"求富"为目的，大量的民用工业也被创建，民族资本主义工

---

[1] 潘光旦，费孝通.城市和村庄：机会的不平等，中国的官僚：为天才敞开的职业?Boston：D.C.Heath and Company，1963：9-21；刘海峰.科举学导论[M].华中师范大学出版社，2005：308-328.

[2] 王钧林.近代乡村文化的衰落[J].学术月刊，1995（10）：49-57.

[3] 王奇生.民国时期乡村权利结构的变化，转引自李涛.浙江近代乡村教育史[M].杭州：杭州出版社，2009：29.

[4] 刘守英.城乡中国的土地问题[J].北京大学学报（哲学社会科学版），2018，55（3）：79-93.

业逐渐兴起。工商业的发展带动了中国近代工业城市的兴起。为了获得高额利润，各资本主义国家争相在沿海港口开埠通商，而后又在各地方大肆建立工矿企业，使中国城市的性质、规模、功能和结构等都发生了根本性变化。开埠通商型城市打破了中国传统城市的封闭状态，工矿业集中型城市改变了中国传统城市的功能。① 至此，城市形成了自身的经济体系，城乡经济开始分离，形成近代意义上中国城乡二元结构的雏形。

发展迟滞的传统中国，在西方资本主义国家的重炮和廉价商品的冲击下被迫纳入世界体系，开始了中国历史上前所未有的痛苦变迁历程。其中的重要表现是：一方面，孤岛般、畸形繁荣、新事物纷然出笼的通商大都市的崛起；另一方面，作为中国社会主体的乡村发展迟滞、日渐贫困、挣扎于生存危机之中。② 伴随着城市的兴起，是乡村前所未有的凋敝和破败。中国为了学习都市文明，破坏了乡村传统。乡村或农村的没落、破败问题，是近代以来伴随着中国现代化进程一直存在的问题。乡村人的痛苦，就是中国人的痛苦。"一直在寻找和尝试近代化捷径的中国人，在近代化的程序问题上却基本遵循西方的路径：城市—乡村。先以乡村的破败换取近代化都市的完成，再以城市反哺农村的方式促进农村现代化的变革。以遗弃与牺牲为代价的晚清现代化导致了城乡二元结构的对立，它加速了农村经济的衰败，结果是造成整个乡绅阶层的衰落。"③

古代城市虽几经变迁，其背后的城市宇宙观保持不变，体现了天人合一的儒家文化，其实质是人、神、自然相互融入的思维。在体现融入思维的儒家文化统合下，城市与乡村相互联系，互惠互补；然而，东西方文化的再次接触，这种思维被西方主客观二元对立的思维所取代。与此同时，受到世

---

① 腾建华，刘美平. 近代中国城乡经济结构失衡的历史原因［J］. 北方论丛，2003（1）：100-102.

② 张福记. 乡村危机与近代中国政治格局的嬗变［J］. 山东师大学报（社会科学版），1996（3）：18-22.

③ 李涛. 浙江近代乡村教育史［M］. 杭州：杭州出版社，2009：406.

界市场的冲击，城乡逐渐发展出剥削与被剥削的关系，这一关系在中国实现现代化的迫切诉求中得到加强，并塑造了城乡二元结构。[①] 从清末到民初的二十几年，是中国现代化过程的一个相当关键的时期。而恰在这个关头，农民基本上被排除在现代化的视野之外，农村成为中国社会、政治动荡变化的垃圾场。现代化方向的社会政治变革，其结果却是把中国农村以空前的速度拖入比中世纪更悲惨的境地，[②] 从而引发了农村社会的动荡和中国社会的各种矛盾。20 世纪以来中国革命、建设、改革道路选择和争论的许多问题，很大程度上可以理解为如何处理城乡关系以及对现代化道路的不同应答问题。

（二）新旧教育的冲突

在西方势力的威逼、示范之下，传统中国花果飘零。[③] 西方的"坚船利炮"、先进的资本主义生产方式不仅震撼了中国农村社会的乡土基础，而且还冲击了与传统社会遥相呼应的农村教育。1905 年清政府废除科举制度，标志着新学教育制度在中国最终确立，标志着中国传统社会结构的内部崩溃，自此清王朝逐渐失去了对乡村社会教化主体的控制，使得乡村社会的教化呈现一种空前的失控状态。新知识分子的生活场所和活动空间由乡村转移到城市，农村青年知识分子开始向城市单向流动，农村智力资源大量流失和衰竭，农村文化生态不断失衡与蜕化，乡村社会逐渐失去重心，其自治性和自主性也不复存在。[④] 乡居精英涌向城市，"脱离乡村"，于农村事务撒手不管。学制改革后，在政府的推动下，新式学校如雨后春笋般在乡村社会纷纷涌

[①] 赵旭东，杨修业. 中国城乡关系的理想类型——基于一种文化转型人类学的探索 [J]. 云南师范大学学报（哲学社会科学版），2017，49（01）：51-63.

[②] 张鸣. 20 世纪开初 30 年的中国农村社会结构与意识变迁——兼论近代激进主义发生发展的社会基础 [J]. 浙江社会科学，1999（04）：125-133.

[③] 陈锟. 中国乡村教育战略 [M]. 北京：中共中央党校出版社，2006：2.

[④] 李涛. 浙江近代乡村教育史（第一版）[M]. 杭州：杭州出版社，2009：29.

现，打破了千年以来以私塾为中心的传统教育模式。[①] 随着新学在农村的发展，乡村私塾的地位日益动摇。新式教育的发展很大程度上得益于以通商口岸为主体的近代文化和工商业的发展。无此依托的广大农村，则明显衰弱。[②]

20世纪以来，伴随民族国家的兴起，国家政权逐步介入乡村社会，国民教育体系建构与村落文化、地方性知识产生冲突。新学制对贫寒而向学之家的子弟有所排斥，导致乡村读书人数量日益减少、平均识字率逐渐降低。新式学校的教学内容也多与乡村社会现实疏离。乡民对新教育传授的"知识"却不那么承认，使新学生在乡村中不受重视，只得流向城市寻求发展。乡村读书人心态也开始转变，厌弃固有生活，甚至轻视农民。随着城乡的分离，在都市中游荡的知识青年和失去读书人的农村都成为受害者。[③]正如陶行知先生所说，他们所受到的教育是破产的教育，他们所接受的知识是"伪知识"，并且他们自身就变成为"伪知识阶级"。[④] 科举制度废弃和近代教育制度设立以后，中国知识分子阶层作为一个整体，被剥夺了传统的社会政治角色。知识分子阶层作为一个整体，他们在地理空间上作为相对统一的社会群体的一致性，也在传统教育向现代教育的转变中削弱。近代知识分子身份衰落的一个很重要而明显的迹象，就是很多人受过近代教育后，面临着一个难以解决的职业问题。事实上，20世纪的20年代，"毕业就是失业"这句话已经成为相当一部分人的观念和共识。[⑤]

---

① 郝锦花, 王先明. 论20世纪初叶中国乡间私塾的文化地位[J]. 浙江大学学报（人文社会科学版）, 2005(01)：14-22.
② 戴鞍钢. 近代中国乡村教育的困境[J]. 绍兴文理学院学报（哲学社会科学）, 2013, 33(03)：101-105+113.
③ 罗志田. 科举制废除在乡村中的社会后果[J]. 中国社会科学, 2006(01)：191-204+209.
④ 陶行知. 伪知识阶级·中国教育改造[M]. 上海：亚东图书馆, 1928：202-204.
⑤ 柯任达, 朱修春. 中国近代教育、知识分子与中国社会的瓦解[J]. 教育与考试, 2010(05)：78-84.

（三）拯救乡村教育的努力

农村日趋破产并接近崩溃的边缘，使中国的统治者、在野的革命者及知识分子都把目光投向了农村，纷纷提出主张，展开活动，由民间教育机构和学术团体创办的各种乡村建设试验区如雨后春笋般在全国各地涌现。这些运动基本上由受过西方教育的知识分子所倡导，他们主张将自己的活动中心由城市转向农村，提倡"到乡村去""到民间去""复兴农村""建设农村"。晏阳初、陶行知、黄炎培、梁漱溟等认为，欲除中国之疾患，根本出路在于乡村教育。他们亲力亲为，在不同地区进行了乡村教育的试验，在广袤的中国大地上风起云涌般地掀起了一场轰轰烈烈的乡村教育运动。他们试图通过改良的方式，在农村进行农业技术改良，对农民进行知识和道德教育，以实现重建乡村秩序。他们脱去长衫，放弃教职甚至大学校长职位，以"十二分的精力来做事"。但是此种如梁漱溟所言"我们动而农民不动"的社会改造活动，虽惨淡经营，却根不深、叶不茂。"应该说他们所进行的挽救农村的方案和实践，对当时的农村复兴有其必要性，不是革命所完全能代替的，但由于他们没有触动导致乡村危机的根源，从而决定了他们乡村建设实践不可能有什么大的成就。"[①] 尽管如此，还是应当充分肯定，20世纪二三十年代掀起的官方、民间及革命型乡村运动，不仅是中国近代教育史上活跃一时的一股重要教育思潮，也是中国现代史上一次重要的社会改革运动。乡村教育各流派代表人物身上所体现的深重的忧患意识、忠贞的爱国热情、崇高的使命感和对于教育事业的执着精神，必将在历史的长河中熠熠生辉、日久弥香。[②]

[①] 张福记. 乡村危机与近代中国政治格局的嬗变 [J]. 山东师大学报（社会科学版），1996（3）：18-22.

[②] 陈锟. 中国乡村教育战略 [M]. 北京：中共中央党校出版社，2006：3.

春晖中学

1908年，浙江绍兴上虞富商陈春澜捐银5万元，在上虞小越横山创办春晖学堂；1919年，陈春澜再捐银20万元，委托乡贤王佐和近代著名教育家、民主革命家经亨颐等续办中学。春晖中学坐落于上虞白马湖畔，依山傍水，风景优美，钟灵毓秀，人杰地灵。

早期春晖确立了"与时俱进"的校训、"实事求是"的教育方针和"勤劳俭朴"的训育方针，首开浙江中学界男女同校之先河；聘请了一大批名师硕彦，李叔同、夏丏尊、朱自清、匡互生、朱光潜、丰子恺、刘质平、刘薰宇、叶天底、张孟闻、范寿康等先后在此执教，实行教育革新，推行"人格教育""爱的教育""感化教育"和"个性教育"等；蔡元培、黄炎培、胡愈之、何香凝、俞平伯、柳亚子、陈望道、张闻天、黄宾虹、张大千、叶圣陶等曾到此讲学、考察，推行新教育，传播新文化。春晖由此积淀了深厚的文化底蕴，奠定了坚实的名校基础。学校一时声誉鹊起，有"北南开，南春晖"之说，成为中国教育（界）的一颗璀璨明珠。春晖中学那段历史，对于处于现代教育语境的我们而言，是难以企及的理想高度。它短暂的成功，是春晖学人用理想与教育理念共奏的一曲田园牧歌。

参考： 郑绩，周静，俞强. 浙江历史人文读本·启智开物[M]. 杭州：浙江古籍出版社，2013：34-36. 刘铁芳，刘佳. 春晖中学：现代教育的田园牧歌[J]. 江苏教育研究（理论版），2008（4）：60-64.

也正是在这样的背景下，中国教育开始了近代化的过程，即与几千年的自给自足的封建农业经济基础和封建专制政体相适应的传统教育，逐步向与近代大工业生产和资本主义发展相适应的近代新式教育转化演变这样一个历史过程。换句话说，它指的是通过多次的教育改革，学习、借鉴西方教育经验，改造、更新传统教育，努力赶上世界先进教育水平的历史过程。[1]也就是"以西方科学知识为主的教育取代传统儒家教育的过程，是一个新式学校建立、扩展的过程"。[2]中国现代化进程从一开始就是在城乡分裂的空间结构中展开的，其中最为明显的表征就是：教育的城市化趋向及乡村精英由乡村向城市"单向性流动"，造成了人力资源方面城市对乡村的"吸纳"效应，进而导致了乡村文化衰落、荒漠化及精英匮乏。[3]近代中国乡村教育始终是在迷茫、困惑和痛苦之中发生变迁的。代表新文化的新式学校以政府为后盾不断地向乡村社会渗透，而代表传统旧文化的私塾在百姓的支持下挣扎生存，并回击来自新学的"挑战"，两者交锋对垒形成了别具特色的新旧并存的二元教育模式。[4]中国教育的现代化迟迟没有走上正轨，始终带有新旧杂陈的过渡性特征，教育的二元性和乡村教育的滞后性是一个非常重要的原因。

三、城乡二元结构社会的固化

1949年中华人民共和国成立，结束了国家四分五裂、争斗不已的局面，结束了半殖民地半封建社会，自清末以来中国社会重新归于统一。新政权的触角延伸到了中国的每一个角落，即使是最偏远的乡村也被整合在统一的国家之中。土地改革彻底打碎了农村的旧秩序，重构了中国几千年的农村社会结构，改变了"一盘散沙"的局面，实现了全国一盘棋，使国家与农民乃至国家与全体公民的新型关系得以重构，使中央政府获得巨大的组织动员能力，国家民族的凝聚力空前加强。千百年来，所谓"皇权不下乡"，但中国共产党以犁庭扫穴之势，完成了前所未有的、广泛而深刻的社会重构和动员，一直影响至今。[5]"以农民为主体的武装力量进城而夺取政权，以革命者

---

[1] 田正平.中国教育近代化研究丛书·总前言[M].广州：广东教育出版社，1996：2.
[2] 李涛.浙江近代乡村教育史（第一版）[M].杭州：杭州出版社，2009：381.
[3] 赵泉民.从"无差别的统一"到"对抗性"形成——基于新式教育兴起看20世纪初期中国城乡关系演变[J].江苏社会科学，2007（03）：155-160.
[4] 李涛.浙江近代乡村教育史（第一版）[M].杭州：杭州出版社，2009：33.
[5] 关山远.世道人心（下）[M].南宁：广西教育出版社，2021：278.

的形象改造'反动'的城市。"①传统意义上的城市和乡村间的阶级对立体制瓦解，城市与农村的统治与被统治意义逐渐减弱。但农业与工商业的分工并没有消失，城市和农村依然二元地存在于整个社会中。随着社会主义经济建设的展开，发展道路、发展战略的选择，以及社会管理、社会控制的考量，使得当时的中国又建立起了另外一种被称作城乡二元结构的经济社会架构，并随着中国社会此后的发展，逐渐被赋予了更多的内涵。

（一）重工业路线奠定了城乡二元结构基础

中国现代经济的历史起点很低，这成为影响国家选择经济发展战略的一个重要因素。中华人民共和国成立初期中国工业的发展基础非常薄弱。在工农业总产值中，农业总产值比重为70%，工业总产值比重为30%，而重工业产值占工农业总产值的比重仅为7.9%。②现实使中国当时的领导人在面对国内外环境时，选择了以重工业优先增长为目标、带动整个工业化进程、实现经济发展的建设方针。从国际竞争的角度看，工业化发展水平越高的国家重工业所占的比重越高，重工业就意味着现代化，较高的重工业比重标志着一个国家的经济发展水平和经济实力，经济发展的竞争很大程度上成为提高重工业比重的竞赛；从国际政治环境看，朝鲜战争爆发后，以美国为代表的西方国家对中国实行政治上孤立、经济上封锁和制裁的措施，迫使中国必须迅速建立比较完备、自成体系的工业结构，而重工业是其中的关键。从工业化积累方式的约束看，一个国家农业人口占到总数80%—90%且大多数农村人口处于贫困状态，以轻工业或消费品工业为优先发展部门，会遇到市场狭小、需求不足的困难，因而无法取得工业化所需的资本积累，而重工业具有自我服务、自我循环的产业特征，可以克服当时农村人口占绝对优势的比重

---

① 薛毅，编．乡土中国与文化研究［M］．上海：上海书店出版社，2008（6）：392-393.
② 1981年中国经济年鉴（简编）［M］．北京：经济管理出版社，1982：4.

约束。①

我国优先发展重工业的战略目标，经过1950年—1952年的经济恢复之后，第一次集中反映在《中华人民共和国发展国民经济的第一个五年计划》之中。"一五"计划确定集中主要力量进行以156个建设项目为中心、由694个大中型建设项目组成的工业建设，建立我国的社会主义工业化的初步基础。"一五"计划中，工业得到了较快的发展，为中国工业化奠定了初步基础。我国开始改变工业落后的面貌，逐步向社会主义工业化迈进。

（二）计划经济体制支撑起了城乡二元结构

计划经济体制是指在生产资料公有制的基础上，根据社会主义基本经济规律和国民经济有计划按比例发展规律的要求，由国家按照经济、社会建设与发展的统一计划来管理国民经济的社会经济制度。由于几乎所有计划经济体制都依赖于指令性计划，因此计划经济也被称为指令性经济。这种渊源于苏联的高度集中的经济体制在很长时间里被认为是社会主义区别于资本主义的本质特征，也是执行重工业路线的必然结果，曾经是中国具有唯一性的经济模式。计划经济体制是由若干个次一级的体制组成的，例如计划的企业体制、计划的财税体制、计划的金融体制、计划的价格体制、计划的劳动用工体制与人事体制等。② 1957年我国社会主义改造基本完成，基本建立起了公有制占绝对统治地位的计划经济体制，而且中国把计划经济的苏联模式发展到极端，即把生产要素诸因素中最活跃的因素劳动力也完全纳入计划管理。③二元分割制度把我国的劳动力按两个体系分别安置在不同的工作岗位上，把我国的经济分成两个部分，用农业来支持国家的工业建设，用农业的积累资

---

① 林毅夫.中国的奇迹：发展战略与经济改革（增订版）[M].上海：上海三联书店、上海人民出版社，1999：30-32.
② 厉以宁.计划经济体制与中国经济体制改革[J].中国发展观察，2008（8）：30-32.
③ 厉以宁.计划经济体制与中国经济体制改革[J].中国发展观察，2008（8）：30-32.

金建立起对国民经济有重大支撑作用的重工业体系。①

在利用市场机制配置资源的条件下，生产者根据产品和要素的价格来决定生产什么产品。新中国经济发展初期，资本供给严重不足，由市场所形成的资本价格或利率非常高，而劳动力极为丰富，价格相对便宜。由于资金十分短缺，经济剩余少，不能满足实现重工业发展目标的资本需求，国家因此制定了一套不同于市场调节机制的宏观政策，使资源的配置有利于重工业的发展。即人为地降低发展重工业的成本，同时提高资源动员能力。其核心是全面排斥市场机制的作用，人为扭曲生产要素和产品的相对价格，如低利率政策、低汇率政策、低工资、低农产品和其他生活必需品及服务价格政策。

当一种产品的价格被人为地固定在低于均衡价格的水平时，会同时产生两种效果：一是刺激需求量，二是抑制供给量，这样会出现产品供不应求的状况。为解决扭曲产品和价格要素所带来的供求不平衡问题，国家实施了资源计划配置制度，比如农产品统购统销的强制性制度安排，以此保证城市居民的生活消费和加工企业的原料供应。以强制性压低农产品购销价格为特征的农产品统购统销，违背了等价交换的原则。为了推而行之，必须辅以强制性的配套措施，包括通过城乡分割的户籍管理制度，严格限制农村人口向城市流动，剥夺企业的经营自主权，农业经营则实行合作化和人民公社化。

农业合作化是中国共产党改造和重建乡村社会结构的宏大社会实验与社会工程（social engineering）。② 在农业合作化基础上建立起来的农村人民公社体制，是高度集中的计划经济体制在农村的微观组织基础，是确保农产品统购统销贯彻到底的基层组织制度形式。依靠毛泽东的巨大的个人威望与新政权的强大行政力量将分散的农户组织在一个政社合一的集体之中。③ 以这种

---

① 葛笑如.中国二元户籍制度的宏观分析——新制度经济学的视角[J].湖北社会科学，2003（9）：67-69.

② 郭于华.心灵的集体化：陕北骥村农业合作化的女性记忆[J]. Social Sciences in China，2003（4）：46-59.

③ 曹锦清.黄河边的中国[M].上海：上海文艺出版社，2002：166.

高度组织化的体制来成规模地集中农村最多的劳动力，把它变成替代资本投入的要素，抑制价值规律和市场调节的作用，强化国家对农业生产、流通的行政干预，以此来推进国家的工业化。政社合一的农村人民公社，就其实质而言，是国家控制农民经济权利的一种制度形式。[①] 以这种高度组织化的体制来成规模地集中农村最多的劳动力，把它变成替代资本投入的要素，再以这种计划调拨的工业品下乡交换低价农产品——利用人民公社全额提取农业剩余来支撑国家工业化，使国家工业化继续走下去。而这似乎也是一种世界性的现象。20世纪后半期里，结束殖民统治后的第三世界普遍采用了集体主义的发展战略，它们在构建新体制时也走上了类似的道路，即封闭国民经济，压制市场的丰富多样性。许多内在制度被设计出来的外在制度所取代，革命性地颠覆在演化中形成的制度系统，然后用自觉设计出来的规则系统取代它们。[②]

（三）户籍制度固化了城乡二元结构

中华人民共和国成立之初，城乡之间没有壁垒，人们可以自由迁徙，法律对迁徙自由持肯定态度。作为新中国临时宪法性质的《中国人民政治协商会议共同纲领》和1954年的《中华人民共和国宪法》（以下简称为《宪法》）都明文规定："中华人民共和国公民有居住和迁徙的自由。"居民可以根据自己生活、工作或其他方面的需要，在全国范围内寻找最适宜自己的地方生活和工作。理论上在城市中已经有生活基础的人，都可以成为城市居民。由于当时城市恢复经济客观上也需要很多农村劳动力的填补，因此有大量人口从农村流向城市。从1949年到1955年，农村人口大量涌入城市。其中相当一部分是原在农村工作的干部，以及内战期间躲到乡下的普通市民。"一五"计划上马后，数以百计的工厂相继建立起来，又有一批农村剩余劳动力进

---

① 许经勇.中国农村经济制度变迁六十年的回顾与思考[J].天津行政学院学报，2009，11（5）：5-9.

② [德]柯武刚，史漫飞.《制度经济学——社会秩序与公共政策》[M].商务印书馆，2004：102.

城，成为新工人。城镇人口的增加，使城市粮食供应出现紧张，住房、教育、医疗等配套设施短缺。[1]

面对这种情况，国家逐步采取了一系列限制农村人口进入城市的措施，公民自由迁徙的权利逐步丧失，户籍制度以及其他一系列分割城乡的制度逐步形成。1955年5月召开的全国劳动局长会议决定，建立国民经济各部门劳动力统一招收和调配制度，即"统包统配"制度。1956年12月，国务院发布《关于防止农村人口盲目外流的指示》，劝阻"盲流"到城市的农民回农村去。[2]1957年3月，国务院发布《关于防止农村人口盲目外流的补充指示》。1957年9月，国务院再次发出《关于防止农民盲目流入城市的通知》，要求各地加强对农民的社会主义教育，将农民稳定在农村。1957年12月国务院发布的《关于各单位从农村招用临时工的暂行规定》明确：城市"各单位一律不得私自到农村中招工和私自录用盲目流入城市的农民"。1957年12月，中共中央、国务院联合发布《关于制止农村人口盲目外流的指示》，特别强调公安机关要严格户口管理，同时严禁粮食部门供应没有城市户口的人员粮食，盲目流入城市和工矿企业的农民必须遣返原籍，并且严禁他们乞讨，各地要防止农民弃农经商等。[3]但这些政策的实施并没有从根本上解决农村流动人口大量进城的问题，于是有了后来的《中华人民共和国户口登记条例》。

1958年1月9日，全国人大常委会第91次会议讨论通过《中华人民共和国户口登记条例》（以下简称为《条例》），以法令的形式把我国人口分为城镇人口和农村人口，限制农村户口迁往城市。《条例》规定户籍管理以户为基本单位。只有当人与住址相结合，在户口登记机关履行登记后，法律意义上的"户"才成立。公民在经常居住的地方登记为常住户口，一个公民在

---

[1] 杨津涛. 城乡二元户籍制度形成的来龙去脉[J]. 公共管理研究，2014（1）：48-51.
[2] 周作翰，张英洪. 解决三农问题的根本：破除二元社会结构[J]. 当代世界与社会主义，2004（3）：70-74.
[3] 周作翰，张英洪. 解决三农问题的根本：破除二元社会结构[J]. 当代世界与社会主义，2004（3）：70-74.

同一时间只能登记一个常住户口。公民在常住地市、县范围以外的地方暂住三日以上须申报暂住登记。婴儿在出生后一个月内须申报出生登记，并随母落户。公民迁出本户口管辖区，必须在迁出前申报迁出登记，领取迁移证，注销户口。《条例》第 10 条规定：公民由农村迁往城市，必须持有城市劳动部门的录用证明、学校的录取证明或城市户口登记机关的准予迁入证明，必须向常住地户口登记机关申请办理迁出手续。不按《条例》规定申报户口或假报户口者须负法律责任。[1]由于当时政策的不稳定和社会形势的风云突变，《条例》并没有得到很好的贯彻和执行，农村流向城市的人口有增无减。[2]鉴于此，公安部作出相应的规定，强制性地阻止农村人口流动，以严格限制农村人口向城市流动为核心的户口迁移制度正式形成。[3]《条例》的实施标志着中国特有的城乡二元户籍管理制度产生，成为城乡二元分割治理的最直接屏障，并一直影响到现在。[4]20 世纪六七十年代，中国户籍制度在《条例》的基础上进一步强化了农村和城市的界限。1975 年修改宪法的时候，正式从宪法文本中取消了有关迁徙自由的规定，1978 年和 1982 年两次修改宪法该规定都没有恢复。

在二元户籍制度下，个人没有选择职业和居住地的自由，更没有选择身份的权利。市民身份（非农业户口）和农民身份（农业户口）是既定的，子女的户口类别随母亲，如果母亲是农业户口，即使父亲是非农业户口而且是家庭收入的主要来源，子女也只能登记为农业户口；即使子女长期随父亲居住在城市，也无缘改变自己的身份。只有政府才能改变一个人的身份，从而决定他一生的命运。户籍制度是城乡二元结构的核心，其他各种制度都是由此衍生出来的，包括粮食供应制度、副食品与燃料供给制度、教育制度、就

---

[1] 何家栋，喻希来. 城乡二元社会是怎样形成的？[J]. 书屋，2003（5）：6.
[2] 葛笑如. 中国二元户籍制度的宏观分析——新制度经济学的视角[J]. 湖北社会科学，2003（09）：67-69.
[3] 孙立平. 断裂——20 世纪 90 年代以来的中国社会 [M]. 北京：社会科学文献出版社，2003：94.
[4] 汤水清. 论新中国城乡二元社会制度的形成 [J]. 江西社会科学，2006（8）：97-104.

业制度、医疗制度、养老保险制度、劳动保护制度、人才制度、兵役制度、婚姻制度、生育制度等。[①] 二元户籍制度将城乡居民分成了两种不同的社会身份，将中国农民置于近乎二等公民的境地。这两种社会身份在地位上的差别，从城乡之间存在的事实上的不通婚就可以看得出来。[②] 虽然许多国家也有"人口登记""人号""社会保障号""身份证""公民档案"等管理措施，虽然一些发展中国家也有类似"户籍"问题，但极少存在城乡二元户口安排及城乡严重隔离的制度。将二元结构以官方文件、法律和制度形式固定下来的只有中国，因此称得上是地地道道的"中国特色"。[③]

"城里人"和"乡里人"

城乡二元户籍制度把中国人口分为城市人口和农村人口，而这又与计划经济体制和手段密切关联。计划经济表现在百姓生活上，就是一切生活用品都要凭"票"购买。一个人即使是百万富翁，手里有一根一根的金条，没有一"票"在手，也别想合法地买到一粒米。粮票的种类很多，除通用粮票外，还包括农村口粮粮票、工种粮票、补助粮票、知青回城粮票、光荣家属粮票、干部下乡粮票、军用粮票等等。凡面粉、大米、玉米、高粱米、各种豆子等细粮、杂粮要凭粮票供应，如果一家人今天不想做饭，要买点挂面、切面、米粉、年糕、点心，或者下饭馆要点米饭、面条、馒头、包子、馄饨，也无一例外地要拿粮票。粮食以外，一切福利待遇，不管是公费医疗、退休金，还是产假、丧葬抚恤，都成为城市居民的特权——只有城里人才有资格进工厂、进事业单位，持农村户口者连城都进不了。最可怕的是，这种因户籍而产生的身份差别是

---

① 何家栋，喻希来. 城乡二元社会是怎样形成的？[J]. 书屋，2003（5）：4-8.
② 孙立平. 断裂——20世纪90年代以来的中国社会[M]. 北京：社会科学文献出版社，2003：96.
③ 何家栋，喻希来. 城乡二元社会是怎样形成的？[J]. 书屋，2003（5）：4-8.

> "世袭"的,一家吃"农业粮"的农村人与一家吃"商品粮"的城市人成为两个阶层。至此,"城里人"与"农村人"的分野已经形成并制度化了。城乡二元户籍制度,一方面让城里人有饭吃,虽然他们挣钱不多,但是有工作,有饭吃;另一方面,在农村,农民的粮食只能按照规定价格卖给国家,而不能卖给商人。在城乡二元户籍制度和"统购统销"的粮食政策之下,城里人和农村人有了截然不同的命运。
>
> 参考:杨津涛.户籍制度:从自由迁徙到城乡二元化 [EB/OL].(2013-10-06)[2023-05-25]. http://www.71.cn/2013/1006/736767_2.shtml.

很长一个时期里,"城里人""乡下人"曾经是挂在很多中国人嘴边的两个词,用来指称两种不同身份的人,前者代表着一种莫名其妙的优越,后者代表着难以名状的"低人一等"。城市人和农村人的称呼,就像出生时被烙上的胎记,体现着不同的身份和观念上的认同。城市和农村之间,就像有一道无形的鸿沟,需要付出超乎常人的努力,才可以跨越。[1] 我们可以在路遥、高晓声等众多作家的作品里读到这些情景。世界上大概没有第二个国家,城市和农村如此泾渭分明,"城里人""乡下人"如此截然不同,曾经是两个世界,甚至同命不同价。[2]

---

[1] Yookee. 我国的城乡差别是如何形成的,国外也有这种差别吗?[EB/OL].(2018-11-27)[2023-05-25]. https://baijiahao.baidu.com/s?id=1618181271310156773&wfr=spider&for=pc.

[2] 2003年10月28日全国人大常委会十届五次会议通过并公布《中华人民共和国道路交通安全法》。为配合该法的实施,最高人民法院对交通事故人身损害赔偿进行规范,出台了《关于审理人身损害赔偿案件适用法律若干问题的解释》,该解释自2004年5月1日起施行。该解释与1991年9月22日国务院发布的《道路交通事故处理办法》相比,在死亡赔偿标准上,除了时间上从10年延长到20年,更为明显的是,对死亡人的身份也进行了划分,即"城镇居民"和"农村居民"。从此"城里人""乡下人"同命不同价的现象就以法律的形式得以确定下来,"城里人""乡下人"同命不同价的不公平现象合法化。按照这种办法计算,有的地方道路交通事故人身损害赔偿额城乡差距达到几倍甚至十几倍。

（四）二元（经济）结构理论的解释力

作为一个术语，"二元经济"（dual economy）最初是由 J.H. 伯克 1953 年在他的《二元社会的经济学和经济政策》一书中提出的，他把当时的印度尼西亚称为一个典型的"二元结构"社会。但最有代表性、最具影响的是美国著名经济学家威廉·阿瑟·刘易斯（W.A.Lewis），1954 年他在《无限劳动供给的经济发展》（*Economic Development with Unlimited Supply of Labor*）一文中提出了著名的二元经济结构理论。刘易斯认为，发展中国家经济发展的典型特征是二元经济形态并存，也即国家经济含有两种性质不同的结构：一元是指以古老村落为载体的传统农业社会，一元是指以先进城市为载体、以现代化方式进行生产的城市社会。政府制定了先发展城市、后发展农村的发展战略，人为地造成城乡发展不一致，形成了两个不能整体、均衡发展的二元经济社会。

刘易斯的理论后来经费景汉（John C.H. Fei）和拉尼斯（Gustav Ranis）等发展经济学家们不断补充、发展、完善，形成了"刘易斯—费—拉尼斯模型"（Lewis-Fei-Ranis Model）。该理论模型主要目的是利用二元经济理论来解释发展中国家的经济发展和劳动力转移过程，是以不发达国家并存着的先进与落后双重成分为前提的，成为描述发展中国家经济发展的一种典型经济发展理论，构成早期发展经济学的重要理论基础之一，被认为能够很好地解释发展中国家经济发展的现实。

20 世纪 80 年代以来，国内有众多的学者运用刘易斯等人的理论从多个学科角度探讨"二元结构"问题。陈宗胜从非农经济和农业经济的维度，对二元经济类型作了概括。他认为中国经济结构的最大特点就是低收入阶段的两部门经济（城市非农业和乡村农业）在中下收入阶段转变为三部门经济（城市非农业、乡村非农业和乡村农业），并将三部门经济概括为双重二元经济，第一重二元经济为全国范围内的二元经济，非农业的一元为城市非农业加上乡村非农业，乡村农业为另一元；第二重二元经济为农村内部的二元经济，农村非农业为一元，农村农业为另一元。①也有人提出"三元结构"的概念，即以现代部门无法吸收传统部门的庞大剩余劳动力为前提来认识和分析传统经济部门的现代化问题，通过农民工人化、农村城市化和农业工业化的途径实现。②还有研究者从知识经济的大背景下，提出了农业经济部门、工业经济部门和知识经济部门并存的三元经济结构。③

中国是一个发展中国家，无疑具有刘易斯所概括的二元经济结构特征。但刘易斯对二元结构的分析主要着眼于经济角度，根据经济基础决定上层建筑的观点，经济上的二元结构必然要延伸和扩展到文化、生存条件及生活环境和生活观念等社会生活的方方面面。④因此，后来的诸多研究也逐渐出现了"二元经济结构""二元社会结构"等一系列名词，但均来自或者演化于"二元结构"概念，在许多时候它们往往被当作同一名词来使用。

许多人认为，中国的二元结构有其独特特点，与刘易斯所构想的那种在发展中国家普遍存在的二元结构有所区别。从根本上来说，中国的"二元结构"由城乡构成，社会的二元结构与经济的二元结构紧密联系在一起，与二元经济理论中的基本条件和设定基本一致。中国的二元结构主要由城市和农村两个部分来体现，主要体现在城市与农村的关系上。中国农村经济的重要特征就是低下的劳动生产率和大量剩余劳动力的存在；而城市经济则体现为采用先进的生产方式和较高的生产率及就业率，符合现代部门的特点。从整个国家经济特征看，城乡差距最为显著，最能体现二元结构现象。城乡二元结构最为显著的是城乡户籍管理制度、资源配置制度，以及其所影响形成的独具特色的身份制度，这种身份制度在很大程度上是国家行政权力对社会资

---

① 陈宗胜.经济发展中的收入分配[M].上海：上海三联书店，上海人民出版社，1994：322.
② 李克强.论我国经济的三元结构[J].中国社会科学，1991（3）：65-81.陈吉元等.中国的三元经济结构与农业剩余劳动力转移[J].经济研究，1994（4）：14-22.
③ 张培丽.超越二元经济[M].北京：经济科学出版社，2009：76.
④ 周世杰.城乡二元结构下我国义务教育投资的差别研究[D].苏州大学，2007（10）.

源进行不公正分配而人为导致的一种制度性安排。通过二元户籍制度和其他一系列有差别或者不平等的制度体系，将农村人口和城市人口加以区别，这导致他们在劳动、收入、消费、教育、生活等方面存在着巨大的差异。

前述重工业优先发展战略及其政策措施的实施，在一定程度上保证了我国的高资本积累率和工业体系的快速形成，并对我国经济社会的发展产生了长期的影响。在特定历史条件下，依靠高度集中计划的资源配置模式，薄弱的农村和农业为城市和工业化积累了资金，支撑起了一个起点低、追赶型的工业体系，我国经济也得到了一定发展，但其弊端也是显而易见的。在整个计划经济时期，以价格"剪刀差"形成的农村资源向城市转移的价值在6000亿—8000亿元，[①]使城乡处于不同的发展水平上，导致了差距的扩大。一系列的经济政策加剧了现代部门与传统部门之间生产率水平的差异，成为城乡二元结构分割的重要基础，也导致了城市和农村处于不同的发展地位。割裂的城乡二元结构也造成中国的城镇化严重滞后于工业化，使得这一时期的城乡关系深陷牺牲乡村、发展城市和工业的困境。1980年，我国城市化率仅达到19.4%，远低于其他国家同样经济发展阶段上的城市化水平。国家工业化时期虽然有结构转变，但整个中国并未真正摆脱费孝通意义上的"乡土中国"，它作为现代中国的第一个结构转变阶段，仍然是一个"不松动乡土的结构转变"。[②]尤为严重的是，城乡二元结构造成了一个断裂的社会，长时期里中国存在的许多问题，多渊源于这种不合理的制度安排。

四、城乡二元结构社会的变化

1978年，在几十年政治运动的满目疮痍中，执政党中一批正直忠勇之士

[①] 蔡昉，林毅夫.中国经济：改革与发展[M].北京：中国财政经济出版社，2003：121.
[②] 刘守英，王一鸽.从乡土中国到城乡中国——中国转型的乡村变迁视角[J].管理世界，2018, 34（10）：128-146+232.

挺身而出，响应人民和历史的呼声，掀起真理标准大讨论，大规模平反冤假错案，冲破束缚生产力发展的生产关系和上层建筑，国家前途和个人愿景都洒满了阳光……这一年的变化，很多老百姓特别是年轻人从日常生活中，感受到一种前所未有的自由和祥和。① 也是这一年的 12 月，中国共产党第十一届中央委员会第三次全体会议在北京举行，全会决定把全党的工作重点转移到经济建设上来，实行对外开放政策，揭开了中国历史崭新的一页。中国共产党处理城乡关系的思路发生重大变化，城乡关系不断调整。

（一）经济体制改革改变了城乡

我国的经济体制改革是从农村开始的，农村经济体制改革的第一步，就是实行家庭联产承包责任制。1982 年 1 月 1 日，中共中央批转《全国农村工作会议纪要》（又称 1982 年中央一号文件，以下简称《纪要》），《纪要》从政策的高度肯定了家庭联产承包责任制。1982 年到 1986 年，连续五个中央一号文件下发，联产承包责任制被逐步深化确认，并在全国推开。农村家庭联产承包责任制是继土地改革、人民公社化之后具有重大意义的第三次土地制度改革，是我国农村经济体制改革最成功的一招。② 与此同时，人民公社政社合一体制的弊端凸显，1982 年，五届全国人大二次会议修改《宪法》时，作出了改变农村人民公社政社合一的体制、重新设立乡政权的决定。截至 1984 年底，全国各地农村基本完成了人民公社体制的变革，恢复了乡镇政府的建制。

生产机制的改革极大地调动了农民的生产积极性，大大推动了农村生产力的发展。统计资料表明，在 1978 年—1984 年间，按不变价格计算的农业总增长率和年均增长率分别为 42.23% 和 6.05%，是 1949 年新中国成立以来

---

① 祝华新.1978，真舍不得你走 [EB/OL].（2018-12-29）[2023-05-25]. https://zhuhuaxin.blog.caixin.com/archives/195720.

② 许经勇.中国农村经济制度变迁六十年的回顾与思考[J].天津行政学院学报，2009，11（5）：5-9.

农业增长最快的时期。其中家庭联产承包责任制的贡献为 46.89%，远远高于提高农产品收购价格、降低农用生产要素价格等其他要素所作的贡献。① 这个时期，城乡收入差距持续缩小。而且，农村居民收入和消费增幅远超城市居民，1978年—1985年，农村居民人均收入和消费增幅分别为169%和94%，而同期城镇居民收入和消费增幅分别只有98%和47%。城乡收入比从2.57∶1迅速缩小至1.71∶1。得益于中国农民的伟大探索以及党和国家的伟大改革，"三农"问题得到初步改善，城乡关系向好发展。②

国有企业的改革与农村改革同步展开。1984年《中共中央关于经济体制改革的决定》颁布，开启了国有企业改革的历程。改革传统计划管理体制，给予国有企业自主权，即所谓的"放权让利"成为国有企业改革的第一步。1986年国有企业股份制改革在部分中小企业试点，1987年起国有企业普遍推行经营承包制。与此同时乡镇企业迅速发展，农村集体企业、个体企业、私营企业得到迅速发展。1985年1月中共中央、国务院发布《关于进一步活跃农村经济的十项政策》，指引农村经济步入有计划的商品经济的轨道，开始向专业化、商品化、现代化的方向发展。如果说家庭承包制从"一统天下"的计划经济体制上打开了一个缺口，那么兴起于20世纪80年代中期的乡镇企业则是在被打开缺口的计划经济体制下，依靠农民自发的力量，迅猛发展农村工业与其他非农产业，使我国改革不可逆转地朝着市场化的方向演变。③正是这些冲击导致了计划经济体制逐步失去阵地，最终不得不趋于解体。④

20世纪80年代中期，两部门的比较劳动生产率及二元对比系数比较平稳。但从1988年开始，由于农业比较劳动生产率的降低、乡镇企业的增长

---

① Lin Justin Yifu. Rural Reforms and Agricultural Growth in China [J]. American Economic Review, 1992, 82（1）：34-51.
② 吴丰华, 韩文龙. 改革开放四十年的城乡关系：历史脉络、阶段特征和未来展望[J].学术月刊, 2018, 50（04）：60-61.
③ 许经勇.中国农村经济制度变迁六十年的回顾与思考[J].天津行政学院学报, 2009, 11(5)：5-9.
④ 厉以宁. 计划经济体制与中国经济体制改革 [J]. 中国发展观察, 2008（8）：30-32.

趋于缓慢、城市中出现了第二次产业结构的调整等原因，导致了二元对比系数的降低，城乡差距扩大。在企业经营体制改革的背景下，企业收入分配制度改革也得以深化，职工工资进一步提高，如国有企业改革中职工的各种补贴、奖金等非工资收入膨胀，机关事业单位的工资收入也不断增加。新型社会保障制度逐步建立，养老、医疗、失业等社会保障制度也都惠及市民，[①]城市处于加速发展时期。此阶段，虽然农村居民收入继续增长，但城乡人均收入比率仍由1985年的1.86扩大到了1993年的2.8，城乡收入差距拉大。基于户籍区别的城乡社会保障、社会福利、公共服务等制度基本没有变动。[②]

1992年春天，邓小平视察武昌、深圳、珠海、上海并发表重要谈话，从理论上回答了一系列关于中国改革发展的重大认识问题，把改革开放和现代化建设推向了新的发展阶段。1992年10月，党的十四大明确提出我国经济体制改革的目标是建立社会主义市场经济体制，我国开始进入建立社会主义市场经济体制的新阶段。中国共产党在构建社会主义市场经济体制的进程中，从土地制度、户籍制度、就业制度、社会保障制度等多个方面着力改革，逐步放松了对城乡要素流动的行政管制和直接管控，有效破解了城乡二元体制，实现了市场在城乡关系调节中的基础性地位。[③]这一时期，建立社会主义市场经济体制目标的提出，推动城乡要素交流范围和规模进一步扩大，城乡联系显著增强，但资源要素仍以农村向城镇单向流动为主。[④]自市场化取向改革以来，中国经济增长表现优异，但与此并存的却是中国城乡差距不断拉大和城乡对立逐渐固化的过程与状态，表现为城乡收入差距逐渐拉大，城乡要素流动并不顺畅，城乡基础设施和公共服务提供水平差别明显，城乡社

---

① 蓝海涛. 我国城乡二元结构演变的制度分析[J]. 宏观经济管理, 2005 (3): 47-49.
② 罗志刚. 中国城乡关系政策的百年演变与未来展望[J]. 江汉论坛, 2022 (10): 12-18.
③ 解安, 覃志威. 中国共产党城乡关系探索的百年历程与基本经验[J]. 理论探讨, 2021 (06): 47-54.
④ 刘东生. 建党百年我国城乡关系的历史演变及启示[J]. 农村经济与科技, 2021, 32 (21): 210-212.

会面貌反差极大，城乡生活方式存在明显先进与落后的差别。①

工人和农民的关系、城市和农村的关系、工业与农业的关系是中国社会的基本关系，如何协调和处理好它们之间的关系，涉及中国社会经济发展最基本的战略选择。②改革开放以后，政府放弃了重工业优先的经济发展战略，而代之以比较优势战略。经济发展战略的转变使内生于发展战略的经济体制也随之调整，中国由此开始了从计划经济向市场经济的转型。在这一进程中，改革开放前形成的城乡二元体制不断被打破，城乡关系的调整成为推动中国社会经济发展的重要力量。③20世纪80年代中期以来，中央—地方的不完全分权与政府—居民的不完全分权相互叠加，导致城乡差距持续拉大。④

1997年亚洲金融危机爆发，国内外经济环境发生深刻变化，就业形势严峻，国有企业下岗人员大幅增加。为了保持经济稳定，经济政策进行了战略性调整，大量国债资金投到城市基础设施建设，企事业单位职工工资持续增加，城市居民最低生活保障标准上调，各项政策再度向城市倾斜。同时，非公有制经济的发展，给城市增添了新的活力，适应社会主义市场经济的社会保障体系和以按劳分配为主体、多种分配方式并存的收入分配制度逐步形成，市场化的住房改革和医疗改革体系逐步确立，提升了城市生活的水平。另一方面，20世纪80年代末90年代初，中央财政陷入严重困难，财政收入占GDP的比重和中央财政收入占整个财政收入的比重迅速下降。为了改变"弱中央"的状态，1994年正式实行分税制改革，这一制度框架加强了中央的财政能力，产生了一系列正面效应，同时也逐渐积累了一些负面问题，如分税制后地方财政能力减弱，尤其是乡镇政府的财力大幅削减，导致农村公共基础设施长期得不到改善；农村公共产品如义务教育的供给需农民自己承

---

① 吴丰华.中国近代以来城乡关系变迁轨迹与变迁机理（1840-2012）[D].西安：西北大学，2013（10）.
② 刘应杰.中国城乡关系演变的历史分析[J].当代中国史研究，1996（02）：10.
③ 张海鹏.中国城乡关系演变70年：从分割到融合[J].中国农村经济，2019（03）：2-18.
④ 高帆.中国城乡经济关系的演变逻辑：从双重管制到双重放权[J].学术月刊，2012，44（06）：71-79.

担；由于"集体"经济的缺失，"集体"的缺位，社会保障体系与农民无缘。乡镇基层政府的财权小与事权大的窘境，使得它们将压力转嫁到农民身上，对农民进行乱收费、乱摊派，导致农民负担加重，农民增收缓慢。数据显示，1997年以来城镇居民收入迅速增长，并且城镇居民人均可支配收入指数于2007年超过农村居民，城乡收入差距逐年扩大，城乡二元分化日益明显。

（二）城镇化进程型塑了城乡

1978年后，沉寂多年的城镇化再次启动。1978年—1984年，因为知识青年和下放干部返城就业、高考恢复、城镇集贸市场开放和迅速发展、城市加大建设投入等多方面原因，中国城镇化一改多年徘徊不前的状态，从1978年的17.92%提高到1984年的23.01%。[①] 随着农村非农产业的快速发展，小城镇成为带动农村经济和社会进步的重要力量。20世纪90年代以来，一方面是现代化、工业化的牵引，另一方面是大量农村人口进城的愿望推动，中国城镇化进入快车道，并经历了人类历史上最大规模的城镇化进程，深刻改变了中国城市和乡村的面貌。著名经济学家、诺贝尔经济学奖得主斯蒂格利茨曾将中国城镇化与新技术革命称作影响21世纪的两件大事。

在中国城镇化突飞猛进的时期，到处是林立的吊车和脚手架，无数的城市高楼如雨后春笋般拔地而起。而中国城镇化过程中一个最独特的现象，是城乡之间大规模流动人口的存在。这一世界历史上最为壮观的城乡人口流动浪潮自20世纪90年代开始显现，进入21世纪后在短时期内急剧扩张。与世界上其他国家相比，中国城镇化过程中的流动人口不仅规模巨大，更独特的是这一规模巨大的流动人口长期"漂泊"于城乡之间，形成"候鸟式"流动状态，而未逐步在城市扎根下来。[②] 城市迅速崛起的同时是大量村庄的消失，

[①] 吴丰华，韩文龙.改革开放四十年的城乡关系：历史脉络、阶段特征和未来展望[J].学术月刊，2018，50（04）：60-61.

[②] 焦长权.从乡土中国到城乡中国：上半程与下半程[J].中国农业大学学报（社会科学版），2022，39（02）：22-39.

是"大国空村"。"大国空村"掐断了乡土教育的根,从乡村中生长出来的中华文化的根失去了滋养。

这个时期中国农村的社会结构发生了巨大变化,形成了一种被称作"原子化(atomization)""隔离化"的现象。20世纪的中国革命、市场经济及家庭联产承包责任制的推行,动摇了农民一致行动的村庄基础,相互之间的合作越来越困难,农民日益原子化。[1] 20世纪80年代以来,随着"一刀切"的分田单干政策的全面推行,人民公社解体了。随之而来的是村庄共同体和村庄共同利益逐步弱化、消失,村庄之上的维系力量(如传统的宗族力量和村民自治)并未能逐步复活和迅速生根发芽,村庄成了单个的孤立的个体,农民成了一个个的"理性小农"。随着农村生产方式的转变,村庄、村民的社会联系方式也在发生变化,相互之间的社会关联度降低。这使得村庄和村民的集体意识减退,协作的意识和能力下降。[2] "原子化"概念,以贺雪峰、吴毅为代表的"华中乡土派"使用最为频繁。[3]

这个时期城乡关系出现了微妙的变化,体制性障碍虽然不断被突破,但城乡二元结构关系并未发生根本性变化,城市化成为国家发展的一个重要路向。无论是国家的投资重点,还是公共基础设施的布局、社会保障和福利制度的投入,城镇获得的要远远超过乡村。[4] 随着改革向城市拓展,价格体制改革、财税体制改革、流通体制改革、用工体制改革、住房体制改革、医疗体制改革等陆续实施,城乡要素加速自由流动,资源大幅度向城市倾斜,农村剩余劳动力流入城市,农民工投入城市建设,为城市发展创造了巨大的人口红利,农用地转为非农用地,被城市用来开发房地产,使城市获得农用地转用的土地增值红利,城市迅速繁荣,农民继续以农业税的形式对城市发展作

---

[1] 郝涛.农民原子化的后果及对策[J].许昌学院学报,2005(06):122-124.
[2] 娄世桥.慎防村庄原子化阻滞中国现代化[J].中国乡村发现,2007(6):31-34.
[3] 周大鸣,廖越.我们如何认识中国乡村社会结构的变化:以"原子化"概念为中心的讨论[J].广西师范学院学报(哲学社会科学版),2018,39(4):74-81.
[4] 邓玲.中国共产党引领城乡关系发展的逻辑理路及实践进路[J].理论导刊,2023(01):22-28+58.

出巨大贡献，大量的资金要素从农村单向流入城市，城乡要素配置不均，进一步拉大了城乡差距，城乡二元结构进一步固化，城乡失衡严重。①

城乡二元体制导致了"三农"问题的产生，即农民收入低、增收难、城乡居民贫富差距大；农村面貌落后，经济不发达；农业产业化程度低，生产率低下。改革开放虽然首先从农村开始，但由于转型期深层次的体制和制度障碍，长期实施的挤压农业、挖农业补工业的政策并没有得到有效的调整，城乡二元结构的刚性矛盾依然存在。为了促进国民经济持续、快速、协调、健康发展，遏制城乡二元分化的加剧，减轻农民负担，国家采取了一系列措施。2000年，国务院安排在安徽省率先进行农村税费改革试点。2003年3月，国务院发出《关于全面推进农村税费改革试点工作的意见》，农村税费改革在全国全面实施。2005年12月29日，十届全国人大常委会第十九次会议高票通过决定，自2006年1月1日起废止《中华人民共和国农业税条例》，结束了中国两千多年"皇粮国税"的历史，大大减轻了农民负担。

（三）户籍制度改革的不断推进

改革开放以来，伴随着城乡关系的变化和大范围、高频次的城乡要素流动，国家逐步放松城乡劳动力自由流动的限制，开始户籍制度改革。1984年的中共中央一号文件"允许务工、经商、办服务业的农民自理口粮到集镇落户"。同年10月国务院发出《国务院关于农民进入集镇落户问题的通知》，规定对申请到集镇落户的农民和家属，发给《自理口粮户口簿》，统计为"非农业人口"。这两个通知揭开了中国户籍改革的序幕。②1985年7月，公安部颁布《公安部关于城镇暂住人口管理的暂行规定》，"农转非"内部指标定在每年万分之二。同时，作为人口管理现代化基础的居民身份证制度于1985年9月宣布实施。1992年后，户籍制度改革主要有两个方面：一是随着

---

① 唐任伍. 中国共产党百年城乡关系探索[J]. 人民论坛，2021（36）：33-37.
② 张英红. 户籍制度的历史回溯与改革前瞻[J]. 宁夏社会科学，2002（3）：103-107.

各地开发区的纷纷建立，全国出现了"卖户口"热潮，范围主要集中在小城镇和县城的开发区内；二是蓝印户口随着"当地有效城镇居民户口制度"出台应运而生，因这种户口簿印鉴为蓝色，故称"蓝印户口"。①1993 年 2 月，国务院发布《关于加快粮食流通体制改革的通知》，各地相继取消了城镇口粮定量供应制度。至此，支撑二元结构的人民公社制度、统购统销制度、就业保证与福利供给（票证）制度，均已经废除。同城市户口制度紧密结合的粮本与粮票失去了作用，凭票供应成为往事，物资匮乏、户口与粮油供应密切相关的年代离中国人越来越远，粮票成为收藏品，成为许多人关于那个年代的记忆。

1994 年，国家又取消了户口按商品粮的标准划分，改为以居住地和职业进行划分，并建立常住户口、暂住户口、寄住户口三种户口登记制度。1997 年 6 月、1998 年 7 月，国务院先后批转了公安部《小城镇户籍管理制度改革试点方案和关于完善农村户籍管理制度的意见》《关于解决当前户口管理工作中几个突出问题的意见》。2000 年 6 月，中共中央、国务院发出《关于促进小城镇健康发展的若干意见》，明确从 2000 年起，在小城镇（含县城）有合法固定住所、固定职业和生活来源的农民，均可根据本人意愿转为城镇户口。②2001 年 3 月，国务院批转了公安部《关于推进小城镇户籍管理制度改革的意见》。在此情况下，很多小城镇和中等城市基本放开了户籍限制，不少大城市也放松了外地人口落户的限制。人口迁移变得相对自由，城镇化快速发展，中国城镇人口比重由 1985 年的 23.71% 提高到 2002 年的 39.09%。

但总的来说，因为户籍制度改革涉及就业、教育、医疗和社会保障诸方面，大中城市的户籍改革举步维艰，突破性的改革措施十分有限。大中城市各自为政的户籍改革还只是停留在有利于引进人才和引进资金的"实用主

---

① 周作翰，张英洪.解决三农问题的根本：破除二元社会结构[J].当代世界与社会主义，2004（3）：70-74.

② 周作翰，张英洪.解决三农问题的根本：破除二元社会结构[J].当代世界与社会主义，2004（3）：70-74.

义"阶段,远远没有上升到公民居住和迁徙自由的宪政层面上来。①构成二元社会结构核心制度的户籍制度、就业制度、教育制度和社会保障制度未有根本性的改变。改革开放以来,中国经历了世界上前所未有的工业化、城市化进程。数以亿计的农民进入城市,很多人成为新市民,过上了城市人的生活。但是长期形成的城乡二元结构、户籍制度等仍然有形无形地阻隔着中国的城市和农村。他们的身份仍是农民,不被自己用辛勤劳动和汗水建造起来的繁华都市所容纳,他们在收入、养老、医疗、子女教育等诸多方面得不到应有的保障,处于边缘化的状态。②

(四)公共服务与政策的"城市偏向"

迈克尔·利普顿(Michael Lipton)认为,自20世纪80年代以来,许多发展中国家通过"城市偏向"的政策向城市居民或组织分配过多的资源与公共服务,以至于不仅影响了经济运行,且产生了诸多的不公平现象。这种"城市偏向"主要表现为价格偏向和支持偏向,前者主要是指发展中国家通过补贴、高估汇率等价格手段,扭曲了正常的价格机制,造成了农产品低价与工业品高价的"剪刀差"现象;而后者主要表现为教育、医疗、道路等公共服务的配置更多向城市地区和居民倾斜,③从而造成了城乡间公共服务供给的巨大差异。中国的情况尤其特殊。有人曾经用"一个中国,两种制度"来概括"真正的中国"。这"两种制度"不是指"一国两制",比如内地和香港,而是指过去50年中国内地长期形成的城乡居民的两种身份制度、教育制度、就业制度、公共服务制度和财政转移制度,以及两种差异甚大的生活

---

① 吴丰华,韩文龙.改革开放四十年的城乡关系:历史脉络、阶段特征和未来展望[J].学术月刊,2018,50(04):60-61.

② 吕庆春,伍爱华.社会转型期教育的阻隔、倾斜、缺失与对策——基于城乡"二元"结构体制的视角[J].辽宁教育研究,2007(10):13-15.

③ Lipton M.1977. Why poor people stay poor: Urban bias in world development [M].Harvard University Press, Cambridge, MA.

方式。①城乡二元体制的运行，导致在诸多方面是两套政策：对城市是一套政策，对农村是另一套政策。几十年下来逐渐固定化，加上户籍制、身份制，就形成了"城乡分治，一国两策"的格局。②城乡矛盾是中国社会的基本矛盾之一。这一基本矛盾突出表现为城乡二元经济社会结构，表现为城乡居民两大利益集团的矛盾，城乡社会存在明显的差异性和不平等性。③

总体上看，中国城乡公共产品供给制度的形成及其模式变迁、管理体制、供给水平的巨大差异，与中国的二元社会、二元经济和二元政治制度的变迁都是相一致的。城乡公共产品供给制度的差别主要体现在公共产品的资金投入或者成本分担的二元性，这是在城市和农村分别采取不同的供给方式的一种制度安排。其基本特点是：城市的公共需要主要靠全体居民（包括农民）所缴纳的法定税费来满足，而农村的公共需要却只能由全体居民所缴纳的法定税费来满足一部分，相当大的一部分要靠农民在缴纳法定税费之后，再额外缴纳费用、集资等来满足。④我国城乡二元的发展差异导致二者对公共产品的供给能力存在较大的差别，这种非均衡的供给制度导致公共产品供给水平的城乡差异，造成农村公共产品的严重短缺。

在城乡二元结构背景下，公共政策的一个显著特征就是"城市偏向"，以城市为中心，优先满足甚至只体现城市人的利益，农民在政府服务、基础设施、生产资料供给、粮食销售、燃料、住宅等方面均处于被忽视的境地。国家每年为城镇居民提供养老、医疗、失业、救济、补助等各类社会保障，而农民生老病死伤残几乎没有任何保障。⑤有研究通过考察改革开放前后中国不平等的状况，认为中国城乡之间的差距尽管不同的时期表现不同，但总体上巨大，政策的"城市偏向"明显。1978年之前，与重工业优先发展相配

---

① 胡鞍钢. 加入WTO后的中国农业和农民[J]. 群言, 2002(6): 4-6.
② 陆学艺. 走出"城乡分治 一国两策"的困境[J]. 读书, 2005(5): 3-9.
③ 陈敬朴. 农村教育概念的探讨[J]. 教育理论与实践, 1999(11): 39-43+57+6.
④ 何振一. 关于城乡二元结构下农村财政困难的深层思考[J]. 地方财政研究, 2004(01): 4-8.
⑤ 廖芳柳. 城乡一体化格局下农村社会保障的变迁——以武汉市农村为例[J]. 湖北文理学院学报, 2012(07): 49-52.

套的一些干预政策导致了稳定的"城市偏向"。改革开放以后,城乡差距的周期性变化则主要导源于城市利益集团的压力以及传统经济体制遗留的制度障碍。① 还有研究认为,中国现代化进程中的"城市偏向"政策在改革开放前主要源于特殊的政治原因,而改革开放后"城市偏向"政策延续的动力主要不是来自普通市民对国家政治系统的压力,而是来自管理者阶层,不过这种偏向随着社会福利水平的相对下降而逐步消失。②

自1958年户籍管理制度实施以来,城乡间在长期的经济社会发展中形成了两大利益集团,在其他因素不变的情况下,两大利益集团的力量对比就直接决定了政策的偏向。城乡分离的二元结构体制使得农民在公共政策制定方面处于劣势。农民作为国家的公民和社会利益的群体,缺乏制度性的利益表达渠道。农民代表在全国人大的立法过程中几乎没有声音,几十年中人民代表大会代表名额分配情况可以充分说明这一点。1982年修订的《中华人民共和国全国人民代表大会和地方各级人民代表大会选举法》第十四条规定:"省、自治区、直辖市应选全国人民代表大会代表的名额,由全国人民代表大会常务委员会按照农村每一代表所代表的人口数八倍于城市每一代表所代表的人口数的原则分配。"1986年修订的《中华人民共和国全国人民代表大会和地方各级人民代表大会选举法》第十四条仍然这样规定。1995年修订的《中华人民共和国全国人民代表大会和地方各级人民代表大会选举法》第十六条规定:"省、自治区、直辖市应选全国人民代表大会代表的名额,由全国人民代表大会常务委员会按照农村每一代表所代表的人口数四倍于城市每一代表所代表的人口数的原则分配。"③

这种情况直到2010年前后才发生变化。2010年全国"两会"审议通过的《中华人民共和国选举法》修正案,最大的亮点是确立了城乡同票同权原

---

① 蔡昉,杨涛.城乡收入差距的政治经济学[M].北京:中国社会科学,2000(4):11-22.
② 楚成亚,刘祥军.当代中国城市偏向政策的政治根源[J].当代世界社会主义问题,2002(04):75-81.
③ 周世中.关于农民宪法权利的几点思考[J].河北法学,2005(10):14-17.

则，4∶1 的差别代表制完全由 1∶1 的比例代表制所替代，"四个农民等于一个城里人"的历史终于终结。选举平等、同票同权的实现，对中国社会产生了深远影响。

政治经济制度的性质决定着教育的性质，有什么样的社会关系，就会有什么样的教育制度；教育制度的生成受一定社会的政治、经济和文化的影响与制约，也在实际上从一个侧面反映了整个社会、经济、政治变革的内在逻辑。制度的设计不是随心所欲的，其要受到相应的制度环境的制约。制度环境是指一个国家最基本的制度规则，包括社会政治、经济和法律等基础规则，也包括千百年来所形成的社会文化心理和民族习俗等非正式规则。制度安排则是"在制度结构之内进行的社会相互作用"，是指游戏本身，也是有规则的。但它的性质、范围、进程都为制度环境这一相对基本的游戏规则所决定。[1] 影响教育政策制定的因素很多，政治因素、经济因素、文化因素、社会因素、人口因素、自然环境乃至国际环境等，都影响着教育政策的制定。

城乡二元结构背景下的教育政策有如整个中国社会的现实，城市和农村的教育政策属于两个不同的体系，政策的理念、目标、取向都很不一样，甚至是"一个政策，两种表达"，也就是说用来表达城市教育和农村教育的政策话语常常不同。在城乡二元结构背景下，农村教育被认为是一种有别于城市教育的现象而存在。在传统的教育学语境中，农村教育是指发生在农村、以农村人口为对象并为农村经济和社会发展服务的教育。显然，这一指谓明确界定了三个问题：教育发生的地域是农村，教育的对象是农村人口，教育的服务面向是农村经济社会。由此可以清楚地看出，此种含义的农村教育既是一个与城市教育相对应的概念，又是区别于城市教育的教育类型，具有明显的体制区分的意味。[2] 在农村教育与城市教育发展的问题上，一直存在不同的认识和观念，农村教育长期被认为是一种较低层次、较低水平的教育。因

---

[1] 罗建国. 我国高等教育集权管理体制生成逻辑分析 [J]. 大学教育科学，2009（5）：39-43.
[2] 王兆林. 反思与前瞻：城市化进程中的农村教育 [J]. 教育探索，2008（5）：30-32.

此在很长的一个时期里，既有缩小差别的愿望，又有默许差别存在的意识，人为地造就了两者有所区别的发展追求与目标。教育政策和制度的"城市偏向"又不断强化着教育的城乡二元性。长期实行"城乡分治，一国两策"教育政策的结果，是长时间里教育体系、教育制度存在着较为严重的城乡分野，以及农村教育与城市教育的巨大差距、城乡教育截然不同的面貌。

五、"乡土中国"到"城乡中国"

（一）中国社会结构的深刻变化

随着体制改革的深化、经济结构的变动和利益关系的重组，传统意义上的二元结构无论在内涵上还是在表现形式上都呈现出许多新的趋势，产生了诸多"叠加"现象。传统的行政主导型二元结构与新的市场主导型二元结构叠加在一起，城乡之间呈现出"多重二元性"的特征，这是城乡二元经济结构在当代中国社会的具体显现。[1] 有人将其称为"中国城乡二元结构的多重化演变"。[2] 还有一种城市内部的二元结构，被称为"新二元化"，是指在城市主城区和边缘城区之间，在产业布局、土地供给、资金支持、基础设施建设、公共服务和人口吸纳、人才集聚、人脉积累，以及就业创业机会、发展空间、市场环境等方面差距明显，分化失衡。新二元结构的主体由城乡间变成主城区和边缘城区之间，一段时间里城市社会中凸显的棚户区居民、农民工、"蚁族"、"蜗居"等群体问题，就是这种二元结构的反映。城乡二元结构导致中国"半城市化"现象严重。还有人指出，由于流动人口的大量存在，以往城乡分治的"二元结构"正在为城、乡和流动人口的"三元结构"所取代。[3] 也正是在这个时期，中国社会产生了一种"身份焦虑"。英国学者阿兰·德波顿在其著作《身份的焦虑》的中文版序言中说："新的经济自由使数

---

[1] 王学荣. 中国城乡二元经济结构的逻辑理路 [J]. 理论月刊, 2017 (11): 137-141.
[2] 王至远. 城乡二元结构转变与中国城市化战略 [J]. 经济学动态, 2004 (12): 48-50.
[3] 杨东平. 未来农村教育的新图景 [J]. 人民教育, 2015 (22): 32-35.

亿中国人过上了富裕的生活。然而，在繁荣的经济大潮中，一个已经困扰西方世界长达数世纪的问题也东渡到了中国，那就是身份的焦虑。"①再微观一点，在城乡二元的具体语境下来认识当代中国人的身份焦虑，那么阿兰·德波顿也许会看到，对身份确认更为急迫的应该是"进城农民"。②

> **异乡人**
>
> 　　也叫外乡人，相近的还有"都市外来者""城市异乡人"等，一个涵盖面很广泛的词组。伴随着市场经济的推进、社会的空前活跃和前所未有的工业化、城市化进程，流动成为中国人生活中最常见的一种现象，也造就了千千万万奔赴他乡谋发展的异乡人、外乡人。他们为了谋生，或是为了寻求更大的发展空间，从乡村涌向城市，或从城镇、小城奔赴大都市。他们遍布全国各地，操着不同的口音，背负着各自不同的压力和梦想，历经坎坷，屡遭磨难，倔强而坚强地生活着，在异乡经历着社会变迁，与城市一同成长。他们不仅有小裁缝、大学生、包租婆、进城农民、小商人、小职员、国企员工、诗人、小老板、青年知识分子、策展人、房产中介等，更有他们背后那苍茫潮水般的部分——农民、律师、服装设计师、大仙儿、官员、和尚、废品回收员、来北京看病的人、职高学生、保险推销员、流动摊贩、车间工人、艺术家、798的看客、交通协管员、货车司机……他们每一个的枝叶与根须，都在构造着我们的时代，以及我们时代的北京和中国……他们就生活在我们每个人的附近，或者就是我们每个人自己。他们或许是喜爱读加缪《局外人》（又译作《异乡人》）的人，是生活在别处的人。相比加缪的《局外人》，倒是

---

① ［英］阿兰·德波顿.身份的焦虑[M].陈广兴，南治国，译.上海：上海译文出版社，2007：1.

② 梁波.新世纪城乡叙事的文化与伦理困境[J].河北科技大学学报（社会科学版），2012,12(04)：54-59+83.

> 约瑟夫·寇德卡的系列摄影作品《吉普赛人》更能让人体会到"异乡人"这个词的丰富含义。不同的是,吉普赛人被人关注更多是因为他们迁徙流浪的生活方式,我们这些异乡人更多则或许在于那种精神状态,即某种程度的格格不入,在现实世界缺乏确定性的生活据点(比如户口、房子),在精神上也没有一个故乡,同时又总有一种思乡的冲动。
>
> (来源:青年作家子禾:书写一群没有故乡却总有思乡冲动的人[EB/OL].(2023-4-21). https://culture.ifeng.com/c/8PAXTAifvcE.)

这个时期中国社会阶层继续发生变化并出现了新的趋势:产业结构调整带动了社会成员结构的重组,产业革命导致社会结构的"智能化";市场化和城市化共同形成阶层分化的"合力";社会流动加快,"两栖人"减少,"身份"因素加快退出历史舞台;阶层之间的冲突并非注定引发重大外部性社会冲突。[1]有人认为这个时期中国进入了"新穷人"时代。根据鲍曼的解释,"新穷人"是"消费社会里的穷人,其社会定义或者说是自我界定,首先且最重要的就是有缺陷、有欠缺、不完美和先天不足的——换言之,就是准备不够充分的——消费者"。[2]

户籍制、单位制和身份制等制度化手段,形成牢固的城乡壁垒,完全将农民排除在了城市之外,充分保证工业化地区的发展地位,而忽略农村地区的发展,人为制造了城乡分离的二元社会。[3]二元结构在城乡之间建起了一道鸿沟,阻碍了中国经济社会的发展,很长时期里事实上造成了中国农民阶层的困窘,使农村成为经济穷困、文化贫瘠、法治落后的无人愿意留驻的地方,阻滞了中国从传统农业社会向工业化、城市化社会的转变,对社会公平

---

[1] 朱光磊.中国社会阶层演变的新趋势[N].北京日报,2010-04-12(18).
[2] [英]齐格蒙德·鲍曼.工作、消费、新穷人[M].仇子明,李兰译.长春:吉林出版集团股份有限公司,2010:85.
[3] 秦晖.中国城乡关系中存在着所谓"二元结构"吗//天平集[M].北京:新华出版社,1998:222-238.

和社会进步均有着极大的负面影响。城乡二元体制造成了一个城乡断裂的社会，困扰了中国亿万农民半个世纪，不仅深深地刺痛着每一位农民的心，而且拖累着东方大国的前进步伐，已经成为严重阻碍中国社会主义现代化建设的桎梏。城乡二元结构问题不解决，不但会造成一个城乡断裂的社会，甚至连城市本身的发展也会失去支撑和依托。[①]

虽然中国经济飞速发展，可是城乡之间依然有着巨大的差距，甚至鸿沟越来越大，导致中国发展中的大多数重点、难点都在农村，都在城乡之间。因此，这个时期关于城镇化和农村问题的讨论始终不绝于耳，成为政府、大众、媒体和专家学者热议的问题，"三农"问题也才非常清晰地摆在中国当代学术界和公共舆论界面前，得到了人们的普遍关注。"中国问题说到底是农村问题，这话也可以表述为，农村问题说到底是中国问题。因为认真面对'三农'问题会引发出诸如如何看待中国一百年的进程，如何看待中国的现代化与现代西方的关系，如何看待左翼和右翼思想交锋等一系列的重要问题。在上世纪末学术思想界已经出现了各种主义之争，出现了对市场社会的质疑之声，而'三农'问题的讨论则使各种争论有了明晰而重要的现实根据，也使争论避免了空疏、言不及义乃至无聊到进行人身攻击等现象。"[②]也正是这个时期，越来越多的人呼吁尽快破除城乡二元结构。

（二）中国城乡关系的历史性变迁

进入21世纪以后，中国经济持续快速增长，综合国力不断增强，初步具备了工业反哺农业的条件。基于中国城乡发展的现实，党和国家着手对城乡关系作出重大调整，从2000年开始就逐步推行农村税费改革，尝试改善城乡关系。中国共产党在促进城乡协调发展的实践中不断深化对城乡关系理论的

[①] 孙立平. 断裂——20世纪90年代以来的中国社会 [M]. 北京：社会科学文献出版社，2003：93.

[②] 薛毅. 乡土中国与文化研究 [M]. 上海：上海书店出版社，2008：602.

认识，形成了以统筹城乡发展为主要内容的城乡关系理论。①

真正从全局角度正视城乡二元问题、系统破除城乡二元体制，是党的十六大以后的事情。②党的十六大报告首次明确承认"城乡二元经济结构还没有改变"，首次提出"统筹城乡经济社会发展，建设现代农业，发展农村经济，增加农民收入，是全面建设小康社会的重大任务"。党的十六届三中全会通过的《中共中央关于完善社会主义市场经济体制若干问题的决定》，明确要求"建立有利于逐步改变城乡二元经济结构的体制"。党的十六届四中全会提出："综观一些工业化国家发展的历程，在工业化初始阶段，农业支持工业、为工业提供积累是带有普遍性的趋向；但在工业化达到相当程度以后，工业反哺农业、城市支持农村，实现工业与农业、城市与农村的协调发展，也是带有普遍性的趋向。""两个趋向"的论断为建立新型城乡关系奠定基调，标志着中国处理城乡关系的拐点到来。③2004、2005、2006年的"中央一号文件"，都明确提出要坚持"多予少取放活"的方针。

党的十七大报告强调："要加强农业基础地位，走中国特色农业现代化道路，建立以工促农、以城带乡长效机制，形成城乡经济社会发展一体化新格局。"党的十七届三中全会通过的《中共中央关于推进农村改革发展若干重大问题的决定》指出，"尽快在城乡规划、产业布局、基础设施建设、公共服务一体化等方面取得突破，促进公共资源在城乡之间均衡配置、生产要素在城乡之间自由流动，推动城乡经济社会发展融合"。党的十七届五中全会通过的《中共中央关于制定国民经济和社会发展第十二个五年规划的建议》提出，"按照推进城乡经济社会发展一体化的要求，搞好社会主义新农村建设规

---

① 张强，张怀超，刘占芳.乡村如何从衰落走向复兴[J].全球商业经典，2018（3）：62-69.
② 国务院发展研究中心农村部课题组.从城乡二元到城乡一体：我国城乡二元体制的突出矛盾与未来走向[J].管理世界，2014（9）：1-12.
③ 吴丰华，韩文龙.改革开放四十年的城乡关系：历史脉络、阶段特征和未来展望[J].学术月刊，2018，50（04）：60-61.

划,加快改善农村生产生活条件"。①中国共产党城乡关系探索进入"以工促农、以城带乡"阶段,城乡关系进入协调互动发展阶段。②

这个时期,中国的城镇化进入快车道。世界城市化的过程在21世纪初期达到了一个临界点,城市人口逐渐超过农村人口,2008年城市人口首次超过了农村人口,世界真正迈入城市化时代。③中国人口城镇化率在2011年跨越50%,人均GDP也超过5000美元,城乡关系变革的基本条件已经具备。④2012年,中国城镇化率超过52%,将近三成的农业户籍人口已经居住在城镇。历史上第一次城市人口超过乡村人口,标志着中国数千年来以农村人口为主的城乡人口结构发生了逆转,这可以说是中国现代化进程中的一件大事。

有人认为,世纪之交的中国仍然是一个典型的乡土中国,而当下则已经转变成了城乡中国。⑤此时的中国已经从以农为本、以土为生、以村而治、根植于土的"乡土中国",进入乡土变故土、告别过密化农业、乡村变故乡、城乡互动的"城乡中国"。⑥有人则提出了"城乡社会"的概念,以此概括在城乡关系这一维度上中国社会的特质。也有人将其解读为是从"乡土中国"到"城镇中国",从"乡土中国"到"城市中国"。根植于农耕文明的中华文明进入了城市文明、工业文明和信息社会时代。

也是这个时候,有一种叫乡愁的东西弥漫在中国社会,郁结在许多人的

---

① 国务院发展研究中心农村部课题组.从城乡二元到城乡一体:我国城乡二元体制的突出矛盾与未来走向[J].管理世界,2014(9):1-12.
② 唐任伍.中国共产党百年城乡关系探索[J].人民论坛,2021(36):33-37.
③ 陈恒.关于城市史研究的若干思考[J].华东师范大学学报(哲学社会科学版),2019(5):194-200.
④ 张海鹏.中国城乡关系演变70年:从分割到融合[J].中国农村经济,2019(3):2-18.
⑤ 焦长权.从乡土中国到城乡中国:上半程与下半程[J].中国农业大学学报(社会科学版),2022,39(02):22-39.
⑥ 刘守英,王一鸽.从乡土中国到城乡中国——中国转型的乡村变迁视角[J].管理世界,2018,34(10):128-146+232.

心头。乡愁产生于空间上和时间上的怀念家乡，是一种基于故乡记忆的情感。乡愁是对故乡的"记忆"与期望，也是对曾经生活之处的情感。[1] 乡愁自古就有，《诗经》里有，《离骚》里也有，屈原是对整个家国的乡愁。[2] 乡愁是一个永恒的主题，古今中外文人骚客都曾抒写乡愁之苦，并形成一个世代传承的精神信仰，去国怀乡，留恋故土，一切尽在不言之中……无数的游子对故乡凝结成一种情结，形成一种优秀的文学传统。到了近现代，与乡愁相关的文学艺术创作成为一种潮流和重要的现象。[3] 台湾著名诗人余光中曾经写过一千多首诗，其中写乡愁的占了十分之一。在席慕蓉那里，乡愁"是一支清远的笛/总在有月亮的晚上响起"，"乡愁是一棵没有年轮的树/永不老去"。乡愁源自乡土意识，既是漂泊异域的个体对既往生存空间的特有知觉形态，亦是其对往昔生活情境的怀旧审美心境。乡愁是将个人的乡土情结镶嵌于集体的记忆之中的。[4] 随着时代发展，人们对故乡的怀念成为具有普遍性和大众性的集体现象，因此当前对于"乡愁"的诠释也就由个人记忆演变为集体记忆。[5] 在现代化、城市化的大潮中，在"乡土中国"向"城乡中国"的起承转合中，乡愁成为无数中国人共同的心境、心绪。回不去的故乡，进不去的城。乡土的愈来愈远与在城市的无所依傍，引发了无数人的"乡愁"。

---

[1] 陆邵明.乡愁的时空意象及其对城镇人文复兴的启示[J].现代城市研究，2016（08）：2-10.
[2] 余光中.乡愁，是一种家国情怀[J].语数外学习（初中版），2023（01）：17.
[3] 罗海萍.余光中与席慕蓉的《乡愁》比较赏析[J].语文教学与研究，2022（02）：78-79.
[4] 李琦，闫志成.中国传统文化类节目的乡愁叙事及其意义生成[J].湖南师范大学社会科学学报，2022，51（01）：66-73.
[5] 陈白云，张云.乡愁视角下的集体记忆与景观小品研究综述[J].建筑与文化，2023（02）：211-213.

第二章　城乡中国的教育制度

本章从对制度的理解入手，运用新制度主义、制度变迁理论等，以基础教育管理体制、中小学办学体制、义务教育财政制度、学校制度为例，探讨城乡中国教育制度的演变及曾经的城乡二元性。鉴于政策与制度在外在形式上的重叠性、功能上的共同性、适用上的互补性，[1]行文中二者有时交叉使用。

一、制度及制度变迁理论

（一）制度

关于制度，不同时期、不同学科、不同人有不同的理解和看法。马克斯·韦伯把制度理解为人的一种行为规则，强调"制度应是任何一定圈子里的行为准则"。[2]罗尔斯将制度理解为一种公共的规范体系。[3]凡勃伦认为"制度实质上就是个人或社会对有关的某些关系或某些作用的一般思想习惯"。[4]诺斯认为"制度是一系列被制定出来的规则、守法程序和行为的道德伦理规范，

---

[1] 朱水成.公共政策与制度的关系[J].理论探讨，2003（3）：87-90.
[2] ［德］马克斯·韦伯.经济与社会（上卷）[M].林荣远，译.北京：商务印书馆，1997：345.
[3] ［美］罗尔斯.正义论.修订版[M].何怀宏，等译.北京：改革出版社，1999.原著者序P3.
[4] ［美］凡勃伦.有闲阶级论[M].蔡受百，译.北京：商务印书馆，2019：148.

它旨在约束追求主体福利最大化或效用最大化的利益的个人行为"。[1]康芒斯则把制度定义为集体行动对个体行动的控制。[2]米德认为"社会制度就是有组织的社会活动形式或者群体活动形式"。[3]吉登斯则把制度视为在社会总体中时空伸延程度最大的那些实践活动。亨廷顿认为,"所谓制度,是指稳定的、受到尊重的和不断重现的行为模式"。[4]奥唐奈则认为"制度是规则化的行为模式"。[5]这些理解在思维上的共同之处在于:都认为单独存在的个人无需制度,只有在"一定圈子"(一定数量的人)内部进行交往、行为、活动或者处理相互关系时才需要制度。[6]

"制度提供了人类相互影响的框架,它们建立了构成一个社会,或更确切地说,构成一种经济秩序的合作与竞争关系。"这种制度定义强调的是一种关系,是一种约束。当制度是一种或者一套行为规则时,这种规则就有正式与非正式之分。[7]正式制度是指人们有意识创造出来并通过国家等组织正式确立的成文规则,包括宪法、成文法、正式合约等;非正式制度则是指人们在长期的社会交往中逐步形成并得到社会认可的一系列约束性规则,包括价值信念、伦理道德、文化传统、风俗习惯、意识形态等。正式制度具有强制性、间断性特点,它的变迁可以在"一夜之间"完成。而非正式制度具有自发性、非强制性、广泛性和持续性的特点,其变迁是缓慢渐进的,具有

---

[1] [美]道格拉斯.C.诺斯.经济史中的结构与变迁[M].陈郁,等译.上海:上海三联书店、上海人民出版社,1994:225-226.

[2] [美]康芒斯.制度经济学·上册[M].赵睿,译.北京:华夏出版社,2017:80.

[3] [美]乔治·赫伯特·米德.心灵、自我与社会[M].霍桂桓,译.北京:华夏出版社,1999:282.

[4] [美]塞缪尔·亨廷顿.变革社会中的政治秩序[M].李盛平,杨玉生,译.北京:华夏出版社,1988:12.

[5] [美]基尔摩·奥唐奈.论委任制民主[A].刘军宁,编.民主与民主化[C].北京:商务印书馆,1986:687.

[6] 彭定光.中国特色社会主义制度伦理的内生性[J].云梦学刊,2022,43(02):75-83.

[7] 陈家刚.全球化时代的新制度主义[J].马克思主义与现实,2003(6):15-21.

"顽固性"。① 非正式制度是制度的一个重要方面，在进行相关的制度设计时，必须尊重非正式制度的作用。制度不仅包括正式的规则、程序或规范，而且还包括符号系统、认知规定和道德模板。②

（二）教育制度

教育制度是"一个国家各种教育机构和教育规范系统的总和"。它可分为三个层次：一是教育根本制度，主要指国家教育方针；二是教育基本制度，包括教育体制、学制和各种教育政策、法律与法规等；三是教育具体制度，指各种具体的教育行为规范、办事程序和运作机制，如教学管理制度、考试制度、评价制度等。③ 它包括教育制度环境和教育制度安排两方面，教育制度环境是指一系列用来指导教育生产过程的基本规则。教育制度安排是支配各个不同的教育单位之间可能合作与竞争方式的一种安排，即第一、第二个层面。制度环境的变化将决定着制度安排的变化，而制度安排则是制度环境的具体体现和延伸，即第三个层面。④

教育体制是指教育机构设置及其管理权限与有关制度的总和。教育制度与教育体制这两个概念是隶属与包容的关系。教育制度是指整个国家各种教育机构的体系，教育体制包容教育制度，而教育制度隶属于教育体制。教育体制的改革，其中就包括教育制度的改革。但是教育制度改革有其自身具有的更深刻的内涵，教育制度的创新必须以深化教育体制改革为条件。⑤ 教育机制是指教育现象各部分之间的相互关系及其运行方式，这些方式主要有如

---

① 张德淼，何跃军.西方行为法学研究的缘起、评价与发展[J].南京社会科学，2011（1）：90-96.
② 陈家刚.全球化时代的新制度主义[J].马克思主义与现实，2003（06）：15-21.
③ 陈乃林.以改革创新为动力推进终身教育体系构建[J].广州城市职业学院学报，2011，5(3)：46-51.
④ 肖雪.我国公共图书馆老年服务的制度设计与反思[J].图书情报工作，2013，57（10）：38-44.
⑤ 解延年.建立现代教育制度的探索[J].教育与现代化，1997（04）：5.

下三种基本类型和九种子类型：一是教育的层次机制，包括宏观、中观和微观三种机制；二是教育的形式机制，包括行政—计划式、指导—服务式和监督—服务式三种机制；三是教育的功能机制，包括激励、制约和保障三种机制。[①]具有更强客观性的教育机制与具有更强价值性的教育制度有着明显的区别，但也具有一定的联系。[②]我国长时间里习惯使用"体制"一词。

（三）新制度主义

新制度主义是相对于旧制度主义而言的。20世纪三四十年代，西方政治学发生了一次重大的研究范式转换——行为主义革命逐步兴起，行为主义研究范式兴起。这个时期的政治学家们由于受到自然科学的影响，决心将政治学建构为可验证、可量化、动态性的科学。[③]秉持现实主义、多元主义、精英主义取向的行为主义政治学者，借助宏大理论和实证方法，质疑传统政治研究的国家主义、历史主义、规范主义取向。[④]20世纪60、70年代，历史社会学以蓬勃之势向行为主义发起挑战，其历时性分析工具和反宏大理论立场为历史制度主义的诞生奠定了基础。[⑤]被历史制度主义学者奉为流派先驱的摩尔（Barrington Moore）强调历史情境和长时段社会结构的时间序列与因果机制，批评行为主义忽视制度、观念和文化因素的作用，同时指责结构功能主义对社会转型及其演化方式漠不关心。[⑥]西方社会科学领域重新发现

[①] 孙绵涛，康翠萍．教育体制改革与教育机制创新关系探析［J］．教育研究，2010，31（07）：69-72.

[②] 张旸，聂娇．近百年来中国共产党教育制度思想发展的本质特征和实践的成功经验［J］．当代教师教育，2019，12（02）：15-24.

[③] 李永洪，毛玉楠．理解制度：对政治学中制度研究范式的再思考——兼论新旧制度主义政治学的差异［J］．社会科学论坛，2010（03）：31-37.

[④] ［美］特伦斯·鲍尔，［英］理查德·贝拉米．《剑桥二十世纪政治思想史》［M］．任军锋，徐卫翔，译．北京：商务印书馆，2016：371-380.

[⑤] 马雪松．历史制度主义的发生路径、内在逻辑及意义评析［J］．社会科学战线，2022（06）：187-197.

[⑥] ［美］巴林顿·摩尔：《专制与民主的社会起源：现代世界形成过程中的地主和农民》［M］．王茁，顾洁，译．上海：上海译文出版社，2012：501-502.

了制度分析在解释现实问题中的地位和作用，进而形成了新制度主义分析范式。新制度主义深刻植根于社会科学的广阔视野与多学科交织的复杂脉络中，其经由经济学、政治学、社会学领域奠基性成果的梳理界定而形成基本的身份自觉意识，并在演进过程中从多元学科及其交界地带持续获得前进动力。[1]

美国学者彼特斯概括出了新制度主义分析范式的各种流派，这些不同学科、不同流派的制度研究共同建构了新制度主义的理论体系。豪尔和泰勒认为，在政治科学中至少有三种不同的新制度主义，即"历史制度主义、理性选择制度主义和社会学制度主义"。[2]理性选择制度主义、历史制度主义、社会学制度主义三大流派虽然大致分别对应经济学、政治学、社会学，但其作为跨学科研究范式在建构理论和凝练方法时延展的知识范围，实际上远远超出了这些基础学科的边界。[3]随着一大批以制度分析为方法的实证研究的展开，一批相关学者获得诺贝尔奖，制度分析方法迅速向各个学科渗透，成为20世纪80年代以来社会科学领域的一门显学。[4]

（四）制度经济学与制度变迁理论

制度经济学是把制度作为研究对象的一门经济学分支。它研究制度对于经济行为和经济发展的影响，以及经济发展如何影响制度的演变。[5]在西方经济学体系中，人们通常所指的制度经济学并不是指一个统一的经济学流派，而是指使用制度分析方法并分属于不同经济学流派的经济学家。这些经

---

[1] 王慧.新制度主义政治学的观念维度[J].宁夏社会科学，2023（01）：78-87.
[2] 陈家刚.全球化时代的新制度主义[J].马克思主义与现实，2003（6）：15-21.
[3] 王慧.新制度主义政治学的观念维度[J].宁夏社会科学，2023（01）：78-87.
[4] 魏姝.政治学中的新制度主义[J].南京大学学报（哲学.人文科学.社会科学版），2002（01）：63-71.
[5] 朱嘉明.元宇宙·制度设计·公共选择——如何解读元宇宙和all In[J].经济导刊，2022（2）：58-65.

济学家的一个共同特征,就是强调制度因素在经济学分析中具有重要意义。①就美国而言,制度经济学从旧制度主义、激进制度主义到新古典主义(新制度经济学),其主要代表性人物分别有凡勃伦和康芒斯(Veblen, T.B.and Commons, J.R.)、加尔布雷斯(Galbraith, J.K.)、科斯和诺思(Coase, R.H.and North, D.C.)。自20世纪70年代初以来,以诺思为代表的新制度经济学家,把制度看成是影响经济增长的主要因素和内在动因,认为制度变迁是社会经济发展的根本源泉。尽管新制度经济学继承了正统经济学的部分观点和假设,如经济人行为理论、理性人或有限理性人假设和成本—收益分析方法等,但新制度经济学对这些观点和方法均有所超越,如该理论认为,经济人行为理论并不能完全解释所有经济行为,"经济人行为特征并不足以解释历史上曾经发生过的许多重大事件以及社会上存在的利他行为"。②在与新制度经济学有关的制度分析框架中,制度安排被视为内生变量。制度安排可以是正式的或非正式的、长久的或暂时的。在制度分析框架中制度环境决定制度安排的性质、范围和进程等,制度安排也会反作用于制度环境。③

制度变迁理论是制度经济学的核心内容。制度变迁是指一种或一组制度发生变更、替代、调整甚至创造的过程或事实。制度变迁理论的核心观点之一就是制度变迁是推动社会经济发展的主要因素,制度变迁的效果主要由制度变迁的方式决定。按照制度变迁的动机、动力等分析,制度的变迁分为诱致性制度变迁和强制性制度变迁。诱致性制度变迁主要指人们发动制度变迁是受利益的驱使,在这个过程中,能够提供更多预期收益的制度被采纳的机会将高于潜在收益低的制度安排,它是一种自下而上的自发性的制度变迁,对变迁者要求很高。而强制性制度变迁则是由国家强制推行的,"由政府命令

---

① 马颖,余官胜.制度经济学从旧制度主义、激进制度主义到新古典主义:回顾与评价[J].经济思想史评论,2010(02):207-235.
② 卢现祥.西方新制度经济学[M].北京:中国发展出版社,1996:87.
③ 卢现祥.西方新制度经济学[M].北京:中国发展出版社,1996:19.

和法制引入和实行"。①

路径依赖是制度变迁中的一种现象,其思想最早来源于保罗·大卫与阿瑟对技术的经济学研究,他们指出率先采用技术经常具有报酬递增机制。由于某些原因,一些哪怕是相对落后的技术也可以凭借先发优势占据更多的市场份额,通过扩大规模降低单位成本。技术普遍流行导致学习效应提高,使用的人越多协同效应越发明显,而在市场上越流行就促使人们产生进一步流行的预期等等,这些原因使该技术有自我增强的良性循环机制,从而在竞争中胜过自己的对手。相反,一种即使相对先进的技术也会因为进入市场较晚而缺少足够的追随者等原因陷入困境,甚至"锁定"在某些恶性循环中难以自拔,最后被淘汰出局。也就是说,最后生存下来的技术可能不是最好的技术,一些很小的偶然事件常常会把技术发展引向特定的路径,不同的路径则会导致不同的结果。诺斯把这一思想"嫁接"到了制度变迁研究中。他认为在制度变迁中同样存在报酬递增和自我强化现象。制度变迁一旦走上某一路径,就会在以后的发展中沿着既定方向不断强化自己。沿着既定的变迁路径,经济或者政治制度变迁可能进入良性循环的轨道,也可能因为一些错误而陷入恶性循环之中。严重的话,某些制度还会锁定到无效率的状态之中而难以跳出来,除非有强大的外力作用或者依靠政权更替。②

路径依赖包括两种情况:其一,由意识形态引导的路径依赖;其二,由产权制度引导的路径依赖。③路径依赖意味着历史非常重要。人们过去的选择决定了他们现在可能的选择,任何制度创新都离不开一定的历史社会环境。④由于制度间的相互依存的复杂性与现实世界的多样性,全面地分析城乡二元

---

① [英]R.科斯.财产权利与制度变迁[M].上海:上海三联书店,1991:391-392.
② 明航.论民办学校发展的路径依赖和民营化[J].贵州教育学院学报(社会科学),2005(01):7-9+99.
③ [美]道格拉斯.C.诺斯.经济史中的结构与变迁[M].陈郁,等译.上海:上海三联书店、上海人民出版社,2002:53-54.
④ 段文斌,等.制度经济学——制度主义与经济分析[M].天津:南开大学出版社,2003:347.

社会结构问题的演变与存续,是异常困难的,但如果把研究的重点放在现实的制度结构上,则有助于把握与透析城乡二元社会结构问题的现状。

一部教育的发展和改革史,就是一部教育制度孕育和完善的历史。任何教育理想的实现、教育理念的落实、教育价值的践行以及教育系统的运行,都首先依赖于教育制度的建立、发展和完善。教育制度建设是教育改革和发展的秩序性、保障性和支撑性事业,规范和构筑着教育活动的发生和实践。①

二、基础教育管理体制的演变及特征

教育管理体制是一个国家在一定的政治、经济和文化制度基础上建立起来的对教育事业进行组织管理的制度和方式,涉及教育系统的机构设置、职责范围、隶属关系、权力划分和运行机制等方面,是整个教育体制得以构成和运行的保障。

中华人民共和国成立之初,教育制度致力于建立统一的人民教育事业。1949年9月,《中国人民政治协商会议共同纲领》明确提出了中华人民共和国的文化教育政策,确立了人民教育的政策与方针。与国家政权的性质和政治、经济制度相适应,借鉴"苏联模式",参照中华人民共和国成立前革命根据地和解放区的管理经验,通过接管、清理和改造旧教育,我国建立起了高度集中统一的教育领导和管理体制。在中央与地方的关系方面,主要以中央集中且直接管理为主;在政府与学校的关系上,主要以行政管理手段为主。②国家承担教育管理的主要责任,教育发展的决策权主要集中在中央,地方教育管理部门是中央决策的执行机构。国家及教育主管部门集举办权、办学权、管理权于一身,自上而下作出决策并进行管理,学校没有自主办学和

---

① 张旸,聂娇.近百年来中国共产党教育制度思想发展的本质特征和实践的成功经验[J].当代教师教育,2019,12(02):15-24.

② 陈立鹏,罗娟.我国基础教育行政管理体制改革60年评析[J].中国教育学刊,2009(7):1-5.

独立的决策权。[①]1952 年教育部颁发的《小学暂行规程（草案）》和《中学暂行规程（草案）》，规定小学由市、县政府统筹设置，公办和私立小学都由市、县教育行政部门统一领导；中学由省、市文教厅遵照中央和大行政区的规定实行统一领导，其设立、变更、停办要报大行政区文教部备案，并转报中央教育部备查。1954 年，政务院在《关于改进和发展中学教育的指示》中规定，中学实行统一领导、分级管理的原则。此后，基础教育管理体制多次经历了"中央集中统一领导"和"中央集权与地方分权相结合"的反复变化过程。

（一）基础教育管理权的"放"与"收"

高度集中统一的管理体制有利于有计划地发展教育事业，有利于集中配置资源和宏观调控，但难以调动地方的积极性，也不利于学校独立自主地发展。1956 年，毛泽东在《论十大关系》中提出要解决好中央和地方的关系问题。在教育方面主要是解决中央向地方放权的问题，强调要调动中央和地方两个积极性，下放教育权力，多种形式办学。1958 年，同其他各条战线一样，教育战线掀起了一场全国范围、声势浩大的教育"大跃进"，称为教育革命。其指导思想是以社会主义教育方针为指导，加强中国共产党对教育工作的领导，坚持群众路线，多、快、好、省地发展我国的社会主义教育事业。[②] 教育革命的主要内容之一便是改革教育领导管理体制，实行中央集权和地方分权相结合的原则。1958 年 8 月，中共中央、国务院发布《关于教育事业管理权力下放问题的规定》，提出要"改变过去条条为主的管理体制"，根据中央集权和地方分权相结合的原则，加强地方政府对基础教育的领导管理，地方在教育经费筹措及使用、教材编写、学校设置等方面拥有一定的自主权。可

---

① 钟青林，薛才琳.人力资本投资的制度特征矫正——以高等教育体制改革为例［J］.经济师，2005（1）：106-107.

② 何东昌.中华人民共和国教育史［J］.海口：海南出版社，2007：238.

将其视为我国基础教育管理体制的第一次变革，其特征是"放"。教育管理权的下放，调动了地方和学校办学的积极性，对各地教育事业的发展起到了积极作用。

随着教育管理权力的下放，各地教育事业迅速发展，但也出现了不少问题。教育事业的发展大大超出了国民经济的承受能力，特别是超出了我国还比较落后的农业生产发展水平，也超出了教育事业本身的发展可能。1960年国家遭受到严重的经济困难，为了扭转这一局面，中共中央提出了"调整、巩固、充实、提高"的八字方针，并制定了一系列的政策和措施。1963年以后，中央在总结教育"大跃进"经验教训的基础上，又逐步将中小学的管理权力上收。是年，中央批准公布《全日制中学暂行工作条例（草案）》和《全日制小学暂行工作条例（草案）》，收回地方可以修订教学计划、教学大纲和使用教材的权力，使基础教育的管理权又收归中央教育行政部门统一管理。[1]可以将其视为教育管理体制的第二次变革，其特征是"收"。

"文化大革命"期间，重视农村教育、基础教育的方针重新占据主导地位。与此相伴的是教育管理权的又一轮全面下放，基础教育的管理权下放到了最基层，农村的中小学下放至公社或大队一级，城市的中小学则下放到区或街道，许多城镇的中小学则由工厂接办。中小学校的管理体制发生了重大变化。[2]

1978年底，党的十一届三中全会召开，纠正"左"的错误，实现工作重心的转移。教育战线根据中央的统一部署，开始拨乱反正，恢复、整顿教育秩序。1978年，教育部重新颁发《全日制小学暂行工作条例（试行草案）》

---

[1] 陈立鹏，罗娟.我国基础教育行政管理体制改革60年评析[J].中国教育学刊，2009（7）：1—5.
[2] 1968年11月14日，《人民日报》发表了山东省嘉祥县马集公社教育组组长侯振民和公社教育组成员王庆余提出的《关于将公办小学下放到大队来办的建议》，并加上了编者按，公开征求对此建议的意见。"侯王建议"提出农村公办小学下放到大队来办的五大好处。还提出公办小学下放后，国家不再给教师发工资，改为记工分；在外工作的公办教师一律调回本大队。从当月15日起，《人民日报》以"关于公办小学下放到大队来办的讨论"为题开辟专栏，组织讨论。此后，全国大批公办小学被改为大队办，大批公办小学教师被强行下放回原籍，改拿工资为大队记工分、生产队分口粮。

和《全日制中学暂行工作条例（试行草案）》，明确"全日制小学由县（市属区）教育行政部门统一领导和管理。社队办的小学，可以在县的统一领导下，由社队管理"，"全日制中学由县以上教育行政部门领导和管理。社队办的中学，可以在县的统一领导下，由社队管理"。经过治理整顿，教育管理基本上恢复了"文化大革命"前实行的"统一领导、分级管理"的体制。①

（二）"分级管理"的基础教育管理体制

改革开放以后，我国的政治经济形势发生了很大变化。家庭联产承包责任制极大地解放了农村的生产力，农民收入大幅度增加，地方财政力量日益增强。同时，农村特别是村一级的行政机构仍有一些集体经济。在城市，随着国有企业的改革、私营企业和个体经济的出现，地方财政力量也日益增强。在这种形势下，充分利用、调动地方和人民群众办教育的积极性成为一个可行的选择。把一些办学权和教育管理权下放到地方，既是形势所需，也是形势所迫。

1985年是中国教育体制改革的分水岭。是年，改革开放以来第一次全国教育工作会议召开，《中共中央关于教育体制改革的决定》颁发。《决定》提出"把发展基础教育的责任交给地方，有步骤地实行九年制义务教育。实行基础教育由地方负责、分级管理的原则"。提出"必须从教育体制入手，有系统地进行改革，改革管理体制，在加强宏观管理的同时，坚决实行简政放权，扩大学校办学自主权，调整教育机构，相应地改革劳动人事制度，改革同社会主义现代化不相适应的教育思想、教育内容、教育方法"。此次教育管理体制改革的方向，概括起来说，就是中央放权给地方，地方也逐级放权直到乡镇，教育行政部门也放权给校长。这种称为"地方负责、分级办学、分级管理"的体制，其中心是强调地方责任。这可以看作我国基础教育管理体制的第三次变革。1993年的《中国教育改革和发展纲要》继续强调了"地

---

① 陈立鹏，罗娟.我国基础教育行政管理体制改革60年评析[J].中国教育学刊，2009（7）：1-5.

方负责、分级办学、分级管理"的体制。

（三）"以县为主"的基础教育管理体制

20世纪90年代，随着农村形势的发展变化和社会主义市场经济体制的建立，"地方负责、分级办学、分级管理"的体制呈现出诸多弊端。一是农村在实行家庭联产承包责任制后，集体积累已经不多，举办农村义务教育的责任实际上主要落在了农民身上，农民不堪重负。许多地方农村义务教育的经费得不到保障，拖欠教师工资比较严重，办学条件较差，越是贫困的地方，这种情况越严重。① 二是"分级管理"体制成为滋生腐败的土壤和温床。在经费管理上，由于"切块包干"，乡镇克扣、挪用教育经费的现象普遍存在，拖欠教师工资、贪污私分教育基建经费的现象时有发生。三是这种体制对教师队伍难以实行有效管理，不能把好教师质量关，乡镇教师队伍急剧膨胀，不合格教师不断增加。由于各地发展基础教育的财政能力存在巨大差距，这也导致了在普遍发展基础上的区域之间、城乡之间基础教育差距的扩大。2001年开始推进农村税费改革，农村办学的主要经济来源断绝，农村义务教育管理体制已到了非改不可的时候了。②

2001年，全国基础教育工作会议召开，《国务院关于基础教育改革与发展的决定》出台，基础教育开始"实行在国务院领导下，由地方政府负责，分级管理、以县为主的体制"。落实"以县为主"的管理体制，关键是从根本上实现两个转变，即农村义务教育的责任从主要由农民承担转到主要由政府承担，把政府对农村义务教育的责任从以乡镇为主转到以县为主；重点是解决好教育管理的权责结合、人财事相对统一的问题，提高教育资源的统筹和配置效率。③ 2002年《国务院关于完善农村义务教育管理体制的通知》就加

---

① 李岚清.谈农村义务教育管理体制改革决策背景[N].中国教育报，2003-12-15.
② 李岚清.谈农村义务教育管理体制改革决策背景[N].中国教育报，2003-12-15.
③ 张守祥.乡村义务教育管理体制：进展、问题、建议[J].基础教育参考，2005（1）：4-8.

强对农村义务教育的领导和管理、建立义务教育经费保障机制、保证农村义务教育投入和加强农村中小学教育队伍建设等提出了明确要求。

2003年，国务院作出了加强农村教育工作的决定，召开了新中国成立以来第一次全国农村教育工作会议，作出了新增教育经费主要用于农村教育的重大决策，提出要集中更多的精力和财力，加强农村教育特别是农村义务教育，同时启动了"国家西部地区'两基'攻坚计划"，进行"两基"攻坚。2005年《国务院关于深化农村义务教育经费保障机制改革的通知》对义务教育的管理体制作了进一步的明确和完善，在继续强调"以县为主"体制的基础上，突出了省级政府对义务教育进行统筹规划的责任，也强调了中央政府的责任问题。2006年新的《中华人民共和国义务教育法》（以下简称《义务教育法》）规定："义务教育实行国务院领导，省、自治区、直辖市人民政府统筹规划实施，县级人民政府为主管理的体制。县级以上人民政府教育行政部门具体负责义务教育实施工作；县级以上人民政府其他有关部门在各自的职责范围内负责义务教育实施工作。"[①] 至此，1985年以来逐步下放乃至一直下放到乡镇的基础教育管理的权力与责任，又逐步向县级政府乃至省级政府"回归"。此次调整可视作我国基础教育管理体制的第四次变革。

（四）基础教育管理体制的关键节点

自秦朝废除分封制建立郡县制以来，作为一级政权的县始终是我国国家政治行为和经济发展的聚集点，是行政体系中最基本的层次、最完整的经济单元、最为重要的基层管理区域，是包含所有治理行为要素的完整单元，是国家机器正常运转的基础和保证。县城是国家上层与地方基层、中央领导与地方治理、权力运作与权力监控的"接点"部位，是城市与乡村、传统与现

[①] 刘复兴.改革开放以来我国基础教育体制改革的问题与路向[J].理论视野，2008（09）：20-22.

代、中心与边缘地带的"接点"部位。①作为国家进行基层治理的"实质性"空间，县域之于市、省乃至国家，虽属"方寸"，却"五脏俱全"。②北上广是"幻象"，县城才是中国的底色，才是真正体现中国社会和文化的地方。"郡县治，天下安"。县域是研究中国问题的关键节点，通过对县域的考察和研究，可以窥见中国政治、经济、文化的全貌，看出中国制度运行的机理，把握城乡二元结构社会的关键。

随着中国经济社会宏观体制的改革和政策调整，县级政府的教育管理职能和权限几经变迁。"以县为主"体制赋予县级政府更大的教育管理职能。《国务院关于完善农村义务教育管理体制的通知》明确，县级政府对农村义务教育负有以下领导和管理的责任：负责制定本地区农村义务教育发展规划，组织实施农村义务教育；从实际出发，因地制宜，逐步调整农村中小学布局；根据国家中小学教职工编制标准和省级人民政府的实施办法，提出农村中小学教职工编制，核定学校的教职工编制；负责农村中小学校长、教职工的管理；调整本级财政支出结构，增加教育经费预算，合理安排使用上级转移支付资金，确保按时足额统一发放教职工工资；对乡（镇）人民政府有关教育工作和农村中小学进行督导评估等。

乡镇政权是我国农村的基层政权组织，是国家政权的基础，在国家与社会的连接点上，扮演着重要角色。中国只有一个北京、一个上海，却有四万个乡镇，这里的故事才是我们知之甚少的、更广阔的真实中国。③中华人民共和国建立以来，我国农村基层政权的演变几经波折，大体经历了三个阶段，即建国初期的乡政权阶段、人民公社时期的政社合一体制阶段和改革开放后的政社分开、重新建立乡（镇）人民政府阶段。伴随我国农村义务教育管理

---

① 徐勇."接点政治"：农村群体性事件的县域分析——一个分析框架及以若干个案为例[J].华中师范大学学报（人文社会科学版），2009（6）：2-7.
② 韩丽嵘.方寸之间：中国县域治理深层逻辑[J].中国出版，2022（13）：69.
③ 盐镇：中国最普通的乡村古镇中，女性怎样生存.澎湃新闻[EB/OL].（2023-03-01）[2023-05-25].https://baijiahao.baidu.com/s?id=1759127643139752719&wfr=spider&for=pc.

体制和国家财政体制的不断变革,乡镇在农村教育发展中的地位及作用也不断发生变化。中华人民共和国成立之初,农村教育管理由县政府在其下属的各区配备专职的"文教助理员"或"教育助理员",专门负责管理各区的小学教育。1952年后,在区(乡镇)一级建立"中心总校"作为区(乡镇)一级教育管理机构。1958年,各人民公社设立"文教助理员",在公社所在地建立中心小学总校,公社直接管理学校。"文化大革命"期间,人民公社设立"教育革命领导小组",派"贫下中农宣传队"进驻各校,对学校实行管理。1974年,公社又恢复"中心总校",这种体制一直延续到20世纪80年代中期。[1]至此,无论大的体制怎么变化,乡镇一级都是我国农村基础教育的管理主体。

20世纪80年代以后,随着经济体制改革的不断深入、中央与地方财力的变化和管理权的不断下放,教育管理体制也发生了变化。与"分级办学、分级管理"体制相适应,乡镇一级纷纷设立教育组,承担农村教育的管理责任。20世纪90年代末期,我国出现了财政逐级上收、事权层层下放的情况。农村税费改革后,农村义务教育陷入空前的困境。与此同时,乡镇教育组的管理制度也越来越暴露出历史局限性,逐渐滋生出种种弊端。随着乡镇财力的萎缩、教育组性质的嬗变,分级办学、分级管理、"以乡镇为主"的农村教育管理体制再也支撑不了农村教育的发展实际了,[2]调整乡镇教育管理的职能已成必然。为确保新的农村义务教育管理体制全面运行,2002年国务院办公厅下发《关于完善农村义务教育管理体制的通知》,明确乡(镇)人民政府不设专门的教育管理机构,乡(镇)有关教育工作由乡(镇)长直接负责,乡(镇)可在核定的行政编制内确定一至二名助理或干事协助乡(镇)长管理具体教育事务,并接受县级教育行政部门指导。教育教学业务管理由

---

[1] 马戎.中国农村教育问题研究[M].福州:福建教育出版社,2000:239-350.
[2] 曹大宏.我国乡镇教育管理体制的历史变迁与当前应有的职能定位[J].当代教育科学,2006(21):14-17.

乡（镇）中心学校校长负责。① 乡镇一级的教育在经历了"中心总校"、教育组等之后，再次恢复到中心校的管理体制。

近年来有人提出，目前各地乡镇教育管理机构设置五花八门、名称各异，有专门的管理人员，却都没有行政管理编制，形成了形式不一的变相管理部门。事实上，不管怎样改，一个乡镇少则十多所多则几十所中小学、幼儿园的人事、教育教学、经费管理、上传下达、督察监督等工作都需要专人去做，否则就会出现管理上的真空，也会出现许多矛盾，应该加以解决。②

三、中小学办学体制的演变及特征

办学体制是指国家规范教育办学行为的体系与制度，主要涉及由谁出资，由谁兴办学校，国家赋予其什么样的权利和义务、对其有何种最基本的要求，以及可否有收益、学校产权关系、经营管理权的范围等重大问题。中华人民共和国成立以来我国中小学的办学体制不断变革，大体经历了多种形式办学、"两条腿走路"、"分级办学"、由"人民办"到"政府办"这样一个历程。

（一）多种形式办学

中华人民共和国成立之初的政策强调教育应向大多数人开放，为此政府不仅开办了大量新的学校，而且对私立学校进行了统一改造，教育规模迅速扩大。1953年底，与1949年相比，全国小学增加了50%，小学生增加一倍多，中等学校增加了13%以上，中学生增加了近两倍。③ 但中华人民共和国成立初期政府财力有限，国家办学只能先保证城市，无法充分保证农村需求，只好允许甚至提倡农民自己办学。1949年第一次教育工作会议提出应提倡政府

---

① 中华人民共和国教育部编.全国农村教育工作会议文件汇编[G].北京：人民教育出版社，2004：192.

② 刘文刀.乡镇教育管理机构何去何从[N].中国教师报，2020-04-15：1.

③ 定宜庄.中国知青史（初澜 1953—1968）[M].北京：当代中国出版社，2008：1.

统筹与发动群众办学相结合来发展小学教育。

1952年11月,教育部发出《关于整顿和发展民办小学的指示》。文件肯定了民办学校的成绩,又指出了存在的问题:"(1)大村、富村的小学,多是公立,经费由政府统筹解决;原来没有小学的村庄多是比较贫苦的小村,反而发动农民。教育经费的负担不合理,群众有怨言。(2)对群众办学缺乏计划和领导,有放任自流现象。群众凭一时的热情办起来,但没有一定的筹措经费的办法,教师待遇低,学校办不好,不能坚持下去。(3)个别省县将原来的公立小学大量转交群众民办,并非出于群众自愿,许多小学因而垮台,使小学教育遭受损失,造成群众不满。上述各种问题和现象,应即加以妥善解决,坚决消除。"还提出"一方面政府应有计划地增设公立小学,同时应允许群众在完全自愿的基础上出钱出力,有条件地发展民办小学"[1]。

1953年政务院颁布的《关于整顿和改进小学教育的指示》指出:"第一,今后几年内小学应在整顿巩固的基础上,有计划有重点地发展……在农村,提倡民办小学、乡村公立小学,除在学校较少的少数民族地区和老革命根据地应作适当发展外,其他地区应以整顿提高为主,原则上不做发展。第二,根据不同情况,采取不同形式,提出不同要求来办小学教育。今后应首先着重办好城市小学、工矿区小学、乡村完全小学和中心小学。在农村,除办集中的正规小学外,还可以办分散的不正规小学。"

以上文件表明,中华人民共和国成立之初国家有把教育都承担下来的理想,但限于财力只好通过发动群众办学的方式来发展农村教育,农村集体办学成为普遍现象,城乡教育供给此时已然开始出现差别。

(二)"两条腿走路"

1957年3月,教育部在北京召开第三次全国教育行政会议,提出小学教育的发展必须打破由国家包下来的思想。在城市里,要提倡街道、机关、厂

---

[1] 陈立鹏,罗娟.我国基础教育行政管理体制改革60年评析[J].中国教育学刊,2009(7):1-5.

矿企业办学；在农村，要提倡群众集体办学。同年 6 月，教育部又发出通知，提倡群众办学。在此办学方针指导下，1957 年全国出现了群众办学的热潮。①

1958 年后，在"大跃进"和教育革命的气氛下，为了尽快发展教育事业，党和国家提出了"两条腿走路"的方针。1958 年 9 月，中共中央、国务院发出的《关于教育工作的指示》要求"调动一切积极因素，鼓足干劲，力争上游，多快好省地扫除文盲、普及教育，培养出一支以千万计的又红又专的工人阶级队伍，是全党和全国人民的历史任务之一。全国应在三年到五年的时间里，基本上完成扫盲、普及小学教育、农业合作社社社有中学和使学龄前儿童大多数都能入托儿所和幼儿园的任务。大力发展中等教育和高等教育，争取在 15 年左右的时间内，基本上做到使全国青年和成年，凡是有条件和自愿的，都可以受到高等教育。我们将以 15 年左右的时间普及高等教育，然后再以 15 年左右的时间从事提高工作"。强调："在统一的目标下，办学的形式应该是多样的，即国家办学与厂矿、企业、农业合作社办学并举。""我们的原则是两条腿走路，不是一条腿走路。"② 这期间刘少奇提出了"两种教育制度、两种劳动制度"的思想，并积极推行。1964 年 5 月，中共中央指出："用一条腿走路的办法普及教育，只能用强迫命令的办法，而且国家开支不起。用两条腿走路的办法，可以多快好省地普及教育。"③

按照"两条腿走路"方针，不仅教育系统大办教育，而且社会上包括工厂、农村、机关、街道也都大办教育，多形式、多规格、多层次地举办了各级各类学校，掀起了"乡乡有学堂，村村都读书，家家学文化"的热潮。有的人民公社甚至宣布已经办起了从幼儿园到高等学校的完整的教育体系，实现了"人人劳动，人人学习"的"共产主义教育制度"。④ 从 1957 年到 1958

---

① 孟旭，马有义. 新中国民办教师的发展历程 [J]. 教育史研究，1999（2）：229-233.
② 孟旭，马有义. 新中国民办教师的发展历程 [J]. 教育史研究，1999（2）：229-233.
③ 何东昌. 中华人民共和国教育史 [M]. 海口：海南出版社，2007：1279.
④ 何东昌. 中华人民共和国重要教育文献（1949-1975）[G]. 海口：海南出版社，1998：812.

年，我国的高等学校、中等专业学校、普通中学、普通小学数猛增。农村托儿所、农业中学发展迅速，农村扫盲工作与业余教育成绩喜人。

在中小学办学体制及形式的问题上，广大农村地区根据自身的特点，采取了跟城市不同的方式，以适应广大农村生产、生活的需要。在1957—1958年进行半工（农）半读学校试验的基础上，各地农村举办的半农半读学校逐年增加，农村教育发展的步伐明显加快。其中成绩最显著的是耕读小学的蓬勃发展，1965年在校学生达到132万人，占全国小学生总数的21.7%。耕读小学的办学形式灵活多样，把学校办在群众家门口，不能全日上学的上半日，不能上半天的上早、午、晚班。上学时间不能固定的，早来早教，迟来迟教，随到随教。因需要参加劳动没有时间的，或送教上门，或到校领课，在家务的空闲时间学习。在学生居住分散、走读不方便的地方办起了巡回小学。在游牧的地方，采取骑马教学，叫作"马背小学"。对于以水为家、常年漂泊的船上人家，采取"随船生产，靠岸读书"的办法。同时明确规定耕读小学和农业中学应以民办为主，国家补助为辅。① 此阶段涌现了许多办学典型，河北省阳原县被认为是当时普及小学的一面旗帜。②

（三）各种形式的"开门办学"

"文化大革命"前夕，毛泽东提出了对当时的教育制度进行彻底改造的要求。1965年，毛泽东在杭州会议上说："现在这种教育制度，我很怀疑。大学教育应当改造，上学的时间不要那么多。要学生下去搞工业、农业、商业。高中毕业后，就要先做点实际工作。单下农村还不行，还要下工厂、下商店、下连队。这样搞他几年，然后读两年书就可以了。大学如果是五年的话，在下面搞三年。"③ 1966年5月7日，毛泽东发出了著名的"五七指

---

① 李水山. 农村教育史 [M]. 南宁：广西教育出版社，2007：33.
② 何东昌. 中华人民共和国教育史 [M]. 海口：海南出版社，2007：242-243.
③ 何东昌. 中华人民共和国教育史 [M]. 海口：海南出版社，2007：389.

示",强调学生"以学为主,兼学别样,即不但学文,也要学工、学农、学军,也要批判资产阶级"。还进一步强调,"学制要缩短,教育要革命,资产阶级知识分子统治学校的现象,再也不能继续下去了"。[①] 根据"五七指示",中小学普遍实行了"开门办学",即否定过去以学校课堂教学为主的做法,强调学生要走出校门,到工厂、农村和部队去学工、学农、学军,把课堂搬到田间、车间、兵营;强调要实行校厂(社)挂钩、学校办工厂(农场)等。[②] 1971年的《全国教育工作会议纪要》充分肯定了贯彻"五七指示"的做法和"经验"。这样各种形式的"开门办学"纷纷出台,普遍建立学工、学农基地。有的学校的学生一边在学校学习文化课,一边工厂、农村、商店顶岗参加劳动。当时就有人形容这种"开门办学"为"进进出出,上上下下","校无定址,教无定所,学无定本"。[③] 江西共产主义劳动大学被认为是当时的典型。

江西共产主义劳动大学

简称江西共大。1958年6月,中共江西省委根据毛泽东"半工半读"的思想,作出了创办共产主义劳动大学的决定。江西共大以中国人民抗日军政大学为榜样,以垦殖场为基础,密切结合江西实际,除总校设在南昌市的郊区外,多数分校办在山区,少数在平地,实行省、专、县分级办学,并提出"半工半读,勤工俭学"的办校方针。学校根据所设专业办起了农场、林场、牧场以及各种为农业服务的工厂,逐步建立起教学、生产、科研三结合的新体制。按照专业性质和不同年级恰当规定"工"与"读"的比例,把"工"与"学"有机结合起来。在教学上

---

① 何东昌.中华人民共和国重要教育文献(1949—1975)[G].海口:海南出版社,1998:1396.

② 周明星,汤霓.我国半工半读教育实验的回顾与展望[J].职教论坛,2008(5):4-7.

③ 何东昌.中华人民共和国教育史[M].海口:海南出版社,2007:441.

> 坚持理论联系实际的原则，从农村、山区社会主义建设和农业生产的实际需要出发，设置专业，开设课程，确立教学内容和科研项目。在教学方法上实行课堂教学与现场教学、专业教学与专业生产、校内教学与参加校外生产实习相结合。在生产劳动的安排上坚持"三个为主"：一是生产以农、林、牧生产为主，二是劳动以学生劳动为主，三是学生劳动以专业劳动为主。学生结合专业参加生产劳动，进行基本技能技巧的训练，进行推广、示范新技术和开展科学研究活动，同时创造财富，力争自给，逐步实现"不要国家一分钱"（指学生生活费自给）。共大除招收高、初中毕业生外，还注意招收有实践经验的工人、农民入学。学生毕业后除少数由国家统一分配外，绝大多数实行"社来社去"，回到农村基层。1961年7月30日，毛泽东亲笔给共大写信，表示："你们的事业，我是完全赞成的。""我希望不但在江西有这样的学校，各省也应有这样的学校。"江西共大存在的20多年间，曾创下开办108所分校的纪录，有20多万毕业生。
>
> 参考：潘天强. 电影《决裂》——"文革"后期被勾兑的"政治贺岁片"[J]. 上海大学学报（社会科学版），2010，17（5）：44.

"文化大革命"时期，教育的城乡二元性呈现出另外一种景象。"城乡一体"以一种极端的形式呈现。"文化大革命"锋芒所及，即使最偏远的学校、教师、学生也被裹挟其中，无一例外，"全国山河一片红。"毛泽东迫切期望能实现并保持一个公平、平等、纯洁的社会，其念念在兹的缩小"三大差别"，彻底改造中国文化、中国社会和实现教育与生产劳动相结合的思想，以及其对于未来社会的乌托邦理想，在"文化大革命"中以一种惊人的方式推行着。费正清认为，毛泽东在这方面的决心，与世界上最伟大的革命者的乌托邦目标是不约而同的。[1]

---

[1] 王景伦. 毛泽东的理想主义与邓小平的现实主义[M]. 北京：时事出版社，1996：90-91.

与户籍制度把人口分为城市居民和农民相关的是把人划分为不同的成分，与此相关的是大众与精英教育的差距，"文化大革命"中这种差距不复存在。在极左路线的指引下，在对待城乡政策差异的问题上，采取了一种逆向歧视的态度，对之前的一切非农倾向的管理制度、招生制度、课程制度等进行批判，加以"改革"，采取了让"工农"处于领导地位的一系列政策。改变城乡教育资源分布的格局，将农业院校等下放到农村，让医药院校面向农村培养实用的"赤脚医生"、卫生员，加速农村基础教育的发展；强调学校为工农子弟开门，反对用"教育质量"和分数标准把工农子弟关在门外；发展多种形式、因地制宜的教育方式。① 但这种所谓的平等不是靠弱势一方的发展使其进步，而是靠破坏已有的高质量教育硬性拉平实现的。②

（四）"分级办学"和人民教育人民办

改革开放初期，在"提高"和"重点发展"的价值取向指引下，教育资源的流向重点是城市和高等教育，农村教育被边缘化，与城市教育的差距拉大。针对这种局面，1983 年 5 月，中共中央、国务院发出《关于加强和改革农村学校教育若干问题的通知》，提出要办一部分按教育部规定教育计划开课的全日制小学，特别是认真办好区、乡中心小学；也可办只开设语文、算术、常识、思想品德课的小学；还可以开办多种形式，主要学好语文、算术的简易小学或教学班组，包括半日制、隔日制、巡回教学，等等；在人口稀少、居住很分散的少数民族地区，边远的山区、林区、牧区，除适当增加教学点外，还应办一些寄宿制学校。这一文件就农村集体经济组织解体等原因导致的农村小学运行上的困难，提出了有针对性的解决办法和措施。

《中共中央关于教育体制改革的决定》确立了对我国基础教育产生重大

---

① 杨东平.平民教育的流变和当代发展[J].清华大学教育研究，2008（3）：18.
② ［美］吉尔伯特·罗兹曼.中国的现代化[M].国家社会科学基金"比较现代化"课题组，译.南京：江苏人民出版社，1988：23.

影响的"分级办学"体制。关于省、市(地)、县、乡各级政府的教育职责划分问题,该文件明确由各省(区、市)决定。按照"分级办学"的要求,各地相应地对基础教育"分级办学"的职责进行了划分。"分级办学"打破了过去由国家包揽办学、过度集权的体制,产生了深刻而广泛的影响。到1990年,全国各地在建立"分级办学、分级管理"体制方面主要出现了五种模式:一是市区小学区办区管,中学市、区共办共管;二是县、乡两级办学,县、乡两级管理;三是县、乡、村三级办学,县、乡、村三级管理;四是县、区、乡、村四级办学,县、区、乡、村四级管理;五是县、乡、村三级办学,县乡两级分工管理。①"分级办学"极大地调动了各级政府和人民群众特别是农民的办学积极性,有力地推动了农村基础教育的发展,为"两基"目标的实现提供了体制保障和经费支持。1985年—1992年,社会各方面为教育集资达到1062亿,基本消除了农村中小学的破旧危房,明显改善了办学条件,为基本普及九年义务教育和基本扫除青壮年文盲奠定了坚实基础。②

我国的改革首先从农村开始,家庭联产承包责任制的实行,极大地解放了农村的生产力。农村经济体制改革的深入,需要农村教育改革与之相适应。而农村长期实行的跟城市教育基本相同的普通教育已经不能适应农村经济发展的需要,农村经济的改革呼唤农村教育的改革。20世纪80年代,农村教育改革应运而生,探索农村教育改革的实验此起彼伏。针对农村教育中存在的片面追求升学率、办学结构单一、教学内容缺乏地方特色、农村中初级人才短缺等问题,国家教委从抓转变农村教育办学方向入手进行农村教育改革,并展开了农村教育综合改革实验。1987年2月,国家教委和河北省政府在涿州市联合召开了第一次农村教育改革试验区工作会议,决定在河北省

---

① 李水山.农村教育史[M].南宁:广西教育出版社,2007:86.
② 中华人民共和国教育部.中国共产党教育理论与实践[M].北京:北京师范大学出版社,2001:74.

阳原县、青龙满族自治区和完县（后改名为顺平县）进行贫困地区经济开发和教育改革实验，标志着我国农村教育综合改革实验的开始。[①]在总结实践经验的基础上，国家教委决定在全国全面推进农村教育综合改革，推行"三教统筹"。[②]1989年，国家教委决定同各省、自治区、直辖市一起重点抓好100个县，作为全国"百县农村经济综合改革实验区"，农村教育综合改革全面展开。农村教育综合改革的推行及"燎原计划""星火计划""丰收计划"[③]的有效实施，推动了农村教育的发展，使农村教育面貌发生了很大变化。与此同时，城市和企业的教育综合改革也开始有计划、有组织地展开。

办学体制与教育管理体制、教育投资体制密切相关。21世纪以来，与教育管理体制的调整、变革相关联，我国中小学的办学体制也发生了重大变化，总体上可以视作实现了从"人民教育人民办"到"人民教育政府办"的转变，而这一转变，又与教育投资体制、教育财政制度的变化密切相关。下文讨论义务教育财政制度，同时继续对办学体制问题展开讨论。

四、义务教育财政制度的生成及演变

中华人民共和国成立以来，财政体制在很长的时间里缺乏公共财政和非公共财政的明确划分，公共财政的功能、范畴、运行规则都缺乏清晰界定。计划经济给我们留下的单位预算体制，[④]很长时间里决定了我国教育供给的格局。也许是由于社会管理能力的不足，实际上采用的是分散投资的方式。中华人民共和国成立之初，教育经费由国家"统一列支"，实行中央、大行政区、省（市）三级财政管理体制；1952年—1957年实行统筹办学经费管理

---

① 李水山.农村教育史[M].南宁：广西教育出版社，2007：130.
② 指统筹普通教育、职业教育、成人教育，是为适应农村教育综合改革而提出的一种管理运作模式。国家教委在河北等地开展了"三教统筹"的试验，随后许多地方进行了"三教统筹"的实践探索。
③ 中共中央党史和文献研究院.全面建成小康社会大事记[EB/OL].（2021-07-27）[2023-05-25].http://www.xinhuanet.com/2021/07/27/c_1127701824.htm.
④ 曾晓东.我国幼儿教育由单位福利到多元化供给的变迁[J].北京师范大学学报(社会科学版)，2006（2）：11-16.

制度，规定公办学校的经费由政府支出，经费管理由国家"统一领导，分级管理"，即实行中央、省（市）、县三级财政管理；1958年后农村实行"政社合一"的管理模式，教育经费实行"条块结合，以块为主"的管理体制；1966年—1971年期间管理混乱；1972年—1979年中央及各级政府对教育经费实行"财政单列、戴帽下达、专款专用"的管理办法。[①] 同时，教育的财政体系在城乡也形成了差别：在城市的各级学校全部由政府举办，经费也主要由政府承担；在农村公办学校的经费主要由政府负担，而"民办"学校的经费则主要由农民负担。"民办"学校或社队集体办学成为这一时期农村发展基础教育的主要方式。与城市以普通全日制学校为主的状况相比，农村各种形式的半工半读学校占了大多数。自义务教育制度确立以来，城乡有别、"农民负担"一直是我国义务教育供给过程中一个不变的传统和常态化的特征。纵观改革开放后我国义务教育财政制度的演变，可以明显地划分四个不同的阶段。

（一）"统一财政与分级管理"时期

改革开放之初，在社会基本服务提供方面，国家在不同的经济体制下采用了"分散投资"的方式，不同的只是经费投入和收集的方式发生了变化。在城市，由单位提供转变为基层政府提供，由"企业留利"转变为"税、费"支出。在农村，则由集体经济支撑转变为农民集资兴办教育。农村和城市的公共服务采取了最简单的"各管各的"粗放方式加以提供。

这一阶段，以实用主义的价值体系为基本框架，奠定了改革开放之后教育秩序的基本指导思想，即承认现实、承认差距、效率优先、非均衡发展。1980年5月初，中央书记处两次讨论教育工作方面问题时表达了这一思想："在一定时期内，要下决心承认不平衡，条件好的地区要把教育搞好，落后地区就不能要求很高。大城市和小城市不同；城市和农村不同；沿海地区和

[①] 马戎. 中国农村教育问题研究 [M]. 福州：福建教育出版社，2000：239-350.

内地不同；先进地区和落后地区不同，要把重点抓好。教育经费的投资和师资要集中，把先进地区先搞上去。平均要求，什么都搞不上去。今后增加的钱究竟加在哪里，很值得研究。哪个地区基础好，出人才快，就加到哪个地区。"①在"追赶"思想的指导下，教育发展战略中的不平衡是非常明显的，再加上当时实施全方位财政承包制，形成各级政府"分灶吃饭"的格局，中央政府只能号召地方政府拿出一些经济建设的钱，来提高农村初等教育的普及水平。其结果，就是层层下放教育责任，财政"分灶吃饭"强化了城乡二元的教育投资格局，农村义务教育陷入困境。

（二）"地方负责，分级管理"时期

随着教育秩序的恢复和社会对教育和人才的重视，特别是普及九年义务教育目标的提出，放大了经济支撑能力与教育事业发展速度之间的差距。一方面是教育事业发展需要巨大的经费投入，另一方面是以简政放权为主导的企业改革带来中央政府税收汲取能力的大幅下降，地方之间的财政能力差距拉大，借助体制改革筹集足够的经费，减少中央财政的压力，是那个时期政策的主导思想，于是逐渐形成了"分级办学、分级管理"的教育财政配置机制。《中共中央关于教育体制改革的决定》与《中国教育改革和发展纲要》，在制度上奠定了教育财政的配置框架。根据这一制度框架，义务教育经费在城镇主要由政府负担，在农村则主要由农民个人负担。城市居民除了负担子女的学杂费和其他学校收费外，不再直接负担其他费用；农村居民除此外还要以农村教育费附加及教育集资的方式负担大部分义务教育基建费和部分事业费。尽管城市和农村都征收了教育费附加，但农村教育费附加的征收对象是农民个人。因此，农民个人成为农村义务教育经费的直接承担主体。《教

---

① 何东昌.中华人民共和国重要教育文献[G].海南：海南出版社，1998：1831.

育法》认可了这种做法的合法性。① 《义务教育法》实施细则进一步规定："依法征收的教育费附加，城市的，纳入预算管理，由教育主管部门统筹安排；农村的，由乡级人民政府负责统筹安排，主要用于支付国家补助、集体支付工资的教师的工资，改善办学条件和补充学校公用经费等。"

"地方负责、分级管理"的财政体制，导致地区和城乡之间教育资源分配的不平衡，进而导致义务教育发展的差距。对农村普及教育重要性的认识，并没有在财政支出方式上作出安排。其时随着农村家庭联产承包责任制的深入推行，农村集体经济的基础逐步消失，通过农村集体经济支撑农村教育的投入方式难以为继，很多地方开始将发展农村教育的责任转嫁到农民个人头上。教育经费的收集方式发生变化，由以前的农村集体"提留"转变为农民"集资"。虽然农民主要承担了农村低水平普及的初等教育的投资责任，但是，这种集资方式对教育支出的支撑能力是非常有限的。在未改变农村教育投资方式的情况下，普及九年义务教育对向农民集资的方式提出了极大的挑战。首先，农民收入水平的提高受到限制。当时，农村持续增加收入的机制、完善的市场机制、劳动力自由的流动和土地的规模经营等都没有突破，农村以家庭为单位的生产和经营面临资本化的限制，收入的状况制约了农民支持教育发展的基本能力。其次，农村基层管理成本对集资方式的依赖加大了农民负担。尽管分税制改革之初也确定了"三分一返还"的机制，但是，由于地方在划分过程中明显处于劣势，导致各级政府间事权和财权不一致成为中国分税制制度设计中的最大问题，它不仅扭曲了地方政府的财政行为，更重要的是在政绩锦标赛的模型下，地方政府为了完成上级下达的"普及九年义务教育""农村环境卫生改造""电网改造"等公共服务，不得不加大对农村集资的力度。② 无限制地集资破坏了农村的秩序，也使得农村教育的发

---

① 《教育法》第五十九条规定：经县级政府批准，乡级政府可以在本行政区域内集资办学，用于实施义务教育的危房改造和修缮、新建校舍，而这在城市中几乎是没有的。

② 周黎安. 中国地方官员的晋升锦标赛模式研究 [J]. 经济研究，2007（7）：36-47.

展陷入困境。

困境表现之一是农村义务教育欠债范围和规模都在不断增大。对农村债务规模缺乏全国性的统计数字，但从某些学者的调查看，东、中、西部样本县债务规模分别占当年政府一般财政预算收入比例的33.47%、23.48%和50.05%。[1]这些债务对农村社会事业管理的影响极大，直到2007年12月，才由国务院下发文件，要求各地用两年的时间，通过多种渠道逐渐化解"普九"债务。困境表现之二是大规模地拖欠教师工资现象。从1993年起，拖欠教师工资问题就已经成为当时的社会热点，为此，国务院于1993年11月专门下发《关于采取有力措施迅速解决拖欠教师工资问题的通知》，1997年8月又下发《关于保障教师工资按时发放有关问题的通知》。但是，这一被国务院认为"数额大、范围广、时间长"的拖欠教师工资现象，直到2001年各省在财政部的要求下逐渐建立教师工资专户，才在若干年后逐渐成为历史。

（三）"市场力量+弱政府力量"时期

随着社会主义市场经济体制的正式确立，在缺乏对市场和政府关系深刻研究的情况下，中国社会的方方面面受到了市场力量的强力"侵蚀"，教育财政政策也因此受到了市场机制的强烈影响。1993年，中国分税制改革还没有启动，中央财政的力量仍然非常弱，在市场和财政经费短缺的双重压力下，出台了两个市场色彩非常浓厚的政策，一是转制学校以及相应的对收取择校费的默许，二是教师的结构工资制度，将增加教师工资的压力下放到学校。随着市场经济被引入教育领域，市场力量叠加不断弱化的政府力量，最终导致了两个非常突出的问题。

一是在各级各类教育经费构成中，非政府渠道发挥了越来越重要的作用，农民直接负担义务教育的经费在1996年甚至超过了政府的财政投入，如表2-1所示。

---

[1] 屠彦斌，薛海平．由三县调研看基础教育债务问题［J］．中小学管理，2007（3）：21-23．

表2-1　1994年-1999年间我国义务教育经费的构成变化（单位：亿元）

年度	总金额	预算内经费	教育费附加	教育集资	学杂费	农民直接负担额及负担率
1994	485.5	286.8	79.6	52.6	41.6	173.9（35.8%）
1995	611.3	325.1	112.9	99.2	54.9	266.9（43.7%）
1996	733.9	385.8	146.6	132.9	87.8	367.4（50.1%）
1997	784.9	430.0	158.8	92.9	79.4	331.2（42.2%）
1998	812.0	461.0	165.0	64.0	88.6	317.7（39.1%）
1999	845.1	511.3	162.5	34.2	93.8	290.5（34.4%）

20世纪90年代后，迫于实现"两基"目标的压力，各地更加频繁地、大规模地展开教育集资活动，从而导致农民负担进一步加重。据湖北省监利县棋盘乡原党委书记李昌平的报告，当地一个小学生在90年代末每年要交纳的各种费用平均达到600元，初中生平均1200元。在农民年人均收入只有2000多元的情况下，义务教育对于许多农民和农家子女来说，的确成了难以享受的"奢侈品"。[①]

二是城乡间，甚至校际间生均教育经费差异的急剧扩大。城乡间学校筹集经费能力的差异，直接导致了城乡间、学校间经济实力的差异，如表2-2所示。

表2-2　1994年-2001年间我国义务教育阶段城乡生均经费的差异（单位：元）

	1994	1995	1996	1997	1998	1999	2000	2001
城市初中	566.81	624.43	698.44	753.82	788.63	814.4	862.89	968.7
农村初中	367.38	392.59	435.36	468.06	478.25	508.58	533.54	656.18
农村初中为城市的%	64.82	62.87	62.33	62.09	60.64	62.45	61.83	67.74
城市小学	328.61	376.98	426.16	460.46	507.06	554.75	639.82	851.34
农村小学	198.69	219.31	248.75	275.06	305.62	345.77	412.97	550.96
农村小学为城市的%	60.46	58.18	58.37	59.74	60.27	62.33	64.54	64.72

资料来源：生均经费数据来源于教育部年度全国教育经费执行情况统计公告，学生数来源于各年中国教育统计年鉴。

---

① 李昌平．我向总理说实话［M］．北京：光明日报出版社，2002：34．

20世纪80年代后期,农村教育即成为每年"两会"的热门议题之一。90年代,农村教育出现诸多问题,辍学率攀升、拖欠教师工资、中小学危房,导致城乡教育机会差距不断扩大,农村教育状况不断恶化。

(四)建立公共教育财政制度时期

21世纪初以来,中国财政汲取能力获得极大提高,教育财政政策开始关注转移支付和义务教育的均衡化问题。解决城乡二元结构下教育财政政策的导向问题,发端于政府对"三农"问题的重视。在解决农民负担的过程中,农村教育由政府负担、农村"普九"债务由政府支付、免除义务教育阶段学杂费和书本费等一系列措施"倒逼"教育财政政策发生调整。"公共财政"概念开始进入人们的视野,并成为大力调整和优化财政支出结构的依据。[1]

针对以前农村教育经费投入主体重心偏低、农民负担过重的问题,自2000年开始,我国逐步推进农村税费改革工作,取消了包括农村教育集资在内的一系列税赋,这一政策大大减轻了农民的负担,但同时农村教育投入问题也面临着困境。针对税费改革后农村义务教育出现的新情况,《国务院关于基础教育改革和发展的决定》规定县级政府对本地农村义务教育负有主要责任,要求教师工资由县级政府统一发放。《国务院关于深化农村义务教育经费保障机制改革的通知》,明确了各级政府在保障农村义务教育经费投入方面的责任,提出要建立起新的义务教育经费保障机制。其主要内容包括全部免除农村义务教育阶段学生学杂费,对贫困家庭学生免费提供教科书并补助寄宿生生活费;提高农村义务教育阶段中小学生公用经费保障水平;建立农村义务教育阶段中小学校舍维修改造长效机制;巩固和完善农村中小学教师

---

[1] 项怀诚.社会主义政治文明与公共财政建设[N].人民日报,2003-02-12(6).

工资保障机制。[①]"两免一补"政策的实施惠及 1.5 亿农村孩子和 780 万家庭经济困难寄宿生,解决了农村孩子上学难问题。2004 年的农村教育经费中,财政投入占 80%。以政府为主的投入体制的确立,实现了农村教育从基本上由农民办到基本上由政府办的转变,这是一个具有标志性意义的重大转变。2005 年底,国务院决定把发展农村义务教育所需经费全面纳入公共财政保障范围,建立起农村义务教育经费保障机制,2006 年从西部农村地区开始实施,2007 年在全国农村地区全面推开,2008 年我国农村义务教育所需经费全面纳入公共财政保证范围。与此同时,2006 年免除了全国农村义务教育阶段学生的学杂费,2007 年城市义务教育阶段 2800 万学生的学杂费免除,中国实现了完整意义上的九年义务教育。

有人认为,改革开放以来,我国农村义务教育体制发生了深刻变迁,以行政权力为轴心的压力型供给体制的形成,对农村义务教育治理产生了巨大影响。但这种压力型的体制赋予基层政府的只是外在的压力而非内在的激励,所以,无论制度内财力是否充足,基层政府始终有再甩"包袱"的卸责冲动,制度外供给也因此成为改革后我国农村义务教育供给的主要路径。[②] 从"分级办学"和"以县为主"体制出台的背景分析中容易发现,与"优先发展"和"重中之重"的国家教育发展战略构成强烈反差的是,它们只不过是国家宏观财政体制变革与稳定农村社会的一种政治考量和滞后安排而已。这就表明,在各级政府的现代化战略中,教育尤其是农村教育实际上只是处于"边缘"位置。[③]

---

① 张志勇.建立农村义务教育经费保障机制面临的挑战与对策[J].当代教育科学,2006(3):21-24.
② 赵全军.压力型动员:改革后中国农村义务教育的供给之道[J].云南社会科学,2008(04):72-76.
③ 葛新斌.农村教育在国家现代化进程中究竟位居何处?——从"分级办学"到"以县为主"的制度变迁分析[J].华南师范大学学报(社会科学版),2005(03):85-91+159.

五、中小学学制与重点学校制度

（一）我国中小学学制的演变

中小学学制是整个国家教育制度的重要组成部分。鸦片战争以后，中国面临"三千年未有之大变局"，"西学东渐"，西方的学校制度逐步被介绍到中国来。戊戌变法期间，为了在中国实现立宪政治，维新派主张应先从教育入手实行变法，为此，他们提出了一整套革新教育制度的方案。[①]

1902 年，在管学大臣张百熙的支持下清政府拟定了一系列学制系统文件，统称为《钦定学堂章程》。因该年为壬寅年，又称"壬寅学制"。这是中国近代第一个以中央政府名义制定的全国性学制系统。[②]"壬寅学制"在中国教育近代化的历史进程中具有重要的地位，它是中国学制近代化的起始。[③]"壬寅学制"参考国外尤其是日本的学制制成，学校制度为初等教育机关的蒙学堂（四年），寻常小学、高等小学（各四年）；中等教育机关的中学堂（四年）；高等教育机关的高等学堂、大学预备科、大学堂（各三年），大学堂（无定期），三大阶段八大种类构成。儿童从五岁入学蒙学堂到大学毕业，合计二十年。但由于保守派的强烈反对，加上学校体制自身的不完备，《钦定学堂章程》除了京师大学堂的恢复以外，其他措施几乎都没有施行。[④]1903 年，张百熙、张之洞和容庆依据日本学制，重新拟定了一系列学制系统文件，统称为《奏定学堂章程》，又称"癸卯学制"。这是中国近现代由中央政府颁布并首次得到施行的全国性法定学制系统，较"壬寅学制"更为系统。这两部学制的颁布和实施，对中国教育近代化进程产生了十分重要

---

① 范敏华，孙锡平.戊戌变法与教育制度现代化[J].苏州大学学报，2002（01）：121-123.
② 李慧洁.浅析中国近代第一部学制——壬寅、癸卯学制[J].当代教育论坛（宏观教育研究），2008（05）：38-39.
③ 蒋晖.论《奏定学堂章程》对近代中国设计教育体系构建的推动作用[J].档案与建设，2023（06）：90-92.
④ 唐钰滢.浅析中国近代教育体系的演进[J].河北师范大学学报（教育科学版），2016,18(06)：56-59.

的影响。①

  1922 年 9 月，当时的国民政府教育部举行全国学制会议，审定、修改《学制系统草案》，并责成全国教育会联合会第八届年会继续讨论。同年 11 月 1 日，教育部正式公布《学校系统改革案》，规定小学修业年限为六年，初级小学四年，高级小学二年；中学修业年限为六年，初级中学、高级中学各三年，故称"六三三学制"。②该学制以"适应社会进化之需要""多留各地方伸缩余地"等七项标准为宗旨，各地根据实际情况，初小和高小、初中和高中既可合设，也可单设，中小学校的数量因此有了较大的增长。"六三三"学制的确立，标志着近代学制体系建设基本完成，奠定了中小学学制的基本框架。该学制适应社会发展的需要，符合儿童身心发展的基本规律，取得了较好的实施效果。针对学制实行过程中出现的问题，国民政府进行了局部调整，而中小学修业年限的划分形式一直沿用到中华人民共和国成立。③

  中华人民共和国成立后，对旧的学制课程进行全面清理、整顿和改造，为社会主义教育发展扫清障碍。④1951 年 10 月，政务院颁布《关于改革学制的决定》，规定小学实行五年一贯制，中学依然实行"三三"制，保证城乡"劳动人民的子女都能够享受完全初等教育"。⑤1952 年 11 月，教育部颁发《关于小学实施五年一贯制的指示》，要求"全国各地除个别地区外，不分城乡，小学自 1952 年秋季一年级新生起一律开始实行五年一贯制……"⑥ 由于五年一贯制未能取得全面、有效的经验，在全面推行后出现了一些问题，1953 年

---

① 李慧洁. 浅析中国近代第一部学制——壬寅、癸卯学制[J]. 当代教育论坛（宏观教育研究），2008（05）：38-39.
② 学制：颁布施行之学校系统改革案（附图表）[J]. 新教育，1922，5（5）：1031-1034.
③ 王慧，陈晴晴."六三三"学制百年回眸与展望[J]. 河北师范大学学报（教育科学版），2023，25（01）：54-60.
④ 容中逵. 中国教育历史演进的历共时态与运行基础[J]. 教育研究与实验，2023（03）：109-118.
⑤ 社论：为什么必须改革学制[N]. 人民日报，1951-10-3.
⑥ 何东昌. 中华人民共和国重要教育文献（1949-1975）[M]. 海口：海南出版社，1998：181.

11月,政务院颁发《关于整顿和改进小学教育的指示》,停止推行五年一贯制,中小学恢复"六三三"制。①此后,伴随着经济社会的发展和政治形势的变化,中小学学制经历了多次的改革或调整。"新中国中小学学制改革经历了1951年第一次改革、1958年第一次改革高潮、中小学学制的拨乱反正、'普九'背景下的中小学学制改革、新课程改革背景下的中小学学制改革、深化教育体制机制改革背景下的中小学学制改革六个阶段。改革过程表现出以下特点:改革实践与理论研究相互促进,相得益彰;改革的思想观念和改革模式逐步深化;中小学学制体系和管理模式统一性与多样性相统一。"②

(二)重点学校制度的形成

重点学校是指需要由国家或地方政府倾斜投入建设的学校,这一概念一般在中小学阶段使用。所谓重点,主要是指"经费投入的重点""建设的重点"等,国家或地方政府通常会通过制定教育政策和教育规划来加大对重点学校在生源、师资、实验设备、学校基础设施等方面的倾斜以促进其优先发展。我国中小学重点学校政策的雏形可以追溯到20世纪40年代陕甘宁边区的相关教育政策中。③

中华人民共和国的教育重建始终面临着两重使命的悖论:一方面,要想实现国家富强、民族复兴的目标,就必须扩大劳动人民受教育的权利,迅速普及基础教育,全面提高国民素质;另一方面,要想实现赶超型的发展战略,又必须大力发展高等教育和专业性的中等教育,为国家的工业化建设培养大量急需的专门人才。从本质上看,这一悖论实际上是教育发展中"公平与效率"矛盾的体现,在当时这被描述为"普及与提高"的关系。当时的

---

① 王慧,陈晴晴."六三三"学制百年回眸与展望[J].河北师范大学学报(教育科学版),2023,25(01):54-60.
② 龚鹏飞.新中国中小学学制改革:历程、特点与愿景[J].教育史研究,2021,3(02):41-51+125.
③ 徐菁菁.重点学校政策的嬗变及其启示[J].教育研究与实验,2014(04):74-78.

教育政策选择了后者。随着教育的正规化建设和对教育质量的重视，国家开始推进重建工业化的国家目标和培养专业人才的教育方针，我国的教育逐渐走向了体现工业化、正规化、制度化的精英主义教育路线，[①]体现在基础教育上，则是在中小学实行重点学校制度，选拔和培养少数"尖子"。中华人民共和国成立初期教育迅猛发展，学校数和学生数激增，但是也出现教育质量大幅下滑。毛泽东就是在这样的背景下提出要兴办重点中学的。1953年中共中央政治局讨论教育工作时，毛泽东提出"要办重点中学"。1954年4月，政务院发出《关于改进和发展中学教育的指示》，提出中学教育"其发展要根据需要与可能，有计划、有重点地发展，并积极地稳步地提高中学教育的质量"。同年6月的全国教育工作会议出台了《关于有重点地办好一些中学与师范的意见》，提出全国兴办194所重点中学，并通过重点中学取得经验、推动一般。

在这种情况下，各地对中学教育进行了调整，重点发展了一批高级中学和完全中学，试办了一批重点中学。这些重点中学都是各地办学历史较长、教师水平较高、设备条件较好、具有较好基础的公办学校。为了切实办好这批重点中学，各省、市集中优势力量，采取一些必要的措施，包括选派得力的校长，配备必要的干部，选调有经验的各学科骨干教师，保证办学经费，改善办学条件，充实和更新教学设施，允许重点学校扩大招生范围，并对一些考生采取优先录取的办法。通过这些措施，重点学校得到了重点发展。在当时国家经济还比较困难、教育资源匮乏、尚不能普及中学教育的情况下，集中力量办一批示范性的重点中学，对于提高教育质量、培养较高质量的人才是完全必要的，实践证明是有效的。[②]

1959年4月，周恩来在政府工作报告中提出：我国教育事业的发展，必

[①] 赵全军. 中国农村义务教育供给制度研究（1978-2005）——行政学的分析 [D]. 复旦大学，2006：47.

[②] 何东昌. 中华人民共和国教育史 [M]. 海口：海南出版社，2007：174.

须采取普及与提高相结合的办法。在各级全日制的正规学校中，应当把提高教学质量作为一个经常的基本任务，而且应当首先集中较大力量办好一批重点学校。1962年12月，教育部《关于有重点地办好一批全日制中小学的通知》提出，要在全日制中小学校中挑出一批学校作为重点，并努力把这些学校办好，在教育经费、校舍建设、教学设备、教师队伍和招生等方面给予充分保证。该通知允许这些学校适当扩大招生范围，可以在较大的地区范围内择优录取德智体几方面条件较好的新生。[1] 为了使农村的优秀学生可以有机会进入这批中学学习，除有重点地选定和办好少数农村全日制中学外，各地还可以指定一些有条件的城市中学招收部分住宿生。其后，各省（区、市）也确定了一批省管的重点高等学校。同时选定了若干所中学，在每一个县（市）和市属范围内选定了一所或几所小学，作为重点学校。[2]

以上可以看出，重点学校政策在初创阶段已然带有"城市化"的特征。绝大多数的重点学校设在城市、城镇，从而更有利于城镇学生的升学，农村学校被边缘化，不利于农村儿童获得优质教育资源。1963年，北京、吉林、江西等9省、自治区、直辖市共有135所重点学校，其中城市有84所，占62%；县镇有43所，占32%；农村有8所，占6%；有7个省、自治区没有选定农村中学。[3] 重点学校的分布更加有利于城市儿童获得优质教育资源，而对于农村孩子而言，进入重点中小学的机会微乎其微。在严格的户籍制度下，学龄儿童要想进入城市重点中学就读的困难可想而知。

"文化大革命"时期，传统的正规教育被全盘否定，重点学校被视为教育"双轨制"的表现，走的是面向少数特权阶层和培养精神贵族的封建主义和资本主义道路。在教育领域出现一种奇怪的现象：一方面是"知识无用论""反智主义"盛行，另一方面是农村教育得到了大面积的普及和发展。

---

[1] 蒋洁蕾. 重点高中制度存废问题研究[D]. 上海师范大学，2016：50.
[2] 何东昌. 中华人民共和国教育史[M]. 海口：海南出版社，2007：268.
[3] 中国教育年鉴（1949—1982）[M]. 北京：中国大百科全书出版社，1984：168.

至此，学校教育政策体现出一种阶级平等和政治至上的价值导向，重点学校政策则被搁置起来。① 不仅如此，一切可能涉嫌"双轨制"的教育类型（如职业学校）也一律被取消。

（三）重点学校制度的滥觞

1977 年，"拨乱反正"开始，教育系统开始了以"调整、改革、整顿、提高"为主题的教育重建。针对"文化大革命"中农村地区初等教育入学率和升学率迅速上升但教育质量低下的现实情况，国家把教育质量的提高和教育结构的调整确定为教育战线"拨乱反正"工作的主要内容。为了实现这一目标，这一时期教育政策的价值重心又逐渐由"普及"转向了"提高"。

1978 年，邓小平在全国教育工作会议上的讲话指出："为了加速造就人才和带动整个教育水平的提高，必须考虑集中力量加强重点大学和重点中小学的建设，尽快提高它们的教学水平和教学质量。"自 1978 年开始至此后的 80 年代，教育改革的重点放在了重建高等教育以及为考大学作准备的"重点"中小学的建设上，重点学校制度得以恢复。

针对重点学校建设，教育部连续出台了多个政策文件。1978 年教育部在《关于办好一批重点中小学试行方案》中指出，要切实办好一批重点中小学。大中城市可在市和区县两级举办重点学校。市办好一批重点中小学，区县可办两三所重点中学、五六所重点小学。各省、自治区，可在省、地市、县三级举办重点学校。省和地市两级可各自办好一批重点中小学，县可办好两三所重点中学、五六所重点小学。教育部也要办好一批重点中学和重点小学。② 同时也指出要城乡兼顾，既要在城镇办重点中小学，又要在农村办重点中小学，并提出重点中学可以分别在区、城镇、公社范围内招收新生。重点小学仍按就近入学的原则，招收新生。1980 年，教育部又出台了《关于分期分批

---

① 徐菁菁. 重点学校政策的嬗变及其启示 [J]. 教育研究与实验，2014（04）：74-78.
② 何东昌. 中华人民共和国重要教育文献 [M]. 海口：海南出版社，1998：1591.

办好重点中学的决定》,指出我国人口多、底子薄,各地发展不平衡,师资、经费、设备又有限,要把所有中学都办得很好是有困难的,因此必须首先集中力量办好一批条件较好的重点中学。1983 年,教育部《关于进一步提高普通中学教育质量的几点意见》重申了办好重点中学的必要性,强调了这些学校在贯彻党的教育方针等方面的示范性、试验性作用。

随着办学思想的调整和相关政策的制定与实施,以及四级重点中小学体系的迅速发展并逐渐定型,城乡教育之间、重点与非重点学校之间的差距急剧拉大。[1]农村地区的学校被大幅度地撤销或合并,教育资源开始向"重点"学校和城市集中,农村小学由 1977 年的 94.9 万所减少到 1985 年的 76.6 万所,同期农村中学(包括初中和高中)也从 18.2 万所减少到不足 7 万所,分别减少了 19.3% 和 62%;而同期城市和城镇的小学则从 3.3 万所增加到 5.7 万所,中学从 1.9 万所增加到近 2.4 万所,分别增加了 72.7% 和 26.3%。[2]

(四)重点学校制度的存废

作为特殊历史时期的产物,我国的重点学校制度在推动少数学校办学条件的改善、教育质量的提高和加快精英人才的培养等方面,发挥过应有的历史作用。而在当今大众化教育背景下,这种制度的存在却破坏了教育公平,阻碍了社会阶层的正常流动,是以损失大多数人的利益为代价的。[3]重点学校背离了我国基础教育当前的主要矛盾是"普及"这一立足点,在学理上缺乏足够有力的依据;它体现了一种精英主义的教育思潮,在实践中产生了一系列问题,如教育不公平,同时也降低了社会和个人的教育经济效益。[4]重点

---

[1] 徐菁菁.重点学校政策的嬗变及其启示[J].教育研究与实验,2014(04):74-78.

[2] 中国教育事典编辑委员会.中国教育事典(初等及中等教育卷)[M].石家庄:河北教育出版社,1994:331.

[3] 屈廖健,贺绍栋.重点学校制度的社会学再批判[J].江苏教育学院学报(社会科学),2011,27(02):4-6+141.

[4] 李素立.基础教育中的重点学校现象:多视角的透视[J].河南教育学院学报(哲学社会科学版),2010,29(06):57-59.

学校制度造成教育资源分配不均衡，拉大了阶层及城乡子女教育机会获得的差距。[①]很长一个时期里，学校被分为"三六九"等，政府对重点学校给予投资、人事、生源等诸多特权；对薄弱校则很少关怀和支持，甚至视其为包袱。这种精英教育的思路是追求教育功利价值的直接反映，它使得教育资源配置明显失衡，各种教育资源向大城市高度集中，导致大部分人丧失平等受教育的机会，产生长期的不公平路径依赖。[②]不仅如此，由重点学校做法延伸出来重点班制度下的分层教学，造成了班级间学生的教育机会不均等、学生的片面发展和不健康发展等严重不良后果。[③]重点学校和普通学校的区分，人为地造成了教育内部的校际分化，加剧了学校所不应具有的竞争，腐蚀、恶化了教育的气氛，[④]并最终上演了一场"存"与"废"的大争论。[⑤]

在人们对重点学校政策的普遍不满和质疑声中，20世纪90年代后期，重点学校制度和做法逐步被取消。1996年国家教委发出《关于规范当前义务教育阶段办学行为的若干原则意见》，明确指出：义务教育阶段不设重点校、重点班、快慢班。2006年6月新修订的《义务教育法》第三章第二十二条规定：县级以上人民政府及其教育行政部门应当促进学校均衡发展，缩小学校之间办学条件的差距，不得将学校分为重点学校和非重点学校。学校不得分设重点班和非重点班。这是国家首次以法律形式明确取消"重点学校"。从办好"重点学校"到要不要办"重点学校"，再到义务教育阶段取消"重点学校"的历史变迁，"重点学校"政策演绎着公平与效率双重协奏曲，经历了

---

① 王香丽.基础教育阶段重点学校制度对我国教育公平的影响[J].教育评论,2010(06):3-6.
② 王康.教育公平：走向作为正义制度保障的法律实践[J].内蒙古社会科学,2009,30(3):134-139.
③ 吴全华.义务教育学校重点班制度应该废止——兼析因材施教的误用及后果[J].教育科学研究,2010(10):5-8+18.
④ 杨东平.中国高等教育公平的基本情况[EB/OL].(2015-11-24)[2023-05-25].http://www.aisixiang.com/data/94257.html.
⑤ 钟启泉,金正扬,吴国平.解读中国教育[M].北京：教育科学出版社,2000:338.

从效率优先到关注公平的价值嬗变。[①]

在此情况下,公然叫重点学校的少了,但出现了许多变相的提法,如示范校。有的省市大搞等级学校评比,学校被分为省一级、市一级、区(县)一级和普通学校。示范校建设一度成为高中建设的热点,一些地方一掷千金,一所示范高中动辄投入上亿的资金,使得高中阶段学校的两极分化现象更加突出,矛盾十分尖锐。[②]在升学竞争和名校逐利的驱动下,部分重点学校办学行为失范,以升学率为目标的"应试教育"模式盛行,淡化了"示范""榜样"等社会责任,并引发诸多的教育问题,相应带来负面效应。[③]

有人认为,中国教育制度性话语权以理论认知及教育实践为原始条件,其发展完善遵循生成机制,社会作用的发挥遵循转换机制。制度性话语权的变迁逻辑在纵向时间维度上历经话语形成、身份确认、体系成熟、权力辐射及引领建设五个阶段;横向维度从理念创新与概念界定、是非评判与议题提出、规则解释与机制构建层面演进。教育作为一个复合型场域具有联动性特征,场域内部的各个要素相互作用,影响着整个场域的发展。[④]

---

① 胡金木.公平与效率的二重协奏——以改革开放以来"重点学校"政策的变迁为线索[J].中国教育学刊,2009(02):10-13.

② 王本陆.教育公正:教育制度伦理的核心原则[J].华南师范大学学报,2005(4):97-103.

③ 王后雄."重点学校"问题及其背后之坎[J].中国教育学刊,2009(08):19-22.

④ 袁利平,靳一诺.中国教育制度性话语权的变迁与重构[J].学术探索,2020(10):141-148.

第三章　城乡中国的教育政策

教育政策的制定和实施，对一个国家或一个地区的教育发展具有重大而深远的影响，既从宏观上影响教育事业发展的方向、速度、规模和效益，又从微观上影响具体教育活动的质量和效益，关系到社会与个人受教育的机会和质量。[①]本章从公共政策、教育政策等概念探讨入手，运用公共政策分析理论、教育政策学等，以我国中小学教师政策、高等教育考试招生政策、中小学"就近入学"政策、基础教育课程教材政策为例，来说明长时间里我国教育政策的城乡二元性。

一、政策与教育政策

（一）政策与公共政策分析理论

《辞海》将政策解释为"国家、政党为实现一定时期的路线和任务而规定的行动准则"。陈振明认为："政策是国家机关、政党及其他政治团体在特定时期为实现或服务于一定社会政治、经济、文化目标所采取的政治行为或规定的行为准则，它是一系列谋略、法令、措施、办法、条例等的总称。"[②]上述定义强调政党、政府及政治团体作为政策主体，同时强调了政策特有的时限性及其构成要素。西方学者则从政策学科的角度理解和解释政策。拉斯

[①] 姚来燕.中美教育行政执法依据的比较[J].中国青年政治学院学报，2010（6）：95-101.
[②] 陈振明.政策科学——公共政策分析导论（第二版）[M].北京：中国人民大学出版社，2003：50.

韦尔（Harold D. Lasswell）认为，"政策是一种含有目标、价值与策略的大型计划"。[1] 伊根·古巴（Egon G. Guba）曾将各种关于政策的界定作了归纳和分类，概括出八种关于政策的定义：(1) 政策是关于目的或目标的断言；(2) 政策是行政管理机构所作出的积累起来的长期有效的决议，管理机构可以对它全域的事务进行调节、控制、促进、服务，另一方面，也对决议发生影响；(3) 政策是自主行为的向导；(4) 政策是一种解决问题或改良问题的策略；(5) 政策是一种被核准的行为，它被核准的正规途径是当局通过决议，非正规途径是逐渐形成的惯例；(6) 政策是一种行为规范，在实际行动过程中表现出持续的和有规律的特征；(7) 政策是政策系统的产品，所有行动积累的结果、决议，在官僚政治中成千上万人的活动；(8) 从政策进入议事日程到政策生效整个周期的每个环节，都在产生着、形成着政策。[2]

中外学者都力图给政策下一个确切恰当的定义，由于角度不同，各种定义各有侧重。但可以确定，政策至少包含以下几个方面的内涵：第一，政策主体。任何政策都有特定主体，即国家权威机构、政党及其他政治集团、团体。政策体现了政策主体的意志，它与个人、企业等所作出的决定不同，具有法定的权威性。第二，目标取向。一定的政策总是要实现一定的目标，具有明确的方向性。同时，政策又在特定的历史时期内起作用，具有时效性，政策不是无意识或偶然性的行为，目标指向明确。第三，活动过程。政策是主体服务于特定目标而采取的一系列活动，是与谋略、措施、办法、规定密切相关的一系列政治行为。第四，行为规范。政策是一种行为准则或行为规范，政策总有具体的作用对象或客体，它规定对象应做什么或不应做什么；规定哪些行为受鼓励，哪些行为被禁止。[3]

---

[1] H. D. Lasswell and A. Kaplan. Power and society [M]. New Haven: Yale University Press, 1970.

[2] 王芳. 教师教育政策文本的实践解读 [D]. 首都师范大学, 2006 (16).

[3] 陈振明. 政策科学——公共政策分析导论（第二版）[M]. 北京：中国人民大学出版社, 2003：50.

公共政策是指由政府以及公共机构所制定的政策，是一个国家或社会政策整体的最主要组成部分，其基本目的是利用公共权力来解决公共问题。在日常社会生活和政策科学研究中，人们常常把公共政策直接称为政策，二者被认为是一体的，可以互换使用。有人认为公共政策是指在具有统一行为能力的人类集体中，为应对特定的集体事务，维护或促进集体内部和谐的利益关系状况，由该集体内统一行动的规划者——通常是公共权力机关（如政府）作出的，关于集体成员（包括规划者本身）如何行为和（或）行为目标的制度性规划。[1] 有人把政策主体分为官方主体和非官方主体，官方的政策制定者包括立法者、行政官员、行政管理人员和司法人员；非官方的政策制定者包括利益集团、政党和作为个人的公民。[2] 还有研究者将政策大致分为动态和静态两类，从动态的视角将政策定义为"对社会价值的权威性分配"，从静态的视角将政策定义为"政治系统的产出，通常以条例、规章、法律、法令、法庭裁决、行政决议及其他形式出现"。

杨正联认为，很长一个时期里中国缺乏公共政策话语，有的是革命话语。革命话语就是由革命一方（通常是特定的代言人、代言群体或代言组织）发出的、关于自身利益整合、寻求获取该利益目标、剥夺反革命一方利益占有的话语规划。革命话语反映的是一种不可调和的利益冲突关系，基本的利益关系主体即是革命一方和反革命的另一方，而且他们之间的利益冲突关系往往是全方位的（指利益领域如政治、经济和社会）。对应于革命话语，公共政策话语有这样几个方面的不同之处：在对象上，虽然都是关于特定集体（或群体）行动的规划，但革命对象强调其在革命集体（或革命群体）之外，而政策对象则指向集体（或群体）内部。[3] 在利益关联层面，相对于革命话语可经由明确对象的内部整合方式，公共政策话语的利益调节极少指向

---

[1] 杨正联.公共政策文本解读的方法论[J].理论探讨，2007（4）：143-147.
[2] ［美］詹姆斯·E.安德森.公共政策[M].唐亮，译.北京：华夏出版社，1990：15.
[3] 杨正联.革命话语与公共政策话语：当代中国公共政策话语变迁的历史路径[J].人文，2007（3）：52-58.

集体成员整体性的利益占有，而是指向对不同利益主体、多重利益获取状况的调节，在利益获取手段上，相对于革命话语激烈的零和博弈取向，公共政策话语的调节更强调正和共赢的行为互动模式。①

政策科学（police science）作为一门科学研究兴起于20世纪50年代，与"政策分析"（policy analysis）、"公共政策"（public policy）、"政策研究"（policy study）一起常被用来作表述这一领域的术语。在西方文献中，这些术语常被当作同一个词交替使用。拉斯韦尔被公认为是对政策科学的产生起奠基作用的学者。拉斯韦尔首创了政策科学的基本范式，他与拉纳主编的《政策科学：范围和方法的新近发展》一书被视为政策科学诞生的标志。自拉斯韦尔以来，西方的政策科学研究不断向前推进。20世纪60年代，政策科学趋向成熟，并在推动政府决策等方面取得显著成就。进入20世纪80年代中期后，政策科学研究出现了一些新的趋势，研究视野有了进一步拓展。在我国一般将政策科学界定为：一个综合地运用各种知识和方法来研究政策系统和政策过程，探求公共政策的实质、原因和结构的学科。它的目的是提供政策相关知识，改善公共决策系统，提高公共政策质量。② 政策科学是一个跨学科、综合性的研究领域，它可以有不同的研究途径、方法和观点。比较有影响的研究途径有：政治学研究途径、经济学研究途径。

政治学研究途径将公共政策看作是政治系统的输出，注重政策环境与政治系统的相互作用和社会反映，比较有影响的理论有：政治系统论、团体理论、杰出人物（精英）理论、功能过程理论和制度化理论。经济学研究途径采用经济学的理论假设、概念框架、分析方法及技术来分析公共政策问题，其中最有影响的是福利经济学理论、公共选择理论和新制度经济学。

---

① 杨正联. 革命话语与公共政策话语：当代中国公共政策话语变迁的历史路径 [J]. 人文，2007（3）：52-58.
② 陈振明. 政策科学——公共政策分析导论（第二版）[M]. 中国人民大学出版社，2003：20.

（二）教育政策、法规与教育政策学

从逻辑关系判断，政策、公共政策、教育政策三个概念之间是上位概念与下位概念之间的关系。《辞海》对教育政策的诠释："教育政策是一个政党和国家为实现一定历史时期的教育发展目标和任务，依据党和国家在一定历史时期的基本任务、基本方针而制定的关于教育的行动准则。"[①] 有人从广义的政策意义上来理解教育政策，如霍根认为制定教育政策的主体包括官方主体和非官方主体。官方主体包括国家层次，如国家元首、国会、政府首脑、执政党、内阁；教育部部长、教育主管部门及其下属机构；负责考试、课程设置与发展等活动的其他教育机构；咨询机构；中介组织。非官方的政策制定主体包括各种利益集团、在野政治党派和大众传媒组织。[②] 有不少研究者将教育政策定义为"国家、政党或团体组织为实现一定的教育目标而制定的依据或行动准则"。还有人认为，可以对教育政策作狭义的理解，教育政策是公共政策的一部分，它是由政府及其机构和官员制定的、调整教育领域社会问题和社会关系的公共政策。[③] 总体来看，学者们对于教育政策有两种基本不同的理解：一种是从教育社会学或者教育政治学的角度来理解，认为教育本身就是一种社会控制手段，一项基本的国家政策。另一种是从公共政策的角度来理解：把教育作为政策的内容，把教育政策作为公共政策的一类，类似于环境政策、社会福利政策等。大部分声称从事教育政策研究的学者都是选择后者。[④] 本书也从第二种意义上理解教育政策。

佛兰德·柯伯恩认为，教育经费政策、课程政策、学生政策、教师政策、教育管理政策是一个国家的基本教育政策。教育经费政策解决谁出钱、

---

① 张乐天.教育政策法规的理论与实践[M].华东师范大学出版社，2002：17.
② J.R.Hough.Educational policy: an international survey [M].Groom Helm London & Sydney, ST.New York: Martin Press, 1984: 18—21.
③ 刘复兴.教育政策的边界与价值向度[J].清华大学教育研究，2001（1）：70—77.
④ 卢乃桂，柯政.教育政策研究的类别、特征和启示[J].比较教育研究，2007（2）：27—31.

出多少钱、为什么出钱的问题,课程政策解决教什么的问题,学生政策解决向谁教的问题,教师政策解决由谁教的问题,教育管理政策解决由谁管的问题。[1]孙绵涛等认为,教育质量政策、教育体制政策、教育经费政策、教师政策是一个国家教育改革与发展所必需的基本教育政策,它们组成了一个较为完整的政策逻辑体系。[2]

教育法规相对于一般教育政策而言,通常是指教育法律、法令、条例、规定的总称。它是国家管理教育的基础和基本依据。有学者认为,广义上的教育政策与教育法规在本质上是一致的,但又有着明显的差别。教育法规是通过国家的政权表现出来的国家意志,而党的教育政策是通过政党表现出来的统治阶级的意志,它一般不具有国家意志的属性。教育法规是由国家制定和认可的,依其层次的不同,在一定范围内具有普遍的约束力。要使党和国家的政策具有普遍的约束力,必须把它上升为国家意志,转化为法规。[3]政策和法律都是人们管理国家和社会的工具,在政策法律化的过程中,只有那些对国家或社会的政治、经济、教育、科技、文化等全局性社会公共事务具有重大影响的政策,才具有法律化的必要。教育政策与教育法律的差异性随着一个国家和社会法治化进程的发展就会越来越小,而二者的趋同性则会越来越大。[4]也有不少人从狭义上理解,认为教育政策与教育法律具有本质性的区别。

教育政策学作为一门新兴学科,是从公共政策学分化出来的学科。同时,教育政策学也被认为是联结教育理论和教育实践的中介学科。教育政策学是研究教育政策现象及其规律的科学。教育政策现象是指教育政策在发展变化中所表现出来的外部形态和功能;教育政策规律是指教育政策相关部分

---

[1] [美]斯图亚特·S.南格尔.《政策研究百科全书》[M].林明,等译.北京:科学技术文献出版社,1990:447-448. 王鉴.我国民族教育政策体系探讨[J].民族研究,2003(6):33-41.

[2] 孙绵涛.关于国家教育政策体系的探讨[J].教育研究,2001(3):5-8.

[3] 张乐天.教育政策法规的理论与实践[M].上海:华东师范大学出版社,2002:21.

[4] 刘复兴.教育政策的价值分析[M].北京:教育科学出版社,2003:31.

之间内在的、稳定的、必然的联系，这种联系不断重复出现，在一定条件下发挥其作用，并且决定着教育政策必然向着某种趋势发展。[1]

关于教育政策分析，学者们有不同的理解和解释。有学者认为，教育政策分析应是教育分析者运用科学的方法及技术对教育政策的内容、过程及结果等方面进行分析，从而促使教育政策达到预期目标的活动，教育政策分析从本质上说是一种教育政策的研究活动和评价活动。它与教育政策的研究活动和评价活动一样，都是运用一定方法与技术，对教育政策的诸方面进行研究，从而促使教育政策达到预期目标的活动。[2] 一般来说，教育政策分析的内容包括，教育政策的内容分析、教育政策的过程分析、教育政策的价值分析和教育政策的环境分析。教育政策的内容分析就是运用一定的步骤和标准，对教育政策文本中的政策规范进行分析。这种分析有两种：一种是国家教育政策的内容分析，即对一个国家所有的政策文本中的政策规范进行分析；另一种是某一政策的内容分析，即对国家某一政策文本中的政策规范进行分析。

一个时期以来，关于政策话语的分析研究成为热门。运用话语分析的方法来研究话语背后的思想价值体系和丰富的社会学意义是从福柯开始的。福柯十分强调社会结构与话语的辩证关系，即话语生成并受制于社会结构；话语有助于主体的社会地位、社会关系、身份以及知识与信仰体系的重构，话语可以引起深层的社会变革。[3] 随着社会科学研究的"话语转向"，话语分析方法也拓展至社会学、心理学、符号学、教育学等领域。在教育研究领域内，话语既是对教育概念的表达，也是对教育活动或教育行为的反映和建构。对教育话语的分析，实际上是对教育话语背后隐藏的教育观念和行为目的的探究，是实现由符号到意义的研究过程和理论分析工具。研究者们试图

---

[1] 孙绵涛.教育政策学[M].北京：中国人民大学出版社，2010：2-3.
[2] 孙锦涛.关于教育政策若干理论问题的探讨[J].教育研究与实验，2002（2）：1-6.
[3] 刘茂军，孟凡杰.教育话语分析：教育研究的新范式[J].教育学报，2013，9（05）：30-36.

通过对教育活动和现象的话语分析,"揭示出教育中语言、行动和意义的关系,以更新教育理论,改进教育实践"。① 教育话语包括静态的书面文本和动态的教育实践。教育话语分析就是通过对教育现象与问题的考察与提炼,生成教育话语主题,并按照教育研究主体的前提假设对之进行意义、规则、机制与策略的分析,从而探寻教育真理、指导教育实践的教育研究过程。②

教育政策话语体系可划分为政策话语、学术话语、媒体话语和公众话语,③ 是与政策相关的话语所构成的文本系统。④ 教育政策话语分析可界定为:运用多种研究方法对教育政策话语进行深度阐释的方法或取向。⑤ 教育政策的多维性决定了教育政策研究需要对教育政策现象进行深层解构与重构,需要借鉴政治学、社会学、文化学、经济学、法学等多个学科的理论框架、思想路径和解释范式。我国教育政策现象的复杂性不仅体现在区域、省际、县域、校际之间的共性差异与特殊性差异,以及与这些差异紧密联系的从中央到地方的层级差异,而且还反映在各级各类政策的制定与执行的差异。⑥

本书不是对某一政策形成过程的具体分析,而是从整个政策形成的社会背景,分析某一阶段(时期)政策的形成、趋势与影响,是一种整体性的分析。

二、中小学教师政策的演变及城乡差异

教师是教育的基本要素,是教育的组织者和实施者,是教育活动得以开

---

① 刘燕楠.话语分析的逻辑:谬误与澄清——当前教育研究中话语分析的教育学审视[J].华东师范大学学报(教育科学版),2015,33(1):51-59.
② 刘茂军,孟凡杰.教育话语分析:教育研究的新范式[J].教育学报,2013,9(05):30-36.
③ 张烨.论教育政策制定与实施中的话语展现——以素质教育政策议题为例[J].教育研究与实验,2005(03):25-30.
④ 李钢.话语文本国家教育政策分析[M].北京:中国社会科学出版社,2009:9.
⑤ 凌世杰.话语分析在教育政策研究中的应用[J].教育探索,2023(03):7-11.
⑥ 王大泉,卢晓中,朱旭东,朱德全,邬大光,刘志军,刘善槐,范国睿.什么是好的教育政策研究[J].华东师范大学学报(教育科学版),2018,36(02):14-28.

展的基础、前提和保障。教师政策是教育政策最核心的政策之一。过去几十年中，我国中小学教师政策的演变深受政治、经济、文化和社会状况的影响，深刻地打着时代的烙印，并在很多方面呈现出城乡差异。

（一）中小学教师队伍建设历程

中国中小学教师队伍建设历程及其发展阶段，不同的人有不同的划分方法。教育部教师工作司、中国教育科学研究院2019年发表的相关报告将其划分为三个时期：一是筑牢教师队伍建设坚实根基（中华人民共和国成立初至20世纪70年代末），二是开创教师队伍建设全新局面（改革开放初至21世纪初），三是谱写教师队伍建设时代华章（党的十八大以来）。[1] 曾经有人以"文化大革命"结束后的1977年为界，将中华人民共和国成立以来教师队伍发展历史划分为前后两个阶段。[2] 有人认为这一历程大体上可以划分为这样四个阶段：1949年至1977年，此阶段我国教师工作的重点是改造教师队伍、探索师资培养模式；1978年至2000年，此阶段规范教师队伍是党和国家教师工作的重点；进入21世纪，创新教师培养模式、提升教师队伍质量成为教师工作主题；党的十八大以来，教师队伍建设迎来新时代。[3] 有人认为中华人民共和国成立以来我国农村教师政策的发展大致可以分为三个阶段："前十七年"间在政治牵引下低水平向前发展的农村教师政策、"文化大革命"期间具有显著"阶级斗争"色彩的农村教师政策，以及改革开放以来多元、系统、全面的农村教师政策。[4] 有人以我国教师队伍建设的内在规律和外部环境为逻辑起点，将其划分为"师苏"改造、困难挫折、恢复调整、法制规范

---

[1] 教育部教师工作司，中国教育科学研究院.教师队伍建设的辉煌历程与历史性成就[N].中国教育报，2019-09-28（01）.
[2] 樊香兰.新中国小学教师队伍发展历史研究[D].西安：陕西师范大学，2004（2）.
[3] 汪明.教师队伍建设的历史性成就[N].中国教育报，2019-09-18（01）.
[4] 赵垣可，刘善槐.新中国70年农村教师政策的演变与审思——基于1949-2019年农村教师政策文本的分析[J].西南大学学报（社会科学版），2019，45（05）：14-23.

和分类施策五个时段。①

尽管划分方法各异，但对把 1977 年前作为一个阶段的认识是比较一致的。1977 年是我国教师队伍建设的一个重要时间节点。针对"文革"中出现的不公正对待教师的做法，邓小平提出要尊重知识、尊重人才，反对不尊重知识分子的错误思想。他充分肯定了中华人民共和国成立以来教育工作者的辛苦劳动，并提出要为知识分子恢复名誉，使数以万计的教育界知识分子和教育工作者得到平反。同时，邓小平强调整个社会都应该尊重教师，要提高人民教师的政治地位和社会地位，采取措施鼓励教师终身从事教育事业，提高教师队伍的教学能力和教学质量。②1985 年国家设立教师节，意在倡导尊师重教的社会风尚。《中共中央关于教育体制改革的决定》提出，要采取特定的措施提高中小学教师和幼儿教师的社会地位和生活待遇，把发展师范教育和培训在职教师作为发展教育事业的战略措施。1993 年《中国教育改革和发展纲要》提出，要下决心，采取重大政策和措施，提高教师的社会地位，大力改善教师的工作、学习和生活条件，努力使教师成为最受人尊重的职业。同年，第八届全国人大四次会议通过《中华人民共和国教师法》（以下简称《教师法》），从法律上确立了教师职业的专业性质和资格条件、地位和待遇。1995 年《中华人民共和国教师资格条例》（以下简称《教师资格条例》）和 2000 年《〈教师资格条例〉实施办法》等配套政策持续跟进，教师队伍建设由此正式走上法治化道路，初步形成比较齐全的制度性框架体系。③

2000 年可以视作我国中小学教师队伍建设的又一个重要时间节点。这一年，"两基"目标如期实现，全国小学、初中和高中教师学历合格率分别达到 96.9%、87% 和 68.4%，基本上改变了农村基础教育民办和公办教师并存

---

① 于维涛. 新中国成立 70 年以来我国教师队伍建设的历程、成就与反思［J］. 中国教师，2019（12）：5-11.
② 杜明峰. 制度建设，推动我国教师队伍建设走进新时代［EB/OL］.（2019-12-27）［2023-05-25］. https://theory.gmw.cn/2019/12/27/content_33435776.htm.
③ 汪明. 教师队伍建设的历史性成就［N］. 中国教育报，2019-09-18（01）.

的状况。全面推进素质教育和实施新一轮基础教育课程改革，师范教育开始向教师教育转型，以师范院校为主体、其他高等学校共同参与的教师教育体系逐步形成，教师教育机构办学层次由"中专、专科、本科"旧三级向"专科、本科、研究生"新三级过渡。教师供给从数量至上向质量优先转变，确立中小学教师公开招聘"凡进必考"制度，清退不合格代课教师。①

2010年《国家中长期教育改革和发展规划纲要（2010—2020年）》提出要努力造就一支师德高尚、业务精湛、结构合理、充满活力的高素质专业化的教师队伍。其中特别提出要提高教师地位待遇，依法保证教师平均工资与国家公务员持平，还首次提出要造就一批教育家，倡导教育家办学。党和政府相继推出一系列教师队伍建设的重大方针政策和工作举措，推动教师教育政策体系的持续完善和教师管理的综合改革，确保教师地位待遇稳步提升，教师队伍建设成效卓著。②

可以说，教师队伍建设的发展史，就是一部教师制度的建构史。这些制度，承载着国家和人民对教师发展的战略引导和价值定位，也镌刻着中国特色社会主义的底色，对教师队伍的建设和发展发挥着广泛而深刻的影响。③

（二）中小学教师政策的城乡不同进路

我国城乡二元结构形成和固化时期，也是教师队伍建设政策不断反复、教师队伍发展跌宕起伏的时期。中华人民共和国成立初期乃至此后计划经济时期，我国对教师的学历标准和资质没有作出明确的规定，数量优先、城乡非均衡化发展成为改革开放以前我国教师队伍建设政策的基本取向。正规师范教育与大量短期训练"两条腿"走路，成为解决师资短缺问题的基本途

---

① 汪明.教师队伍建设的历史性成就［N］.中国教育报，2019-09-18（01）.
② 教育部教师工作司，中国教育科学研究院.教师队伍建设的辉煌历程与历史性成就［N］.中国教育报，2019-09-28（01）.
③ 杜明峰.制度建设，推动我国教师队伍建设走进新时代［EB/OL］.（2019-12-27）［2023-02-24］.https://theory.gmw.cn/2019-12/27/content_33435776.htm.

径。基础教育师资补充采用公办与民办教师并举的方式，正规师资优先满足城市发展需要，乡村地区则通过招收大量没有师范教育经历的民办教师来补充。到20世纪70年代末，民办教师成为乡村学校教师的主体，1977年民办教师占到全国农村小学教师的73%。①

民办教师以及与之相关的代课教师问题，持续时间长，涉及范围大，牵涉的政策面广，本书下一章还要作专门的讨论。

这种城乡非均衡化发展的政策取向一直持续到改革开放后。

就师资来源而言，长时间里我国高校和中师毕业生实行的是包分配的方式。不管成绩好坏，本地的师范毕业生基本上还是回本地。户口在城市的，成绩再差，也会留在市里。户口在农村的，成绩再好，都得乖乖地回县里。20世纪90年代后，国家不再包分配，高校毕业生就业全部推向市场。市场选择的结果是，优秀的师范毕业生都留在了大城市，其次中小城市，再其次才回到县镇，最后才是农村。城乡师资水平差距加大。此外，城市化进程，城市的"虹吸效应"，导致农村学校教师大量流向城市，城乡师资水平差距越来越大，教学质量差距巨大。

编制标准是决定教师编制数量与合理有效配置的核心。我国长时间里缺乏中小学教师编制标准，2001年中央编办、教育部、财政部颁布《关于制定中小学教职工编制标准的意见》（以下简称《意见》）是一个突破。《意见》明确：城市、县镇和农村分别规定小学生师比为19∶1、21∶1和23∶1，初中生师比为13.5∶1、16∶1和18∶1。这一编制标准存在整体偏紧、城乡严重倒挂的缺陷，与我国农村学校生源分散、规模较小、成班率低，存在大量分散教学点的实际情况相违。此标准造成了中小学校的实际需要与人员编制的严重不匹配，造成了农村学校运转和发展的困难。②

教师资格制度是一种国家法定的职业许可制度，是国家对专门从事教育

---

① 汪明.教师队伍建设的历史性成就［N］.中国教育报，2019-09-18（01）.
② 包松娅.中小学教师编制标准城乡倒挂亟待调整［N］.人民政协报，2008-12-22（A01）.

教学工作的人员最基本的要求,它规定了从事教师工作所必须具备的条件。教师资格制度的出现是社会分工多样化和随之而来的职业资格制度发展的结果。① 长时间里,我们没有教师资格标准这样的概念,教师的准入条件随意性很大。改革开放以来,随着教师队伍建设不断走向专业化、规范化,我国也逐渐建立起了教师资格制度,《教育法》《教师法》《教师资格条例》对此都作了相应的规定。2002年,《教育部关于"十五"期间教师教育改革与发展的意见》对不同地区新补充的小学、初中、高中教师的学历分别提出了要求。虽然国家规定了中小学教师的资格标准,但是实施起来,城乡的差距较大,农村学校的教师很多都达不到国家规定的标准。在城乡中小学教师学历标准差异的背后还隐藏着一个更为深刻的问题:农村教师的学历基本上都是通过函授及各类水平参差不齐的成人考试获得的。农村基础教育紧缺学历和能力合格的数学、科学、英语、艺术类专业教师,而专业教师的缺乏成了农村素质教育实施和教育质量提高的"瓶颈"。②

21世纪以来,在重视教育公平、均衡和农村教育的背景之下,教师队伍建设的政策和举措很多时候体现为向农村倾斜,彰显出如下价值取向:致力于制定公平、普惠的乡村教师政策,追求城乡教育均衡发展的政策目标,凸显促进乡村教师发展的政策理念。但在政策实施过程中也面临一些困境,如社会支持体系不健全、城乡教师流动以单向为主、教师职前培养呈现同质化倾向等。③ 制约农村教师队伍发展的一些根本性问题一直存在。城乡教师资源配置失衡成为我国教育发展的突出问题。农村地区教师资源配置无论是数量还是质量与城市相比均存在巨大差异,具体体现为数量缺口、学科结构失调、专业素质低下等方面。④ 2007年6月,全国人大执法检查报告提出,中

---

① 陈至立.全面实施教师资格制度,建设一支高水平的教师队伍[N].中国教育报,2001-4-6(001).
② 鲍传友.中国城乡义务教育差距的政策审视[J].北京师范大学学报,2005(3):16-23.
③ 石娟.新世纪以来我国乡村教师政策的审思[J].教师教育学报,2022,9(02):39-45.
④ 李均.我国城乡教师资源配置失衡问题及其解决思路[J].当代教育论坛(宏观教育研究),2008(01):71-73.

国教师队伍建设存在三个突出问题：一是城乡教师编制标准不统一，农村比城市低。而农村地广人稀，学校规模偏小，有些偏僻地区还大量存在着分散的教学点。二是边远、贫困地区、山区教师依然紧缺。有些地方则是由于财政困难或财政供养人员超编，即使有编制也不聘用公办教师，而是低薪聘请代课教师。三是农村教师的年龄、学科结构不合理，在职培训机制尚需完善。教师年龄偏大的问题，在有的地方比较突出，一些农村学校的教师队伍正面临着年龄断层。[①]中华人民共和国成立至21世纪初的乡村教师发展政策，在城乡二元结构的影响下，"效率主义"和"精英主义"占据了主流价值导向。同时受"偏城市化"的教育资源博弈结果的影响，乡村教育陷入困境。[②]

（三）中小学教师队伍的城乡差异

城乡有别的教师政策导致了城乡教师队伍的明显差距。2009年，王嘉毅等从教师的学历结构、职称结构、所学专业与任教学科、骨干教师状况及教研教改情况五个方面对教师队伍的情况进行了分类研究和量化分析，发现城乡教师队伍差异明显。[③]2011年的时候，王宪平等通过对若干省市中小学教师队伍现状的抽样调查表明，城乡教师资源配置不均问题较为突出，城乡教师队伍在编制水平、福利待遇、能力素质、专业发展等方面存在较大差距。[④]

学历水平等方面的差异。杨银付等人以2004年的数据为例，研究表明当年城市小学专任教师中高于标准学历教师的比例为71.34%，农村为40.14%，差距达到31个百分点。在初中方面，城市初中专任教师中高于标准学历教师比例为55.03%，农村为19%，差距达到了36.03个百分点。教师学科结构性矛盾突出，中西部农村学校部分学科教师短缺。外语、音乐、体育、美术

---

① 崔丽，程刚.我国教师队伍建设三个问题突出［N］.中国青年报，2007-06-29（3）.
② 罗生全，李越.城乡融合背景下乡村教师发展的政策重构［J］.现代教育管理，2021（02）：93-98.
③ 赵小雅.教师水平决定城乡教育质量差距［N］.中国教育报，2009-3-13.
④ 王宪平.我国城乡中小学教师资源配置失衡问题及对策［J］.浙江师范大学学报(社会科学版)，2011，36（05）：120-124.

和信息技术等学科教师严重不足,相关课程难以开齐。从城乡区域看,农村地区的各学科教师较为缺乏,城市学校较为充足,县镇学校居中。①

职称是衡量教师教学水平的主要标志。长时间里,我国义务教育学校中高级职称教师比例在城乡间有明显差距。《国家教育督导报告2008》显示,2007年全国小学中高级职称教师所占比例为48.20%,城市高于农村9.50个百分点。全国初中中高级职称教师所占比例为48.70%,城市高于农村19.20个百分点。②

收入待遇方面的差别。城乡教师收入差距有一个历史演变的过程。中华人民共和国成立之初,无论是农村还是城市,只要是公办教师都有国家干部的身份,只要级别相同,工资水平差别不大。这种平衡一直维系到20世纪80年代末。③改革开放以后,这种平衡状况渐渐被打破,尤其是20世纪90年代后,在市场经济与城镇化浪潮的影响下,城乡经济社会差距不断扩大,与城镇教师工资的大幅度提高相比,乡村教师的工资增长缓慢。工资在一个时期里只是构成教师收入的一小部分,城镇教师收入的很大部分来源于城镇学校各种各样的福利待遇如课时补贴、住房补贴,以及衍生的相关"额外"收入如补课费、资料费等。就是在这样的情况下,一些乡村教师的工资还常常被无故拖欠,城乡教师的工资差距越拉越大。20世纪90年代初期开始,国家、省、市就不断出台政策,上调、新增教师的工资补贴,但多数津补贴政策因要求本地财政负担,上级没有安排转移支付,同时考虑到下级财力薄弱,很多调资文件都允许县级政府自行决定是否执行。这样一来,调资政策在财力较好的省、市一级可以执行,到县里就成了"空头"支票。许多地区农村义务教育教师的绩效工资名存实亡,教学奖基本没有资金来源,导致分

---

① 杨银付.缩小城乡教师资源差距:凝聚理想的探索和创新[J].河南教育(基教版),2009(4):9-10.
② 国家教育督导报告2008(摘要)——关注义务教育教师[N].中国教育报,2008-12-5(02).
③ 袁桂林.新机制 新希望 新问题——农村义务教育财政政策回顾与展望[J].人民教育,2006(10):2-5.

配上的大锅饭。在一些地区农村义务教育教师工资拖欠现象还未完全消除。[①]

2005年12月，国务院发布《关于深化农村义务教育经费保障机制改革的通知》提出要巩固和完善农村中小学教师工资保障机制。中央继续按照现行体制，对中西部及东部部分地区农村中小学教师工资经费给予支持。省级人民政府要加大对本行政区域内财力薄弱地区的转移支付力度，确保农村中小学教师工资按照国家标准按时足额发放。2006年6月新的《义务教育法》第31条规定："各级人民政府保障教师工资福利和社会保险待遇，改善教师工作和生活条件；完善农村教师工资经费保障机制。教师的平均工资水平应当不低于当地公务员的平均工资水平。"2008年，国务院办公厅发布《关于义务教育学校实施绩效工资的指导意见》，强调"依法保障和改善义务教育教师特别是中西部地区农村义务教育教师的工资待遇，提高教师地位，吸引和鼓励各类优秀人才长期从教、终身从教"。这一系列政策法规有效地保障了教师尤其是农村教师的待遇得以落实，解决了优秀人才进入农村的后顾之忧，大大调动了教师去农村任教的积极性。

教师培养培训状况的城乡差异。进入21世纪，各级政府和教育部门高度重视教师培训工作，不仅采取了一系列政策措施，不惜物力、财力，积极创造条件让广大教师参加培训，而且注意向农村教师倾斜。2004年教育部推出"全国教师教育网络联盟计划"。2010年教育部、财政部启动"中小学教师国家级培训计划"（简称"国培计划"），提出要采用远程培训的方式培训60万名农村义务教育学校教师，对每名教师进行40学时的针对性培训。中央财政安排专项资金支持中西部农村骨干教师培训项目，培训形式包括农村中小学教师置换脱产研修、农村中小学教师短期集中培训、农村中小学教师远程培训。组织城镇支教教师、师范生到农村中小学支教、顶岗实习，置换

---

① 曲铁华，张立军. 农村义务教育教师政策：近30年的演进与思考——以农村教师工资待遇为视角[J]. 沈阳师范大学学报（社会科学版），2012，36（05）：1-5.

出农村骨干教师到培训院校和优质中小学进行为期3-6个月的脱产研修等。①但是实际上，由于基层政府财政本身相当艰难，再加上观念等原因，中小学教师培训所需经费往往难以落实。由于编制紧缺，平时教学任务繁重，教师负担过重，工学矛盾突出，农村教师很少有参加培训的机会，影响了素质的提升。

不仅如此，很多研究还表明，农村教师的精神状态、心理状况、职业认同程度与城市教师相比有很大的不同。2013年，21世纪教育研究院参与完成的我国农村教师生存现状的调查显示，在受访教师中，每天工作时间最长的近17个小时，平均工作时间为9小时34分钟。多种因素使得每年都有大量的优秀教师调入城里学校或辞职考公务员等，造成农村学校优秀人才严重流失，教育质量难以提升。②这种情况持续多年。2013年12月，全国人大常委会关于《义务教育法》实施情况的执法检查报告指出，农村教师队伍仍存在待遇不高、结构性短缺、队伍不稳等问题。③

三、高等教育考试招生政策的城乡有别

中国有悠久的考试传统。自隋朝以来1400年间，传统中国官僚政治、士绅社会与儒家文化皆以科场为中心得以维系和共生，科场成为中国社会政治生活和人文教育活动的一个关键场域。④因为考试"兹事体大"，所以是否公正成为焦点，历朝历代都十分强调考试的"至公"。"唯秉至公，以为取舍。""有司考试，唯在至公。"因为强调公正或公平，所以要采用糊名、誊抄等措施。再因为科举又是唯一具有社会流动性的制度，没有任何其他制度

---

① 谭作军. "国培计划"农村体育骨干教师培训解读与策略[J]. 教学与管理, 2012（21）: 60-61.
② 郭莹, 张晓鸽. 农村教师现状：每天工作时间最长17个小时[EB/OL].（2013-09-10）[2023-02-22]. https://www.chinanews.com/edu/2013/09-10/5266275.shtml.
③ 全国人大常委会执法检查组. 我国农村教师队伍建设亟需加强[EB/OL].（2013-12-23）[2023-02-22]. http://www.gov.cn/jrzg/2013-12/23/content_2553165.htm.
④ 刘海峰, 等. 中国考试发展史[M]. 武汉：华中师范大学出版社, 2002: 9.

或途径可以让一个人快速地在社会里上升,因此口试完全被排除。科举的笔试还要定下各种写作的规定或评分的标准,诸如答案的字数、作文对仗、分段的原则、评分的标准等,以至于最后发展出八股文这样完全形式化的写作文体。① 因科场舞弊"犯事"的,各朝都有。历史上曾经发生过六次有关科举存废利弊之争,宋朝发生过科举的南北地域之争,明朝还发生过著名的"南北榜案"。② 1905年,科举制度被废止,此后至1949年,我国的文官考试制度在西方文官制度和传统科举考试的双重影响下几经周折,学校考试制度则主要移植自日本、欧美。中华人民共和国建立后,就学校考试制度而言,以普通高中毕业生为主要对象的全国普通高等学校本专科招生统一考试制度、以在职在业成人为主要对象的全国成人高等学校统一考试制度、以初中毕业生为主要对象的普通高中和中等专业各省统一招生考试制度、继大学本科教育之后的研究生教育招生考试制度相继建立,③ 并各自经历了不同寻常的历程。

(一)高等教育考试招生制度的流变

中华人民共和国成立之初,在政治、经济制度革故鼎新的背景下,高校招生考试制度也经历了一个单独招生—联合招生—统一招生的三年过渡时

---

① 李弘祺.中国传统教育的特色与反省[J].北京大学教育评论,2012,10(02):120-139+190-191.

② 又称"春夏榜案",是发生在明洪武三十年(1397年)的一次政治事件。当年二月科举录取的51人居然全部是南方人,这引起了众多北方学子的不满,联名上书,质疑主考官刘三吾等人舞弊、偏袒南方人。朱元璋大怒,下令换人重新阅卷,结果发现呈上来的北方学子的试卷文理不佳,还带有禁忌之词,进而佐证此次科举公正无私。但北方学子对复审结果不满,又质疑张信等复审官得到了刘三吾的授意,故意上呈水平差的卷子,混淆圣听。朱元璋再次大怒,将相关官员处死、流放,并下令于当年六月再次举行考试,自己亲自监考取士,又录取了61人,全部是北方学子,才终于平息这次事件。后世史学界的意见比较统一,认为"南北榜案"就是一个冤案,而刘三吾、白蹈信、张信等人则是朱元璋为了安抚北方学子而故意找的"背锅侠"。"南北榜案"事实上是反映明朝南北文化教育水平差异的一个极端案例,而南北学子之争背后则是南北地区差异之争,甚至还引发了洪武朝堂上的南北官员之争。朱元璋为了笼络北方士子,打压南方世族,不得不搞出了个"南北榜"。参见:明朝洪武年间南北榜案[J].文史天地,2021(09):93.

③ 刘海峰,等.中国考试发展史[M].武汉:华中师范大学出版社,2002:329-330.

期。①1952年是中国考试史上一个十分重要的年份。是年6月12日，教育部发布《关于全国高等学校1952年暑期招收新生的规定》，明确自该年起，除个别学校经教育部批准外，所有高等学校一律参加全国统一招生考试，采取统一领导与分省、市、自治区办理相结合的招生办法。全国统一高考制度自此建立，被公认为中国现代考试史上统一高考的发轫，被誉为中国现代教育考试的创举。②但是，与那个时代的政治气候密切相关，统一高考制度也走过了曲折的历程。由于经常被当作政治运动的工具，加上制度本身尚不成熟，统一高考制度与各种政治运动交织在一起，随着政治运动的跌宕起伏而经历了数次的反复与波动。"文化大革命"是以教育领域为"突破口"的，而招生考试制度首当其冲。1966年6月，北京女一中高三（四）班、北京四中高三（五）班学生给中共中央和毛泽东写信，信中强烈要求废除旧的教育制度。③1966年7月，《中共中央、国务院关于改革高等学校招生工作的通知》指出，要彻底改革以前的不利于更多地吸收工农革命青年进入高等学校的考试制度，高等学校招生要取消考试，采取推荐与选拔相结合的办法。1966年6月18日《人民日报》发表社论，把通过高考选拔人才的模式定性为"培养资产阶级的接班人"，"要彻底把它扔到垃圾堆里"。高考从此被取消，而且一停就是10年，期间只在少数大学试点招收过数量不多的工农兵大学生。

1977年发生了一件被认为极具标志性意义的事件：恢复高等学校统一考试招生制度。是年夏天，复出不久的邓小平在北京主持召开科学与教育工作座谈会，根据会上专家所提建议，邓小平拍板决定当年就恢复高等学校招生。10月12日，国务院批转教育部《关于1977年高等学校招生工作的意见》，废除了"文革"时期的招生办法，对高校招生工作作了重大改革。文件规定：凡是工人、农民、上山下乡和回乡知识青年（包括按政策留城未分配工作

---

① 刘海峰，等．中国考试发展史[M]．武汉：华中师范大学出版社，2002：331．
② 刘海峰，等．中国考试发展史[M]．武汉：华中师范大学出版社，2002：335．
③ 定宜庄．中国知青史（初澜 1953—1968）[M]．北京：当代中国出版社，2008：296．

的)、复员军人、干部和应届高中毕业生,只要符合条件均可报考。考生应具有高中毕业或相当于高中毕业的文化水平。招生办法是:自愿报名,统一考试,地市初选,学校录取,省、市、自治区批准。政审主要看本人表现。同时规定招收应届高中毕业生的比例。同日,《人民日报》发表题为《搞好大学招生是全国人民的希望》的社论,公开宣布恢复高等学校统一招生考试制度。是年冬天,570万考生走进被关闭了10年之久的考场,其中上山下乡的知识青年占一半左右。当年全国高校录取新生27.3万人。恢复高等学校统一招生考试制度,向世人传达了这样一个信息:世道变了,一个尊重知识、尊重人才的时代尽管姗姗来迟,但终于来了。这对当时数以百万计的青年来说,是一个"冬天里的春天"。当他们从农村、工厂、牧区、学校、营房涌向考场,推开"知识改变命运"的希望之门,接受人生的搏击和洗礼,一代人对高考的难忘记忆也便开始了。无数个令人感奋的高考故事,刻印着一代代考生的人生轨迹,折射出中国社会发展变迁的曲折历程,积淀为深刻的集体记忆。[①]1978年,经中共中央批准,教育部决定高等学校招收新生实行全国统一考试,即全国统一命题,由各省、市、自治区组织考试。全国有610万考生参加了这次真正意义上的全国高校统一招生考试。秋季,又有30.2万名新录取的大学生跨进了大学校门。"恢复高考的最初那两三年,高考之于个人命运的转折意义,几乎是不可复制的,此后没有任何一个年代的高考对于个人的影响体现得如此显著,如此达到过思想史、文化史的价值高度。"[②]

(二)高等教育考试招生制度的城市偏向

从1977年至今,高等学校统一招生考试制度40多年没有动摇,改革的脚步也从未歇息,相继出台了许多新的政策措施,如分省命题政策、高中毕

---

① 林伟.漫漫高考路,刻印着"知识改变命运"的轨迹[EB/OL].(2022-06-08)[2023-3-18]. https://www.southcn.com/node_a3adf2789b/d6c2def79e.shtm.

② 刘敏.个人命运,就是国家未来的命运[N].长江商报,2007-6-7.

业会考政策、高校委培生政策、高考加分政策、高考保送生政策、高校自主招生政策等，考试的内容、方式、方法也不断改革。当然，各方面对高考制度的批评声也一直没有停歇，涉及高考的公平性问题、高考内容和形式的合理性问题、高考制度与素质教育的推进和创新人才的培养等，也涉及高考政策的城市取向问题。

王后雄认为，我国的统一高考制度，具备了形式上的公平——分数面前人人平等。但在城乡二元结构背景下，高考从科目设置、考试内容及方式、招生录取等方面客观上存在着向城市倾斜的价值偏向，表现在分省定额录取政策、高考科目设置的偏颇、高考内容的城市取向等方面。就分省定额录取政策而言，长期以来我国的招生指标并不是按照各省（区、市）考生的人数比例分配，而是按照优先照顾城市考生的原则，因此导致重点大学在各地录取分数线的极大差异，从而加剧了城乡之间学生受教育机会的不平等。就高考科目设置而言，将语文、外语列入高考方案，并赋以很大权重，凸显了城镇地区学生在高考中的强势。而后来推行的"3+X""大综合""小综合"越来越强调学生能力和素质的考查，应用型、综合型和能力型题目越来越多，客观上对来自农村的考生不利。就高考内容而言，高考对知识与能力的取向、高考内容的选择、考试情景的设计、试题情景的设计，都具有明显的城市化偏向，而与农村的现实生活相脱离。试题中城市素材多，而农村素材少。新课程在有些方面加剧了高考的城市化倾向。[①]

有意思的是，曾经着力推行的一些被称为"改革之举"的政策措施，被很多人认为初衷是好的，但在现实中已逐渐变质，失去了原先的意义，加剧了教育的不公。比如保送生政策，本意是允许高中学校根据学生的学习成绩、各种竞赛成绩、获奖情况和素质表现向高校推荐，由高校进行审核决定录取与否的免试升学政策，其最大的特点是学生可以凭借平时素质表现直接升入高校。但由于主观随意性大且缺少刚性指标，保送生政策在实际操作中

[①] 王后雄. "高考城市化倾向"的问题、成因及矫正[J]. 教育发展研究，2009（5）：14-19.

逐渐走样，权力、金钱、人情关系不断浸入，①严重违背了政策初衷，成为高考城市化倾向的又一典型例证。

出现同样情况的是高校自主招生政策。2001 年，经教育部批准，东南大学等校在江苏省内首次尝试高校自主招生改革，此后试点逐年扩大，2006 年扩大至 53 所。高校自主招生政策是在高校办学自主权日益扩大的背景下，意图改变以高考成绩为高校录取新生唯一标准的一项改革措施，目的是为高校选拔具有实践能力、创新能力及特殊才能的人才。②但从实施过程与结果来看，高校自主招生考试与政策初衷有一定距离。自主招生的对象多数是省级重点中学的学生，剥夺了以农村学生为主体的非重点中学考生应有的权利。符合自主招生申请条件的考生大多需要丰富的文化资本，城市学生在这方面无疑具有优势。此外，参加自主招生考试的经济成本也使得农村学生可能主动放弃机会。自主招生过程中产生了城乡和地区间的不公平现象。③在试点改革过程中，高校"掐尖"、抢生源、增加学生负担、招生腐败、录取不公平等问题引发的社会矛盾以一种"外压模式"逐步上升到政策议程之中。④在公共选择理论视角下，高校自主招生政策相关利益主体，包括政府、高校、高中和考生都是理性"经济人"，为了追求自身利益最大化，采取个人化决策。各主体"经济人"行为范式、利益集团的非均衡博弈及教育寻租等制约自主招生公平性。⑤由于政策本身质量不高，利益主体的偏好存在冲突，行动者职能的错位、缺位，执行机制不完善和资源不足等原因，使政策执行出现偏差，执行结果"走样"。⑥《国家中长期教育改革和发展规划纲要（2010—

---

① 王后雄. "高考城市化倾向"的问题、成因及矫正［J］. 教育发展研究，2009（5）：14-19.
② 王后雄. "高考城市化倾向"的问题、成因及矫正［J］. 教育发展研究，2009（5）：14-19.
③ 吕娜. 利益相关者视角下的大学自主招生政策［J］. 西部学刊，2019（24）：84-87.
④ 王绍光. 中国公共政策议程设置的模式［J］. 中国社会科学，2006（05）：86-99+207.
⑤ 黄梦杰. 公共选择视角下高校自主招生政策公平性分析［J］. 集美大学学报（教育科学版），2015，16（05）：51-56.
⑥ 郑旭辉，余慧莉. 我国高校自主招生政策执行偏差现状研究［J］. 华北电力大学学报（社会科学版），2018（04）：123-130.

2020年)》征求意见过程中，有不少意见针对北京大学让重点中学校长推荐学生的做法。

再比如高考加分政策，本意是照顾少数人，如少数民族考生、军烈属子女、归侨子女等，后来是三好学生、优秀班干部可以加分，紧接着又扩大到了文体尖子生等。2006年，教育部又新增五类特长生可以加分。而一些地方也在积极创造考试加分对象，例如，纳税大户、金融高管子女、高校教职工子女等。据统计，教育部规定的高考加分项目约14项，但各地方出台的具体加分政策名目繁多，累计竟达190多项。[1]有人认为，高考加分制度的制定缺乏透明度和规范性，且带有不同程度的随意性。在利益驱使下，越来越多的行政部门参与加分项目的制定。这导致加分项目日益增多，最终为一些利益群体所利用，沦为精英阶层与富人阶层牟取私利的工具，已经成为高考"不能承受之重"。[2]由于加分制度设计本身不够严密，由于对权力的制约监督形同虚设，由于运作过程的不透明不公开，高考加分政策因此在一些地方严重异化，[3]成了一部分人借以谋私的工具。

有人从历史制度主义角度对高考加分政策的产生、发展和现状进行解读，分析高考加分政策演变背后的制度原因，认为高考加分政策存在着路径依赖，其之所以如此是由于回报递增的存在。[4]集体行动的主导作用、制度的高密度、政治权威提高权力的非对称性和内在的复杂性与不透明性，[5]使得该领域易于形成回报递增的过程。分析高考加分政策的变迁历程、演进逻辑、动力机制，能发现其背后是核心利益相关者间的博弈和协同。在高考加

---

[1] 刘晓红.宪政视野下高考加分政策的教育"公平"之辩[J].现代教育管理,2011(02),25-27.

[2] 申素平,王俊.美国高等教育积极行动纠纷的司法审查与启示[J].中国高教研究,2007(9):48-51.

[3] 赵云.对完善高考体育加分政策的思考[J].考试周刊,2012(78):1.

[4] 李子江,杨志.我国高考加分政策演变的制度分析——基于历史制度主义的分析范式[J].清华大学教育研究,2011,32(01):61-67.

[5] [美]保罗·皮尔逊.回报递增、路径依赖和政治学研究[A].何俊志,等.新制度主义政治学译文精选[C].天津:天津人民出版社,2007.203.

分政策的变迁历程中，利益相关者涵盖中央政府、省级政府、高等院校、高中学校等，各利益主体分布在不同的政策位置，对加分政策的作用程度各有不同。深层结构分析影响高考加分政策变迁的因素：经济体制、政府管理模式、教育价值文化等都与高考加分政策有莫大的关联。[1] 高考加分的目的在于弥补高考制度设计的不足，是协调制度变迁过程中各利益相关者利益的一项制度安排。但由于操作过程中的各相关者之间的利益分配引起了内在因素及外部制度环境的变化，出现了诸多违背其初衷的现象。[2] 高考政策的"精英立场"与"草根情结"存在着天然的对立，形成二元悖论。[3]

（三）"高考户籍制"里的莘莘学子

自恢复高考制度以来，凡报名参加高考者都有户籍限制，即高考与户籍捆绑，考生必须在户籍所在地报考，后来这一政策虽有所调整但总体没有改变。由于不同省份之间高考资源分配的不均和教育发展水平的差别，相同的高考成绩在不同的省份，往往就会有不同的录取结果，由此引发了一个突出问题——高考移民。

所谓"高考移民"，是指某些考生为了增加录取机会，利用国家对落后地区的教育优惠政策，或发达地区与落后地区间的录取分数及录取率的落差，通过各种途径将其父母及本人户口转入或空挂到录取分数线较低的省份、地区，从而达到降低高考风险系数、增强自身"竞争实力"、考取理想大学目的的一种"曲线高考"现象。[4] 中国古时候也有"高考移民"。古时候的"高考移民"，主要包括"冒籍"和"寄应"两种情况。"冒籍"，指考生或冒名，或改变户籍，到解额多的地区参加发解试，以求更容易得解。"寄

---

[1] 张卫国，刘杨，宣星宇.高考加分政策的变迁历程、演进逻辑与路径优化——基于历史制度主义视角[J].教育理论与实践，2022，42（19）：14-19.

[2] 尹秋莲.我国高考加分政策的演变、动力与革新[J].考试研究，2011，7（02）：19-24.

[3] 陈丽，孟凡丽.从"精英立场"到"草根情结"：40年高考政策价值取向演变的社会学分析[J].高教探索，2017（12）：52-57.

[4] 张继明，闫月娇.为"高考移民"辩[J].观察与评论，2008（6）：8.

应",指非本土的考生寄籍应试。这是一种自发的自由行为,制度对此并没有限制,并不违规,可看作两汉以来游学的一种延续和发展。①现如今所说的"高考移民"现象始于20世纪80年代,到90年代后期逐渐形成气候,每年高考过后,都会有一些"高考移民"浮出水面,引发社会关注和热议。2005年夏天,媒体连篇累牍报道了一位叫李洋的考生的故事。这个原籍湖北的男孩,当年以897分的成绩成为海南高考的"状元"。但在录取过程中,李洋被查出原来是"高考移民",并因此被海南省取消了报本科第一批的资格。一时间,坊间议论纷纷,为李洋鸣不平者有之,为海南省的决定叫好者有之。不久,香港科技大学宣布录取李洋,并为其提供40万港币的奖学金。而作为涉及教育公平的标志性名词"高考移民",入选了国家语言资源监测中心、北京语言大学等四家机构公布的2005年春夏主流报纸十大流行语。

为高考而"移民",似乎是中国特有的现象,也是一个复杂的社会现象。"高考移民"的产生既有教育内部原因,也有外部原因。从教育内部来看,主要是我国高等教育资源配置不均衡、基础教育发展不均衡等问题所产生的矛盾的一种集中反映或者说集中体现,②关键在于我国高校在不同地区的录取分数线相差悬殊以及城乡录取名额分布不公。从教育外部情况来看,主要是个别省份的户籍、学籍制度管理不严,使一些人有了可乘之机。在高等教育需求巨大而高等教育资源相对薄弱的我国,高考竞争的激烈体现了个体乃至群体对于稀缺社会资源的争夺,"高考移民"则很大程度上体现了地区与群体间的利益博弈。③

多年以来,有关部门、地方和学校对"高考移民"采取严厉打击政策。教育部历年关于做好普通高校招生工作的通知,均强调要严格审核考生的户籍、学籍和实际就读情况,严厉打击"高考移民"。对于通过非正常户籍学

---

① 郎镝."冒籍":古代"高考移民"的生态[J].读书,2023(02):77-79.
② 李翀."高考移民"现象的经济学分析[J].现代经济信息,2012(22):283.
③ 张继明,闫月娇.为"高考移民"辩[J].观察与评论,2008(6):8.

籍迁移、户籍学籍造假、出具虚假证明材料等手段获取高考资格的，要依法依规进行严肃处理。要规范高中招生和办学行为，严格高中学籍管理，严禁空挂学籍、违规招生、违规借读等行为，采取有效措施标本兼治"高考移民"。

有人认为，"高考移民"的产生，有深刻的经济、社会、文化和历史根源。站在"理性经济人"的角度来看，考生和家长之所以会选择通过改变户籍和学籍的不合法手段成为"高考移民"，是因为他们想通过移民的方式为自己争取本应属于他们的平等的受教育权利，这在某种程度上是他们自身正当利益诉求的集中体现。[①]"高考移民"并不是一种孤立的现象，它的实质是教育内外部原因综合作用的结果。教育内部主要是我国高等教育资源配置不均衡、基础教育发展不均衡等问题所产生的矛盾在高考中的一种集中反映或者说集中体现。[②] 不问问题的根源，刻意回避问题的关键，一味对"高考移民"采取高压政策，便具有一定的悲剧色彩，不仅是考生个人的，某种程度上也是国家的。治理"高考移民"不能就事论事。"高考移民"是我国教育资源分布尚不均衡时期的特殊产物，只有从根本上缩小教育上的地域差距、城乡差距，才能彻底消除"高考移民"。

四、"就近入学"政策的初衷与无奈

（一）"就近入学"政策的初衷

自义务教育制度实施以来，"依户籍所在地就近入学"，一直是明确的法律规定，也是一直明示的政策。早在 1986 年，《义务教育法》第九条就规定："地方各级人民政府适当设置小学、初级中等学校，使儿童、少年就近入学。"《义务教育法》实施细则第二十六条规定："实施义务教育学校的设置，

---

① 李强."高考移民"现象探析——基于社会冲突论的视角[J].黔南民族师范学院学报，2018，38（03）：106-110+114.

② 许朝军.治理"高考移民"不能就事论事[J].湖南教育（A版），2019（06）：16.

由设区的市级或者县级人民政府统筹规划，合理布局。小学的设置应当有利于适龄儿童、少年就近入学。"这些是对义务教育阶段就近入学政策在法律上的明确规定。这些规定，明确了适龄儿童、少年就近入学的权利，明确了地方各级政府保障其在户籍所在地就近入学权利的义务和责任。[1]2006 年 6 月新的《义务教育法》进一步将就近入学政策转变为国家保障公民平等接受义务教育权利的一项法律化措施。

"就近入学"法律规定和相关政策所体现的精神，源于对义务教育属性的理解和对均衡教育理念的诉求，[2]也是各国在推进义务教育之初的普遍做法。世界上不少国家在推行义务教育的同时，都对学生的入学半径作出明文规定，如若就学距离超过入学半径，则家长有权以距离远为由拒绝送子女入学。就近入学政策是义务教育制度的应有之义，义务教育的强制性，必然要求政府提供充足的便利的免费的教育供给，否则强制性无从谈起。[3]"就近入学"是国家为保障义务教育阶段适龄儿童、少年方便入学而颁布的教育政策，政策制定的出发点是为了保证儿童受教育机会平等。[4]"就近入学"政策的价值选择是对不同阶层群体教育利益进行整合的产物，代表绝大多数人的利益，并兼顾其他群体利益，包含着教育政策制定者及社会大众对政策的价值期望或价值追求，致力于解决办什么样的教育问题，是特定历史背景下的产物。[5]我国在义务教育阶段实行"就近入学"政策，以教育公平为理念保障适龄儿童和青少年基本的入学权利。[6]其基本价值取向在于促进教育公

---

[1] 赵菲菲. 对就近入学政策的反思[J]. 教育科学论坛，2008（06）：10-12.
[2] 赵梦龙，冯生尧. 我国初中入学方式的演进、特征与方向[J]. 教育科学研究，2022（02）：20-26.
[3] 刘秀峰. 初衷与现实：就近入学政策的困境与走向[J]. 四川师范大学学报（社会科学版），2017，44（02）：85-90.
[4] 刘爽. "就近入学"政策实施困境研究——基于布迪厄场域理论的视角[J]. 现代教育科学，2019（08）：135-139+156.
[5] 黄娥. 义务教育就近入学政策价值的嬗变[J]. 教学与管理，2016（12）：31-34.
[6] 顾笑. 教育公平视角下"就近入学"与"择校"的政策辨析[J]. 西部学刊，2022（09）：126-129.

平。①"就近入学"政策满足了罗尔斯关于正义的两条基本原则。②后来,"就近入学"政策又被赋予了减轻学生学业负担、促进教育均衡等"使命"。

(二)"就近入学"政策遭遇"择校热"

自《义务教育法》颁布实施以来,国家和地方即开始着力推行义务教育阶段"就近入学"办法。1986年3月,原国家教委发出《关于在普及初中的地方改革初中招生办法的通知》,要求已经普及初中教育的地方,从当年开始取消初中招生考试,凡准予毕业的小学生,可就近直接升入初中学习。但由于缺乏具体的制度设计和硬性指标要求,未明确核心环节操作,各地出台的招生方案操作办法不一,入学效果也千差万别。③这项政策在推行之初就争议重重,当时就有人认为"就近入学政策是一个未完的话题","按学区就近入学,一条胡同就决定你必须上哪所学校,会造成新的不公平和择校费等怪现象"。④果不其然,一部分人由于不满足于就近入学,通过各种方式让其子女跨校、跨区域上学,由此产生了择校现象。

开始的时候,人们择校主要是选择传统的教育强势区域,选择历史形成的办学条件明显优越、教育质量明显高的重点中学初中部。1993年全国统一取消小学升初中考试,推行就近入学制度,这一制度对保证义务教育的公平性、公益性起到了积极作用,但同时引发了愈演愈烈的择校之风。20世纪90年代中期,由于推行重点中学高中、初中分离办学,一批条件比较好的民办学校也成为人们择校的目标。一些地方政府为了补充教育经费的不足,加上受教育产业化等思想的影响,缺少对择校行为的约束,或者与学校达成某

---

① 苏海,蒲大勇.我国就近入学政策的价值取向、失真与回归[J].现代教育科学,2021(05):91-96+110.

② 余奇.公平的悖论——从罗尔斯的正义论看就近入学政策[J].教育导刊,2015(11):19-22.

③ 吴艳.论我国义务教育阶段"就近入学"政策的历史演变[J].经济管理,2017(2):229,168.

④ 彭司华,彭司兰."就近入学"未完的话题[J].教育与经济,1993(03):25-26.

种默契。择校往往是学校与家长自行商定,分数可以无限放宽,"以钱择校"或者是以物替代货币换取学额的做法相当普遍,择校者大多是高收入家庭或者掌握紧缺物资的权势人员子女,广大工薪阶层并没有普遍介入。20世纪末21世纪初,一方面,国家经济飞速发展,城镇人口可支配收入增长很快,教育消费能力明显提高,更多的人具有了参与择校的能力;另一方面,就业形势日益严峻,城市就业问题尤为突出,择业竞争加剧了择校竞争。随着经济社会的发展,教育在社会分层及职业分工方面的筛选作用日益增强,成为寻求就业岗位的最重要途径和劳动者提高个人收入的重要手段。择校本质上就是激烈的个人就业竞争和获得物质利益回报的竞争。在此情况之下,择校竞争向小学、幼儿园下移的趋势越来越严重,在一些地区呈愈演愈烈之势。为了遏制愈演愈烈的择校现象,有关部门出台了"电脑派位"、"三限(限钱数、限人数、限分数)"等政策措施,但很快就"形同虚设"。

  曾经有一段时间,在我们的生活中充满着这样的情景:每年幼儿园、小学、初中招生的时候,整个社会就会上演一场"没有硝烟的战争"。那些家有子女需要上学的,会调动起所有的资源,找门路、拉关系,不胜枚举。岁岁此时,为了给孩子选择一所心目中的好学校,很多人纠结、焦虑,吃不香、睡不着。投入"战斗"的除了家长、学生外,还有各个学校,大家都在为择校而战。不仅如此,为了让自己的孩子能上一个理想的学校或者幼儿园,很多家庭早早就作打算,迁户口、买学区房,以期划片入围,由此引发了"好学校"周边房价和房租的上升。一个极端的案例,北京某所实验小学的老师做家访,竟发现有八个学生家庭的门牌号码是一样的,都是学校附近某条马路边的一处公厕。北京某所著名中学的校长曾经在一个很重要的座谈会上透露其每年要收到2000多个跟上学有关的"条子"。围绕着孩子上学问题的悲喜剧,每年都在不断上演。

  2004年前后,笔者曾和单位的同事一起,会同北京、上海、重庆、武汉、宁波教育部门和相关机构的人员,开展"我国城市义务教育阶段择校问题研究"。当时我们分析，择校现象愈演愈烈，直接原因是"就近入学"政策，根本原因是人民群众强烈希望其子女接受良好教育的愿望与教育发展不平衡尤其是优质教育资源分布不均衡的矛盾，外在原因是人民群众家庭经济条件的普遍改善以及社会心态和舆论的影响，背后原因是独生子女政策。在没有计划生育政策的年代，每个家庭普遍有四五个孩子。孩子多了，加上那时接受教育的机会少，家庭对子女接受教育的期望值不敢太高，而且每个家庭自身有一套"筛选"机制：往往只有天分最高、是"读书的料"的孩子才有可能持续上学念书，家庭也会尽力予以保障，其他孩子则到一定年龄该干吗干吗。过去，文化教育比较落后，一个乡见不到几个高中毕业生，孩子能念到初中毕业就不错了。实行计划生育政策后，当一个家庭只有一个孩子时，全家人都把希望寄托在这一个孩子身上，对教育的期望值自然也高，而且会不惜一切代价为孩子的上学创造条件。择校许多时候已成为一种社会心态，成为一些人比钱、比权、比本事的现象。在此情况下，很难有人能"独善其身"。当年课题研究进行之时，在讨论关于解决择校问题的对策、办法时，我们听到的最"悲观"的意见是：择校问题无解。

择校是自古就有的一种现象，也曾经是一种世界范围的现象。有人认为"孟母三迁"就是典型的择校行为。20世纪60年代，在民权运动、进步教育思想、反主流文化和"向贫困开战"失败的影响下，美国等国家兴起了所谓的教育选择运动，这在20世纪80年代之后逐渐演变成为一场世界性的运动。但我国义务教育阶段一度蔚为壮观的择校现象，与他们的性质截然不同。择校表面上是选择学校的一种行为，但其背后渗透、充满了金钱、权力、社会关系等各种因素。择校现象纷纭芜杂，折射出社会不同层面的诸多光影，也反映了光怪陆离的社会心态，"强化了社会成员对社会收入差距拉大和一些社会不公现象的不满情绪，恶化了教育发展环境"[①]。择校现象不单纯是教育问题，同时也是一个严重的社会问题。

---

① 蔡国英.中小学择校现象的成因与对策[J].求是，2006（23）：53+18.

（三）治理"择校"的种种努力

为了治理愈演愈烈的择校之风，国家和地方尤其是问题突出的大中城市可谓不遗余力，先后采取了各种办法和措施，既有推进义务教育均衡发展等的"治标之策"，也有"电脑派位""三限""摇号入学""叫停"等"断然之举"，后来又有分学区入学、"单校划片"入学到"多校划片"入学，等等，政策、措施不断调整、变化，但似乎未能从根本上解决问题。

面对被认为"无解"的问题，《国家中长期教育改革和发展规划纲要（2010-2020年）》提出要"着力解决择校问题"。教育部将工作聚焦在包括北京在内的19个重点城市（含4个直辖市、10个副省级省会城市、5个计划单列市），要求它们尽快提出解决择校问题的目标和政策举措。2014年初教育部印发《关于进一步做好小学升入初中免试就近入学工作的实施意见》（以下简称《意见》），随即教育部办公厅印发《关于进一步做好重点大城市义务教育免试就近入学工作的通知》以下简称《通知》，要求这些城市在当年制定完善进一步规范义务教育免试就近入学的方案，强调"到2015年，重点大城市所有县（市、区）实行划片就近入学政策，100%的小学划片就近入学；90%以上的初中实现划片入学；每所划片入学的初中90%以上生源由就近入学方式确定"。[①]要求在19个重点城市展开中小学生入学录入电子学籍档案工作，有效地监管各地区适龄儿童、少年就近入学情况，遏制住不合理的"择校"风气。《意见》和《通知》出台后，19个重点城市都根据自身情况采取了各种措施，并更加严格地推行"电脑派位"的办法，全面推广"电子学籍"管理方式。

在国家三令五申和层层政策的推动及"重拳"之下，"择校"之风似乎有所缓解，许多地方宣布实现了承诺的目标。但真实情况恐怕是"冷暖自知"。一些城市仍然实行的"政策保障""纳税大户子女保障"等做法，表明择校

[①] 余慧娟，赖配根，施久铭. 中国教育的民生情怀——党的十八大以来教育改革发展成就述评·促进公平篇［N］. 中国教育报，2017-10-15（01）.

事实上仍然存在,只是更加"隐形""变异"而已。时至今日,每到入学季,家长们为了让孩子上一所好学校、重点学校,还是在想方设法、各显神通。"学区房"的价格仍然居高不下。最近这些年,阶层分化背景下农村教育竞争现象兴起且日趋激烈,在实践形式上表现为择校报班、母职陪读、父职配合与家校关系经营,教育责任伦理朝着家庭化方向发生变迁,从传统"读书的料"变成了"不能输在起跑线上"。① 为了追求城镇的优质教育资源,有能力的农民为子女选择城镇就学,形成了"迁移性择校",导致城镇"大班额"现象突出。② 有实证调查结果显示:农村家长有着更强的择校意愿;优质的城镇教育资源是人口迁移的重要拉力,但能进行向城性迁移择校的是资本更强的人群。③ 导致"择校热"愈演愈烈的原因十分复杂,从政策角度看,是由于重点地区、重点城市、重点区域、重点校系列政策实施的结果,除此之外,国家颁布的政策的自相矛盾以及利益群体对择校禁令的"变相抵制"都对义务教育阶段"择校热"起到了推波助澜的作用。④

(四)一个关于"公平"的悖论

有人认为,在教育资源分布失衡、寻租渠道任意滋生的现实背景下寻求形式上的平等,使得"小升初"政策本身包含着若干公平的悖论。其一,使义务教育与素质教育的价值指向发生了冲突。其二,貌似公平的就近入学却催生了教育"出身论"。就近入学政策确实受到了诸多挑战,最大的质疑就是其剥夺了家长和儿童的教育选择权。这实质上是另一种不公平,而这种不

---

① 尹秋玲.农村教育竞争兴起的逻辑——从"读书的料"到"不能输在起跑线上"[J].中国青年研究,2022(11):103-109+95.
② 吴宏超,黄雪倩.城镇化背景下的迁移性择校问题寻解[J].教育发展研究,2019,39(Z2):1-7.
③ 吴宏超,黄雪倩.城镇化背景下的迁移性择校问题寻解[J].教育发展研究,2019,39(Z2):1-7.
④ 眭瑞丹.义务教育阶段"择校热"的政策归因与改进[J].教学与管理,2017(21):20-22.

公平又导致择校行为的产生。这样看来，就近入学政策自身带有某种"不公平"因子。①当下中国"就近入学"政策背后的困局与深层危机表现在：在现有教育资源不均衡分布的状态下，"就近入学"政策逐步与住房的空间分异、阶层区隔相匹配而形成了明显的教育层化格局，进而导致教育再生产意义上的阶层复制与流动固化。②义务教育阶段择校现象的产生有着深刻的社会历史背景和制度根源，对义务教育阶段择校现象的治理历经多年，不仅没有化解，反而还产生了违背政策本意的"意外后果"，衍生出诸多乱象，这是因为义务教育择校有着广泛的社会需求和现实合理性。③

在统一考试的情况下，分数面前人人平等，权力和社会关系的作用难以体现。取消统一考试之后，优质教育资源的分配出现了复杂化的局面，金钱、权力和社会关系等，成为争夺优质教育资源的更重要的因素，使得就近免试入学、电脑派位式的升学方式以教育机会起点平等的理想开始，却以极不平等的结果告终。不仅没有获得预期的公平，反而进一步拉大了学校之间的差距，加剧了教育的不平衡。当初提出义务教育阶段就近、免试入学政策的初衷，是认为义务教育是公共产品，每个公民都有权享受平等的教育机会和同样质量的义务教育，不能因为先天的出生地、家庭背景、社会关系等原因而影响到求学的机会和质量。但当作出这一决策的时候，可能没有顾及或者是忘记了我国教育发展的巨大不平衡、不同学校的教育质量存在着差异的客观现实，恐怕更没有想到恰恰是因为取消小升初考试，使得更多的人卷入了另外一种实际上更加激烈、更难以把握的"考试"之中。这显然与取消升学考试的初衷相去甚远，与最初政策设计者的意图背道而驰。

"就近入学"政策虽然在一定程度上推动了普及教育的实现，但同时也

---

① 余奇.公平的悖论——从罗尔斯的正义论看就近入学政策[J].教育导刊，2015（11）：19-22.

② 王贤.博弈论视角下城市义务教育就近入学政策实施的权利与义务关系[J].教育学术月刊，2009（04）：57-60.

③ 张侃.多维视角下义务教育择校问题新探[J].教育文化论坛，2020，12（04）：86-92.

在一定程度上人为遏制了择校的需求，造成弱势群体的就学状况更加不利，学生学业负担没有得到实质性的减轻。[①]"就近入学"政策作为政府推进义务教育公平的具体政策抓手，在控制其他影响因素前提下，既没有改变当下教育资源分布不均衡现状，也没有改变薄弱地区和薄弱学校教育资源享有不充分状况，更没有改变既定资源分配原则进而使新的资源分配方式有利于薄弱地区和薄弱学校。该政策主要在现有资源分布和分配格局下维持既定秩序，因而本身并不能从根本上解决义务教育业已形成的不公平问题。[②]片面追求政策落实导致学校布局不合理、经济成为就近入学的决定因素、加速社会阶层结构分化和固化、违反教育规律的"反向不公正"是就近入学政策价值失真的现实表现。[③]我国的国情决定，单纯强调就近入学是一种权利或者义务，会使义务教育的发展陷入两种极性的不公平中。[④]

五、基础教育课程教材政策的城乡同异

课程教材是学校教育的核心载体。教育思想和理念、人才培养的目标和内容等，都集中体现在课程教材之中。一个国家实施什么课程，使用什么教材，反映并决定了这个国家想要培养什么样的人和能够培养什么样的人。[⑤]国家主流意识形态决定课程的核心和制定。[⑥]教材政策是课程政策的核心，直接关系到课程改革发展的实践，集中反映着教育政策的变化。教材作为教育教

---

① 刘秀峰.初衷与现实：就近入学政策的困境与走向[J].四川师范大学学报（社会科学版），2017，44（02）：85-90.

② 金久仁.就近入学政策促进义务教育公平的前提、价值和路径[J].教学与管理，2018（21）：20-23.

③ 苏海，蒲大勇.我国就近入学政策的价值取向、失真与回归[J].现代教育科学，2021（05）：91-96+110.

④ 张祎，姚利民."中国式择校"刍议——基于教育公平视角[J].现代中小学教育，2020，36（02）：1-5.

⑤ 张志勇，张广斌.义务教育课程改革的政策逻辑与生态构建——《义务教育课程方案和课程标准（2022年版）》解读[J].中国教育学刊，2022（05）：1-8.

⑥ [美]麦克尔·W.阿普尔.意识形态与课程[M].黄忠敬，译.上海：华东师范大学出版社，2001：21.

学的基本依据，是人才培养首要的、基本的文化资源和精神食粮，是上层建筑的组成部分，承载和凝聚着国家发展和人才培养的知识、思想、观念、价值和行为方式，具有鲜明的意识形态属性。[1]尺寸教材，悠悠国事。核心教材传授什么内容、倡导什么价值，体现国家意志，是国家事权。[2]

（一）基础教育课程教材政策的演变

基础教育课程政策变革是以学生身心发展的特征以及社会对于人才的需求为基点，以基础教育课程的利益与权利的合理分配为出发点，调节基础教育课程领域内各个主体之间的关系，从而更好地规范与指导基础教育课程实施，以实现基础教育课程的最终目标。[3]课程政策的制定是有关教育的政治行为与产物，也是一项兼具复杂性和矛盾性的博弈过程。[4]

中华人民共和国成立以来至 21 世纪初，我国基础教育课程政策大致经历了六个不同发展时期：一是 1949 年至 1956 年改造旧教育、学习苏联经验时期。这一时期确定了统一性的课程政策。二是 1957 年至 1965 年全面探索中国社会主义教育时期。期间又可分为几个小的时期。三是 1966 年至 1976 年教育事业受到严重破坏的时期。中小学课程与教材的发展总体上处于非理性的无序状态。四是 1977 年至 1985 年恢复正常教育秩序和初步探索有中国特色社会主义教育的时期。五是 1986 年至 1999 年实施义务教育和全面建设有中国特色社会主义教育体系的时期。六是 2000 年以来，确定了面向新世纪的新一轮基础教育课程教材改革政策和策略，制定完善了一系列重要的课程教

---

[1] 郝志军.教材建设作为国家事权的政策意蕴[J].教育研究，2020（3）：22-25.
[2] 郑富芝.尺寸教材 悠悠国事——全面落实教材建设国家事权[N].光明日报，2020-01-21（13）.
[3] 殷世东.新中国基础教育课程政策变革 70 年回顾与反思[J].现代教育管理，2020（4）：74-81.
[4] 赵垣可.课程政策制定的原则、理念及影响因素分析[J].教学与管理，2017（21）：17-19.

材的发展政策。①有人从课程权力主体的角度，把我国基础教育课程政策的发展历史分为三个阶段："国家"模式阶段、"国家＋地方"模式阶段和"国家＋地方＋学校"模式阶段。②有人认为我国基础教育课程政策先后经历了学习苏联和独立摸索、重心转移和初步发展、全新设计和全面发展、深化发展和全面推进四个发展阶段。③还有人认为这个基本历程可以分为这样四个时期：改造继承与盲目借鉴时期（1949年—1957年），自主探索与跃进变革时期（1958年—1977年），中国特色与科学借鉴时期（1977年—2000年），中国治理与中国表达时期（2000年至今）。基础教育课程政策立足于我国国情和人才培养的需要，进行适时的变革与调整，驱动着我国基础教育课程与教学发展，逐步形成了中国经验、中国治理与中国表达。④课程改革是政治、社会的产物，也是经济的产物，是政治、社会、文化和经济因素间交互作用的过程，⑤是教育领域的课程自我构建与变革实践。

新一轮基础教育课程改革（简称"新课改"），是指自2001年以来，为贯彻落实《中共中央、国务院关于深化教育改革全面推进素质教育的决定》，顺应经济社会发展的新要求，由国家层面推动、地方积极参与而进行的基础教育课程改革。其核心理念是：为了一切学生，为了学生的一切。其根本指向是人的发展，倡导自主、合作、探究的学习方式。与原有的课程内容相比，新一轮的基础教育课程改革强调学习与生活的融合、认知和情感的协调

---

① 石筠弢.我国基础教育课程政策发展变化的历史轨迹[EB/OL].(2001-11-13)[2011-02-21]. http://www.edu.cn/gai_ge_272/20060323/t20060323_19001.shtml.

② 杨道宇.中国课程政策研究的回顾与反思[J].河北师范大学学报（教育科学版），2011(6)：27-33.

③ 张春莉，贺李，曾琦.推动我国基础教育课程政策演变的重要力量[J].中国教育学刊，2020(07)：34-39.

④ 殷世东.新中国基础教育课程政策变革70年回顾与反思[J].现代教育管理，2020(4)：74-81.

⑤ 胡定荣.课程改革的文化研究[M].北京：教育科学出版社，2005：183-184.

发展、内容与时代的并进，以及知识与能力的并重。①新课程改革的基本特征：注重课程的发展功能，实现课程设置的整合性，关注实施过程与科学评价，进一步加大课程管理的弹性化。同时，以"渐进性"作为重要策略，保障和促进课程对不同地区、学校、学生的适应性，建立国家、地方、学校课程的三级管理模式；并且，在妥善处理课程的统一性与多样性的关系基础上，重视校本课程的研制与开发。②2001年秋季，"新课改"在全国27个省（自治区、直辖市）的42个实验区全面展开。至2005年，全国所有中小学生都进入新课程。本次课程改革不同于以往任何一次的大纲教材调整，它涉及教育目标、教育思想、教育方式、教育管理、教育评价等方面的改革。经过多年的探索，新一轮基础教育课程改革取得了明显成效，积累了丰富的经验。全新的课程内容体系已经并正在继续改变学校生活的整个场景并重塑学生的生活世界。③不仅演绎着课程理念目标、内容结构、实施评价以及管理等课程政策话语体系变革主线，更刻画着一定时期课程改革同政治、经济、社会、文化以及教育系统自身紧密而深刻的关联烙印。④

（二）课程教材的统一性与多样性

在我国基础教育课程教材建设过程中，一直面临着若干矛盾关系如何处理的问题，包括政府行政指令与教育发展规律、课程的国际性与民族性、课程的继承性与发展性的关系等。⑤课程教材的统一性与多样性、国家课程与

---

① 龙明慧，刘丽群. 我国新一轮基础教育课程内容改革的特点分析[J]. 湖南第一师范学报，2003，3（2）：61-63.

② 郭英，谢名春. 新课程背景下教师教育课程设置的探讨[J]. 教育与教学研究，2012，26（12），1-4.

③ 龙明慧，刘丽群. 我国新一轮基础教育课程内容改革的特点分析[J]. 湖南第一师范学报，2003，3（2）：61-63.

④ 张志勇，张广斌. 义务教育课程改革的政策逻辑与生态构建——《义务教育课程方案和课程标准（2022年版）》解读[J]. 中国教育学刊，2022（05）：1-8.

⑤ 吕达. 关于我国基础教育课程教材改革的思考[EB/OL]. （2011-02-21）[2023-05-25]. http://www.jyb.cn/gb/2001/10/24/jcjy/jxgg/6.htm.

地方课程、统编教材与自主教材的关系问题,也是其中的若干矛盾关系。

中华人民共和国成立后,我国教材建设相继经历了教材计划建设时期(1949年—1966年)、教材分散建设时期("文化大革命"时期)、教材统编通用时期(1978年—1986年)、教材多样选用时期(1986年—2016年)和教材统分结合时期(2016年以来)。[①] 就统一性与多样性而言,总体上改革开放前我国实行的是集中统一的课程教材政策,课程教材由国家制定,全国推行基本统一的课程教材,课程教材政策的政治性很强。中小学教材的编写和出版实行全国一个教学大纲、一套教科书的政策,就是我们常说的"一纲一本"。与此相关的是,一直有统编教材的做法。统编教材,也称"部编教材""通用教材",指在一个课程标准或教学大纲指导下,由国家统一组织编写和审定、全国统一出版和使用的教材。70多年来,国家统编教材的编写主要经历了四轮,其中第一轮在1949年至1957年,为改造旧社会、建设新中国先后修订和重编了三套通用教材。1961年至1965年,开展了第二轮统编教材的工作。根据中共中央转发教育部党组《关于编写普通中小学和师范学校教材的意见》,教育部责成人民教育出版社先后编写出版了两套通用教材。第三轮统编教材在1978年至1988年间编写。邓小平恢复工作后分管科教领域,要求尽快编写全国统一的中小学教材。这一时期的统编教材共三套。[②]

改革开放以来,课程政策的最大特点就是实现了课程的多样化,包括教材多纲多本。无论从课程的管理、课程的结构,还是从教材制度来看,都不同程度地增加了课程和教材的弹性和灵活性,以适应不同地区、不同学校与不同学生个性发展的需要。《中共中央关于教育体制改革的决定》指出,我国幅员广大,经济文化发展很不平衡,义务教育的内容应该因地制宜,有所不同。为此,中小学教材建设开始实行国家统一基本要求下的多样化方

[①] 曾天山.我国教材建设的实践历程和发展经验[J].课程·教材·教法,2017,37(12):17-23.

[②] 郭戈.统编教材是新时代的必然要求[N].中国教育报,2019-12-26(06).

针，即"一纲多本"的政策。[①]1986年，国家教委设立全国中小学教材审定委员会和学科教材审定委员会。1987年，国家教委颁布《全国中小学教材审定委员会工作章程》，提出"在统一教学基本要求的前提下，有领导、有计划地实现教材的多样化，以适应不同地区的需要"。1988年，国家教委《九年制义务教育教材编写规划方案》颁布，开启了我国义务教育教材"一纲多本"和教科书建设多样化新阶段。1992年国家教委颁布的《九年义务教育全日制小学、初级中学课程计划（试行）》，首次提出"国家安排课程"和"地方安排课程"。1993年，《中国教育改革和发展纲要》提出"中小学教材要在统一基本要求的前提下实行多样化"，中小学教材又呈现"多纲多本"局面。[②]1996年国家教委颁布《全日制普通高级中学课程计划（试验）》，第一次将"课程管理"单列，明确"普通高中课程由中央、地方、学校三级管理"。教材编写进一步放开，除全国性的多种版本并存外，甚至出现了"几省一本"、"一省一本"乃至"一省多本"的局面。"一纲多本"教科书政策体现了教育民主的诉求，标志着我国基础教育课程发展进入了新的阶段。但也出现了一些乱象：教科书克隆现象严重，教科书评价制度缺失，教科书市场机制混乱，不少学校的学生学习负担加重。[③]某些编者将教材编写看作剪刀加糨糊、抄抄写写、东拼西凑的简单工作，无疑严重损害了教材编写的权威性、科学性、严肃性和专业性。[④]

2012年，第四轮国家统编教材编写工作展开。此轮统编教材的重点是中小学三科（义务教育道德与法治、语文、历史，高中思想政治、语文、历史）教材。重启统编教材的工作是特定历史境遇中社会、教育、课程、教材

---

① 朱慕菊.基础教育教材建设的理念及挑战［EB/OL］.（2009-08-06）［2023-05-25］. http://www.jyb.cn/book/rdss/200908/t20090806_299965.html.
② 郭戈.统编教材是新时代的必然要求［N］.中国教育报，2019-12-26（06）.
③ 钟启泉.一纲多本：教育民主的诉求——我国教科书政策述评［J］.教育发展研究，2009，29（04）：1-6.
④ 靳玉乐，王洪席.十年教材建设：成就、问题及建议［J］.课程·教材·教法，2012，32（01）：12-16.

等因素多向互动的结果。进入新的历史时期，社会变革和教育发展对人才培养提出新要求，教材选用过程中发现新问题，国家对教材建设作出新部署，构成了新时代统编教材的历史逻辑：因应强化意识形态教育的诉求，源于素养导向课程改革的驱动，寻求超越教材多样化格局的进路。[1]为了做好统编教材工作，中央和教育部门采取了一系列重大举措：确立了国家统一教材制度的大政方针，制定了全国统一的教学大纲或课程标准，组建了专门的统编教材编写和审查机构，配备了强有力、专业化的统编教材编审人员，创建了全国统一的教材出版发行渠道。[2] 2019年9月，普通高中统编三科教材率先在部分省市普通高中起始年级开始投入使用，其他省份陆续全面推开。[3]新时代统编三科教材建设不断从现代教材治理体系中汲取养分，秉持正确的价值导向，在顶层设计、研发审查、制度建设、实践运作、使用保障等方面运转良好并形成相互支撑。历经多年发展和多方努力，新时代统编教材建设的历史使命已阶段性完成。同时，随着统编教材使用的全面铺开以及教育变革持续向纵深发展，统编教材建设不断面临着来自现实和未来的挑战。[4]

（三）课程教材建设的"农村困境"

很长一个时期里，国家强调的是课程和教材的统一性和集中性，以适应国家发展总的需要，依据的是城市的实际。课程教材政策往往以发达地区、城市学校和重点学校的办学条件为依据，首先考虑它们的课程需要，甚至不惜将它们的"发展性需要"作为"基本需要"，以"强制性课程政策"的形

---

[1] 单新涛.统编教材建设十年：历史境遇、实践逻辑与发展路向[J].北京教育学院学报，2022，36（06）：52-58.

[2] 郭戈.统编教材是新时代的必然要求[N].中国教育报，2019-12-26（06）.

[3] 靳晓燕.编好三科教材培育时代新人——教育部教材局负责人就普通高中三科教材统编工作答记者问[N].光明日报，2019-08-28（06）.

[4] 单新涛.统编教材建设十年：历史境遇、实践逻辑与发展路向[J].北京教育学院学报，2022，36（06）：52-58.

式要求全国所有学校实行。① 这样的课程要求全国学生步调一致齐步走，农村的学生对着书本去逛公园、看少年宫、计算工厂的产品，城市的学生也要跟着农村的学生一起去计算农产品；海南的学生在书上欣赏北国风光，草原的孩子也被要求感受大海的汹涌澎湃。"大一统"的课程政策束缚了地方和学校课程主体观念的确立和教材多样化的发展，导致了课程实施者即教师课程改革意识淡薄，改革创新意识差。课程评价缺乏形成性评价，造成地方、学校和教师只重结果不重过程。② 这种情况长时间里存在，无论是基础教育课程改革的总体思路，还是此后陆续颁布的各科课程标准，都表现出明显的"城市中心取向"和"与国际接轨倾向"，缺乏对农村及不发达地区的必要关切，没有充分考虑到我国教育的特殊性、复杂性和城乡间、地区间、学校间的巨大差异。③ 新课程改革实施后发行的中小学主要教材确实存在明显的城市化倾向。④ 新教材在内容选择、所设计的活动、所需的大量配套设备、对教师素质的较高要求等多个方面都有城市化倾向，⑤ 表现在选用素材、插图、练习、活动形式、价值观念、考试等方面。⑥

应该说，长期以来，在课程教材建设过程中注意到了这个问题，也努力适应农村地区的特点，采取了许多措施，包括强调农村地区应重视课程内容及课程实施适应农村经济、社会生活和农村学生的需要，紧密联系农村实际，突出农村特色，充分利用农村自然、人文方面的丰富资源，挖掘农村经济和社会发展的生动实践，加强课程开发和建设并组织课程实施和教学活动；⑦ 强调农村要根据当地经济、社会发展的需要，工农业生产经营的特

---

① 郭晓明. 论基础教育课程政策的公正问题 [J]. 教育理论与实践, 2001, 22 (4): 27-30.
② 洪俊, 熊梅. 关于农村基础教育课程改革的初步设想 [EB/OL]. (2010-12-09) [2011-02-21]. http://www.eol.cn/20011017/3005307.shtml.
③ 郭晓明. 论基础教育课程政策的公正问题 [J]. 教育理论与实践, 2001, 22 (4): 27-30.
④ 殷素梅, 郑华. 从"事实"到"事件"："教材城市化倾向"成因分析 [J]. 玉溪师范学院学报, 2010, 26 (05): 45-48.
⑤ 王世光. "教材城市化倾向"刍议 [J]. 教育发展研究, 2007 (06): 40-43.
⑥ 李长吉, 肖欢. 教科书城市化倾向研究综述 [J]. 当代教育与文化, 2011, 3 (01): 72-76.
⑦ 周济. 抢抓机遇 乘势而上 加快推进基础教育课程改革 [N]. 中国教育报, 2004-06-25 (3).

点,编好各种乡土教材,因地制宜地对学生进行热爱家乡、建设家乡的教育。①1983 年《中共中央、国务院关于加强和改革农村学校教育若干问题的通知》明确:各类小学的教学内容,都要注意联系农村生产、生活的实际,考虑学生的接受能力和多数教师经过努力所能达到的水平,进行必要的调整和修改。高年级应适当增加农村应用知识和技能的内容。教学应讲求质量,注意学生的全面发展。②1988 年,教育部颁发《九年制义务教育教材编写规划方案》,提出要根据不同情况编写中小学教材,设想用四五年时间,逐步完成四种不同类型的教材编写工作,其中提出要编写适于经济文化基础比较薄弱的边远地区、农牧地区和山区,以及办学条件较差学校使用的中小学教材。1991 年国家教委印发的《九年制义务教育课程教材试验工作座谈会纪要》提出"在出版大开本、彩印本课本的同时还应出版一些铅印本、小开本课本,以供农村学校和经济不发达地区学校选用"。曾经有一段时间,考虑到我国农村初中毕业生有相当一部分毕业后直接就业的实际状况,试行"绿色证书"教育,③ 有的地方还实行过贫困地区使用黑白版教科书的办法。

农村学校课程开发与教材建设一直是困扰农村教育发展的问题,也是农村基础教育与农村职业教育结合的难点。旧的农村基础教育课程体系和教材,过分强调学科分类和体系,与农村科技和农村经济发展状况相脱节,与城市教材没有多少区别,种类单一。农村基础教育课程中存在的主要问题:课程目标缺乏一定的层次性、关联性、准确性,教学实践重知识,轻态度、情感、技能、能力和个性的培养。课程教材缺乏适切性和实用性,不能适应

---

① 李水山.农村教育史[M].南宁:广西教育出版社,2007:114.

② 何东昌.中华人民共和国重要教育文献(1976—1990)[G].海口:海南出版社,1998:2087.

③ 指农民达到从事某项工作岗位规范要求具备的基本知识和技能,即可获得从业凭证。1994年 3 月国务院办公厅转发农业部《关于实施"绿色证书工程"的意见》,2001 年 6 月教育部、农业部联合印发了《关于在农村普通初中试行"绿色证书"教育的指导意见》,决定在农村普通初中逐步推广"绿色证书"教育。

农村学生的学习基础和可接受性。课程结构整齐划一，缺乏弹性和选择性。①农村课程内容脱离农村的生产和生活实际；课程管理体制呆板；课程内容及课程设置不合理；课程门类过多，分科过细；单一的课程评价制度阻碍了人的全面素质的培养。②一度存在的农村学生辍学的主要原因，是农村教育目标、教学内容、教学方法、教材不符合农村学校和农村学生的不同需求。当然也有家庭经济困难问题，但前者越来越成为主要矛盾。③

长时间里在农村学校教育中，强调知识的传授、忽视能力的培养是一个较为普遍的问题。后来素质教育的观念逐步深入人心，教材体系和教学方法改革在很多地方初见成效，启发式教学、研究性学习等新的教学方法逐步推广，农村学校的教育教学有了很大的改观，但从总体上看与城市学校仍有较大的差异。其表现在：一是农村学校在课程设置上缺乏变通。除了国家教材，基本上没有自编乡土教材，也不具备独立研发教材的意识和能力，因而课程内容的实用性，课程设置的灵活性、多样性均不及城市中小学校。二是农村学校课堂教学质量较城市低下，启发式教学、研究性学习、实践性学习等尚未形成气候，教学活动的多样性不够，学生的主动性、积极性较差。三是农村学校实验实习场所远不能满足实际需要，书本上的实验只能在黑板和讲台上演示，学生几乎没有亲自动手的机会，④尤其是许多农村职业学校没有实习基地。四是农村学生除了学习课本上的东西之外，课外活动十分单调，在锻炼多方面能力、提高素质方面相对较弱。⑤

吴康宁认为，国家实施基础教育课程改革，颁布关于义务教育课程的统

---

① 洪俊，熊梅.关于农村基础教育课程改革的初步设想[EB/OL].（2010-12-09）[2023-05-25]. http://www.eol.cn/20011017/3005307.shtml.
② 汤欢欢.新课程与农村教育发展的探索[EB/OL].（2008-1-14）[2023-05-25].http://www.changxia.net/jlyd.asp?id=2792.
③ 李水山.当前我国农村教育的认识偏差与对策选择[J].调研世界，2004（12）：6-8.
④ 许二梅.新世纪初农村子弟高等教育入学机会的探讨[J].广东农业科学，2013（13）：233-236.
⑤ 廖其发.中国农村教育问题研究[M].成都：四川教育出版社，2006：87.

一的国家标准,并由具有相应资质的专业人士根据国家课程标准编写了教科书。这在法律适用上与理论逻辑上都没有问题,也是世界各国的普遍做法。事实上,即便想针对城乡发展差距分别制定不同的义务教育课程国家标准、分别编写教科书,在法律适用上、理论逻辑上及技术操作上都是难题。统一的义务教育课程国家标准及相应教科书很难完全避免对于农村儿童的忽视、疏远乃至伤害。义务教育课程国家标准及相应教科书对城市儿童而言更多地具有文化上的亲和性,从而有利于城市儿童的课程学习乃至相应的对学校生活的适应,而对农村儿童来说则更多地存在着文化上的疏远性,从而不利于农村儿童的课程学习,并因此而容易导致他们对于整个学校教育的文化不适。对于这个问题,从教育理论工作者、一线教师到相关教育行政部门都有清醒认识,并不乏深刻反思及合理建议,但因存在"两难困境",[①]长时间里未见能够彻底解决的万全之策。

(四)国家意志与地方积极性

教材作为教育教学的基本依据,是上层建筑的组成部分,承载和凝聚着国家发展和人才培养的知识、思想、观念、价值和行为方式,具有鲜明的意识形态属性。统编教材是体现国家事权的核心载体。意识形态是阶级利益的思想理论形态。统治阶级要使代表本阶级利益的思想理论被普遍接受,就需要主流意识形态的生产和传播。教育是意识形态传播的重要领域,教材是意识形态传播的重要载体,统治阶级的意志必然要求贯彻在教材中,而统治阶级所掌握的政权直接组织编写并推行统编教材便成为保障主流意识形态在教育领域最大范围传播的重要手段。教材建设包括了教材的编制、使用和管理,直接对应着意识形态生产的知识生产、话语生产和权力生产三个环节,

---

[①] 吴康宁.中国教育改革为什么会这么难?[J].华东师范大学学报(教育科学版),2010,28(4):10-19.

是意识形态在这三个环节的再生产。①教材建设的过程也是意识形态再生产的过程。具体来看，意识形态生产有三个重要的组成部分：知识生产、话语生产和权力生产。知识生产，即意识形态知识体系的建构和更新；话语生产，即通过话语传播将知识理论转化为人们的思想现实；权力生产，即通过权力运作保障意识形态尽可能大范围地传播，并让群众接受认可这种话语体系。②统编教材知识以公共普遍的形象出现，但就其逻辑性、学理性与合法性而言，具有浓郁的意识形态属性。从逻辑性上看，统编教材知识是国家意识形态的集中体现，是构建基于"谁的知识最有价值"的理论解释体系。③

深刻理解教材建设作为国家事权的内涵，就要正确把握教材的意识形态属性。教材建设事关国家利益。教材建设属于国家社会文化事务，是国家教育事业的有机组成部分，是国家社会文明和精神文明的重要内容。教材建设必须由国家统筹管理。④2017年，教材建设和管理领域发生的一件大事，是国务院决定成立国家教材委员会。国家教材委员会正式成立，从制度层面上明确教材建设这一国家事权，标志着我国教材建设工作步入一个新的历史阶段。⑤为切实提高教材建设科学化、规范化水平，2019年年底至2020年年初，国家教材委员会印发《全国大中小学教材建设规划（2019—2022年）》，教育部印发《中小学教材管理办法》《职业院校教材管理办法》《普通高等学校教材管理办法》《学校选用境外教材管理办法》，以落实教材建设的国家事权，系统描绘大中小学教材建设的蓝图。⑥四个教材管理办法重点解决各级各类教材谁来管、管什么、怎么管的问题。这些政策规定，在肯定教材建设

---

① 刘翠航.统编教材建设参与意识形态再生产的历史观照[J].教学与管理，2022（31）：64-66.
② 刘伟.意识形态生产的三种形态：知识、话语和权力[J].马克思主义与现实，2018（01）：68-75.
③ 姜纪垒.国家统编教材的理论基础探析[J].当代教育与文化，2020，12（03）：28-33.
④ 郝志军.教材建设作为国家事权的政策意蕴[J].教育研究，2020，41（03）：22-25.
⑤ 靳晓燕.教材建设是国家事权——对话国家教材委员会委员[N].光明日报，2017-07-14（06）.
⑥ 刘景超，汤付强.中国共产党教科书事业制度建设的回顾与展望[J].教育史研究，2023，5（02）：4-13.

是国家事权的同时，也给发挥地方和学校的积极性留出了一定的空间。

我国幅员辽阔，地域差异大。在幅员如此辽阔、差异如此巨大的土地上，很难有放之四海而皆准的"例子"，也很难有适用于从东三省到海南岛所有孩子的"鞋子"。教材管理办法一方面要强化国家的统筹管理和整体规划；另一方面还要根据不同学段、不同学科专业、不同类型教育的教材特点，实行差异化管理，以保证教材建设各环节、各方面的有效运作。教材建设必须兼顾区域差异，坚持"国家领导下的分级管理体制"，统一要求与灵活多样相结合，给地方和学校以空间和自主权，尊重差异性和多样化。①

---

① 郝志军. 教材建设作为国家事权的政策意蕴[J]. 教育研究，2020（3）：22-25.

第四章　城乡中国的"教育众生"

历史的主体是人。制度的主体、出发点和落脚点是人，公共政策的主体，包括组织、团体和个人，根本是人。人作为历史主体的基本形态有三种：个体主体、群体主体、人类主体。[①] 没有细节的历史是抽象的，没有人的历史是缺乏温度的，而脱离了人的政策和制度研究则是冰冷的。过去几十年里，在城乡二元结构背景之下，中国大地上曾经上演、存在过一些特殊的教育群体，发生过一些特别的教育事件、现象，他们生动地印证着中国的城乡二元特性，深刻、鲜明地反映了特定政治、经济、社会、文化甚至人口背景下的教育政策和制度，提供了独特的研究案例。本章以及下一章，我们采用教育叙事的方式对他们进行解读。本章选取民办教师、代课教师、进城务工人员随迁子女、农村留守儿童、大学生低收入聚居群体作为研究和考察对象，讲述他们曾经的遭际，并进行教育政策和制度分析。

一、民办教师：光荣与痛楚

所谓民办教师，是指受聘于国家或集体举办的普通中小学（义务教育机构），履行受聘职责，享受国家补助，由学校所在集体支付工资或劳动报酬，持有县级以上教育行政部门发放的"民办教师任用证"，并承担部分其他劳动获得生活补贴的农村公民。[②]《教师法》将其界定为"国家补贴，集体

[①] 余源培.“历史合力论”是爱国统一战线重要的哲学基础——兼论"一致性和多样性"的辩证关系[J].上海市社会主义学院学报，2022（06）：7-14.

[②] 王献龄.中国民办教师始末[M].北京：知识产权出版社，2008：2.

支付工资的中小学教师"。恐怕没有第二件事情,能比民办教师这一群体的曾经存在更能说明中国教育的城乡二元性,更集中、生动地反映着城乡中国教育。

(一)民办教师的产生和发展

穷国办大教育,民办教师应运而生。

民办教师作为中国教育史上一个特殊的现象,其渊源可以上溯至晚清义务教育的发轫及其所遭遇的困扰。清末始兴义务教育,历经北洋政府、南京政府长达40余年,因种种原因,虽有所建树,但步履维艰,有名无实,最棘手的问题就是师资匮乏,尤其是乡村学校师资极度匮乏。为教育计,从晚清政府到国民政府,都曾试图解决这个问题,包括举办师范教育、广设师范学校;面向社会招收、训练小学教师,通过多种方式培养教师。但因国家积贫积弱,政府无力满足教育投入,师资的培养和待遇无法保障,中国的义务教育在风雨飘摇中惨淡经营,并没有得到真正的发展。[①]

中华人民共和国成立之初,国家鼎力发展教育,但百废待兴,财力有限,完全由国家来解决教育经费和师资力量几无可能。一方面,面临着人民翻身解放,成为国家的主人,有着迫切希望送子女上学的要求;另一方面,面临着文化、经济基础薄弱,中小学教师奇缺的巨大困难。教育事业的迅速发展与师资力量供给不匹配引发了师资短缺问题,于是许多地方采取了通过吸收民办教师来弥补教师队伍数量不足的办法。在"两条腿走路"方针的指导下,在农村由群众出钱出力兴办的民办学校和聘用的民办教师在短期内得到迅速发展。1951年,民办小学在校学生从1949年的251.5万人增加到1426.1万人,占全国小学生总数的33%,小学民办教师由1949年的10.5万人增加到42.5万人,由1949年占全国小学教师总数的12.6%增加到34.8%;

---

① 王献龄.中国民办教师始末[M].北京:知识产权出版社,2008:8-9.

1951 年中学民办教师达到 2.3 万人，占全国中学教师总数的 31.2%，[①] 形成了我国民办教师发展的第一个小高峰。

1952 年底，国家着手整顿民办小学，经过整顿，小学民办教师数量大幅减少，由 1951 年的 42.5 万人减少到 1953 年的 4.3 万人，占小学教师总数的比例由 1951 年的 34.8% 下降到 1953 年的 2.7%；中学民办教师数由 1951 年的 2.3 万人减少到 1953 年的 0.8 万人，占中学教师总数的比例由 1951 年的 31.2% 下降到 1953 年的 7.5%。从 1953 年到 1956 年，民办教师的数量起伏不大，呈现出比较稳定的状态。截至 1956 年，有小学民办教师 9.1 万人，仅占全国小学教师总数的 5.2%；中学民办教师仅有 1497 人，只占全国中学教师总数的 0.8%，并比 1953 年下降了 6.7%。[②]

（二）民办教师队伍的起伏和膨胀

1957 年是我国民办教师队伍建设的一个转折点。在提倡群众办学的方针指导下，全国出现群众办学的热潮。各地大量吸收民办教师，小学民办教师数从 1956 年的 9.1 万人增加到 14.1 万人，中学民办教师从 1497 人增加到 1.7 万人。1958 年，在"大跃进"和教育盲目追求高指标浪潮影响下，全国民办教师急剧增加。[③] 根据毛泽东关于"社办、队办学校问题，有条件的应允许办"的指示，部分经济贫困、教育落后的农村陆续办起耕读小学。民办教师数量迅速增加，1957 年到 1960 年，小学民办教师由 49.1 万人增加到 68.1 万人，中学民办教师从 1.7 万人增加到 2.9 万人，形成了我国民办教师队伍发展的第二个高峰。

由于"大跃进"和"反右"运动的开展，加上三年困难时期以及苏联撕毁援助中国经济建设的合同，我国的国民经济出现了严重困难，给教育的发

---

① 刘英杰. 中国教育大事典（1949-1990）[M]. 杭州：浙江教育出版社，1993：682-683.
② 刘英杰. 中国教育大事典（1949-1990）[M]. 杭州：浙江教育出版社，1993：681-683.
③ 王献玲. 中国民办教师始末研究[D]. 杭州：浙江大学，2005（04）.

展带来很大的影响。1961年中央提出了"调整、巩固、充实、提高"的方针。教育部根据这个方针,对民办学校进行了调整,民办教师数量有所减少。① 经过三年调整整顿,我国国民经济出现全面好转,教育事业相应复苏,追求高指标、高速度的思想再次抬头。1964年初,教育部提出在1965年和第三个五年计划期间,要积极发展小学,特别是简易小学,解决贫下中农子女入学问题。1965年,教育部召开全国农村半农半读教育会议,对创办及发展耕读小学予以肯定,之后,耕读小学发展很快。耕读小学教师一般由具有初中以上文化程度的农民担任,由社员推荐,当地行政主管部门审查确定和管理,实行半天劳动半天教学,或农忙劳动农闲教学,或白日劳动晚上教学,除按同等劳动力记工分外,由当地按月发给一定数量的现金补贴,教学业务受教育行政部门的领导和管理。② 20世纪60年代人口生育高峰造成学龄儿童急剧增加,小学教师严重短缺。上述情况,加之三年经济困难时期精简下放的公办教师和部分撤销停办的大中专学校的学生也加入民办教师队伍之中,民办教师队伍迅速扩大。1965年,全国小学民办教师从1961年的40.3万人猛增到175.1万人,占小学教师总数的比例达到45.9%。中学民办教师由1961年的0.8万人增加到2.3万人。③ 至此,民办教师队伍发展出现了第三个高峰。

"文化大革命"时期是民办教师队伍发展膨胀的顶峰阶段。1968年11月14日,《人民日报》发表了山东省嘉祥县马集公社马集小学教师侯振民、王庆余的一封信,信中建议"所有公办小学下放到大队来办,国家不再投资或少投资小学教育费,教师国家不再发工资,改为大队记工分","教师都回本大队工作",被称为"侯王建议"。许多地方立即付诸实施,将大批农村公办小学改为民办,大批农村公办小学教师被强行下放回原籍工作,由国家发工

---

① 孟旭,马有义.新中国民办教师的发展历程[J].教育史研究,1999(2):229-233.
② 樊香兰.新中国小学教师队伍发展历史研究[D].西安:陕西师范大学,2004:7-8.
③ 刘英杰.中国教育大事典(1949—1990)[M].杭州:浙江教育出版社,1993:681-683.

资改为由大队记工分，本人及其家属被转为农业户口，本人由公办教师转为民办教师。①后来又提出了"把学校办到家门口"，"念小学不出村，念初中不出队，念高中不出社"的口号，各地盲目发展中学。1974年5月，国务院科教组发出《关于1974年教育事业计划（草案）的通知》，要求逐步在大中城市普及10年教育，农村有条件的地区普及7年教育。于是，各地中小学戴帽子发展，小学戴初中的帽子，初中戴高中的帽子，初中教师去教高中，小学教师去教初中，小学只好大量使用民办教师。大批小学骨干教师被抽去当中学教师，民办教师潮水般地涌进学校。盲目无计划地发展农村教育的结果是民办教师数量猛增，1976年达到440.3万人，1977年达到471.2万人，占全国中小学教师总数的56%。②至此，民办教师的数量达到了历史最高峰。

（三）教书的农民？耕地的教师？

民办教师是中国特殊历史条件下形成的、世界上其他国家所没有的一个特殊的教师群体。在长达半个世纪的时间里，民办教师一直是我国农村教育的主体。农村教育一直是我国基础教育的大头，师资不足一直是一个十分尖锐的问题，偏远贫困地区正规师资的来源更加困难。正是这几百万民办教师填补了中国教育的空白，撑起了中国教育的大梁。③2000年我国"两基"目标的实现，和有一支强大的民办教师队伍是分不开的。同时，广大农村教师还担负着农村扫盲的重任，是扫盲工作中的一支重要力量。在发展农村经济、推进农村精神文明建设中，民办教师也起着十分重要的作用。

但是，民办教师到底是什么职业，是教书的农民？还是耕地的教师？长期没有一个明确的说法。"民办教师的性质长期处在模糊状态，是教师却要种地，是农民却还要教书，是干部又不享受干部待遇，是临时工却长期任

---

① 孟旭，马有义. 新中国民办教师的发展历程[J]. 教育史研究，1999（2）：229-233.
② 王献龄. 中国民办教师始末[M]. 北京：知识产权出版社，2008：28-29.
③ 王献龄. 中国民办教师始末[M]. 北京：知识产权出版社，2008：117.

教,这种状况造成了学校购买国库券时把他们算作干部,村里摊派义务工时又当作农民,教育部门定编时作为教师计算,人事部门精减人员时又当成临时工首当其冲,计划内临时工转正还把他们排除在外。"①模糊不清的身份,使他们的合法权益很容易受到侵害。独特的社会角色,使他们陷于耕教矛盾之中,经常夜以继日地工作在田头和教室之间,顾此失彼,疲于奔命,苦苦支撑,因此损害了身体,荒了农田,甚至付出了家庭。就是这一点微薄的待遇也往往得不到落实,加上名目繁多的克扣、集资、捐款、摊派,他们享受不到应有的福利,"老有所养"的问题不能妥善解决,所有这些使得民办教师成了那个时代中国的赤贫阶层,其生活状况成了当时中国社会最苍凉的一道风景。理论上民办教师有转为公办教师的可能,因此他们不放弃、苦苦等待。然而当他们真正踏上"民转公"的道路时,才发现这是一条"难似上青天"的渺茫之道。②

(四)民办教师问题的"如期解决"

民办教师是我国在经济落后、公办教师不能满足教育事业发展需要情况下采取的一种过渡措施,是特定历史条件下的产物。因此,民办教师的性质决定了它不可能长期存在下去,③终将成为历史。

1978年以后,国家采取多种措施对民办教师队伍进行调整和整顿,将一部分优秀民办教师有计划地转为公办教师,同时调整辞退不合格的民办教师。1980年中共中央、国务院《关于普及小学教育若干问题的决定》要求采取有力措施减少民办教师比例,提高民办教师素质,改善民办教师待遇。④

20世纪90年代,教育事业的发展也对教师队伍的素质提出了更高要求,"亦教亦农"的师资队伍显然已经不适应形势的发展。加快解决民办教师问

---

① 刘然,农涛.永远记住这个名字——写在告别民办教师的日子[J].人民教育,2000(11):8-13.
② 王献龄.中国民办教师始末[M].北京:知识产权出版社,2008:200.
③ 孟旭,马有义.新中国民办教师的发展历程[J].教育史研究,1999(2):229-233.
④ 孟旭,马有义.新中国民办教师的发展历程[J].教育史研究,1999(2):229-233.

题，势在必行。民办教师问题进入了党和国家的重要议事日程。1992年8月，国家教委、国家计委、人事部、财政部联合下发了《关于进一步改善和加强民办教师工作若干问题的意见》，明确提出了解决民办教师问题的"关、转、招、辞、退"五字方针。到1993年，全国民办教师的总人数已由1978年的464.5万下降到215.6万，占全国中小学教师总数的比例由1978年的55.2%下降到24.7%。[1]1994年6月，全国教育工作会议明确提出有关部门要作出规划，分年度实施，争取在今后六七年内基本解决民办教师问题。此后，各地积极行动起来，提出了解决民办教师问题的时间表、路线图。

1997年9月，国务院办公厅发出《关于解决民办教师问题的通知》，提出要在加强管理、提高素质、改善待遇的同时，全面贯彻实施"关、转、招、辞、退"的方针，分区规划，分步实施，逐年减少民办教师数量，力争到20世纪末基本解决民办教师问题。自此，国家加快了解决民办教师问题的步伐。1999年，全国小学民办教师49.66万人，减少30.63万人，占教师总数的8.47%，比上年下降5.33个百分点。全国初中民办教师4.15万人，比上年减少2.49万人，占初中教师总数的1.30%，比上年下降0.85个百分点。全国民办教师转公33.12万人。到2000年，全国民办教师转公累计199.39万人，连同招、退及自然减员，共计消化民办教师200余万人。

经过从中央到地方各级政府和全社会的共同努力，2000年底民办教师问题基本解决，长期困扰中国教育的公办、民办教师并存的状况总体上结束。

二、代课教师：边缘与落寞

代课教师是指没有事业编制、不具备公办或民办教师身份、不享受国家给予教师的政治与经济待遇的临时教学人员。因原有教师休产假、病假等原因聘用临时人员替代教师承担教学任务，是世界各国普遍采用的方法，但成

---

[1] 1978年数据见刘英杰.中国教育大事典（1949-1990）[M].杭州：浙江教育出版社，1993：681-683；1993年数据见中国教育事业统计年鉴（1993）[M].北京：人民教育出版社，1994.

规模甚至有计划地聘用代课教师,却是某个历史时期中国的特别现象。

(一)代课教师队伍的产生与"壮大"

代课教师的产生与民办教师有着很大的共同之处,但关系微妙。吸收民办教师的门几度开了又关,一些地方因教师缺编,而师范毕业生分配往往又不能立即到位,就暂时聘请相关人员兼课。中华人民共和国成立以后到20世纪80年代,我国的教育统计中没有对代课教师进行专门的统计。在民办教师问题得到解决之前,代课教师并不十分显眼,享受待遇也类似于民办教师。[①]

代课教师大量出现是20世纪80年代以后的事情。其一,吸收民办教师的门被堵死。农村民办教师的转正和工资问题解决以后,新的问题又出来了。国家在解决民办教师转正和工资问题的同时,又多次宣布,今后各级政府对教师的编制和任职资格必须严格把关,对违反规定擅自招收的教师一律不予承认。但是,由于教师的待遇普遍提高,工作又比较稳定,那时教育管理权在乡镇,因此在教育事业的发展过程中,农村又"扩张"了一批"代课教师"。[②] 其二,师资有效供给不足。20世纪80年代末至90年代农村小学改变学制,由五年制改为六年制,小学在校生人数增加,需要不断大量补充公办教师,但由于师范院校毕业生不足,财力不足,只好聘请临时代课教师补充师资。[③] 为完成"普九"任务,各地增聘了大量的代课教师。2001年后,农村义务教育管理体制改为"以县为主"。"以县为主"的核心是建立教师工资专户,确保教师工资足额按时发放。而教师的工资实行县区统一发放,县区财力有限,保证现有教师的工资尚有很大困难,更无力负担新教师工资。[④] 各地区县政府在财政资金短缺的情况下,不得不聘请代课教师。其三,农村

---

① 樊香兰.新中国小学教师队伍发展历史研究[D].西安:陕西师范大学,2004:22.
② 李岚清.李岚清教育访谈录[M].北京:人民教育出版社,2003:40.
③ 玉丽.教师何时告别"代课"——我国代课教师相关问题研究[J].教育科学研究,2005(8):32-35.
④ 玉丽.教师何时告别"代课"——我国代课教师相关问题研究[J].教育科学研究,2005(8):32-35.

中小学教师队伍流失严重。一些乡村公办教师弃教另谋出路，加剧了农村地区教师缺编，一些地方就只好聘用代课教师。其四，在经济落后地区代课教师工作也具有一定的吸引力。尽管代课教师待遇低，但每个月有固定的收入，比较稳定，比种地强，而且教书、种地可以兼顾。

自20世纪80年代初期开始，代课教师数量迅猛增长。1987年全国普通中小学代课教师有47.35万，1991年有59.68万，1996年上升为91.86万，到1997年达到100.55万，其中农村代课教师有82.99万。

（二）中国教育曾经的痛点

代课教师曾经是中国教育的又一个痛点。在特殊历史时期和特定情况下，代课教师成为我国农村义务教育教师队伍的重要补充，几十万代课教师长期工作在偏远、贫困的农村地区，缓解了农村地区师资短缺的困难，是支撑我国贫困、偏远农村地区义务教育的重要力量。[①]他们当中的大部分人工作在条件异常艰苦的农村学校和教学点，在待遇极低的情况下，任劳任怨，在公办教师望而却步的地方，在大山深处，播撒着文明的种子。但是代课教师的处境是尴尬的。代课教师与民办教师虽然都具有民办性质，但二者在身份、待遇发放方式和前途上是不一样的。民办教师虽然身份是农民，但职业是教师，而且是长期的，他们和公办教师一样属于国家正式编制之内，由集体支付工资，国家财政给予补贴。代课教师则是"谁聘谁出钱"，村聘村出钱，乡聘乡出钱，县聘县出钱，国家没有统一的财政补贴。有的地方也有财政支付代课教师工资的，但标准不一，且数目很低，有的地方只有几十元。从前程来说，民办教师可以"民转公"，而代课教师是临时的，还说不上是职业化教师，而且因为是"临时性"的，代课教师不解决身份问题，没有转正的机会，国家也不管他们的退休养老问题。"拿起锄头种地，放下锄头教

---

① 庞丽娟.议案：关于进一步妥善解决代课教师问题的政策建议[EB/OL].(2010-03-13)[2011-02-21].http://edu.people.com.cn/GB/11172950.html.

书","代课一生,清贫一生",是他们的真实写照,他们是教师队伍中最被边缘化的人。

虽然代课教师在特定的历史条件下发挥了不可替代的作用,但从国家教育长远发展来看,清退代课教师是时代所需。代课教师是中国农村教育的特殊现象,是农村师资严重短缺的现实反映。长期以代课教师替代正规教师,无助于农村教育质量的稳定提高,同时也是对孩子不负责任,对农村教育、农村发展不负责任的表现。[1]规范、解决代课教师问题,是形势所致、历史必然。

(三)代课教师问题的"妥善解决"

2000年9月,中共中央、国务院在转发《国家发展计划委员会关于当前农村经济发展中的几个主要问题和对策措施的意见》的通知中提出:"要精简教师队伍,辞退农村代课教师,用两年左右的时间,完成教师队伍的核编、优化和精简工作。"2001年5月,《国务院关于基础教育改革与发展的决定》第30条"加强中小学教师编制管理"中明确:"调整优化教师队伍,实施教师资格准入制度,严格教师资格条件,坚决辞退不具备教师资格的人员,逐步清退代课人员,精简、压缩中小学教学人员。"

2006年3月27日,在教育部举行的新闻发布会上,当时的教育部新闻发言人讲到代课教师问题和将要采取的措施,被认为是"一刀切"清退代课老师之举,引发了社会的议论。有人提出,代课教师问题时间跨度大,人员结构复杂,进入教师队伍渠道不同,因此,解决这一问题必须稳妥。代课教师问题需要解决,但需要妥善有效地解决,"一刀切"地清退数量如此庞大的代课教师,很可能会引发社会问题。有媒体将这种"一刀切"的办法喻为"卸磨杀驴"。从人道主义的角度,对于弱势群体,全社会都应该给予扶

---

[1] 刘运喜. 解决代课教师问题根本上要靠师资建设[EB/OL].(2016-03-09)[2023-05-25]. http://opinion.gxnews.com.cn/staticpages/20160309/newgx56df7d05-14552405.shtml.

持和帮助，帮助他们摆脱悲惨命运，但是现实中代课教师被清退的做法完全是南辕北辙。[1]代课教师问题成了一个难以处理且社会影响较大的社会问题，"代课教师"一度成为社会不公的代名词之一。[2]如何解决代课教师问题，当时有很多专家提出了意见建议。庞丽娟等提出，应在承认代课教师的历史贡献、明确其教师身份的基础上，将代课教师纳入师资管理范围；通过制定专门解决代课教师问题的统一招考政策、明确规定参加"代转公"考试的教师资格、实行"代转公"优惠加分政策等积极解决。[3]制定农村代课教师政策应考虑代课教师产生的历史背景、代课教师群体多样性和教师专业性。[4]

国务院教育行政主管部门对代课教师问题高度重视，进行了积极研究，提出要按照"以人为本、政府统筹、坚持标准、有进有出、积极稳妥、标本兼治"的思路，把妥善解决在岗代课人员问题与建立完善教师正常补充机制结合起来，"有情操作"，"妥善解决"。2011年，教育部、人力资源和社会保障部、财政部、中央编办联合发出《关于妥善解决中小学代课教师问题的指导意见》（以下简称《指导意见》），充分肯定了代课教师为我国基础教育事业特别是农村教育发展作出的积极贡献，指出了存在的问题和当时解决好代课教师问题的有利条件。《指导意见》要求各地从实际出发，坚持着眼长远、以人为本，建立机制，通过择优招聘、转岗使用、辞退补偿、纳入社保、就业培训等多种有效途径，采取多种举措妥善解决代课教师问题，并且提出要妥善解决民办教师遗留问题。《指导意见》被认为是妥善解决代课教师和原民办教师问题的纲领性文件，也是最后一个相关政策性文件。《指导意见》

---

[1] 岳伟,方金.农村代课教师清退问题的制度伦理分析[J].新课程研究（上旬刊），2013（08）：20-23.

[2] 蔡宏伟.代课教师法律问题研究[J].河北工业大学学报（社会科学版），2015,7（01）：47-51.

[3] 庞丽娟,夏婧.进一步妥善解决代课教师的政策建议[J].教育科学，2010,26（1）：71-74.

[4] 雷万鹏,陈贵宝.论农村代课教师的分流政策[J].华中师范大学学报（人文社会科学版），2008（01）：116-121.

下发后，各地纷纷制定出台落实的政策，进一步完善相关措施，妥善解决代课教师和原民办教师问题。清退代课教师是优化农村教师队伍、促进农村教育发展的必然之举，然而，从实际执行结果来看，农村代课教师的清退缓慢，"一刀切"的做法也引发了种种问题，政策并未达成预期目标。[①]

三、农民工随迁子女：浪潮之下

（一）城乡二元结构问题的集中反映

20世纪80年代以来，随着我国工业化、城镇化进程的不断加快和市场经济的发展，大批农民离开自己祖祖辈辈赖以生存的土地，到异地他乡特别是沿海发达地区和城市打工，他们被称作进城务工人员，俗称农民工。进城务工人员绝大部分是青壮年劳动力，其子女大部分还没有成年。这些孩子或者随他们流入城市，或者留在了原籍，随他们流入城市的被称作随迁子女。20世纪90年代是我国城镇人口发展最快的时期，也是随迁子女快速增长的时期。宽口径的随迁子女包括进城务工人员随迁子女和其他流动人口随迁子女（还包括少量迁入地是乡村的随迁子女）。2020年，中国流动人口子女规模约1.3亿人，超过中国儿童总数的40%，其中流动儿童规模7109万人，比2010年3581万人增长一倍，平均每四个儿童中就有一个是流动儿童。2020年，在7109万流动儿童中，3459万流动儿童居住在城市地区，占流动儿童总量的48.65%。2021年，全国人户分离人口5.04亿人，其中流动人口3.85亿人，比2020年增长900万人。[②]大规模人口流动和城市化进程加速，对城乡教育产生了重大挑战，一是对农村教育格局、教育生态的改变，二是对城市教育的冲击和影响。农村教育正在发生的大变局，是出现了总数约为一亿人的两

---

① 汪明，贾彦琪，茹国军，罗立立.农村地区"代课教师清退"政策分析及对策建议[J].教育理论与实践，2016，36（07）：21-24.

② 新公民计划.城镇农村留守儿童超6000万与父母"在一起"需政策社会同支持[EB/OL].（2022-07-08）[2023-05-25].https://ishare.ifeng.com/c/s/v002-_JaU2B87yVLOs81Vueftaqy-_CdcFKLfCabIWWSTsoGc.

个新的教育边缘化群体：被称为"流动儿童"的进城农民工随迁子女，以及他们留在农村家中的"留守儿童"。农村学校则出现了城镇地带的大班额和巨型学校、乡镇的寄宿制学校以及"小规模学校"（乡镇以下的村小、教学点）并存的格局。三类学校的问题各不相同，但都很突出。①

进城务工人员用他们的辛劳和汗水为城市的发展作出了贡献，但是城乡二元的制度壁垒特别是户籍等的限制，使得身处城市的他们无法享有与城市居民同等的待遇，只能在城市的边缘游走，随他们进入城市的子女被隔离在城市教育大门之外。长时间里我国义务教育经费主要由地方政府负担，城乡儿童在不同的制度框架内获取不同的教育资源。而进城务工人员子女具有明显的"人户分离"特征，跨地域流动与义务教育管理体制产生了一定程度的碰撞，加上一些城市针对他们作出的种种规定和设置的门槛，使得进城务工人员子女希望在城市某一所学校拥有一张书桌的愿望屡屡落空。流动人口子女被排斥在城市的教育体系之外，他们入读城市的公办学校需交纳高昂的借读费和赞助费，或者只能进入办学条件低劣的打工子弟学校，无法享受和城市孩子同等的受教育权利。②这些孩子只好或者背着书包返回老家读书，由爷爷奶奶隔代监管，过着与父母分离的生活，成为留守儿童的一员；或者迫于经济压力，干脆辍学在家或早早加入打工者行列。进城务工人员随迁子女教育问题就这样摆在了全社会的面前。

（二）随迁子女教育问题的政策推进

在问题日益凸显的情况下，进城务工人员子女的教育问题受到了各级政府和有关方面的高度重视，相关政策陆续出台，政策导向逐渐转变为公平对待和保护。1996年，原国家教委印发了《城镇流动人口中适龄儿童少年就学办法（试行）》，规定："城镇流动人口中适龄儿童、少年入学，由其父母

---

① 杨东平.新型城镇化对城乡教育的挑战及应对[J].教育发展研究，2016，36（03）：3.
② 华灵燕.流动人口子女教育问题的背景分析[J].教学研究，2007（03）：207-210.

或其监护人持流入地暂住证,向流入地住所附近中小学提出申请,经学校同意后即可入学。"1998 年 3 月原国家教委、公安部《流动儿童少年就学暂行办法》规定:"流动儿童少年就学形式,以在流入地全日制公办中小学借读为主。"

进入 21 世纪,在国家出台的一系列重大政策和发展规划中,开始出现与进城务工人员子女相关的条文。2001 年《国务院关于基础教育改革与发展的决定》,明确提出解决流动人口子女接受义务教育要"以流入地区政府管理为主,以全日制公办中小学为主"的原则,由此"两为主"政策正式出台,并在后来不断得到加强。2003 年 9 月,国务院办公厅转发教育部、中央编办、公安部、国家发改委、财政部、劳动保障部《关于进一步做好进城务工就业农民子女义务教育工作的意见》,把占流动儿童少年的绝大多数、处于弱势地位的"进城务工农民子女"从"流动儿童少年"群体中单独提出,突出强调,首次直接把政策焦点对准进城务工农民子女,被认为是解决进城务工人员子女教育问题的系统性文件。2006 年 1 月,《国务院关于解决农民工问题的若干意见》再次强调了"两为主"政策,要求"将农民工子女义务教育纳入当地教育发展规划,列入教育经费预算,以全日制公办中小学为主接受农民工子女入学"。2006 年 6 月新的《义务教育法》规定:"父母或者其他法定监护人在非户籍所在地工作或者居住的适龄儿童、少年,在其父母或者其他法定监护人工作或居住地接受义务教育的,当地人民政府应当为其提供平等接受义务教育的条件。"2008 年 8 月《国务院关于做好免除城市义务教育阶段学生学杂费工作的通知》规定:"对符合当地政府规定接收条件的进城务工人员随迁子女,要按照相对就近入学的原则统筹安排在公办学校就读,免除学杂费,不收借读费。"随着政策的不断推进,特别是"两为主"政策的实施,进城务工人员随迁子女在城市义务教育阶段的上学问题得到了相当程度的缓解。截至 2014 年底,全国随迁子女在公办学校就学比例保持在 80%。

2016年，国务院印发《关于统筹推进县域内城乡义务教育一体化改革发展的若干意见》，明确提出改革随迁子女就学机制，强化流入地政府责任，坚持"两为主、两纳入"（以流入地政府管理为主、以公办学校为主，将随迁子女义务教育纳入城镇发展规划和财政保障范围），建立以居住证为主要依据的随迁子女入学政策，依法保障随迁子女平等接受义务教育。随迁子女教育政策经历了从初创期的"申请借读"、发展期的"两为主"，再到完善期的"两纳入""积分入学""异地高考"等，其在制定理念、依据、方式及实施措施上都取得了新突破。[1]2020年，义务教育阶段随迁子女1999.88万人，其中进城务工人员随迁子女1429.74万人，进城务工人员随迁子女中，在公办学校就读的比例为80.0%。[2] 2021年中共中央办公厅、国务院办公厅《关于规范民办义务教育发展的意见》发布，要求各地要完善政府购买学位管理办法，优先将随迁子女占比较高的民办义务教育学校纳入政府购买学位范围。有人通过梳理农民工随迁子女教育政策环境变迁，认为随迁子女经历了"从限制到认可""成为打工子弟""从'子弟'到'学生'"的三个历史阶段。[3]"与流动人口子女教育相关公共政策不断出台，热点事件也此起彼伏，每一条政策法规的制定，每一个事件的发生、消亡与新生，与亚马孙热带雨林中的蝴蝶扇动翅膀一样，深深地影响着我们每一个人的生活。"[4]

（三）义务教育后的升学考试问题

长时间里，对于绝大多数进城务工人员随迁子女而言，初中是城市教育

---

[1] 田秋梅，刘妍. 随迁子女教育政策的变迁、问题与改进策略[J]. 教学与管理，2021（21）：30-33.

[2] 新公民计划. 城镇农村留守儿童超6000万与父母"在一起"需政策社会同支持[EB/OL].（2022-07-08）[2023-05-25]. https://ishare.ifeng.com/c/s/v002-_JaU2B87yVLOs81Vueftaqy-_CdcFKLfCabIWWSTsoGc.

[3] 刘沽，周文鼎，覃彬雍. 农民工随迁子女教育政策环境变迁的历史分析[J]. 湖北教育（政务宣传），2019（11）：38-40.

[4] 新公民计划. 让流动更有希望：中国流动人口子女教育领域回顾2020[EB/OL].（2021-03-26）[2023-05-25]. https://weibo.com/ttarticle/p/show?id=2309404618960284025088.

所能容纳的极限。受政策限制，很多随迁子女无法在流入地参加中考，只能提早"返乡"继续就读，其中少部分家境好的选择出国。随着进城务工人员随迁子女在流入地接受义务教育问题的逐步解决，其接受义务教育后在当地参加升学考试的问题开始显现，并逐步被提上议事日程。2008年初，教育部出台的《2008年普通高等学校招生工作规定》，对考生户籍限制作了适当放宽。《2009年普通高等学校招生工作规定》提出：因公长期在非户籍所在省（区、市）工作的人员或其随身子女，在两地试卷相同的前提下，由考生向工作或学习单位所在地及户籍所在地的省级招办提出申请并经同意后，可在考生工作或学习所在地的省（区、市）办理借考手续参加考试。① 但这只是试卷相同前提下的"借考手续"，意义有限。曾经有一些地方，允许"绿卡"子女在工作所在地参加高考。1999年北京市人事局出台"绿卡"制度，承诺凡持有北京市工作居住证者，在子女入托、入中小学等方面享受北京市民待遇。"绿卡"甫一出世就吸引了数以万计的全国各地人才云集北京。但持"绿卡"者焦虑地发现，"绿卡"制度中有关子女受教育"享受北京市民待遇"这一条，只是可以参加中考，在高考上却是"双重标准"。

《国家中长期教育改革和发展规划纲要（2010—2020年）》提出要解决好进城务工人员随迁子女接受义务教育后在当地参加升学考试的问题，随即相关部门会同各地积极研究相关政策措施。2012年，国务院办公厅转发《关于做好进城务工人员随迁子女接受义务教育后在当地参加升学考试工作的意见》，要求各地原则上应于2012年年底前出台相关工作方案。截至当年年底，除西藏外，全国30个省、自治区、直辖市（不含港澳台）均相继出台了随迁子女在流入地参加高考的相关政策。但不同地区政策差异很大，既有几乎完全开放的省份，也有只开放报考中职、高职，不能报考本科院校的地区。2013年至2020年，普通高中随迁子女招生人数从25.5万逐年增长到58.4万，初中毕业生中随迁子女在居住地升入普通高中的比例也从2013年

---

① 信海光. 破冰：从全面实现异地借考开始[N]. 竞报，2009-3-23（5）.

27.77%逐年增长到39.64%，依然大幅低于全国初中毕业生升入普通高中的比例。[①]

异地高考政策作为整个考试招生制度系统性改革中的一部分，体现了教育公平的理念，对于维护社会和谐、加强社会管理、保障民生福祉具有重要意义。异地高考政策的价值体现包括教育价值、公平价值、社会融入价值等三个方面。[②]随迁子女异地高考政策认同对其教育期望存在着"正义补偿""以考促学""城乡融合"等作用机制。如果这些随迁子女得到了社会公共政策的有效支持，有幸形成良好的教育期望，或许在阶层再生产逻辑之侧并行着社会流动的渠道。[③]

尽管"异地高考"整体已逐渐开始破冰，但部分省份政策门槛设置仍然较高。仅仅放开职业技术类高中无法对随迁子女的教育期望产生激励效应。[④]"异地高考"政策曾被寄予厚望，但随之而来的"严控特大、超大城市人口规模"政策的出台很快使本就收紧的部分地区"异地高考"通道进一步变窄。优质资源配置集中的北京、上海等特大城市人口规模增长空间十分有限，外来务工人员群体首当其冲地成为超大城市人口"瘦身"的对象，随迁青少年的选择变得十分艰难。[⑤]在京沪广等一线城市，民众对异地高考改革有着强烈的公平诉求，但因外来人口压力巨大，这些城市深陷改革困境，难

[①] 新公民计划.城镇农村留守儿童超6000万与父母"在一起"需政策社会同支持［EB/OL］.（2022-07-08）［2023-05-25］.https://ishare.ifeng.com/c/s/v002-_JaU2B87yVLOs81Vueftaqy-_CdcFKLfCabIWWSTsoGc，2022-07-08.

[②] 吴立爽.随迁子女异地高考政策的价值探析［J］.宁波教育学院学报，2019，21（02）：89-93.

[③] 吕慈仙，孙亚男，智晓彤.异地高考政策认同对随迁子女教育期望的影响机制探究［J］.河北师范大学学报（教育科学版），2022，24（01）：58-67.

[④] 侯玉娜.农民工子女的"城市教育梦"何以可能？——流入地教育政策对随迁子女教育期望的影响研究［J］.华中师范大学学报（人文社会科学版），2022，61（03）：177-188.

[⑤] 马晓娜.教育公平与人口规模控制的博弈——新形势下超大城市"异地高考"实施的困境探析［J］.上海教育科研，2017（08）：5-8+74.

以有实质性突破与推进。①异地高考作为不同群体福利有增有减的"非帕累托式"诱致性制度变迁不可避免地带来了一系列教育、经济和社会问题，也就是产生了经济学话语体系中的"负外部性"。②在异地高考政策的行动舞台上，中央政府、地方政府、随迁子女、当地考生四个行动者都从各自的利益出发，有着自己的偏好选择，亦有自己的理性选择。③异地高考政策制定是政府、专家学者、媒体、户籍家庭与非户籍家庭围绕该政策议题在公共话语空间运用各自策略进行话语宣称和话语竞争的过程。在公共话语空间中，政策话语、学术话语、媒体话语和公众话语拥有不同的资源（资金、权利、信息与机会等），从不同的角度和方式对异地高考方案施加影响，共同对异地高考政策议题产生交互影响力，形塑着异地高考政策方案。④占进城务工人员主体的农民工群体在异地高考政策制定过程中处于"失语"状态。⑤

"教育意味着希望和未来，农民工子弟的教育权利是他们社会权利的核心。若不让农民工子女在城市平等地求学，就阻断了农民工在城市里安居乐业的途径。"⑥目前而言，距离让更多的流动人口子女能够在居住地城市享有公平、优质、适宜的教育，还有相当长的路要走。⑦

---

① 郑若玲，郭振伟.异地高考政策的公平诉求与困境：以上海市为例［J］.全球教育展望，2016，45（10）：67-77.

② 郭中凯.北京市异地高考的"负外部性"及其治理路径［J］.教学与管理，2017（10）：75-77.

③ 董永贵，赵静雯.理性选择制度主义框架下我国异地高考政策回望与分析［J］.教育与考试，2021（03）：5-10.

④ 彭华安，丁晓昌.异地高考政策制定过程中的多重话语互动研究［J］.河北师范大学学报（教育科学版），2016，18（02）：105-110.

⑤ 彭华安.异地高考政策制定过程中的利益博弈分析［J］.高等理科教育，2016（02）：20-25.

⑥ 洪朝辉.论中国农民工的社会权利贫困［J］.当代中国研究，2007（4）：99.

⑦ 新公民计划.城镇农村留守儿童超6000万与父母"在一起"需政策社会同支持［EB/OL］.（2022-07-08）［2023-05-25］.https://ishare.ifeng.com/c/s/v002_JaU2B87yVLOs81Vueftaqy_CdcFKLfCabIWWSTsoGc.

四、农村留守儿童:"制度性孤儿"

(一)乡村裂变的一个缩影

按一般的理解,农村留守儿童是指父母双方外出务工或一方外出务工另一方无监护能力、不满 16 周岁的未成年人。但有人认为,留守儿童这个看似不言自明的日常词语进入政策语境后,不仅要不断明确其内涵,而且需要弄清其外延。因为在不同定义下留守儿童的数量不同。[①] 秦玉友、曾文婧对此作了比较系统的梳理。在全国妇联课题组《我国农村留守儿童、城乡流动儿童状况研究报告》(2013 年)中,农村留守儿童是指父母双方或一方从农村流动到其他地区,孩子留在户籍所在地的农村地区,并因此不能和父母双方共同生活在一起的儿童(此处儿童年龄界定在 18 岁以下)。该报告根据"六普"样本数据推算,全国有农村留守儿童 6102.55 万,占农村儿童的 37.7%,占全国儿童的 21.88%。[②] 教育部《全国教育事业发展统计公报》也对农村留守儿童进行了定义:农村留守儿童是指外出务工连续三个月以上的农民托留在户籍所在地家乡,由父、母单方或其他亲属监护接受义务教育的适龄儿童少年。[③] 在这一统计口径下,根据《2016 年中国教育统计年鉴》,2016 年全国义务教育阶段在校生中农村留守儿童数量为 1726.29 万人。[④]2016 年,国务院印发的《关于加强农村留守儿童关爱保护工作的意见》中重新定义了农村留守儿童,即父母双方外出务工或一方外出务工另一方无监护能力、不满 16 周岁的未成年人。[⑤]2016 年,民政部摸底排查出农村留守儿童 902 万人。[⑥]

[①] 秦玉友,曾文婧.留守儿童关爱教育:全面还是聚焦?[J].人民教育,2018(07):13-18.
[②] 全国妇联课题组.我国农村留守儿童、城乡流动儿童状况研究报告[R].2013:05.
[③] 中华人民共和国教育部.2013 年全国教育事业发展统计公报[R].2014-04-07.
[④] 中华人民共和国教育部发展规划司.中国教育统计年鉴 2016[Z].中国统计出版社,2017:134+152.
[⑤] 国务院.国务院关于加强农村留守儿童关爱保护工作的意见[Z].国发[2016]13 号,2016-2-4.
[⑥] 傅晓羚.全国农村留守儿童为何"锐减"五千多万[N].中国青年报,2016-11-10(1).

无论如何，农村留守儿童这个群体曾经而且大量存在过。2013年的时候，有人研究表明，在6.6亿农村常住人口中，农村留守儿童占9%，农村儿童中平均每十人中就有四人是留守儿童；在中西部典型的人口流出地，如重庆、四川、安徽等，农村儿童中留守者已经过半。① 从分布区域来看，我国中部地区农村留守儿童数量最多，其次为西部地区。中部小学、初中农村留守儿童数量占所在学段农村在校生比例分别为29.91%、30.35%，西部地区农村小学、初中在校生中留守儿童的比例分别为22.77%、23.48%。在全国31个省（自治区、直辖市）中，农村义务教育在校生中留守儿童所占比例较高的省份主要有湖南、重庆、四川、湖北、安徽、江西等。② 此外，许多地方的城乡接合部、"城中村"也有他们的身影。

户籍所带来的进城难、落户难等问题在一定程度上成为分离父母和孩子的障碍，这影响的不是少数，中国五分之一到四分之一的儿童都是和父母分开的。③ 留守儿童是中国城乡二元体系出现松动后的一群"制度性孤儿"。留守儿童不只是一群缺少父母照看的人，他们是这个时代的孤儿，他们的脸上写着这个时代的某些密码，他们的成长与中国息息相关。④ 在城市化的宏大进程中，留守儿童之困境只是乡村裂变的一个缩影。⑤

数量庞大、监护不力、隔代抚养、疏于照顾、缺乏抚慰、关爱不足、学习困难，诸多心理、情感、生活问题，等等，都曾经是贴在他们身上的标签。在他们的成长过程中，父爱母爱的暂时性不在场或缺失，使得留守儿童

---

① 段成荣，吕利丹，郭静，王宗萍. 我国农村留守儿童生存和发展基本状况——基于第六次人口普查数据的分析［J］. 人口学刊，2013，35（03）：37-49.

② 和学新，李楠. 农村留守儿童教育及其政策分析［J］. 当代教育与文化，2018，10（01）：100-110.

③ 夏杨. 两会燃话题：留守儿童渴望爱，你说怎么办？［EB/OL］.（2019-03-04）[2023-05-25]. http://news.ycwb.com/2019-03/04/content_30210145.htm.

④ 廖保平. 评论：留守儿童是时代的孤儿［EB/OL］.（2006-05-30）[2023-05-25].https://news.sina.com.cn/o/2006-05-30/23559071420s.shtml.

⑤ 段成荣，吕利丹，王宗萍. 城市化背景下农村留守儿童的家庭教育与学校教育［J］. 北京大学教育评论，2014，12（03）：13-29+188-189.

长期处于一种无安全感、恐惧的状态之中，这给他们的发展带来诸多不利影响。[1]由于长期与父母分离，很多留守儿童出现了自卑心理、逆反心理、人际交往障碍、性格与行为偏差等问题。在当下中国，他们是最容易受伤害的群体。无助、孤单、缺爱、自卑……这些词汇似乎都能在他们的身上寻到踪影。流浪、自杀、被性侵、误入歧途……与其说是"留守"，不如说是"被留下"，被进城务工的父母留下，被飞速的现代化进程留下。[2]

也有人认为，对留守儿童存在着普遍"污名化"的现象。在公众的认知里"留守儿童"就等于"问题儿童"，在这样的刻板印象之下，他们不仅不能得到父母的关爱，而且还要受到社会看法带给他们的压力。这致使他们一方面不被教育者所重视，另一方面在这一压力之下变得更加自卑敏感、自我效能减弱甚至内化"污名化"标签。[3]"留守儿童"一词其实是"农民工"的衍生词，对这个群体的称呼跟"农民工"一样简单粗暴，但似乎一时又找不到更恰当的词来替代它。一方面，我们不应为他们贴上"留守儿童"的群体标签，让这个词在他们长大之后真的变成一个带有歧视性的称谓；另一方面，我们却不能忽视他们具有的群体性的共性。留守儿童问题是乡村整体衰落的结果之一。[4]

（二）留守儿童的"教育之困"

针对农村留守儿童教育问题，专家学者和社会各界从多个方面展开了研究和讨论，普遍认为农村留守儿童教育问题包括家庭教育缺失、学校教育不到位、社会关爱缺乏等。这些既是现象、表征，也是问题的根源所在。

---

[1] 李雯婷.浅谈农村留守儿童问题——基于隔代教育对其的影响[J].四川教育学院学报，2005（10）：22-23.

[2] 朱玲：制度性孤儿在守望[EB/OL].（2015-07-21）[2023-05-25].http://opinion.zjol.com.cn/system/2015/07/21/020749169.shtml.

[3] 余玉婷,黄庆丰,宋健.留守儿童群体的"污名化"——有关留守儿童教育问题思考[J].世纪桥，2017（05）：54-55.

[4] 萧淑贞.解决留守儿童问题应从源头入手[J].群言，2018（10）：34-37.

其一，家庭教育的缺失。亲子分离造成留守儿童家庭教育弱化，隔代教育或上代教育又往往造成溺爱或放任。隔代教育，即由爷爷、奶奶或外公、外婆进行的监护和教育。上代教育，即由父母的同辈人，如叔、伯、姑、姨、舅等亲戚或他人抚养的监护和教育方式。由于血缘、亲缘关系，监护者多采用溺爱的管教方式，较多地给予物质、生活上的满足和过多的宽容放任，而较少精神、道德上的管束和引导。由于父母双方或一方不在身边，对留守儿童学习方面的帮助和监督大大减少，甚至完全缺失，使孩子在学习方面处于一种无人过问的状况。监护人文化水平低，没有能力辅导孩子的学习，重养轻教，致使孩子的学习得不到有效的督促和引导，大多数留守儿童在学习上自觉性差，纪律不强，没有良好的学习习惯。[①]许多留守儿童是由祖父母、外公外婆等隔代亲属抚养看护，由于父母长期不在孩子身边，对子女的监护趋于"软化"，加上儿童本身自控能力较差，很难抵制不良诱惑，这就容易导致厌学、逃学甚至辍学，成为"问题孩子"。[②]家庭教育的缺席是导致留守儿童道德成长问题的主要原因，作为影响这一过程的心理社会因素，亲子关系的失谐、父母榜样作用的缺失和父母监控机制的弱化影响了留守儿童道德观念的获得、道德情感的发展以及道德行为的养成。[③]

其二，"读书无用论"的影响。一些打工父母认为自己下苦力挣的钱比文化较高的人挣钱还多，在他们心目中滋长着新的"读书无用论"思想，于是对子女没有明确的要求，顺其自然，从而"能读书就读，读不好去打工也能赚钱"的观念在儿童思想中普遍存在。这种思想潜移默化，极易助长一些成绩不好学生的厌学情绪和"读书无用"的思想。

其三，学校教育难到位。农村基础教育相对薄弱，缺乏先进的教育理

---

① 李涛,邬志辉.别让新"读书无用论"撕裂乡土中国——对中国西部一个偏远村落的实证调查[N].中国青年报,2015-08-03(10).

② 吴霓.城镇化进程中的中国农村留守儿童：现状、问题及对策[J].中国民族教育,2014(Z1):13-17.

③ 迟希新.留守儿童道德成长问题的心理社会分析[J].教师教育研究,2005(06):72-75.

念、师资力量薄弱、办学条件较差以及课程建设不足使农村中小学教师身兼数职，没有专门的心理教师、生活指导老师，难以给留守儿童本来就欠缺的家庭教育之外的悉心指导。[1]学校、老师对留守儿童的家庭背景、心理状况难以作全面的、深层次的分析，对他们的认识几乎也是一片空白。"底层乡校的教育理念、管理制度、教育方法之于留守儿童存在着某些冲突和矛盾，包括智力教育、德育、心理辅导等方面。这一系列问题的表征看似只涉及学校与学生两个主体，但实质上这种冲突式教育还涉及了家庭教育、社会因素、同辈影响等各方面。"[2]

其四，社会关爱的缺乏。社会经济结构的影响、公共教育政策取向的偏差、教育领域市场化开放程度是影响农村留守儿童教育问题的关键因素。[3]有人认为与塞林格的小说《麦田里的守望者》中主人公霍尔顿一样，正处于青春期的中国留守儿童，在中国目前这样一个经济繁荣发展、社会飞速进步的大环境下，也同样面临着严重的爱的缺失的问题，他们的生活没有父母的陪伴，老师无暇顾及每个学生个性化的情感诉求，社会对他们的关心力度也不够。[4]家庭教育的不完整，社会对农村道德教育的忽视以及学校教育方式和职能的传统观念都是造成这一群体道德发展水平低下的原因。[5]

有人认为，留守儿童教育问题是我国经济社会转型过程中的特殊问题，是制度壁垒、经济发展及时代特征的集中体现。[6]"留守学生"问题是我国经

---

[1] 杨宝琰.人口空心化背景下农村教育：挑战与对策[J].当代教育与文化，2009，21（01）：64-68.

[2] 熊海英，梁伟.农村留守儿童：底层乡校中的教育冲突——以鄂西南山区乡校为例[J].湖北第二师范学院学报，2018，35（09）：50-55.

[3] 司马懿茹.教育公平视域下的农村留守儿童教育问题探析[J].西南石油大学学报（社会科学版），2015，17（04）：64-69.

[4] 车明明，张志华.从《麦田里的守望者》反思我国当代留守儿童爱的缺失[J].鸡西大学学报，2015，15（02）：122-125.

[5] 周菲.农村留守儿童道德发展危机及教育干预[J].当代教育论坛（综合研究），2011（08）：73-75.

[6] 周爱民，王亚.留守儿童教育公平问题及其治理对策[J].湖南社会科学，2021（03）：146-154.

济社会转型时期的一个缩影，它既是经济现象，又是社会现象，其存在具有深刻复杂的经济及体制背景。农村留守儿童问题产生的根本原因是我国长期实行的城乡二元经济体制和二元户籍制度以及由此产生的"三农"问题、农民工问题。导致其产生的具体原因是农民工家庭问题、学校教育与管理问题、农村社区问题、政府政策问题。[①]有人提出，留守儿童问题是在社会转型的大背景下，农民向城市流动所引发的一个重要的社会现象，其不仅是政策问题、制度问题，更是文化问题。[②]城市文化的"入侵"和乡村文化重构的滞后在导致乡村文化教育功能式微的同时加剧了留守儿童的"问题化"：文化异质化导致留守儿童对乡村文化产生抵触心理；人口空心化导致留守儿童权益的弱化和教育的难以为继；学校教育的城市化加剧留守儿童对乡村文化的排斥心理；精神生活和价值观念的丰富和多元化严重冲击乡村文化秩序。[③]乡村本土文化被边缘化，乡村家庭文化失序，乡村学校教育文化衰弱，乡村邻里关系逐渐陌生化等变迁对农村留守儿童的身心发展产生了深刻影响。[④]

针对农村留守儿童教育问题，许多人提出了解决的"办法"：在解决农村留守儿童教育困难方面，最为关键的是要确定政府的主导作用，并发挥其系统整合各方力量的优势，形成政府主导型留守儿童教育困境的治理模式。[⑤]应建立政府主导城乡联动的"政府—学校—家庭—社区—社会—留守儿童"多中心教育支持体系。[⑥]短期内，在政府、家庭、社会还难以全面应对、深入

---

① 赵富才.农村留守儿童问题产生原因探析[J].郑州大学学报（哲学社会科学版），2009，42（05）：36-39.
② 江立华.乡村文化的衰落与留守儿童的困境[J].江海学刊，2011（04）：108-114+238-239.
③ 刘伟.论乡村文化变迁中的留守儿童教育[J].宜宾学院学报，2015，15（07）：17-25.
④ 杨岭，毕宪顺.乡村文化变迁视野下的农村留守儿童教育[J].当代青年研究，2017（02）：75-80.
⑤ 涂晓明，叶忠，涂建明.农村留守儿童教育困境与政府主导的治理[J].现代教育管理，2009（02）：19-21.
⑥ 季彩君.教育公平视阈下的留守儿童教育支持——基于留守与非留守儿童差异的实证调查[J].基础教育，2016，13（02）：48-57+81.

解决的情况下，只有学校才最有条件和能力在各方的支持与配合下，通过建立学校与家庭的联系制度、改善生活娱乐设施、增加人员投入、推行课程改革、改进工作方法等，担负起教育留守儿童健康学习、生活、成长的应急性主体责任。[1]学校应正视其成长过程中的"家庭缺位"问题，积极承担对留守儿童教育管理的主导作用与功能。[2]只有构建政府、学校、家庭、社会"四位一体"的教育体系，才能为农村留守儿童的发展创造良好的教育环境。[3]有人认为，裴斯泰洛齐"爱的教育"思想有深刻含义，对留守儿童教育具有启发意义。[4]在当下有一种更有效的方式，那就是用"音乐的力量"来缓和这些问题。[5]等等。

（三）中国"放牛班"的春天

20世纪90年代，留守儿童问题进入公众的视野，其概念随着社会进步而嬗变。留守儿童作为农民工的衍生群体，其关注度从社会的边缘走向焦点，研究者从不同视角对留守儿童的心理、体质、学业、社会性等方面展开了大量的研究，积累了丰富的成果。[6]留守儿童作为公共话题很早就进入人们的视野，但是留守儿童进入公共政策视野无疑与留守儿童恶性事件频发有关，或者说留守儿童恶性事件在媒体聚焦下迅速放大、发酵，加速了公共政策纳入留守儿童关爱保护内容的步伐，留守儿童关爱保护迅速成为公共政策主题。[7]相关部门和地方出台了许多关爱留守儿童的政策和措施。21世纪以

---

[1] 孙云霞.学校在解决留守儿童教育问题中的主体作用探析[J].教育文化论坛，2016，8（04）：107-111.

[2] 杜尚荣，刘芳.乡村教师引领留守儿童重构精神生活的理论逻辑、责任担当与实现路径[J].教育科学，2022，38（03）：46-52.

[3] 卢利亚.农村留守儿童四维教育体系的建构[J].学前教育研究，2016（07）：61-63.

[4] 刘晓妍.裴斯泰洛齐"爱的教育"对留守儿童教育的启示[J].教育观察，2020，9（07）：139-140.

[5] 万丽亚.中国农村留守儿童"音乐救助行动"[J].中国音乐教育，2016（06）：28-31.

[6] 陈韫春.我国留守儿童研究现状与现实思考[J].基础教育参考，2016（5）：5-9.

[7] 秦玉友，曾文婧.留守儿童关爱教育：全面还是聚焦？[J].人民教育，2018（07）：13-18.

来，伴随着全面小康社会的建设、现代化的进程和对"三农"问题的重视，党和国家高度重视留守儿童问题，多次强调要密切关注农村留守儿童的权益保护，相关部门推出了一系列更加有力的政策措施。

为了优化农村教育资源配置、促进城乡教育均衡发展，2001年以来，国家层面启动实施"农村寄宿制学校建设工程"，中央财政为此投入100亿元，建设学校7651所，惠及学生约200万人。"寄宿制工程"的实施，对推进"两基"攻坚，保证西部地区学龄儿童正常入学并完成义务教育，意义非同一般。对于农村留守儿童这个特殊群体来说，寄宿制学校的规范化管理和集体生活，有助于这些父母不在身边、缺失家庭教育的儿童养成良好的学习和生活习惯，增强组织纪律观念和人际交往能力；有利于全面实施素质教育，同时可以降低留守儿童的安全隐患。[①]

2006年3月，《国务院关于解决农民工问题的若干意见》（以下简称《若干意见》），提出"输出地政府要解决好农民工托留在农村子女的教育问题"，第一次从国家层面推出了关于留守儿童保护问题的若干政策。《若干意见》出台后，相关部门均出台了配套政策措施。教育部在相关实施意见中提出要保障农民工子女平等接受义务教育，农村劳动力输出规模大的地方人民政府要把做好农村"留守儿童"教育工作与农村寄宿制学校建设结合起来，满足包括"留守儿童"在内的广大农民子女寄宿需求。2006年"两免一补"政策实施给农民工留守儿童的教育带来可喜变化，减轻了农民子女上学的经济负担，使大部分因经济原因辍学的儿童得以重返校园。[②]对于正处于社会转型、处于人口急速流动的中国社会，农村寄宿制学校解决了部分适龄学生接受义务教育的难题。大量留守儿童在寄宿制学校里，享受"两免一补"政策，受到学校和社会的关爱，许多寄宿制学校成为留守儿童的"温馨之家"。

[①] 李涛，邬志辉.别让新"读书无用论"撕裂乡土中国——对中国西部一个偏远村落的实证调查[N].中国青年报，2015-08-03（10）.

[②] 陶菁.农村留守儿童教育出现的新问题及其对策——对"两免一补"政策效应的调查与思考[J].江西社会科学，2007（07）：253-256.

《国家中长期教育改革和发展规划纲要（2010-2020年）》提出，要坚持以输入地政府管理为主、以全日制公办中小学为主，确保进城务工人员随迁子女平等接受义务教育，研究制定进城务工人员随迁子女接受义务教育后在当地参加升学考试的办法；提出要建立健全政府主导、社会参与的农村留守儿童关爱服务体系和动态监测机制；加快农村寄宿制学校建设，优先满足农村留守儿童的住宿需求，[1]等等，再次唤起了全社会对农村留守儿童教育问题的广泛关注和重视。

2016年2月，国务院印发《关于加强农村留守儿童关爱保护工作的意见》（以下简称《意见》）出台，推出了迄今为止国家层面最有力度的留守儿童关爱与保护政策。《意见》提出要充分认识做好农村留守儿童关爱保护工作的重要意义，明确了加强农村留守儿童关爱保护工作的指导思想、基本原则、总体目标，提出要完善农村留守儿童关爱服务体系，包括强化家庭监护主体责任，落实县、乡镇人民政府和村（居）民委员会职责，加大教育部门和学校关爱保护力度，发挥群团组织关爱服务优势，推动社会力量积极参与。《意见》还提出要建立健全农村留守儿童救助保护机制，从源头上逐步减少儿童留守现象。

有人认为，我国农村留守儿童教育支持的政策工具变迁经历了权威工具构建、能力建设工具培育和内生激励工具开发三个阶段；其政策工具呈现出政府支持的多样权威工具、学校支持的复杂能力建设工具、社区支持的碎片化激励工具和家庭支持的丰富工具组合特征。[2]伴随着政策措施的不断出台，各个方面用心用情做好留守儿童教育和关爱服务工作，让"孤独的花朵"绽开笑脸，"让留守的天空不再下雨"。[3]但从现实和政策评估的角度看，留守儿

---

[1] 王正惠.《规划纲要》视域下农村留守儿童教育关爱服务体系的构建[J].教育理论与实践，2011，31（35）：27-29.

[2] 韦心勤，陈捷，李祥.农村留守儿童教育支持的政策工具变迁及其优化[J].社会科学家，2022（03）：144-152.

[3] 张玉晶.让留守的天空不再下雨——留守儿童教育问题分析[J].亚太教育，2016（22）：275.

童在卫生保健、安全、学习、品行、心理等方面的问题依然存在，并影响他们公平接受教育。这表明，留守儿童教育问题的解决是一个长期、复杂、系统的工程。①

留守儿童是农村之殇，"制度性孤儿"需要制度来拯救。农村留守儿童之所以无奈留守，主要是户籍制度导致。制度所产生的问题，最终还得制度来解决。农村留守儿童问题要想得到有效缓解，不能单单只是去帮助在农村留守的儿童们，给他们提供社会支持和规避生活风险，更重要的是要关注他们的家庭，帮助他们回到家庭之中才是解决问题的根本之道。②要根本破解此难题，还需基于社会正义的公共服务均等化和城乡一体化进程推动，破除城乡户籍制度等结构性障碍，实现统筹发展，此谓"改造渔场生态系统"。最根本的办法，是让务工者融入城市，享受发展红利，让他们的孩子进城接受与城市孩子一样的教育。而在这个目标未实现之前，每个人都应关爱这个群体。③

五、大学毕业生聚居群体："蚁族"

（一）一个时代的镜像

2009年9月，一份名为《蚁族——大学毕业生聚居村实录》（以下简称《蚁族》）的调查报告出版，让"蚁族"一词进入了公众的视野，也让当时的北京大学博士后研究生廉思成为公众人物。作为第一部揭示大学毕业生真实生存状态的纪实作品，《蚁族》不是专门的学术著作，而是由研究和深入访问过程中的故事、调研手记等汇集起来的感性文字。④《蚁族》一书中记述的唐家岭，是北京市海淀区最靠边的一个村子，这里看不出任何京都的气息，是

---

① 范先佐,郭清扬.农村留守儿童教育问题的回顾与反思[J].中国农业大学学报（社会科学版），2015，32（01）：55-64.

② 赵曼丽.大迁移时代农村留守儿童回归家庭的路径选择[J].管理观察，2018（04）：77-79.

③ 夏杨.两会燃话题：留守儿童渴望爱,你说怎么办？[EB/OL].（2019-03-04）[2023-05-25]. http://news.ycwb.com/2019-03/04/content_30210145.htm.

④ 哑河."蚁族"的困境[J].南风窗，2009（23）：100.

典型的城乡接合部。唐家岭居住着四五万人，除了3000余本村居民外，其他的都是新近从高校毕业的学生。在北京，这一群体的数字估计有十余万人，他们聚集在房租低廉的京郊，每天像蚂蚁一样汇聚到市中心，傍晚，拖着疲惫的身躯回到京郊的高低床上，为了生存，也为了梦想。不仅仅北京，他们也分布在上海、广州、武汉、西安等大中城市。他们，过去被称作"天之骄子"，现在却自称"焦子"，心焦，被巨大的压力烤焦。[1]之所以把这个群体形象地称为"蚁族"，是因为该群体和蚂蚁有诸多类似的特点：高智、弱小、群居。他们被称为继农民、农民工、下岗职工后的第四弱势群体。[2]

廉思等的研究表明，"蚁族"多为农村生，30%出自重点高校。[3]"蚁族"群体是名副其实的平民或贫民后代，他们无法从家庭中得到更多的经济资助和社会资源，但由于受过高等教育，他们对自己未来成功又普遍抱有很强的信心，这种强烈的反差使得"蚁族"群体社会不公平感较强。[4]网络媒体是"蚁族"群体身份认同的主要场域之一，在媒介的使用中，他们主要通过自我范畴化划定群体边界，在与其他群体及其成员的社会比较中使群体边界更为稳固，并通过内群之间的互动与依存形成更强的群体凝聚力，构建起"蚁族"的社会身份认同。[5]"蚁族"构成一代人与一个时代的镜像——折射出"80后"在中国社会急速转型背景下的特定经历、形象表征和思想状态，他们切身经历着社会结构的失衡与贫富阶层的分化，对各种现实矛盾与困境有着直接而敏锐的感触，因此也最深刻地体验着这个时代共有的焦虑与期盼。"蚁族"展示了当代中国社会图景里一部分人的困惑、焦灼、痛苦，迷茫和梦

---

[1] 王明明.蚁族：一个可能像"知青"那样流行的单词[J].决策探索（上半月），2009（11）：41-43.

[2] 张国栋，凌晨雪.从"蚁族"现象看扩招与就业问题[J].学习月刊，2010（09）：44-46.

[3] 廉思，张琳娜.转型期"蚁族"社会不公平感研究[J].中国青年研究，2011（06）：15-20.

[4] 廉思，张琳娜.转型期"蚁族"社会不公平感研究[J].中国青年研究，2011（06）：15-20.

[5] 谭文若."蚁族"群体在网络媒介使用中的身份认同构建[J].新闻界，2013（23）：8-10+24.

想，他们是时代的旁观者，虽也在剧场内，却毫无戏份。①

作为特定历史时期具有特定意义的符号，"蚁族"一经面世，便成为大众媒体的热门话题，引发了社会各界的广泛关注和深入讨论。学界从劳动力市场分割、城乡二元化结构、区域经济发展不平衡、高等教育与市场需求的供求失衡等方面提出了大量有益思考。②"蚁族"现象也引发了社会学、伦理学、法学甚至宪法权利等多方面的探讨。2010年"两会"期间，以"蚁族"为代表的民生问题成为"两会"关注的焦点之一。③

（二）一个不轻松的话题

如何看待"蚁族"这一社会现象，各方面出现了不同的看法。

有人认为，作为受过高等教育的低收入群体，"蚁族"的出现反映了我国高等教育制度近十年来的变迁。20世纪末实施的高校扩招的后果之一，就是造就了大量的大学毕业即失业人员及"大学毕业生低收入群体"。④2003年初，首批扩招大学生进入社会，与下岗再就业职工和民工潮汇聚成为就业洪峰，就业压力空前增大。与此同时，中国社会正经历城市化、人口结构转变、劳动力市场转型、高等教育体制改革等一系列结构性因素的变化。⑤"蚁族"反映出人力资本投资悖论。⑥高等教育虽是实现个人向上流动的最好通道，但近年来却不再是实现社会合理流动的渠道，反而成为"阶层固化"的助推器，表现为高等教育领域的"寒门难出贵子"与"蚁族"现象。⑦从高等教育的

---

① 张墨宁，廉思.书写"蚁族"的别样青春[J].南风窗，2010（26）：29.
② 赵声馗."蚁族"社会资本的缺失与建构[J].河北青年管理干部学院学报，2014，26（06）：7-11.
③ 高永良，徐锋."蚁族"聚居群落生态环境研究[J].当代青年研究，2011（06）：30-33.
④ 王明明.蚁族：一个可能像"知青"那样流行的单词[J].决策探索（上半月），2009（11）：41-43.
⑤ 廉思.从"蚁族"现象看高等教育公平[J].同舟共进，2014（02）：13-15.
⑥ 闫翅鲲，张兵."蚁族"反映出的人力资本投资悖论[J].中国经贸导刊，2011（10）：85-86.
⑦ 刘宏伟，刘元芳.高等教育助推阶层固化的社会资本分析[J].高教探索，2013（04）：124-127.

视角审视,"蚁族"群体的生成,与"蚁族"主体学无所长、人才类型定位游移、职业准备缺失等自身的原因有着更为直接的关联。[①]这些变化表明,当前的高等教育作为底层青年改变命运的通道正在变窄,在某种程度上更像是一个加剧社会阶层分化的助推器。[②]"蚁族"是在我国社会发展、经济结构转型和劳动力素质提高的背景下产生的一个社会现象。[③]

更多的人认为,"蚁族"作为转型期的一种特殊社会现象,是各种社会因素共同作用的结果。[④]"蚁族"产生的原因是多方面的,既受个人理想追求、综合素质高低、专业特长差异等因素的影响,也是我国社会城市化、人口结构转变、劳动力市场转型和高等教育体制改革等一系列变化叠加效果的综合表现。[⑤]"蚁族"群体游走在理想与现实的边缘,却迟迟无法踏入理想的边界。该群体不仅是一种单纯的社会新型群体,而是中国社会及其教育发展过程中诸多问题的折射,更是蜂拥而至的奋斗之路受阻导致的结果。[⑥]我国以户籍制度为核心控制力的城乡二元结构是"蚁族"形成的主要原因。[⑦]"蚁族"大多来自农村和县级市,这一群体的构成状况是众多社会的及个人的因素相互交织的产物,但不可否认,社会资本在其中扮演着十分重要的角色。与城市大学毕业生相比,农村大学毕业生在社会资本上处于劣势,这种劣势伴随着其他社会因素的交互作用导致了绝大部分"蚁族"来自农村这一社会现状。[⑧]"蚁族"的形成和扩大化是人力资本、社会资本、经济资本共同作用的

---

① 杨依筠.高等教育视角下的"蚁族"现象审视[J].教育教学论坛,2013(33):175-176.
② 廉思.从"蚁族"视角分析高等教育对社会流动的影响[J].当代青年研究,2012(02):1-6.
③ 荆利蕾.当前我国"蚁族"现状及成因分析[J].经济研究导刊,2011(02):249-250.
④ 闫翅鲲,张兵."蚁族"反映出的人力资本投资悖论[J].中国经贸导刊,2011(10):85-86.
⑤ 白鑫刚.当代中国"蚁族"现象解析[J].河南师范大学学报(哲学社会科学版),2011,38(03):108-110.
⑥ 胡春明.大学生"蚁族"现象的教育社会学探析[J].陕西师范大学学报(哲学社会科学版),2017,46(01):163-170.
⑦ 汤啸天."蚁族":一个呼唤善待的群体[J].青少年犯罪问题,2010(03):28-31.
⑧ 倪新兵.社会资本差异下的"蚁族"群体构成[J].当代青年研究,2014(02):117-123.

结果。①"蚁族"现象的形成是社会发展、高等教育以及个人三方面因素共同造成的结果。②"蚁族"的出现，折射出我国在教育体制、户籍管理制度、基本公共服务供给及社会资源分配不公等方面存在的现实问题。③它牵涉到了教育公平、户籍改革、社会流动等一系列极具争议的社会议题。④

有人担忧作为第四大弱势群体，以相对剥夺感强、生活满意度低、对网络技术的熟练应用及普遍参与网络群体性事件为特征，该群体成为社会和谐与稳定的潜在威胁。⑤一个新型弱势群体"蚁族"已经出现，并将在政治参与途径、政治文化和政府职能等方面影响中国的政治稳定。⑥橄榄型社会要求具有强大的中产阶级，而本应作为我国中产阶级一分子的大学毕业生却已经有许多沦为"蚁族"，其本身成为社会的不稳定因素，即"蚁族"的困境。⑦"蚁族"这一群体是今后一段时期我国社会发展的中坚力量，如果"蚁族"问题得不到解决，势必会对我国今后的发展造成一定的影响。⑧阶层固化问题如果得不到解决，社会发展之路也会相应地受阻，从而得不到良性循环，引起社会不同阶层之间诸多矛盾及其问题的出现。⑨

---

① 裴江滨.资本逻辑中的"蚁族"生成与扩大机制[J].现代经济探讨，2011（03）：14-18.
② 曾德进.中美两国"蚁族"现状及成因分析[J].武汉职业技术学院学报，2012，11（01）：48-51.
③ 吴克明."蚁族"现象的经济学分析[J].中国大学生就业，2010（S1）：16-17+4.
④ 陈永杰，卢施羽.大学生就业困难与"蚁族"的出现：一个社会政策的视角[J].公共行政评论，2011，4（03）：146-171+182.
⑤ 王欢.引导"蚁族"群体行动倾向的策略研究[J].鸡西大学学报，2013，13（10）：155-156.
⑥ 李景平，苏继文，李庆.政治稳定视阈中的"蚁族"现象分析[J].经济研究导刊，2010（27）：235-236.
⑦ 邓丽丽，梁涛."橄榄型社会"视域中的底层生长空间——基于对上海"蚁族"成长困境的实证分析[J].知识经济，2013（03）：82-83.
⑧ 荆利蕾.当前我国"蚁族"现状及成因分析[J].经济研究导刊，2011（02）：249-250.
⑨ 胡春明.大学生"蚁族"现象的教育社会学探析[J].陕西师范大学学报（哲学社会科学版），2017，46（01）：163-170.

（三）一个可期许的未来

有人提出，关注"蚁族"，不应停留在他们艰难的当下，应给"蚁族"一个看得见的未来。大学毕业生低收入群体需借助城市融入才能有效回收高昂的人力资本投入，其城市融入受阻的根本原因是社会支持系统的缺失。要通过政府制度支持、高校素质支持、城市用人单位就业与生活支持共同建构正式社会支持系统；重构"蚁族"社会关系网络，提高组织化程度，建构非正式支持网络。[1] 竞争机制的不平等、信息资源分配的不平等及社会保障的缺失，是"蚁族"现象产生的主要原因，因而我们应建立健全社会保障体系，努力缩小城乡差距，完善相关法律法规，用法律手段引导"蚁族"走出蚁穴困境。[2] 防止"蚁族"问题的固化，拓宽"蚁族"向上流动的渠道需要公共政策对目前的社会利益进行适当调整，包括建立公平合理的社会流动制度，丰富"蚁族"向上流动的社会资源，加强"蚁族"纵向上升的流动能力。[3]

对"蚁族"进行利益补偿，是维护社会公正和构建和谐社会的本质要求，更是社会现实的吁求、社会公平的理性诉求和政府的公共责任使然。为此，政府要树立"弱势补偿"的基本理念，制定并完善有关法律和制度，注重对"蚁族"的政策适度倾斜；高校要调整人才培养模式，加强学生就业观念的培养和就业能力的提升，为大学毕业生积极搭建平台；"蚁族"要对自身状况进行理性审视，合理规划，实现理想。[4] 必须确立善待"蚁族"、善待农民工的理念，改进公共管理，强化社会服务。[5] 应该高度重视"蚁族"问题，

---

[1] 闫翅鲲，张兵."蚁族"融入城市社会支持系统建构[J].人民论坛，2011（11）：136-137.

[2] 许丹丹."蚁族"现象的法理探析[J].安康学院学报，2010，22（03）：38-39+42.

[3] 杨柳.促进"蚁族"向上流动的公共政策选择[J].当代青年研究，2014（02）：112-116.

[4] 衣华亮，景海燕.对"蚁族"利益补偿策略的理性审视——基于社会公平的分析[J].中国青年研究，2010（06）：35-39.

[5] 汤啸天."蚁族"：一个呼唤善待的群体[J].青少年犯罪问题，2010（03）：28-31.

将其纳入社会援助范围,并对他们加强文化引导和人文关怀。[1]

还在十多年前,廉思就认为"蚁族"青春弥漫的气息背后,是无知无畏还是精打细算,并不能简单下定论。[2]"蚁族"两个字记录了一代人的青春历程。十几年后,今天的"蚁族"已成为社会的中坚力量,所有的人都会读懂"蚁族"背后的记忆。"蚁族"这个词就像"知青""下岗职工""农民工"一样成为理解中国社会变迁的词语之一,反映出我们这个时代的变化历程。[3]

---

[1] 傅剑,陈碧霞."蚁族"的群体特征、诉求与风险[J].当代青年研究,2014(02):106-111.

[2] 廉思.蚁族[J].跨世纪(时文博览),2010(06):60-61.

[3] 王明明.蚁族:一个可能像"知青"那样流行的单词[J].决策探索(上半月),2009(11):41-43.

第五章 城乡中国的"县中现象"

在中国,有一种中学叫"县中"。

所谓"县中",并不是指所有县一级的中心中学,而是指那些远离大城市,在中小城市和农村城镇,在当地甚至全国有一定影响的中学。[①] 20世纪八九十年代,在我国基础教育的高中学段,曾出现一批区县高中高考成绩遥遥领先于大中城市高中的现象,被称为"县中"现象。[②] "县中"现象的背后,是一套独特的管理、教学、生活、应考模式,被称作"县中模式"。百度上对"县中模式"的定义:1.大量时间投入。2.教师和学生封闭式管理。3.高考成绩是唯一目标。各地"鸡血群"对"县中"的理解:1.家长对学校无条件服从。2.一个月休息一天半,每天高强度刷题+晚自修。3.应试的氛围浓厚。4.大多数老师所有时间都被学校安排和利用。5.大家虽然辛苦但是主观感觉很好。6.褒义词"刻苦,努力"是其标签。[③] 还有人解读,"县中模式"是一种主要在县级中学实行的,以大量的时间投入为表象,促使教师和学生在一个封闭的空间里,全力以赴,通过研究高考、应对高考,以获得高考佳绩为唯一目标的教育管理模式。[④] 在"县中"里,高考成绩的优异是终极的目标,一切的评比、晋级、奖金发放等都以考试成绩为参照。学生一进入中学就开

---

① 郭晓霞. 管窥"县中"现象[J]. 内蒙古教育, 2013(3): 32-39.
② 杨永厚. 曾经的"县中"现象,为何现在难以重现?[EB/OL]. (2020-03-28)[2023-05-26]. https://baijiahao.baidu.com/s?id=1662366274130251466&wfr=spider&for=pc.
③ 康康教育谈. 一、二线城市为何难以复制"县中模式"?[EB/OL]. (2022-02-08)[2023-05-26]. https://baijiahao.baidu.com/s?id=1724176984370238577&wfr=spider&for=pc.
④ 邹铭昊. "县中塌陷"的原因及其应对策略[J]. 教育探索, 2022(10): 12-16.

始把目标锁定高考,高考考什么学校就教什么,高考不考的,学校就不开设课程。高考是唯一有效的指挥棒,甚至许多学校从高一就开始分科,提前进入高考状态。[①]"县中模式"无疑是透视和理解我国当代教育的一面镜子。[②]研究"县中模式",其实就是研究中国"应试教育"的特点及其成因,是研究城乡中国背景下中国基础教育的特别现象。"县中"全国各地都有,各有各的故事,其中有的曾经被认为是"神话""神一样的存在"。

一、黄冈中学:曾经的"教育神话"

黄冈中学,当地人简称"黄高",位于湖北省黄冈市。黄冈地处大别山西南,是革命老区,也是苏东坡当年谪居之地。正是在这个原先叫黄州的地方,因"乌台诗案"身陷囹圄、饱受磨难,继而又被贬谪于此的苏东坡,写下了《念奴娇·赤壁怀古》《赤壁赋》《后赤壁赋》,书就了《寒食帖》。黄冈中学前身是 1904 年前办的黄州府中学堂,中经启黄中学、省立六中、湖北省立二高、省立黄高等,至今已有一百多年历史,出过许多著名校友。

(一)鄂东大地崛起的"教育神话"

1977 年,中国恢复中断了十年之久的高考,神州一片欢欣。1979 年,黄冈中学在全地区择优选拔的 23 名"尖子班"学生,提前一年考大学(初中二年、高中一年),结果大获全胜:所有学生全部考入重点大学,同时囊括了当年湖北省高考总分第一、二、三名和第五、六名。1980 年,黄冈中学再接再厉,又取得全省第一名的好成绩。鼎盛时期出现在 1986 年,当年黄冈中学高考升学 309 人,升学率达 91.4%,600 分以上高分者达 30 人,占全省 1/9,

---

① "县中模式"的囚徒困局 [EB/OL].(2012-04-11)[2023-05-26].http://www.voc.com.cn/Topic/article/201204/201204111752173368.html.

② 李勇斌."县中模式"就是这样铸就的——一个农村教师的教育回眸与反思[J].上海教育科研,2010(08):21-22+50.

且囊括理科第一、二名，文科第一名。①

"黄冈神话"不胫而走，"黄冈密卷"也开始风靡。自恢复高考以来，全国有两个"神话"：一个是"海淀神话"——北京海淀教师进修学校编撰的复习资料流传全国，另一个便是"黄冈神话"——黄冈中学输出了无数的高分状元。曾有人调查，市面上中高考辅导资料、试卷，将近80%都是黄冈出的，像黄冈兵法、黄冈密卷、黄冈宝典等。许多参加高考的考生、家庭和学校以能得到"黄冈密卷"为荣。无论是繁华的大都市还是偏远的小城镇，随处可见冠以"黄冈"头衔的教辅资料。"百年黄高"有太多传奇。

而让黄冈真正出名的，是在国际奥林匹克竞赛上取得好成绩。1986年，中国学生第一次参加国际奥赛，来自黄冈中学的一位学生就获得数学竞赛铜牌。4年后的1990年，奥赛首次在中国举办，中国队6名选手中，来自黄冈中学的两名选手分获金银牌。到2007年为止，黄冈中学学生获得11金、5银、2铜共18块国际奥赛奖牌。②2001年教育部出台保送上大学政策，在中学生奥赛全国决赛中获得一、二、三等奖和省赛区竞赛中获得一等奖的应届高中毕业生，都可以获得保送资格。也是在这一年，黄冈中学29人因在奥赛上取得优异成绩被保送，其中15人进入北大、清华，10人进入冬令营。③在国际奥赛中的独领风骚，加上各大媒体报道，让黄冈中学扬名国内外，一直走向教育的神话。黄冈中学的高考、奥赛和教辅资料创造了中国基础教育的奇迹，人们甚至把这种奇迹称为当代中国的"教育神话"。④20世纪90年代，黄冈中学老校区占地150亩的校园成为热门旅游景点，无数人前来取经，大量外地学生也慕名前来就读。当时，在中国的许多高校，只要一说"我是黄

---

① 黄敏. 湖北黄冈中学辉煌不再 14年来仅出1名省状元［EB/OL］.（2015-04-06）［2023-05-27］. http://news.cnhubei.com/xw/kj/201504/t3225435.shtml.

② 黄敏. 湖北黄冈中学辉煌不再 14年来仅出1名省状元［EB/OL］.（2015-04-06）［2023-05-05］. http://news.cnhubei.com/xw/kj/201504/t3225435.shtml.

③ 黄敏. 湖北黄冈中学辉煌不再 14年来仅出1名省状元［EB/OL］.（2015-04-06）［2023-05-27］. http://news.cnhubei.com/xw/kj/201504/t3225435.shtml.

④ 朱振国. 一所中学与高考制度改革［N］. 光明日报，2009-05-27（011）.

冈中学毕业的"，同学们都会肃然起敬。

黄冈教育何以能成"神话"？"黄冈制造"到底是怎样的存在？

（二）"皮鞋"与"草鞋"的故事

关于黄冈中学，一直以来有一个流传甚广的所谓"皮鞋与草鞋"的故事。故事有两个版本，一个版本是：早年黄冈这地方农村学生居多，新生入学时，班主任一手拿着皮鞋、一手拿着草鞋说：好好读书，将来穿皮鞋；不好好读书，将来穿草鞋。[1]还有一个版本是：为了使同学们每日都能感受到"皮鞋与草鞋效应"的积极影响，学校在校门口各挂上一双皮鞋与草鞋。

许多人好奇此故事真假。笔者当年去黄冈中学听课时，也曾当面向陪同的黄冈中学有关人员求证，他们只是笑了笑，没有回答。

黄冈中学的神话到底是什么？有人认为不是黄冈密卷。"黄冈中学的模式就是'学生苦读、老师苦教、家长苦帮'，从政府到普通老百姓，无人不重视教育。"尽管坐落在一个经济极度落后的小城市，地理位置也偏僻，但这所学校却是寒门学子最大的希望，曾为无数人铺开了一条通往美好生活的道路。与"海淀神话"不同，"黄冈"一直代表着小城市"逆流而上"的勇气，成为寒门学子通向理想人生的代名词。[2]很多学生都是来自各地农村家庭，秉持着知识改变命运的理念，学习动力十足，迫切想要通过考上理想大学的方式改变自己和家庭的命运。[3]黄冈是革命老区，当时十个县有八个是国家级贫困县。在大别山区，经济条件相对落后，工业不发达，农业还是传统型，但黄冈对教育特别重视。学生都来自普通农民家庭，孩子唯有读书才

---

[1] 胡秋子，柯利华．盛名之后屡被妖魔化——黄冈中学的"神话"与困惑［N］．中华新闻报，2007-12-21（C02）．

[2] 黄敏．湖北黄冈中学辉煌不再 14年来仅出1名省状元［EB/OL］．（2015-04-06）［2023-02-05］．http://news.cnhubei.com/xw/kj/201504/t3225435.shtml．

[3] 张昭．黄冈中学没有神话：曾凭借三大法宝傲视群雄，终因环境巨变陨落［EB/OL］．（2019-07-20）［2023-02-18］．https://view.inews.qq.com/k/20190719A0PTKY00?web_channel=wap&openApp=false．

有出路，老师传递的观念和生活中读书改变命运的鲜活例子就是最生动的教材，因此贫苦的孩子特能吃苦，特别是 20 世纪八九十年代，改变命运的愿望很迫切，否则只能外出务工，在家务农，等待自己的就是父辈的现状。黄冈这地方，山多蚊虫也多。据说，夏日里学生们每天复习至深夜，为了避免蚊虫叮咬，一人一只塑料桶，把腿泡在水桶里。"黄冈状元"都是这样熬出来的。①

（三）黄冈教育"跌落神坛"

"神话"终将远去，黄冈也不例外。转折发生在世纪之交，有人总结出了三个"标志"：1999 年以后再未出过省状元；2007 年以后，再也没有拿到过国际奥赛的奖牌；2010 年，黄冈中学未能出现在第一批北大校长推荐学校名单中。② 截至 2013 年的近十年，黄冈文理科 600 分以上的有 8503 人，仅占全省 12.1%，与人口比大致持平。③ 媒体纷纷以《黄冈中学"学霸神话"不再 已多年没有出过状元》《不再辉煌的黄冈中学与辉煌的黄冈模式》《湖北黄冈中学这个"神话"，终究是落寞了吗？》等为题进行报道，引发各方热议。

黄冈教育"跌下神坛"的原因，各方意见归纳起来，有以下几个方面：

跟不上高考改革、新课标改革的步伐。随着高考改革、新课标改革的推进，奥赛与高考脱钩、高考试卷分省命题等政策相继出台，黄冈中学的优势渐失。以前，黄冈中学的不少老师都担任过高考的出题人和阅卷人，各地高考自主命题，黄冈中学不再是标杆；随之而来的新课改更是让黄冈中学优势丧尽。④

---

① 胡秋子，柯利华.盛名之后屡被妖魔化——黄冈中学的"神话"与困惑 [N].中华新闻报，2007-12-21（C02）.

② 陈春保.黄冈中学"学霸神话"不再 已多年没有出过状元 [EB/OL].（2014-01-13）[2023-02-12].http://edu.people.com.cn/big5/n/2014/0113/c1053-24100745.html.

③ 湖北黄冈中学辉煌不再 [N].乌兰察布晚报，2015-4-9（W10）.

④ 黄敏.湖北黄冈中学辉煌不再 14 年来仅出 1 名省状元 [EB/OL].（2015-04-06）[2023-02-12].http://news.cnhubei.com/xw/kj/201504/t3225435.shtml.

优秀教师、优质生源流失。黄冈中学教师流动的去向，先是"到南方去"，然后是"到武汉去"。数学组总共也就 30 多个老师，前前后后走了 10 多个，而且多数都是三四十岁的骨干教师，甚至是特级教师。"金牌教练"成批地去往南方、武汉、东部沿海城市。同时，经济发达地区办学条件好的学校抢走了优质生源。

新校区建设引发的负债之困。2004 年，黄冈中学在城东新区建设新校区，新校区共投入 3.5 亿元，学校因此背上了 1 亿多元债务。债务让黄冈中学的步伐变得沉重。"为化解债务，学校扩大招收择校生比例，直接导致生源整体质量下滑；教师待遇上不去，造成部分骨干教师外流。"[①]

也有人认为黄冈教育"没落"的原因：一是读书无用的现实让黄冈人读书的热情不再，失去了以读书为荣的大环境。二是庞大的打工人群。其子女大部分变成留守儿童，生源质量大不如前。三是老师待遇低，禁不住外面的挖角，师资流失严重。四是被形形色色的人联合绞杀。[②]

众说纷纭。总之，黄冈教育风光不再，遇到了新情况。

（四）黄冈教育"跌落"折射的现象

折射出高考愈演愈烈的竞争。有人认为，黄冈中学与湖北省乃至全国同类学校之间在高考升学率问题上的此消彼长，这一现象所凸显的正是我国现行高考制度背景下高考升学率的竞争。一方面，是教育专家以及一批社会精英对现行高考制度的强烈不满与抨击；另一方面，是在社会压力下学校之间关于高考的愈演愈烈的竞争。这样两种教育趋势之间的对立与冲撞至今不仅没有丝毫的缓解，反而愈来愈显得剑拔弩张。[③] 黄冈中学及中国无数其他中

[①] 陈春保. 黄冈中学"学霸神话"不再，已多年没有出过状元［EB/OL］.（2014-01-13）［2023-02-12］.http://edu.people.com.cn/big5/n/2014/0113/c1053-24100745.html.

[②] 教育小星星. 湖北黄冈中学这个"神话"，终究是落寞了吗？［EB/OL］.（2018-08-22）［2023-02-12］.https://www.sohu.com/a/249382844_100155613.

[③] 朱振国. 一所中学与高考制度改革［N］. 光明日报，2009-05-27（011）.

学面对的现实，就是教育资源有限的情况下的应试淘汰手段。

折射出农村教育的虚弱。黄冈中学的没落，表面看和奥赛获奖与高考脱钩有关，实际上更为根本的原因是与大城市名校的不对等竞争，省会重点中学因其得天独厚的条件，包括师资力量、交通、国家财政投入、地利、出题权等，一开始就将地、县级中学远远抛在了后面，优秀的师资力量和生源都涌向了大城市，涌进了省会各中学名校，县中、地区中学的没落，更让有条件者想方设法进入省城名校就读。①黄岗中学的变化，反映了教育生态的改变。

折射出教育公平之困。社会上的"拼爹"等现象，大大桎梏了"农二代""贫二代"的出头机会，而教育领域日益出现的严重不公，更是让农村孩子输在了起跑线上。很多人削尖脑袋要送孩子去省城重点中学，而这些重点中学也是格外"摆谱"，让学生过五关斩六将，花钱参加他们的培训班，花不菲的择校费等。这些开支，都是农村孩子的家庭所远远承受不了的。②善意的、道理充分的改革客观上减少了农村子弟进入名校的机会。③

折射出"神话"背后的"无奈"。事实上，在升学率成为衡量一所学校成与败的逼仄现实中，学校需要一个教育"神话"来为自己揽得更优秀的资源和配套设施，而民众也更需要在这样的"神话"中为自己的孩子找到奋斗的基点，这相互勾连却又彼此利用的逻辑链条，让一个个教育"神话"在不断被创造的同时，也在客观上加剧着人们对教育本质的偏差理解。④伴随着教育改革的浪潮涌起，一种对公平教育造成严重损害的行为正在被一些人以冠冕堂皇的理由大行其道，这种理由就是为了对教学资源进行"合理配置"，实行基础教育城市化。事实上，虽然黄冈中学没落了，但还有更多的"黄冈中学"在一些城市风生水起，还有更多个"黄冈中学模式"的学校在其他城

---

① 戴先任.我们该如何拯救"黄冈中学"？[N].新闻晚报，2013-07-09（A1叠17）.
② 戴先任.我们该如何拯救"黄冈中学"？[N].新闻晚报，2013-07-09（A1叠17）.
③ 陈竹.黄冈中学为何辉煌难续（一）[N].中国青年报，2013-07-08（3）.
④ 张剑.黄冈中学走下"神坛"不是教育的胜利[N].北京青年报，2015-04-07（A02）.

市出现。①

二、毛坦厂中学："最大的高考工厂"

2014年，CCTV纪录片《舌尖上的中国》第二季播出，除带火了各地的美食外，其第七集《三餐》中的一所高考学校以及"万人送考"的航拍镜头，让许多观众印象深刻。2015年，央视纪录片《高考》震撼亮相，其第一、二集《毛坦厂的日与夜》记录了毛坦厂中学的高三师生和陪读家长们的日常生活、心路历程。毛坦厂中学由此名声大噪。

（一）世上"最可怕的考试达人"

2015年初，美国《纽约时报》网站发布《毛坦厂中学，中国应试教育工厂》一文，是这样开头的：

> 毛坦厂是一座僻静的小镇，坐落在中国东部省份安徽，周围是沟壑丛生的山峦。它的主街道上空荡荡的，一个男人在机动三轮车上打瞌睡，两个老妇扛着锄头朝城外的稻田缓缓走去。那是去年春天一个星期天上午的11点44分。在鱼塘旁，一排出售食品、茶叶和书籍的商店无人光顾，就连镇里的神树下也没人许愿；在宽大的树冠下，一炷香在一堆灰烬上闷烧着。
>
> 一分钟后，就在11点45分，寂静被打破了。上万名少年涌出了毛坦厂中学高耸的大门。其中很多人都穿着同款的黑白两色风衣，上面印着英文口号"I believe it, I can do it"。现在是午餐时间，而毛坦厂中学是中国最神秘的"备考学校"之一：这是一所强化记忆的工厂，有2万名学生，人数是该镇的官方人口的四倍。他们不分昼夜地学习，为俗称"高考"的普通高

---

① 李勇.黄冈中学的没落并非"教育均衡"的利好［EB/OL］.（2015-04-10）［2023-02-12］. http://opinion.people.com.cn/n/2015/0410/c159301-26827877.html.

等学校招生全国统一考试作准备。高考每年6月举行，为期两到三天（取决于不同的省份），相当严酷，是中国大学录取学生的唯一标准。毛坦厂中学的学生大部分来自农村，而高考为他们提供了一个机会，让他们不被农田和工厂生活所局限，能靠努力学习和高分来改变家庭的命运。

每年6月高考前夕，是毛坦厂镇一年中最为盛大而热闹的日子，境内外许多媒体会进驻毛坦厂镇，等待着发送"送考节"——毛坦厂中学万人送考的新闻和画面，也有人称之为"高考工厂"的"出征仪式"。早上7点不到，毛坦厂中学北门近500米长的马路两旁，挂满了各种励志的红色条幅，站满了拿着加油小旗、举起手机拍照的家长。许多家长穿上西装、旗袍，盛装出席这场"盛会"。6月5日早上8点8分，伴随着第一辆载满学生的大巴车缓缓驶出学校，去往六安市让考生熟悉考场。送考人群顿时沸腾，"送考节"场面被推向高潮。[①] 喇叭齐鸣、鞭炮喧天……

2015年5月底，笔者与两个同事去毛坦厂中学调研。我们是5月29日傍晚抵达毛坦厂镇的。甫一抵达，即与六安市教育局、毛坦厂镇的相关人员见面并沟通情况，得知因为高考临近，已经有许多家境内外媒体的人员进驻毛坦厂。晚上入住后，我们去看了那棵"许愿树"，了解了镇容镇貌和毛坦厂中学周边的情况，夜里近11点的时候，我们赶到学校门口，等待着学生结束晚自习，体验了《纽约时报》文章所描述的"上万名少年涌出毛坦厂中学高耸的大门"的情景。30日上午，我们参观了毛坦厂中学，并与学校负责人和教师代表进行了座谈交流。因为临近高考日子，我们没有去教室听课，没有打扰学生。

毛坦厂中学实际上由三个部分组成：小毛坦厂中学（省级示范性高中）、金安中学（民办中学）和金安中学补习中心（培训机构）。毛坦厂中学拥有

---

① 牛震.一所中学带活一个山区小镇——安徽六安市毛坦厂镇采访记[J].农村工作通讯，2018（12）：20-24+2.

2.4万多名学生，其中复读生占1/3。学校每年参加高考的人数在1.2万人以上，一本升学人数超过1万人，是一所名副其实的"超级学校"。①

（二）"你所不知道的他们的辛酸"

在这里，一切都以分数论成败。分数是一切，青春放一边。被送到这所学校的只有三种学生——自己考上的、家长管不了的，以及复读的。有的学生由于中考发挥失常，没能进入六安市著名的中学，毛坦厂中学便成为唯一选择。"那里并不适合自制力强、自学能力好、天资卓越的学生。"

毛坦厂中学方面认为他们的成功依靠的是"全方位立体式无缝管理方式"。一是严格的管理。学校制定了严格的作息时间，强调学生行为规范的养成。管理注重细化、规范化。二是注重师资队伍建设，实行双向聘任制。学校采用班主任和任课老师双向聘任的制度，把管理分散，让班主任和任课教师组成团队，并与其他班级进行比评，以此提高教师的团队合作意识。而且学校注重"用待遇留人、用感情留人、用荣誉留人"的办法，吸引优秀教师。三是教师的务实奉献精神。陪伴是最好的管理，以身作则是最好的教育。四是扎实的备考复习。"抓常规、重实效"是该校成功的秘诀。在备考复习中循序渐进，一轮复习，进行课本梳理，把知识讲透，书本讲厚，夯实基础；二轮复习，把书本看薄，提纲挈领，知识系统化；三轮复习，考前模拟，规范答题，回归课本。整个过程注重实效，把每次月考都当作高考去对待，让学生在真正高考时能沉着应对。②

高三备考的一年里，学校的月考按月举行，完全按照高考的模式展开，月考成绩往往代表学生的高考实力，被称为"小高考"。在一年的高考备考期间，让老师、学生、家长的心七上八下的恰恰是每个月的考试。每当月考

---

① 贾丁.社会现实类纪录片如何讲好故事——以《高考·毛坦厂的日与夜》为例[J].电视研究，2016（07）：66-67.

② 疯狂高考.毛坦厂中学高考备战誓言：绝不倒在冲刺路上，只为了一生的尊严！[EB/OL]．（2019-03-09）[2023-04-06].https://www.sohu.com/a/300111716_108407.

来临，家长烧香祈祷，学生加班复习，而每当月考成绩公布，班主任就会把家长和学生叫到办公室谈话。这样的情景每月一次，周而复始。①

（三）"读书真的是为了改变命运"

毛坦厂中学的生源情况并不好，80%是农村学生，初中学习好或者家庭经济条件好的学生会优先选择到六安一中、二中等高级中学就读。毛坦厂中学因管理严格而闻名，适合家庭条件一般、资质一般的孩子来此获得较大的成绩提升，因此吸引过来的学生大多数来自普通的农民家庭。毛坦厂中学的优势在于：一是地处小镇，生活成本相对低，且农村学生大多目标高校为二本、三本类学校。二是升学率高。毛坦厂中学是从2006年开始引起公众关注的，该年复读班的本科上线率达到80%-90%，主要是二本、三本上线率提高快，尤其受到农村学生和家长的青睐，认为性价比比较高。补习中心学生成绩提高从100分至300分不等，这是一个很大的飞跃。平均80%的本科上线率就像一块磁铁吸引着很多农村家庭。

毛坦厂中学在校生2万多人，是毛坦厂镇本身人口的四倍，很多复读的孩子享受着一陪一、二陪一甚至全家人陪考的待遇，因此小镇上的外来人口达到了数万人，这数万人支撑起了毛坦厂的经济甚至一切。毛坦厂中学和学校周边的陪读家长形成了一个独特的小社会——"高考镇"。校里校外，学生、老师、陪读家长、当地居民、政府部门都被高考捆绑在一起，整个毛坦厂镇都在围绕着高考运转，"高考镇"就是"高考中国"的缩影。②因这所中学催生出特殊社会生态，从陪读家长的生活点滴、商业形态乃至发展趋势，无不围绕高考而转。镇上没人再去种地，附近的田地荒芜了，长满野草。为了让学生安心学习，当地政府关停镇上几乎所有的娱乐场所。

---

① 贾丁.社会现实类纪录片如何讲好故事——以《高考·毛坦厂的日与夜》为例[J].电视研究，2016（07）：66-67.

② 贾丁.社会现实类纪录片如何讲好故事——以《高考·毛坦厂的日与夜》为例[J].电视研究，2016（07）：66-67.

笔者当年的感受：进入毛坦厂，你会觉得自己置身于一种"场"中，有一种难以言说的氛围笼罩着你。

（四）高考文化现象，隐喻与期许

一边被学生们视为"地狱"，一边却为家长们所追崇。"亚洲最大的高考工厂"所映射的现实是：当家长们、老师们包括考生们无力去改变考试本身的残酷，无力去改变选拔标准的刻板，他们唯一所能选择的，就是在考试路上用"另一面"去实现命运的改变。毛坦厂中学已经构成了一种文化现象。"毛坦厂"文化现象即以毛坦厂中学师生为主体，以陪读家长、房东及商贩、当地居民和镇政府官员为载体，在中国偏远地区和弱势群体中形成的一种极具中国特色的高考现象。"毛坦厂"文化现象本质就是以毛坦厂中学为核心所形成的利益相关群体通过军事化管理和强制性的管束，改变偏远地区和弱势群体的学子自由散漫等坏习惯，提高自省、自律、自救的意识，从而提高他们的学业成绩，最终让广大农村子弟如愿迈入高等学府，实现金榜题名、鱼跃龙门的高考自救行动。[①]

有人认为，不管你欣赏还是不欣赏，毛坦厂中学仍是当下中国偏远农村最佳教育模式。当上万名农家子弟怀揣着青春与梦想走进毛坦厂中学，就有同等数量的家长来到毛坦厂镇陪读，这背后寄托的是一个又一个普通家庭改变命运的梦想，这可能已经是他们基于现实的最好途径。中国教育的现状与农村传统家庭对"鱼跃龙门"的渴望，被典型地浓缩于此。[②] 在中国，无论是学生，还是家长，总是希望通过教育、通过高考，为自己的未来打好基础，做好铺垫，只不过处在毛坦厂这样的偏远小镇，他们的学习基础、学习环境、学习资源都先天不足，让他们的拼搏染上了悲壮的色彩。当很多城里

[①] 童锋,夏泉,曹艺凡.高考自救行动："毛坦厂"文化现象的表征及逻辑[J].上海教育科研, 2017（12）：24-28.

[②] 牛震.一所中学带活一个山区小镇——安徽六安市毛坦厂镇采访记[J].农村工作通讯, 2018（12）：20-24+2.

人在大谈"营养平衡"的时候,岂不知还有一大批人在"温饱线"上挣扎。①仅仅谈教育理想,将其架空于现实制度情境的考量之上,未免显得不切实际。毛坦厂模式当然可以反对,但更重要的是,反对它的人需要对它有所理解,有所尊重,而后才是批判和寻求改变。说到底,毛坦厂教育模式是底层的一种自救行动,用一种苦修自我赶超,这即便令人心痛,也无可指责。②笔者曾亲耳听到央视著名主持人白岩松这样说:每次说到毛坦厂中学,我都要落泪,我无论如何做不出任何嘲讽他们的事情,因为那是贫寒子弟改变命运的唯一希望。

当年临离开毛坦厂中学的时候,笔者提议我们一行与老师们合个影,老师们微笑着说:我们心里一直有此愿望,但没敢提。当天傍晚,我们一行赶到合肥,与安徽省委教育工委的负责同志见面沟通。该负责同志表示,我们应该向你们学习。笔者问为什么,他说你们这么老远跑来毛坦厂中学,可我们省厅还没有一位处级以上干部去过。笔者又问为什么,他说可能是有所避讳吧。笔者说都是中国土地上的学校,教育部门的人有什么不可以去的。紧接着笔者又说了一句话:毛坦厂中学的存在,表明直到今日,中国仍然还有许多人相信知识能够改变命运、教育能够成就梦想。该负责同志就开玩笑说:你这句话如果被毛坦厂中学的人听见,他们会把它挂到墙上的。

三、衡水中学:"超级高考加工厂"

(一)不一样的版本,差不多同样的故事

北京往南 270 多公里,有个地方叫河北衡水,这里有着便捷的交通,却有着与之不相称的经济发展水平。由于资源缺乏,GDP 长年徘徊在河北末三位。以前衡水最出名的是衡水老白干,后来则是衡水中学。衡水中学几乎撑起了这座小城所有的名声,让这个曾经的盐碱地成为盛名远播的"教育

---

① 张永谊. 其实你懂"毛坦厂"[J]. 杭州(周刊),2016(14):36.
② 程猛. 作为一种自救行动的毛坦厂模式[J]. 中国德育,2016(13):7.

名城"。

时间倒回到 1992 年，中国的改革开放走到了一个转折点。那一年，衡水中学还只是衡水市（县级市）下辖的一所普通中学，房屋破旧。那一年，在衡水地区 11 个县的教学评比中，衡水中学排名倒数。当时学校管理也十分混乱，教学更是一团糟。眼看着衡水中学难以为继，市委组织部不得不替这所学校物色一位新校长。结果，组织部部长拿着乌纱帽找了不少人，但大家都不愿接这个烂摊子。这种情况之下，历史老师李金池被"不幸"相中了……李金池上任伊始，面对衡中的沉疴，开出的第一个"药方"是整顿校风校纪。当年，衡水中学围墙低矮，学生纪律涣散，经常逃课，而一些社会青年也可以翻墙入校滋事行窃，甚至骚扰女生。李金池身为校长，"业余爱好"就是带领学校的几个年轻老师蹲点抓流氓，经常抓到深夜一两点。对付流氓的方法，李金池也是简单粗暴，常常抓住后先打一顿，然后再扭送派出所。[①] 抓过流氓之后，李金池开始抓学校管理，谋划学校长远发展，并构建出被解读为"精细化、量化考核制度＋高额奖励＋激情文化"的衡水中学模式。这是一套能够自行精准、高效运行的学校管理体系，是一套在特殊时期和特殊局面下构建的过度强化应试的体系。[②] 很多人将其解读为"军事化、半军事化"。

（二）一张作息时间表，不断续写的传奇

衡水中学制订了严格的管理措施，时间精确到分钟。

网上流传的衡水中学学生作息时间表是这样的：

[①] 疯狂高考.衡中"秘史"：揭开超级中学不为人知的一面［EB/OL］.（2019-11-13）［2023-05-18］.https://www.sohu.com/a/353584069_108407.

[②] 小野兽.双减政策下：衡水中学，必将破灭的神话［EB/OL］.（2021-08-30）［2023-05-18］.https://www.jianshu.com/p/b6b4ba1af8ca.

时间	作息安排
5:30	起床（起来以后洗漱、整理内务）
5:35	往操场跑
5.40	非值日生离开宿舍
5:43	值日生离开宿舍
5:40	赶到集合地点
5:45	开始跑操
6:00~6:30	早读
6:30	高三学生吃早饭
6:34	高二学生吃早饭
6:38	高一学生吃早饭
7:00	回到教室
7:00~7:35	早预备
7:45~8:25	第一节课（7:43预备）
8:35~9:15	第二节课（8:33预备）
9:25~10:05	第三节课（9:23预备）
10:05~10:30	课间操
10:30~11:10	第四节课（10:28预备）
11:20~12:00	第五节课（11:18预备）
12:00	高三学生吃午饭
12:04	高二学生吃午饭
12:08	高一学生吃午饭
12:40	进入宿舍楼
12:43	进入宿舍
12:45	进入午休状态
12:45~13:45	午休
13:58	进入教室（应该是13:54之前）
14:05~14:45	第六节课（14:03预备）
14:55~15:35	第七节课（14:53预备）
15:35~15:40	眼保健操
15:55~16:35	第八节课（15:53预备）
16:45~17:25	第九节课（16:43预备）

续表

时间	作息安排
17：35～18：15	第十节课（17：33预备）
18：15	高三学生吃晚饭
18：19	高二学生吃晚饭
18：23	高一学生吃晚饭
18：32	回到教室
18：50～19：10	看电视新闻（录播）
19：15～20：00	晚一（19：13预备）
20：10～20：55	晚二（20：08预备）
21：05～21：50	晚三（21：03预备）
21：50	回宿舍
22：00	教室熄灯
22：05	进入宿舍楼
22：08	进入宿舍
22：10	晚休

《南方周末》刊登的《衡水中学的"封神"之路 超级高考工厂》一文认为，完全可以把衡水中学当作一家工厂来看待。流水线从每天清晨5：30开始运作，到每晚上22：10关机停工，其间的每一分钟都被精确管理。拿着衡水中学的作息时间表，你看不到哪怕一分钟，是留给学生们自由支配的。现代企业的流水线终于被无缝移植到中学教育当中。教师们仿佛是往电路板上焊接元件的女工——喜欢招聘女老师是衡水中学的一个传统，因为"好管理"——她们在规定的时间点上，娴熟地把语文、英语、数学等科目考试所需要的知识，"焊接"到这些十六七岁孩子的大脑里。这个工厂的产品，便是每年6月份的高考升学率。一位2011年毕业于衡水中学的女生保存了从高一到高三所做过的卷子，摞起来有2.41米高。[1] 有一段时间，衡水中学学生手

---

[1] 雷磊，藏瑾. 衡水中学的"封神"之路 超级高考工厂[EB/OL]. (2013-10-10) [2023-04-06]. http://www.infzm.com/contents/94916.

拿书本集体跑操的照片和一些励志口号充斥着网络。

那些年，我们一起见过的高考标语[1]

拼命型

只要学不死，就往死里学

宁可血流成河，也不落榜一个

我拼命，我怕谁

春风吹，战鼓擂，今年高考谁怕谁

提高一分，干掉千人

励志型

现在多流汗，考后少流泪

不苦不累，高三无味；不拼不搏，高三白活

不像角马一样落后，要像野狗一样战斗

破釜沉舟搏他个日出日落，背水一战拼他个无怨无悔

流血流汗不流泪，掉皮掉肉不掉队

文艺型

对于世界，我微不足道，但对于我自己，我就是全部

通往清华北大的路是用卷子铺出来的

每一个不满意的现在，都有一个不努力的曾经

我的眼里只有你，大学

---

[1] 那些年，我们一起见过的高考标语［EB/OL］.（2019-05-14）［2023-04-06］.https://www.xiexiebang.com/a10/201905145/890dd7f0ddd73d4b.html.

调侃型

两眼一睁,开始竞争;两眼一睁,学到熄灯

进清华,与主席总理称兄道弟;入北大,同大家巨匠论道谈经

没有高考,你拼得过富二代吗?

吾日三省吾身,高否?富否?帅否?否,滚去学习!

现实型

熬一个春夏秋冬,享一生荣华富贵

拼十载寒窗,赢一生荣光

有参观者曾这样描述其置身衡水中学的情景:置身衡水中学,你会感受到管理者精心营造的教育气息和文化氛围,激励现在的衡中人不断进取。"斯巴达克方阵"一样的跑操让我久久不能平静,一致的步伐,一致的速度,步调整齐得如同一个人,铿锵有力,震荡人心。[1]还有人描述:给我们印象最深、震撼最大的就是他们的课间操的视频,衡水中学的学生跑操很有特色,很有感染力。学生以班级为单位,集合迅速,学生下课后到达指定地点时自觉读书,如同在教室学习状态一样。跑操口令下达后按不同的路线在校园内跑步。他们的步伐整齐,一个个班级就像一个个部队的方阵,其口号之响亮,气势之激昂,就像一支训练有素的军队。[2]衡水中学的跑操与欢呼是积极心理学的创造性应用,是在学校教育中扫除习得性无助的沮丧与焦虑的有效手段。跑操喊口号让青春期高中学生争强好胜的自信心和表现欲得到充分表达,让自我期许的精神期盼得到回应和激励,让个人融进集体的氛围而产生一种归属感和安全感,这是行之有效的心理疏导与心理教育,有益而无

---

[1] 徐丽杰.衡水之行 教学之思[J].中国培训,2016(04):276.
[2] 马银富.关于衡水教育的一些思考[J].才智,2013(03):134.

害。[1]而衡水中学的十八岁成人仪式，充分运用布景、灯光、音乐、誓词等多种手段营造特定情境，从视觉、听觉等各个方面去影响青年，对置身于该情境中的青年产生情感上的积极影响，从而培养、升华其道德情感。[2]

2000年前后，衡水中学开始"惊艳亮相"。当年高考，衡水中学力压一些传统名校，成为河北省的高考冠军。2011年，衡水中学向北大、清华输送了70人，并占据河北省高考前200名中的一半。2013年高考，衡水中学独占清华、北大河北招生人数的80%，全省600分以上考生的五分之一，104位考入清华、北大，并成为河北自中华人民共和国成立以来首个两校录取学生过百的中学。[3]

也是从那时起，《人民日报》等多家知名媒体先后多次报道、介绍了衡水中学的"事迹"。2002年9月，《中国教育报》头版连续四天以《一个教育函数式的解读》等为题报道了衡水中学"办学经验"，衡水中学声名鹊起。众多国家和全国数以十万计的教育工作者先后到校考察，对衡水中学鲜明的育人特色给予了高度评价，赞誉衡水中学创造了一个"教育的神话"，是"全国基础教育的一面旗帜"。[4]更有人称衡水中学是国际教育的奇迹，认为把衡水中学的样本拿到国际教育上去，国际教育界肯定会轰动。作为落后地区基础教育一次难得的"逆袭"，以半军事化管理、绩效量化等现代公司管理手段为特点的"衡水模式"在国内迅速传播并被争相仿效，被捧作济世良药。[5]

但几乎与此同时，各种批评之声涌起，衡水中学盛名与争论齐飞。

---

[1] 叶水涛.衡水中学：到底"错"在哪里？路在何方？[J].华夏教师，2015（03）：11-18.

[2] 聂玮.成人仪式的社会学分析——以衡水中学成人仪式为例[J].河北学刊，2015，35（03）：219-222.

[3] 雷磊，藏瑾.衡水中学的"封神"之路 超级高考工厂［EB/OL］.（2013-10-10）［2023-04-06］.http://www.infzm.com/contents/94916.

[4] 朱鸿雁.阜康市一中签约衡水中学成为友好学校［EB/OL］.（2015-10-26）［2023-04-06］.http://xj.cnr.cn/2014xjfw/2014xjfwsh/20151026/t20151026_520275889.shtml.

[5] 雷磊，藏瑾.衡水中学的"封神"之路 超级高考工厂［EB/OL］.（2013-10-10）［2023-04-06］.http://www.infzm.com/contents/94916.

（三）盛名之下，衡中的是是非非

批评的意见主要有：衡水中学不是正常的学校。作为"超级中学"的标杆，衡水中学是"反教育"的"高考训练营"，是泯灭人性的"考试机器加工厂"。[①]"衡水模式"关注的不是学生的人格和身心健康，而是不择手段地把学生培养为"分数机器"。[②]高考魔怔下，亲情伦理、人性规则似乎都得给高考让路；同样，一切促使成功的手段都将被复制和推崇。"衡水模式"，无非是残酷青春在高考机器碾压下的极端表达。在高考应试竞赛中，没有谁比谁更独特，只有谁比谁更疯狂。[③]"超级中学，一个个超级'黑洞'。""超级中学"现象，在屡创应试神话的同时，更加剧了资源失衡和教育不公。因而在落后地区眼中，"超级中学"被形容为一个个超级"黑洞"。[④]深入分析衡水每年考进北大清华学生的情况，有多少是来自衡水本地，有多少是来自河北其他地区，又有多少是农村生，就会发现这根本不是为农村生、贫困生提供进名校的路径，而是用全省招生得来的升学成绩打造的一所"名校"。打造"超级中学"对我国基础教育生态的危害很大。[⑤]有人提出，认真分析"衡中模式"就会发现，这种办学模式公办与民办不分，以民办学校名义聚拢教育资源，对正常的区域教育生态造成了不利影响。其折射出的基础教育治理困境是，在不合理的教育政绩观下，地方政府以产业化方式办学，以及教育管理体制局限与公众监督缺失，导致教育治理机制不健全。[⑥]

也有许多人替衡水中学"辩护"。有人提出，各路专家学者在对所谓

[①] 彭正梅，顾娟，王清涛．布因克曼的练习理论及其与儒家练习传统的比较［J］．外国教育研究，2021（8）：37-55.

[②] 熊丙奇．单一模式下中国教育没有未来［N］．青年时报，2012-06-11（A21）．

[③] 时言平．"衡水模式"该警醒了［J］．广西教育，2012（32）：1.

[④] 雷磊，藏瑾．衡水中学的"封神"之路超级高考工厂［EB/OL］．（2013-10-10）[2023-04-06]．http://www.infzm.com/contents/94916.

[⑤] 熊丙奇．"衡水模式"：教育公平的幻影［N］．环球时报，2017-04-11（15）．

[⑥] 王帅．从"衡中模式"看基础教育治理的困境与出路［J］．湖南师范大学教育科学学报，2017，16（06）：38-43.

"超级中学"进行批判时,所扮演的社会角色无疑是公共知识分子。他们秉承自由主义的教育观,既缺宽容的作风,也缺"求知求真"的实证精神。他们张扬道德的旗帜,却将道德泛化为道德主义。教育"公知"的共同特点,便是戴着有色眼镜看待事物,用浪漫的想象代替智慧,让现实蒙上一层幻想和主观的色彩。[1] 分数的竞争、择校的竞争、升学的竞争是社会上激烈的生存和发展竞争在教育中的反映,不是孤立的现象。[2] 其实关注中学教育的人都知道,全国大多数中学高三备考状态大同小异,衡中无非是做到了极致。诸多对衡水中学的批评反映出来的教育界自身的分裂,是中国社会结构分裂在教育界的一丝投影。[3] "超级中学"现象演化具有多重制度逻辑:国家对高中政策的导向及其治理方式、地方政府对教育政绩的追求、学校对生存危机的积极面对和对教育品牌的主动追求、家长和学生对优质教育的迫切需求和对升学的强烈渴望是其共同作用的结果。[4] 有人梳理凤凰网、人民网、新浪网三家主流媒体 2013 年 7 月至 2014 年 11 月的相关报道发现,反对衡水中学模式的占 38.36%,持中立观点的占 26.03%,持肯定态度的占 35.6%。[5]

尽管舆论滔滔、口诛笔伐,但仍阻止不了家长们挤破头把孩子往衡水中学送。学生和家长用脚投票,想方设法要挤进衡中的大门,考上衡中是河北很多初中生的奋斗目标,全国各地来衡中参观学习的同行亦络绎不绝。[6] 对衡水中学声声讨伐与学生、家长千方百计挤进衡水中学形成鲜明的对比。[7]

---

[1] 叶水涛. 衡水中学:到底"错"在哪里?路在何方?[J]. 华夏教师, 2015(03): 11-18.
[2] 郭永福. 衡水中学,怎么看?怎么办?[J]. 基础教育课程, 2012(06): 74-75.
[3] 季丰. 怎么批评衡水中学, 才是真问题[J]. 基础教育课程, 2011(09): 27.
[4] 田汉族, 王东, 蒋建华. "超级中学"现象演化的制度逻辑——以衡水中学、毛坦厂中学、黄冈中学为例[J]. 教育与经济, 2016(05): 3-11.
[5] 杨宝忠, 杨汉芹. 媒体眼中的衡水中学——以人民网、凤凰网、新浪网为例[J]. 上海教育科研, 2015(05): 27-30.
[6] 穆鋆. 学校不是工厂输出人才岂能是"制造机器"[EB/OL]. (2014-10-27)[2023-04-06]. http://opinion.people.com.cn/n/2014/1027/c159301-25914915.html.
[7] 刘蒲. "衡中现象"给教育者提了个醒[EB/OL]. (2014-10-24)[2023-04-06]. https://hlj.rednet.cn/c/2014/10/24/3501329.htm.

（四）不为人知的一面，衡中的"隐退"

其实，河北最早的超级中学并不是衡中。21世纪之初，许多地方的知名中学纷纷设立分校。当时许多教育专家已经预测到这将带来超级中学的"黑洞效应"和对教育公平的破坏。当时，各地的高考实际上已经成为超级中学的秀场。这些中学多分布在首都或省会，优质的师资和生源向大城市流动是趋势。2006年，衡水中学也开始了自己的扩张步伐，将一所民办中学收入旗下，专门招收复读生。

当时的背景是，我国高等教育正在进行新一轮的"大跃进"，伴随着高校扩招步伐而来的，是各地普遍展开了一场"圈地盖楼"的运动。大学城，被一些业内人士称为"教育地产"与知识经济时代的黄金组合。在高等教育产业化的改革背景下，各地对兴建大学城热情高涨，[①] 各种名目的"大学城""高教园区"如雨后春笋，有的则是集教育、商贸、房地产、娱乐等于一体。这种情况也影响到了基础教育尤其是高中段的教育，各地普遍加快了发展的步伐，新校区拔地而起，形形色色的"分校""实验校""合作校"遍地开花。衡水中学自然不甘落后，甚至形成了被称作"衡水系"的中学模式。"衡水系"中学是指依托衡水中学这一优质教育品牌所形成的公私属性不同、资产构成复杂、法律关系交错的系列中学。产业化、资本化是衡水模式的底层逻辑。从公私嵌合到多元合作，虽然不同阶段"衡水系"中学的组织形态与发展路径各有特点，但底层逻辑却是相同的。这种发展模式对基础教育的普惠性、均衡化与可持续性造成了冲击。[②]

后来发生了所谓"衡水第一中学事件"。2017年5月，一家民间智库——21世纪教育研究院向教育部寄出了实名举报信《关于对衡水中学等超级中学涉嫌违规办学开展督查建议》。收到举报后，教育部责成河北省教育厅成立专

[①] 陈芳，张洪河. 大学城热：新的"圈地"怪胎[J]. 资源导刊，2004（7）：30-31.
[②] 李昕，罗凯杰. 论超级中学演进的底层逻辑与制度之治——基于衡水模式的反思与检视[J]. 复旦教育论坛，2021，19（05）：13-20.

项检查组，针对衡水中学和衡水第一中学"公私不分、一校两制、内部互通"进行审查。内忧未平，外患又起。2017年4月，衡水第一中学平湖学校在浙江嘉兴挂牌，随即深陷舆论漩涡。反对者直言，这是"应试教育对素质教育的入侵"，"浙江教育不搞落后的应试，要搞素质教育"。而支持者则认为，欢不欢迎衡水中学模式，由当地家长的需求说了算。①

衡水中学再度进入人们的视线，是2021年该校学生张锡峰的一段视频演讲以及引发的热议。②2022年9、10月，电视剧《大考》在中央电视台和数家卫视及新媒体平台同步播出，剧中有与张锡峰演讲引发热议相似的情节。

四、甘肃会宁：苦瘠之地的"状元县"

会宁，地处甘肃省中部，与联合国粮农组织曾经在中国援助的扶贫区县甘肃定西、宁夏西吉和海原接壤。这里是古称的陇中，"苦瘠甲天下"。随便登上一座山梁，放眼望去，绵延无尽的重重大山干枯而苍白，很多时候，你找不到村庄的影子，甚至连草，一颗瘦弱的草也找不到。③黄土高原的丘陵沟壑、塬梁沟峁，诉说着这里的干旱贫瘠。这是一个干旱少雨、地瘠民贫、因穷而出名的地方，境内山大沟深，地表起伏。缺水，使这里的大地少了绿色，显得苍凉孤寂。缺水，使这里的群山少了生机，赤裸着本色。可就是在这

---

① 衡水中学模式引发激辩[J].浙江人大，2017（05）：69.

② 2021年5月底，安徽卫视、天津卫视以及哔哩哔哩网站播出"超级演说家"IP系列节目《超级演说家正青春》，节目形式主要是16位优秀少年用演说畅想未来，衡水中学学生张锡峰是其中之一。在演讲视频中，他以《小小的世界大大的你》为主题，用村上春树的一句话开场。在演讲视频中，张锡峰回应了外界对于"衡水中学高考机器"的质疑。他说："那些无故诋毁我们的人，你见过衡中凌晨五点半时的样子？你以为我们每天天不亮就奔向操场，一边奔跑一边呼喊是为了什么？是假装吗？是作秀吗？我们є为了改命啊！"在演讲中，张锡峰说自己和别人开玩笑："我就是一只来自农村的土猪，也要立志去拱了大城市的白菜。"有网友将张锡峰演讲中的这段话剪辑成了视频并放到网上，迅速上了热搜，一时间引发热议。宋潇.河北衡水中学学生"土猪拱白菜"演讲言论引热议[EB/OL].（2021-06-02）[2022-06-08].https://baijiahao.baidu.com/s?id=1701452566717199624&wfr=spider&for=pc.

③ 狄多华.甘肃会宁"高考状元乡"：两千乡里娃往高处走[N].中国青年报，2007-06-25（4）.

里，当年衣衫褴褛、意志坚定的队伍胜利会师，结束了一场震惊中外的战略大转移，13 年后又赢得了全国革命的胜利。[①]也正是这里，许多学子及他们的家庭因为教育而改变命运，成就了人们口中的"高考状元县"。

（一）黄土高坡上的"教育绿洲"

会宁自古有崇文修德、尊师重教的传统。据甘肃地方志记载，会宁"民风纯朴，文风昌盛，崇文修德，儒士辈出"。县城所在地会师镇，街巷诸多古迹的高雅命名，给人们一股浓厚的文化气息。书院门、砚台巷、文庙，古老淳朴，受人敬仰。县城文庙大成殿内，总是香火不断。会宁"耕读传家"的思想观念根深蒂固，"书香门第"处处可寻。[②]在许多农家的正堂上，高悬着"春风夏雨秋夜月，唐诗晋字汉文章"的字幅。在和当地百姓的交谈中，听到最多的格言是："一等人忠臣孝子，两件事读书耕田。"[③]这种传统甚至在"文革"期间也没有受到多大的冲击，生长在骨子里的对待教育的虔诚、对待老师的尊重，始终没有改变过。[④]

就是在这干旱贫瘠、穷困落后的生存环境里，崇文修德的文化底蕴，尊师重教的优良传统，情牵魂绕的地方领导，爱岗敬业的辛勤园丁，发奋刻苦的莘莘学子，坚守希望的痴心家长，众志成城的社会氛围，持续改写着基础教育的实践，不断创造着令人瞩目的奇迹，长久改变着个人、家庭的命运和全县的面貌。[⑤]

2005 年 10 月，笔者曾随同有关领导去甘肃调研农村教师队伍建设情况，到了当时同为国家级贫困县的会宁、静宁和张家川，去了会宁一中、会宁职

---

① 会宁一线.会宁，名副其实的"高考状元县"［EB/OL］.（2019-06-13）［2023-04-26］.https://www.sohu.com/a/320368080_678763.
② 邓小卫，韩涛."苦"字炼成高考"状元县"［J］.乡镇论坛，2010（21）：4-5.
③ 会宁一线.会宁，名副其实的"高考状元县"［EB/OL］.（2019-06-13）［2023-04-26］.https://www.sohu.com/a/320368080_678763.
④ 狄多华.甘肃会宁"高考状元乡"：两千乡里娃往高处走［N］.中国青年报，2007-06-25（4）.
⑤ 袁公，杨林，陈雷."教育神话"背后的困与幸［J］.剑南文学，2010（7）：211.

教中心和县城附近的一所村小，也去参观了当年红军会师的纪念地。

（二）"五苦精神"与"陪读"农民

关于会宁教育，有"三苦（学生苦读、家长苦供、财政苦撑）精神"、"三苦两乐（领导苦抓、家长苦供、社会苦帮、教师乐教、学生乐学）"、"五苦（学生苦学、家长苦供、亲朋苦帮、教师苦教、领导苦抓）精神"等不同版本。这应该是不同时期对会宁教育的不同概括和提炼，而最能体现其精神的应该还是"五苦"。学生苦读：为了改变命运。早上4点半起床，5点早读，7点跑操和吃早餐，7点40分上课，12点午餐，13点自习，14点上课直到18点，30分钟晚餐后又开始自习，直到晚上9点半。这是2010年会宁高三学生每日的作息时间表，他们每天用于学习的时间长达14个小时，全部都是学生自觉行为，一环套一环，非常紧张。为了给父母减少开支，省下钱来留给弟弟妹妹上学，很多学生每月的生活费用只有15块钱。[①] 家长苦供：为了摆脱贫困。不同家庭演绎着千辛万苦供子女上学的相同故事，求学是他们共同的精神支撑，孩子维系着他们全部的希望，为此无论付出多大的物质和精神牺牲，都在所不惜。财政苦撑：为了拉动经济。竭尽全力办教育，是全体会宁人的意志和行动。不仅老百姓，还有政府。[②] "再苦不能苦孩子，再穷不能穷教育"，这是会宁县办教育的宗旨。[③] 社会苦帮：再苦也要帮助孩子。教师苦教：起早贪黑血汗教学。会宁的教师特别苦，每天的教学时间长达10小时以上。一个"苦"字贯穿着会宁的教育，炼就会宁的教育精神。

最让人"动容"的是那些"陪读"农民。

在会宁，陪读曾经是一种普遍现象。会宁地处山区，不仅县城离各乡镇很远，村子和乡镇距离也长达十几公里、几十公里。很多村里孩子上初中，

---

① 邓小卫，韩涛."苦"字炼成高考"状元县"[J].乡镇论坛，2010（21）：4-5.
② 狄多华.会宁"状元县"是如何创造的[J].校长阅刊，2007（C2）：56-58.
③ 狄多华.甘肃会宁"高考状元乡"：两千乡娃往高处走[N].中国青年报，2007-06-25（4）.

甚至上小学高年级都在学校寄宿。囊空如洗也要陪读,"砸锅卖铁"也要进城,这并不是出于对城市生活的向往,而是希望孩子通过读书来改变命运。考大学才能改变命运,是会宁人深入骨髓的思想意识。①不少农村家庭把供孩子读书上大学看作改变贫困的主要出路。陪读家长的数量惊人:"上自年逾古稀的爷爷、奶奶,下至而立之年的父亲、母亲,陪读者遍及城乡。"尽管他们中的很多人,并不熟悉"陪读"这两个字,而是代之以"跟着娃娃念书"。因此之故,这个中国西部国家级贫困县的县城的房价高得令人咋舌,房价均值直逼省会兰州。推高房价的重要人群,是来自四周乡村的农民。事实上,乡村陪读家庭能买房者,凤毛麟角。他们中的大多数,蜗居在县城窄小的出租屋内,梦想着改变未来。②

(三)"翻过那道贫瘠的山梁"

"五苦精神",让会宁教育一步一个脚印。2012年,会宁县考生的专科上线率达到了史无前例的97.8%,11688名考生,最终有9392人进入大学。考出去,是多年来会宁人认定的唯一出路。饱尝没有文化之苦的农民坚信,只有让娃娃考上大学,才能改变一辈子的命运。他们生活在底层,却升腾着一种希望。会宁人渴望受教育的心情,就像"渴望老天下雨一样"迫切。③自恢复高考至2022年,会宁向全国高等院校输送了13万余名大学生、6000多名硕士、1500多名博士,成为西北远近闻名的"状元县"。④

1994年,中央电视台百集系列片《乡村中国》摄制组曾两到会宁采访。此后,中央电视台、中国教育电视台等中央各大媒体和地方媒体,连篇累牍地对会宁教育作了全面、长时间的报道。1998年,大型电视纪实片《脊梁》

---

① 武威.甘肃会宁状元县高考之惑:囊空如洗也要陪读[EB/OL].(2013-05-31)[2023-04-06]. http://edu.people.com.cn/n/2013/0531/c1053-21684363.html.
② 张鹏.高考状元县"陪读农民军"的蜗居生活[N].中国青年报,2009-12-04(7).
③ 张鹏.高考状元县"陪读农民军"的蜗居生活[N].中国青年报,2009-12-04(7).
④ 王双平.会宁教育的嬗变——党的十八大以来会宁教育发展回眸[J].甘肃教育,2022(15):6-10.

播出，进一步唤起了会宁人的教育觉醒和教育自觉，从此人们坚定地认为：贫穷不能阻碍教育发展，再穷不能穷教育；苦难不能传承给下一代，再苦不能苦孩子。从此"高考状元县"坚如磐石般成了会宁教育的代名词，甚至成了会宁的代名词。[1]

（四）"状元县"的焦虑与困惑

近些年，会宁县的教育也遇到了新的情况，出现了焦虑和困惑。

新一轮高考改革引发的焦虑。农村娃娃从小到大经见最多的，无非是笔与犁。西部贫困地区对国家倡导"素质教育、评价多元"的高考改革显然准备不足——与生俱来的短板，仅靠教鞭很难改变。改革带来的高考"游戏规则"改变，让会宁人感到形势逼人，农村子弟的名校梦似乎更遥远了。前些年，会宁一中一学生到兰州参加自主招生考试，笔试通过的他，竟然放弃了别人求之不得的面试机会。他告诉班主任的理由令人心酸：不好意思再向家里要钱去北京面试了，而且农村孩子见识少，表达能力差，普通话都说不好，就是参加了面试，八成也是失败。[2]

高校毕业生就业难带来的困惑。形势变了，随着高等教育大众化，就业难度加大，大学生"含金量"不断降低，[3] 毕业生找不到工作成为普遍现象，很多人毕业即失业。知识可以改变命运，但高考已难改变命运。[4]会宁虽然还在继续创造着高考神话，但一些现实问题，却让人不得不正视。曾经会宁是应试教育的大县，全县没有一所像样的职业学校，每年数千应届毕业生，除了高考走出去，或留下来复读，剩下的似乎只有外出务工一条路。如今，在就业越来越难的大背景下，会宁人对高考高度的热情也慢慢回归理智。过去

---

[1] 负守勤."高考状元县"——会宁教育最大的里程碑[EB/OL].（2018-12-25）[2023-04-06]. https://www.sohu.com/a/284339257_716848.
[2] 张钦，黄豁，陈钢.高考新规则让高考"状元县"焦虑[N].新华每日电讯，2014-06-07.
[3] 陈钢，黄豁.高考：有人弃考，有人苦考[J].瞭望，2014（20）：14-15.
[4] "状元县"会宁的高考改革焦虑[N].甘肃经济日报，2014-06-10（02）.

劝学生报考职高或者高职院校，几乎徒劳无功，学生的内心铁板一块——宁可上三流高中、三流专科，也不愿意报考职高、高职。但现在，学生和家长都有了较为务实的想法。①

"因教致贫、返贫"引发的疑虑。随着我国高等教育大众化、普及化以及高等教育成本分担政策而来的，是一部分中低收入家庭因教致贫、返贫的情况，这种情况在会宁同样存在，并因此演化出一系列矛盾。②四年大学，至少需要两万元以上的开支，会宁农民靠打工供孩子上学，已负债累累，如果一家出了个大学生，经济就到了崩溃的边缘。③会宁有一户农村家庭，父母苦供三个孩子读大学，每个孩子读书都贷到了助学贷款，他们就读的大学是甘肃本地的二本学校，如今三个孩子都毕业了，却都没有找到合适的工作。复读，曾是很多高考失败的会宁考生的第一选择，但如今，复读的孩子却在锐减。④

五、"县中"故事的背后与未来

（一）城乡二元结构社会里的故事

黄冈中学、毛坦厂中学、衡水中学、会宁中学，尽管故事各异，但都是发生在中国城乡二元结构这个宏大背景下的事情，总体上讲述的是教育成就梦想的故事，是农村或底层的孩子通过发奋读书改变自己命运的故事，都是"县中"的故事。这些中学的地域特征，如我们在前面分析中国县城的特征时所指出的，是中国城乡的关键节点，一头踩着城市，一头面对着广大的农村。千百年来，县不仅是确保社会稳定的基本治理单元，也是多数人实现阶

---

① 狄多华.甘肃会宁"高考状元乡"：两千乡里娃往高处走[N].中国青年报，2007-06-25（4）.
② 袁公，杨林，陈雷."教育神话"背后的困与幸[J].剑南文学，2010（7）：211.
③ 狄多华.甘肃会宁"高考状元乡"：两千乡里娃往高处走[N].中国青年报，2007-06-25（4）.
④ 武威.甘肃会宁状元县高考之惑：囊空如洗也要陪读[EB/OL].（2013-05-31）[2023-04-06]. http://edu.people.com.cn/n/2013/0531/c1053-21684363.html.

层跃升的起点。在古代官学系统里，县学同样是读书人漫漫科举征程上绕不过去的台阶。这一文化传统在很大程度上影响着现代。至今，不少地方还有"县学街"这样的街道名称，而一些使用老校区的县中里依旧保留着文庙等古建筑。①"县中"所演绎的，几乎都是农村学生励志或逆袭的故事。是不是可以作这样的理解：这些地方的人们，包括学生、家长和社会，希望通过教育改变命运、改变人生的愿望尤其强烈，也因此尤其勤奋刻苦。

一个很有意思的情况：黄冈、毛坦厂和衡水，由南到北，基本上处在同一条线上，"不东不西"，既不属于东部沿海地区，也不属于西部地区。黄冈在大别山的西南，毛坦厂在黄冈的东北方向、大别山的腹地，衡水在它们的正北方。这些地方，原先属于贫困地区，会宁更是苦瘠之地。现在虽然情况有了很大改变，但跟沿海和发达地区比肯定还有差距。由此我们是不是能够感觉到它们之间有一种隐蔽的关联？事实上，人们常常把毛坦厂中学与衡水中学相提并论，也比较它们的异同，认为衡水中学重点大学升学率很高，进入清华、北大的名额最多，是中国教育的"庞然大物"。毛坦厂中学带有"草根"色彩，无论师资、生源，还是办学硬件设施，各方面都不能与衡水中学比。毛坦厂中学的出名，不是因为重点大学的升学率和考上清华、北大的数量，而在于这所学校里一年的补习时光，使得很多第一年因为高考失利而无法进入大学的考生实现了自己的本科梦。②而在黄冈人的心目中，"他们都是学我们的"，这是笔者当年去黄冈中学听课时亲耳听到的。

（二）"现行"教育制度结出的"果实"

有人分析，"县中"之所以成为一种"模式"，有其复杂的原因。1. 教育

---

① 张志勇，史新茹. 聚焦县中发展提升行动计划 振兴县域普通高中教育的公共政策选择［J］. 人民教育，2022（Z1）：67-73.
② 疯狂高考. 毛坦厂中学高考备战誓言：绝不倒在冲刺路上，只为了一生的尊严！［EB/OL］.（2019-03-09）［2023-04028］.https://www.sohu.com/a/300111716_108407.

资源短缺下的高考制度是催生"县中模式"的根源。2. 县中学生的考学需要是"县中模式"存在的基础。3. 管理部门长期的越位和缺位是"县中模式"得以存在的外部条件。4. 优秀的生源保障是"县中模式"得以成立的内在条件。5. 吃苦能干的教师队伍是"县中模式"得以发展的生命线。① 有人认为"县中模式"源于精英主义的教育制度，其特点是把整个教育制度看成筛子，从幼儿园到小学到中学再到大学，是要不断筛人的，最后剩在筛子里的才是教育的成果。教育功能的异化表现得淋漓尽致，原因就是高考指挥棒还在发挥着巨大作用。② 其实，在当前的升学评价制度之下，我国大多数的高中学校，都没有摆脱应试教育。衡水中学等的教育模式是当前我国中学教育的典型代表，其实质是应试教育与科学教育管理的紧密结合，在现有的社会价值观念和制度安排之下无奈而又必然的选择。③

有人认为，"县中现象"与长期以来的重点学校政策、与长时间里教育投入严重不足密切相关。当初国家急需多出人才、快出人才、出好人才，因此在每个县设立一所县中进行试点，探索经验，逐渐形成了"县中现象"。④ 反观"县中模式"发展的这几年，正是教育投入严重不足的几年。一些县"倾全县之力"来打造一两所重点中学，由于投入较多，学校的办学条件相对较好；在管理上，学校大多实行封闭式管理，不但平时教学抓得紧，连双休日、节假日也被充分地用来上课或补课，普遍在抓升学率上有一套办法。县中生活的一个特点是寄宿，即便家在附近县城，往往也选择寄宿生活，因为节省了大量路上奔波时间。冬天晨跑是意志的锤炼。在激昂的旋律中迅速起床，跑到操场，班主任和老师也都陪伴着，上千人整齐划一地跑步，有莫名的仪式感。在这种情况之下，不但县里的孩子拼了命也要挤进县中，而且一

---

① "县中模式"的囚徒困局［EB/OL］.（2012-04-11）［2023-04-06］.http://www.voc.com.cn/Topic/article/201204/201204111752173368.html.
② 郭晓霞.管窥"县中"现象［J］.内蒙古教育，2013（3）：32-39.
③ 熊丙奇."衡水模式"：教育公平的幻影［N］.环球时报，2017-04-11（15）.
④ 郭晓霞.管窥"县中"现象［J］.内蒙古教育，2013（3）：32-39.

批大城市孩子也被家长送进了县中，原因是在家长看来这些学校以追求高升学率为目标，实打实地能让孩子看到升入高校的希望。① 有人从布迪厄的惯习视角研究发现，县中现象在现实中的实践逻辑就是高考惯习塑造机制的生产和再生产，其根源在于学校场域中不同主体在高考惯习的型塑上寻找到了利益结合点，从而通过规范与利益的统一、规范与认知的契合为高考惯习的塑造奠定了坚固基础，最终实现了宏观社会事实与微观社会行动的联结。②

近些年来，"县中模式"又被与"小镇做题家"等联系在一起。

"小镇做题家"

2020年5月，豆瓣网上成立了一个名为"985废物引进计划"的小组，短短半年时间就聚集了11万国内一流高校的在校生和毕业生，他们分享学业、生活、求职等方面的失败故事，并讨论如何脱困。他们自称"废物"，并称陷入困境的绝大多数都是"小镇做题家"。他们以"出身小城镇，埋头苦读，擅长应试，但缺乏一定视野和资源的青年学子"作为符号和标签定义自身。从农村、县城和十八线城市出身，从小没有学过任何乐器，没有任何艺术特长，靠做题赢得了考试，高考，考研，考公……一步步离开故乡，走入城市。

"小镇"是青年无法选择的家庭出身和社会背景，"做题"实质上是一种竞争模式，"做题家"本质上是这群"小镇青年"兼具优越感和无奈感的自我认知。这个词自出现以来，引发了不少年轻人的共鸣，并成为他们自我调侃的标签。来到精英大学，"小镇做题家"曾经的荣耀难以为继，

---

① 王友文，赵小雅."县中"：值得深思的现象［EB/OL］.（2005-06-24）［2023-5-27］. http://www.sygjzx.com/news/2897.cshtml.

② 王黎芳.高考惯习的塑造与重塑：对县中现象的社会学解读——兼论对素质教育改革的启示［J］.教育学术月刊，2013（08）：14-20.

> 学业生活变得暗淡，生存心态在自信与自卑中拉扯，文化差异和交往匮乏也使得他们经常陷入孤独。这些就读体验的背后体现的是城乡二元区隔和日益扩大的阶层分化带来的结构性约束以及高等教育普及化时代下依然存在的教育过程不平等。
>
> 　　针对"小镇做题家""丧"的心理和"985废物""废"的心理，许多人表示了担忧，也帮他们出了不少走出"阴影"的"招"。但其实，相对于舆论滔滔和许多人的"好心"，当事者却似乎很"云淡风轻"。"我可以说自己是'小镇做题家'，但如果别人说我是'小镇做题家'，我就不乐意。"这在一定程度上反映了个体对于被贴标签的反感。
>
> 　　参考：魏杰，黄皓明，桑志芹."985废物"的集体失意及其超越——疫情危机困境下精英大学生的"废"心理审视[J].中国青年研究，2021（04）：76-84；薛谷香.小镇走来了做题家[J].杭州金融研修学院学报，2020（10）：71-74；代玉启，李济沅."小镇做题家"现象的透视与解析[J].中国青年研究，2021（07）：89-95；张茜，刘庆帅.不平等的"贵子"：基于网络民族志的"小镇做题家"就读体验研究[J].中国青年研究，2021（06）：68-76.

　　2004年，高考"刺痛"南京。是年高考成绩公布后，集中了省内最好教育资源的南京又一次落在兄弟城市后面，而接下来的一系列"追问"引发了一场南京要不要坚持推进素质教育的论争，一些市民通过打电话、写信、上访等方式向教育部门和学校表达自己的困惑、担忧和指责。[①]在指责南京教育时，不止一个家长拿高考成绩突出的苏北、苏中的县乡级中学举例。[②]在

---

① 曾贞.家长入"局"——复杂性视域下审视基础教育阶段家长角色和功能[J].现代教育论丛，2008（10）：30-34.

② 原春琳."县中模式显灵了"今夏高考如何"刺痛"南京？[EB/OL].（2007-06-26）[2023-04-06].http://yantai.dzwww.com/xypd/wbxw/200706/t20070626_2310859.htm.

此情况下，一时间，南京的中学校长们纷纷去南通等地取经，"县中模式"成为南京一些中学效仿的"法宝"，中学补课之风日益盛行。教育陷入了一种"县中模式"的囚徒困局之中。①

（三）比拼读书、教育改变命运的故事

无论是黄冈中学、毛坦厂中学，还是衡水中学、会宁中学，它们的故事都是围绕着"高考"展开的，讲的是比拼读书的故事，是"升学率"的故事，是"麻雀变凤凰""草鞋换皮鞋"的故事。衡水中学的故事仍然是教育改变命运的励志故事。理想状态中，青少年应该是自由自在、轻狂放纵的，但是这种理想状态只会让高考失败，从而耽误一辈子，教育需要一种必要的牺牲——这是由牺牲与获得的关系决定的。②现实情况是，想要在高考中鲤鱼跃龙门，除了天赋，还需要拼命地学习。在中国，高考曾一度被放大成改变人生命运的"神话"，纵使这些理想已越来越难实现。在相当长的一个时期，考取大学就意味着成为国家干部，拥有城市户口。知识改变命运的信念，仍然深深扎根在农村孩子的内心，因为这或许是他们走向全新人生的唯一通道。只要还有体脑分工，高考的分层作用就不会消失。如果没有高考，不可想象一个曾经拖着鼻涕的山区孩子，能和大城市的干部子弟一样坐进清华大学的课堂学习，一样拥有公平的起点。没有这样一条公平的命运通道，会宁不可能走出那么多人，就不会有今天这样翻天覆地的变化。③

---

① "县中模式"的囚徒困局［EB/OL］.（2012-04-11）［2023-04-06］.http://www.voc.com.cn/Topic/article/201204/201204111752173368.html.

② 白林.争议中前行的中国"超级中学"［EB/OL］.（2013-09-09）［2023-04-06］.http://politics.people.com.cn/n/2013/0909/c70731-22856221.html.

③ 狄多华.甘肃会宁"高考状元乡"：两千乡里娃往高处走［N］.中国青年报，2007-06-25（4）.

中国人的"状元情结"

"状元",指的是科举的殿试第一名。古代的科举考试,以名列第一者为元,乡试第一称解元,会试第一称会元,殿试第一称状元,亦称殿元、鼎元,殿试第二、三名称为"榜眼""探花",与"状元"合称"三鼎甲"。中状元者号为"大魁天下",为科名中最高荣誉。在"学而优则仕"的年代,读书人都把考"状元"作为最高追求。"十年寒窗无人问,一举成名天下知。""书中自有黄金屋,书中自有颜如玉。"这些励志名言不知激励多少莘莘学子卧薪尝胆、悬梁刺股、死钻八股、勇跃龙门。

国人似乎有"状元情结",或者叫状元崇拜心理。旧小说和戏曲中最受大众偏爱的才子佳人故事,最终结局往往是男主人公头插宫花、身着红袍,成了状元。中国的许多地方有"状元府"、"状元楼"或"状元及第"匾额,粤菜里有有名的"及第粥"。

现在的"高考状元",一般指全国普通高考各省(区、市)的各科第一名,与古时的状元其实有很大区别。

每逢高考季节,状元的光环总能一次次点燃人们的"状元情结",牵动家长、考生、学校乃至全社会的眼球。从高考制度恢复以来,民众对于"高考状元"的好奇、关注,地方一些官员、学校对于"高考状元"的利用,媒体对于"高考状元"的炒作,一直没有停止。与此相呼应,一个时期名校之间也很重视对"状元"的争夺。

面对此种情况,国家三令五申各地和学校不得炒作高考状元,许多地方也出台红头文件冷冻"状元"信息。三令五申之下,一些地方改变了策略,比如用杧果、荔枝、水蜜桃等水果的数量和重量暗示高考成绩。

中国1000余年的科举史上,产生了700多位状元,有史可稽、留下姓名的有五六百位。虽然"中状元"是我国古代读书人的最高荣誉,但

> 鲜有像文天祥这样年纪轻轻时即中状元又"留取丹心照汗青"的。大多数的"状元",因为种种原因,最终都湮没在历史的洪流中。
>
> 参考:宋世云.该给"状元情结"降降温了[N].中国教育报,2016-06-24(02);胡艺."高考状元游街"背后的科举情结[J].宁波通讯,2012(17):22;萧铮.解不开的"状元情结"[J].世纪,2010(06):41.

(四)"县城再无清华、北大"之后

"县中模式",是耶非耶?谁承其咎?赞成者认为,县中模式是当前高考制度造成的。县中学生不是高分低能,学生成绩好,主要是因为学校远离闹市,易于管理,学生没有私心杂念,专心致志地学习,成绩自然提高了。反对者认为,"县中模式"违背了素质教育精神,以牺牲学生体能为代价换取高分。为了"榨"出学生的最好成绩,长期、大量进行各种习题训练,虽提高了学生的应试能力与考试成绩,却导致了学生的思维狭隘、单一,动手操作能力比较差,出现"高分低能"现象。①有人认办"县中模式"的危害:1.扼杀了学生的创造能力,大量的优秀人才被抛弃在大学门外。2.教师和学生的身心健康受到严重危害,校园安全问题日益突出。3.县中老师大量流失,农村教师后继乏人。4.政府的威信被严重削弱。以高考为目标的"县中模式"只能把教育引上歪路。②"县中模式"虽然一定程度上迎合了社会与家长的需求,创造过或许还在创造着高考"奇迹",但这种"奇迹"是建立在野蛮透支师生生命与健康基础上的,代价沉重,不可持续。还有人认为,从社会结

---

① 张晓晶,王莹.剖析县中现象:城里孩子为何热衷下乡求学?[EB/OL].(2012-01-30)[2023-04-06].https://www.oubohk.cn/yuwen/14522/.

② "县中模式"的囚徒困局[EB/OL].(2012-04-11)[2023-04-06].http://www.voc.com.cn/Topic/article/201204/201204111752173368.html.

构视角展开研究发现,县中模式的运作机制是高度动员,这一运作机制的产生是县中在组织内外压力下所作出的能动性应对,县中模式回应了政府对于教育政绩的需求,以及农民家庭希望通过教育进行阶层流动的诉求。[1]

近些年,辉煌多年的"县中模式"遭遇严重挑战,优质生源和优秀教师"双流失",教学质量、本科升学率持续下滑,"县中塌陷"已成很多地方面临的普遍难题。导致"县中塌陷"的主要原因之一,是优质生源被市中、省中"掐尖",教育生态被严重破坏。[2]存在"超级中学"的地区都存在着激烈的生源竞争。由于优秀学生和教师不断流失,于是出现"县中沦陷"的情况。[3]骨干教师和尖子生源的流失不只是因为县中缺乏吸引力,更有教育生态不健康、考试招生失序等教育内部管理的问题。[4]国家教育政策变化和高中教育发展使县域生源拥有了更多选择权,家长群体对县中的依赖大大弱化,县中资源获得普遍受挫。与此同时,师资整体水平下降以及"县中模式"式微也使县中资源转化乏力,并与县域教育环境形成了非对称性依赖。[5]特别是伴随着城镇化进程的提速,城市、农村区县教育发展的差距拉开之快、差距之大,更是超出人们的想象。昔日的"县中"在这样的变革大潮中,渐渐显出"无力回天"的疲惫之态,所谓的"优势"荡然无存,再难有"辉煌"。[6]有人因此感慨"县城再无清华、北大",县城高中里,"被淘汰下来的孩子"没有未来。

近年来,"县中塌陷"现象引发各方持续关注。2020年全国"两会"上,

---

[1] 齐燕."县中模式":农村高中教育的运作与形成机制[J].求索,2019(06):118-125.
[2] 新华每日电讯微信公号.辉煌多年的"县中模式"塌陷,如何应对"超级中学"掐尖乱象[EB/OL].(2021-04-24)[023-04-06].https://www.thepaper.cn/newsDetail_forward_12371311.
[3] 杨东平."超级中学"超越了教育规律[J].考试,2015(Z2):15.
[4] 周秀厚.跨越"县中困境"的路径研究[J].中国教育学刊,2022(02):15-21.
[5] 陈先哲,曾晓,靳俊.改革开放以来我国县中变迁的深层机理探析——基于资源依赖理论的解释[J].教育发展研究,2023,43(02):11-19.
[6] 杨永厚.曾经的"县中"现象,为何现在难以重现?[EB/OL].(2020-03-28)[2023-04-06].https://baijiahao.baidu.com/s?id=1662366274130251466&wfr=spider&for=pc.

有政协委员提出，县中是城乡教育的纽带，寄托着乡村老百姓对教育改变命运的最后期望，县中"塌陷"了，也就打碎了老百姓最后的"教育梦"，建议全面振兴县中教育。①2021年全国两会上，有政协委员再次提出，在不少省份，许多经过几十年甚至上百年发展起来的历史名校在一些"超级中学"的挤压下，生源、师资流失，质量严重下滑，辉煌多年的"县中模式"整体消解，"县中塌陷"现象亟须重视并得到妥善解决。②地方中学的没落不是"优胜劣汰"的自然法则，而是"优胜劣汰"的社会法则的结果，我们不应该放任这种"优胜劣汰"发生。③

回应社会的关切，"县域普通高中建设"开始受到重视。2021年《政府工作报告》明确提出"加强县域高中建设"。2021年12月，教育部等九部门发布《"十四五"县域普通高中发展提升行动计划》(以下简称《提升行动计划》)，提出县域普通高中是县域基础教育的排头兵，办学规模超过全国普通高中学校总数的一半。全面加强县中建设，着力破解县中发展困境，整体提升县中办学水平，对于巩固提升高中阶段教育普及水平，带动县域义务教育优质均衡发展，加快缩小城乡教育差距，服务县域经济社会发展等，意义十分重大。《提升行动计划》从深化招生管理改革、加强教师队伍建设、改善办学薄弱环节、提高教育教学质量四项重点任务入手为县域中学"强筋壮骨"。提出要严格普通高中招生管理，坚决杜绝违规跨区域掐尖招生，防止县中生源过度流失，等等。

县域教育在我国整个教育体系中占据极大分量，县域教育发展状况及其均衡程度影响着数亿农村子弟的教育获得和未来前程。④县中的历史地位，有

---

① 冯小兵.县域普通高中发展的困境及建议——以宁夏某县为例[J].知识窗(教师版)，2022(9)：57-59.
② 吴汉锋."县中塌陷"是县域整体教育的警示信号[N].光明日报，2021-03-29(02).
③ 戴先任.我们该如何拯救"黄冈中学"？[N].新闻晚报，2013-07-09：A1叠17.
④ 李春玲，张晴.中国式现代化进程中的县域教育：从城乡分割格局到城乡一体化均衡发展[J].北京大学教育评论，2022，20(04)：2-18+184.

着传统县学文脉的支撑。①县域普通高中承载了老百姓对本地教育的信心和社会流动的希望,"县中塌陷"问题则反映了老百姓对本地教育的不信任,县中发展进入恶性循环。②张志勇认为,县中问题,表面看是县中优质生源、优秀教师不断向大中城市流动带来的教育质量下滑,其实是城乡经济社会发展水平差距不断扩大、生产力布局大城市化进程不断加速、公共教育政策"市场化偏好"造成的。③高中教育是基础教育公共服务的"枢纽",县域普通高中教育是整个高中教育的"根基",振兴县域普通高中教育,从教育外部讲,对于破解我国大中小城市协调发展难题、实现乡村振兴,从教育内部讲,对于破解我国教育现代化难题、建设教育强国,都具有重大的战略格局意义,必须基于教育、文化、经济、社会治理、人口布局等视角,综合运用一系列公共政策工具,完善县中教育公共服务供给格局,对县中教育进行系统治理。④需要从体制病上"下药",通过教育改革来"破题"。

---

① 周秀平.跨越"县中困境"的路径研究[J].中国教育学刊,2022(02):15-21.
② 吴秋翔.从"县中塌陷"到县中振兴:高考专项计划如何改变县中困局[J].中国教育学刊,2022(02):8-14.
③ 张志勇.确立县中在我国教育改革发展中的战略地位[N].中国教育报,2021-03-11(07).
④ 张志勇,史新茹.聚焦县中发展提升行动计划 振兴县域普通高中教育的公共政策选择[J].人民教育,2022(Z1):67-73.

第六章　城乡中国的教育公平

还在 1972 年的时候，瑞典著名教育学家 T. 胡森（Torsten Husen）就说过："若干年以来，无论在国内还是在国际上，就教育问题进行的政策讨论中，'平等'已变成一个关键词。"[①]在 20 世纪 60 年代以来世界性的教育变革浪潮中，教育公平成为所有国家和与教育有关的人最关心的问题，并与教育质量一起成为世界教育发展的两大主题。20 世纪 80 年代以来，教育公平进入中国教育研究的视野，20 世纪 90 年代以来深受全社会关注，进入中国公共政策的议程。数十年间，围绕教育公平问题的研究成果汗牛充栋，教育公平已经成为使用最经常最普遍的词汇之一。教育公平被认为是促进社会公平"最伟大的工具"，是最大的社会公平，是教育政策的核心问题，是教育的一个基本理论问题，更是无法回避的重大现实课题。[②]讨论城乡中国的教育，教育公平回避不了。前面各章其实已有所涉及，本章集中讨论这个问题。

一、我国教育公平的演进路径

应该说，中华人民共和国成立以来 70 多年中的不同时期，教育公平有不同的表现，相关政策和制度也各有不同。本节粗线条地讨论我国教育公平的演变情况。我们把这 70 多年的历史大体上分为三个时期："文革"前和"文

[①] 沈素素.我国实现教育公平的几点思考[J].经济研究导刊，2011（8）：267-269.
[②] 王本陆.教育公正：教育制度伦理的核心原则[J].华南师范大学学报（社会科学版），2005（4）：97-103.

革"中,改革开放后,21世纪以来,三个时期大体都是20年左右时间。

(一)"文革"前和"文革"中:"阶级内的平等"

杨东平认为,"文革"前十七年教育作为计划经济时代的产物,奠定了我国教育体制、教育价值和教育模式的基本面貌。中华人民共和国成立之初的教育延续了解放区的教育方针,不仅具有很强的革命意识,也具有很强的平民意识,十分重视教育平等的价值,强调教育面向大多数人,通过实行干部教育、业余教育、工农速成学校教育等多种途径使广大工农群众得以接受教育。这一方针直接来自马克思主义教育理论和追求公平、公正的社会主义理想。[1] 毛泽东是人民教育的提倡者,其所理解的人民主要指工农群众,因而他所讲的人民教育就其实质而言就是工农群众及其子女的教育。1952年6月14日,毛泽东在致周恩来的一封信中说:"干部子弟学校,第一步应划一待遇,不得再分等级;第二步,废除这种贵族学校,与人民子弟学校合一。请酌办。"[2] 毛泽东认为大家都一样就叫公平,并沿用革命战争年代阶级分析的思维惯性,还要在教育领域贯彻阶级路线。毛泽东提倡人民教育,但他所理解的人民教育具有人为地划分阶级和进行阶级斗争的印记。[3]

在20世纪50、60年代,由于对家庭出身和政治标准的强调,工农子弟在中小学一直占有稳定的较高比例,但在高等学校似乎不够明显。工农子女在大学中的比例较低的原因,主要是他们的经济和文化水平较低因而丧失进入大学学习的机会,并非教育部门故意剥夺他们受教育的权利。但对于工农子弟入学比例偏低的客观现实,毛泽东是非常不满意的。1958年8月,他在修改陆定一的《教育必须与生产劳动相结合》的文章时提出:"中国教育史有人民性的一面。孔子的有教无类,孟子的民贵君轻……但是就教育史的主要

---

[1] 杨东平.从权利平等到机会均等——新中国教育公平的轨迹[J].北京大学教育评论,2006(2):2-11.

[2] 毛泽东.毛泽东书信选集[M].北京:人民出版社,1983:437.

[3] 刘国华.对毛泽东社会主义教育理论与实践的思考[J].党史研究资料,2002(4):1-10.

方面说来，几千年来的教育，确是剥削阶级手中的工具，而社会主义教育乃是工人阶级手中的工具。"①毛泽东要为工农群众及其子女争取受教育的机会。"文革"时期的教育是毛泽东社会平等乌托邦的大实验，中小学学制从12年缩短为9年，大学学制由5年缩短为3年，取消了所有考试，根据家庭出身和政治表现推荐工人、农民和士兵上大学，提供的是一种高度政治化的低水平的教育。②当时教育公平的成就掩盖了另一个事实：从阶级斗争理论出发，当时的教育平等强调的是"阶级内的平等"，主张工农子女享有受教育的"优先权"，实行对"非劳动人民"子女具有歧视性的"阶级路线"政策，严重侵犯了公民平等的受教育权利。教育向工农及其子女开门的同时，剥夺了很多非劳动人民子弟接受高等教育和向上流动的机会。③

值得指出的是，改革开放前人们理解的公平在很多时候是"平等"和"平均"。在中国社会主义发展的历史文件中，很少出现"社会主义公平"的表述，更多的是使用"社会主义平等"概念。究其根源，在中国的传统文化中，公平在中国人的思维方式中通常被赋予与"平等""平均"同等的内涵，在日常用语中，"平等""平均"也多用于讲公平，因而用平等、平均代替公平或者用公平取代平等、平均，是中国人对公平理念的特殊理解和表达方式。④平等，是资产阶级和马克思主义经典著作的基本概念。而在马克思主义和资产阶级的经典著作中，则鲜见使用"公平"概念。⑤在改革开放之前

---

① 中共中央文献研究室.毛泽东文集第7卷[M].北京：人民出版社，1999：398.
② 杨东平.中国高等教育公平的基本情况[EB/OL].（2015-11-24）[2023-04-08].http://www.aisixiang.com/data/94257.html.
③ 杨东平.从权利平等到机会均等——新中国教育公平的轨迹[J].北京大学教育评论，2006（2）：2-11.
④ 司廷才，乌凤琴.论中国人对社会公平理念的认识过程[J].辽宁省社会主义学院学报，2014（3）：129-133.
⑤ 白暴力，周红利，魏军.马克思主义经典作家关于社会公平的论述[J].高校理论战线，2005（12）：35-39.

的中国共产党的文献中,"公平"的表述也不多。[1] 在那个倡导集体主义、整体主义的时代,人是工具,个体是没有价值的,人们也很少有个体价值、个体权利的观念,个性则是根本不允许存在的。

(二)改革开放后:日益增强的公平意识

中国真正意义上国民权利意识的觉醒和民主意识的出现乃是在改革开放后,国家将工作重心转移到经济建设上,解放了生产力,促进了经济的飞速发展,从而使得国民权利意识的觉醒和追求具有了现实的经济基础。伴随着经济的活跃、所有制的多样、商品经济的兴起,人们的权利意识、等价交换意识、契约意识等大大增强。从精神方面来看,改革所取得的最根本的成就,是个体意识的觉醒,而且这一觉醒不只是发生在知识分子中间,而是广泛地出现于大众之中;伴随而来的,便是个体权利概念的产生,还有就是个性的张扬,每个人都追求与众不同——从外表到内心。个体意识的觉醒无疑是一个巨大的、历史性的进步。改革开放的过程是主体觉醒和个人权利意识增长的过程,也是权力与权利关系的变迁过程。在这一过程中,权力本位逐步让位于权利本位,权力不断受到控制和约束,权利不断得以确认和保障。[2] 这是一个权利意识高涨的时期,整个社会开始诉求各种权利,包括性权利、人身自由权、肖像权、隐私权,等等。

改革开放以来,在对待教育公正问题的态度上,经历了一个从忌谈教育公正到倡导教育公正的心路历程。[3] 教育公平的基本问题已从权利平等转为追求教育机会均等。[4] 对公平与效率的关系也有了新的认识,教育政策制定彰显

---

[1] 郝文武.百年中国共产党对马克思主义教育正义思想的发展与实践[J].教育研究,2021,42(06):4-15.

[2] 魏吉华.权力与权利关系视角下的改革开放[J].理论月刊,2009(1):27-29.

[3] 王本陆.教育公正:教育制度伦理的核心原则[J].华南师范大学学报,2005(4):97-103.

[4] 杨东平.从权利平等到机会均等——新中国教育公平的轨迹[J].北京大学教育评论,2006(2):2-11.

出一种强烈的平等化取向，强调同等的受教育权利与地位。党和国家立足国情，不断推进教育公平。其时农村基础教育政策的演进特征，首先表现为政策理念的平等取向。平等的价值取向主要包括两个方面，即"教育的平等"和"平等的教育"。"教育的平等"相对于经济、政治的平等，是"平等"的外延向教育领域的扩张，它主要强调人们在教育地位、教育权利方面的平等状态，而"平等的教育"则相对不平等的教育，是教育内涵的更新，它更多地侧重于教育过程、教育资源配置方面的平等。秉承着"教育平等"的理念，教育政策主要是在不同社会背景的受教育者之间按照平等的原则来分配受教育的权利，它更着重的是在教育方面起点的公平。从"教育的平等"到"平等的教育"，表明了农村基础教育政策所一贯秉承的平等价值取向。[①]此阶段我国农村基础教育政策演进的一大特征是，从接受教育起点的公平到结果的公平，凸显了改革开放后农村基础教育在政策理念上的转换，也表明了党和国家不仅注重在法律政策上保证农村儿童享有平等地接受基础教育的权利，而且从现实的效果上保证农村儿童享有平等的教育资源。

20世纪90年代以来，教育公平问题出现了新的情况。在实现国家的总体发展目标与追求经济利益的双重驱动下，教育走上一条被称为"教育产业化"的路径，严重损害了教育的公益性和公平性。其时教育公平面临的新问题和新特点是：教育公共政策正在转变之中，持续多年的"教育产业化"政策受到阻击和矫正。但这一改变主要体现在查处问题、改善资源配置这样比较外在的方面。基础教育阶段严重的应试教育和炽烈的择校热，凝固和加剧了客观存在的阶层差距。[②]当时教育公平的一个新情况，是在大规模人口流动和城市化的进程中，出现了两个新的教育边缘化群体，这就是被称为"流动儿童"的进城务工农民工的随迁子女，以及他们留在农村家中的孩子"留

---

① 刘英.免费师范教育政策的不平等分析：文化再生产理论视角[J].西南科技大学学报（哲学社会科学版），2010（6）：51-55+61.

② 杨东平.中国教育公平的问题和前景[J].二十一世纪，2007（12）：14-22.

守儿童"。①

伴随着对教育公平问题的关注,相关问题的研究也越来越深入。胡森的教育公平理论,罗尔斯、麦金太尔的正义理论,舒尔茨、贝克尔的人力资本理论和教育投资理论,美国教育家鲍尔斯、金蒂斯、阿普尔等人的批判教育理论,巴西教育家弗莱雷的被压迫者教育学和成人扫盲理论,以及全纳教育②等概念也纷纷被人们所熟知,全社会对教育公平也有了新的认知。教育公平主要包括起点公平、过程公平和结果公平。教育起点的公平是指尊重和保护每一个人的基本权利与自由发展,即包括教育权利公平和教育机会公平。教育结果的公平是指最终体现在学生的学业成就上的实质性的公平,即学业成功并被社会所接纳的机会均等。它以承认个体差异为前提,可以理解为每个学生都能在经过某一教育过程后,大体上获得一致的学识水平、能力水平、道德发展水平,符合培养目标的要求;同时个性得到较全面的发展,潜能得到较充分的发挥。③ 与之相关,关于教育均衡发展问题、教育质量问题、城乡二元结构背景下的教育问题的研究也很多。倡导教育公正的呼声日高,教育公正逐渐成为我国教育改革与发展的重要指导原则。

(三)21世纪以来:公平成为国家基本教育政策

进入 21 世纪,伴随改革开放事业的不断推进和社会主义市场经济体制的建立,公民的权利意识进一步增强。2003 年,全国人大常委会共颁布七部

---

① 杨东平. 中国高等教育公平的基本情况 [EB/OL]. (2015-11-24) [2023-04-08]. http://www.aisixiang.com/data/94257.html.

② 全纳教育(inclusive education),一种兴起于 20 世纪 90 年代的教育理念和教育思潮,主张容纳所有学生,反对歧视排斥,促进积极参与,注重集体合作,满足不同需求,是一种没有排斥、没有歧视、没有分类的教育。1994 年,联合国教科文组织在西班牙萨拉曼卡召开"世界特殊需要教育大会:入学和质量"(World Conference on Special Needs Education: Access and Quality)。大会再次强调每个人都有受教育的基本权利,提出每个人都有其独特的个性、兴趣、能力和学习需要,学校要接纳全体儿童,并满足他们的特殊教育需要。大会通过了《萨拉曼卡宣言》,首次正式提出全纳教育,号召世界各国广泛开展全纳教育。

③ 王敏婷. 论择校与教育公平的实现 [J]. 资治文摘(管理版),2010(05):32-33.

新法律，修订两部法律，关注的是人民生活，维护的是公民权利，各地亦纷纷出台或修改便民、利民的法律法规。此年底全国人大公布的五年立法规划中，维护公民权益的法律占了相当大的比例。公民的参政议政意识在增强，公民越来越重视自己的权利。有媒体把2003年称为"公民权利年"。

2002年，党的十六大提出要"保障人民群众接受良好教育的机会"。2006年，党的十六届六中全会通过的《中共中央关于构建社会主义和谐社会若干重大问题的决定》，提出"在经济发展的基础上，更加注重社会公平"。2007年，党的十七大报告提出："教育是民族振兴的基石，教育公平是社会公平的重要基础。"把教育列为以改善民生为重点的社会建设六大任务之首。党的十七大提出"教育公平是社会公平的重要基础"。随着经济社会的发展，党和国家越来越重视和强调教育公平，高高举起教育公平的旗帜。自2002年以来，历届《政府工作报告》教育相关内容都将"公平"作为关键词。《国家中长期教育改革和发展规划纲要（2010—2020年）》提出要把促进教育公平作为国家基本教育政策。政策文件的不断重申，表明教育公平问题不仅是教育亟待解决的难题，更是教育的努力方向。教育机会均等，已从一种理想化的怀想和无限憧憬，逐步成为党和国家的基本教育政策。

进入21世纪，国家开始在教育起点平等的基础上着手有关教育过程及资源配置方面的制度尝试。[①] "一费制""两免一补""免费教育"等政策陆续推行，试图在城乡之间建立相对公平、均衡的教育，缩小农村和城市受教育机会的不均现象。在以人为本的执政理念指引下，教育公平不断迈出重大步伐。2006年，通过建立中央和地方分项目、按比例分担的农村义务教育经费保障机制，国家对西部农村地区义务教育阶段学生免除学杂费，还补助学校公用经费，免费提供教科书，补助寄宿生生活费，建立了改造维修校舍长效机制。2007年春，"免杂费、免书本费、逐步补助寄宿生生活费"的惠民

---

① 吴家庆，陈利华.改革开放以来我国农村基础教育政策创新发展的特点[J].湖南师范大学学报（社会科学版），2008（4）：8-13.

政策，推广到中东部地区 40 万所农村中小学的近 1.5 亿名学生。2008 年春，我国在北京、天津、上海等 16 个省区市和 5 个计划单列市进行免除城市义务教育学杂费试点。同年秋，免除城市义务教育阶段学杂费在全国范围内实施，城乡免费义务教育全面实现，覆盖全国城乡义务教育阶段 1.6 亿名学生。2011 年 10 月，国务院决定启动农村义务教育学生营养改善计划，中央财政每年安排 160 多亿元专项资金，为 680 个国家试点县的 2600 多万农村义务教育学生提供每天三元钱的营养膳食补助。① 通过建立覆盖各个学段的国家资助体系，实现了"不让一个孩子因为家庭经济困难而上不起学"的庄严承诺。

值得注意的是，其时教育公平诉求中出现了民粹主义（populism）的倾向。其表征在于：一是学术讨论中的公平偏位，二是教育舆情中的反精英立场，三是教育治理中的民意裹挟。社会公众对教育不公平现象的种种批判，日渐充斥着情绪化的宣泄和肆意解读。② 作为 19 世纪在俄国兴起的一种批判性社会思潮，"民粹主义"在中国有深厚的历史和文化土壤。五四运动中产生了平民主义思潮，在以后的革命中又转化为新民粹主义。民粹主义以反资本主义和大众崇拜为特征，它推动了建立现代民族国家的进程，同时又是一种反现代性思潮。在现代化建设中，新民粹主义导致以反现代性为导向的政治运动，直至"文革"。在政治文化领域，"五四"接受的主要是法国的平民主义和卢梭的平等思想，而不是英国的精英主义和孟德斯鸠的自由思想。③ 教育公平诉求中的民粹主义倾向，是普罗大众在对现实困境表达受阻后，表达愤懑的一种极端形式。作为对现实矛盾与社会分层的不满，教育公平诉求中的民粹主义倾向具有一定的合理性，它传递了社会重压之下大众对不公正的教

---

① 吴晶，叶建平，凌军辉. 我国力推教育公平 [N]. 中国青年报，2012-06-28（06）.
② 葛新斌，杜文静. 教育公平诉求中的民粹主义倾向批判 [J]. 高等教育研究，2016，37（05）：13-20.
③ 杨春时. 从平民主义到民粹主义 [J]. 海南师范学院学报（人文社会科学版），2002（05）：9-12.

育体制的挑战和对教育平等的呼唤。但是其有负面影响。[①]

党的十八大后，我国教育公平迈出了新的步伐，后面章节还将涉及。

二、受教育权利及实现中的城乡差异

（一）宪法和法律规定中的受教育权

受教育权是指公民所享有的并由国家保障实现的接受教育的权利，是宪法赋予公民的一项基本权利，也是公民享受其他文化教育的前提和基础。受教育权包括受教育机会权、受教育条件权和公正评价权，也有人解读为义务教育权、终身受教育权、平等受教育权和适当受教育权。平等受教育权指一切公民不分种族、性别、身份、财产、宗教、阶级、党派受教育的机会应当一律平等，不得以各种外加条件剥夺公民的受教育权。教育平等包括：教育权利平等、教育机会平等、教育结果平等，表现为教育起点的平等、教育过程的平等和教育效果的平等。[②] 中国公民的受教育权有宪法和法律的充分依据。1954年《宪法》明确规定："中华人民共和国公民有受教育的权利。"1975年《宪法》第27条规定公民"有受教育的权利"。1978年《宪法》第51条规定："公民有受教育的权利。国家逐步增加各种类型的学校和其他文化教育设施，普及教育，以保证公民享有这种权利。"1982年《宪法》第46条规定："中华人民共和国公民有受教育的权利和义务。国家培养青年、少年、儿童在品德、智力、体质等方面全面发展。"第19条规定：国家举办各种学校，普及初等义务教育，发展中等教育、职业教育和高等教育，并且发展学前教育。1986年的《义务教育法》第4条规定："国家、社会、学校和家庭依法保障适龄儿童、少年接受义务教育的权利。"第10条规定："国家对接受义务教

[①] 葛新斌，杜文静．教育公平诉求中的民粹主义倾向批判［J］．高等教育研究，2016，37（05）：13-20．

[②] 马涛．公民受教育权平等化进程的考察与思量——以重庆城乡公民受教育权状况为视角［R］．中国宪法学研究会2012年年会．

育的学生免收学费。"1995年的《教育法》第9条规定:"公民不分民族、种族、性别、职业、财产状况、宗教信仰等,依法享有平等的教育机会。"第18条规定:国家实行九年制义务教育制度。各级人民政府采取各种措施保障适龄儿童、少年就学。适龄儿童、少年的父母或者其他监护人以及有关社会组织和个人有义务使适龄儿童、少年接受并完成规定年限的义务教育。第36条规定:"受教育者在入学、升学、就业等方面依法享有平等权利。"[1]

此外,《中华人民共和国学位条例》(1980)、《中华人民共和国残疾人保障法》(1990)、《中华人民共和国未成年人保护法》(1991)、《教师法》(1993)、《中华人民共和国职业教育法》(1996)、《中华人民共和国高等教育法》(1998)、《中华人民共和国民办教育促进法》(2002)等法律规范对公民的平等受教育权都作出了明确规定。我国批准的《世界人权宣言》第26条和《经济、社会、文化权利国际公约》第13、14条也明确规定了该项权利,包括:人人皆有受教育的权利,为保障这种权利的实现,初等教育应属强迫性质,免费普及全民;各种中等教育,应以一切适当方法,特别应逐渐实行免费教育,广泛举办,使人人都有接受的机会;高等教育应根据能力,以成绩为准,逐渐采取免费教育制度,使人人都有平等的接受机会。[2]

从这些法律规定可以看出,我国是很重视从法律角度去规定公民受教育的基本权利的。但是形式平等的教育立法或教育政策并不意味着平等受教育权必然实现。[3]博登海默曾说:"对于基本权利的承认,可能只是提供了行使这些权利的一种形式机会,而非实际机会。"[4]公民要想实际享有平等受

---

[1] 余雅风.论公民受教育权平等保护的合理差别对待标准[J].北京师范大学学报(社会科学版),2008(04):11-18.
[2] 余雅风.论公民受教育权平等保护的合理差别对待标准[J].北京师范大学学报(社会科学版),2008(04):11-18.
[3] 段斌斌.平等受教育权的含义剖析——从宪法学平等理论的视角出发[J].教育科学研究,2016(06):13-18+22.
[4] [美]博登海默.法理学:法律哲学与法律方法[M].邓正来,译.北京:中国政法大学出版社,1999:286.

教育权，还需要国家在法律适用上真正做到"法律面前人人平等"。在实践中，公民受教育权得不到很好的保护和实现，甚至经常发生侵犯公民受教育权的事件，究其原因，主要是权利的法定化并不意味着权利的实现，法定权利向现实权利的转化需要许多条件的支持。从公民受教育权不能平等实现的原因看，有城乡、工农之间主要因为身份、户籍等因素而影响平等教育权实现的，也有因性别而使受教育权不能很好实现的。[1]文本上的承诺与现实中的兑现有着一定程度的差距，首先表现在权利主体地位的不对称，即受教育权的主体地位不均衡。在中国，城市与农村孩子的地位不平等似乎是与生俱来的，不仅仅在教育等诸多显性方面有所表现，许多不易察觉的隐性方面亦然。农村学生在接受教育上未起步就已输在起跑线上，而我国严格的户籍制度便是造成此问题的原因之一。[2]该制度是建立在对不同人士身份认可并据此享有不同的权利之上的，其本身就违反了法律面前人人平等的宪法原则，也违反了《世界人权宣言》的基本宗旨，侵犯了人的尊严。[3]

讨论法理之后，我们再来作一些实证分析，以高等教育为例。

（二）高等教育受教育机会的城乡差异

可以用来分析高等教育受教育机会差异的方法很多，我们采用高等教育毛入学率、高校录取率两个指标作为分析依据，并将70多年的历史大体分为四个阶段进行讨论。

1. 改革开放前

中华人民共和国成立之初，重视教育平等的价值、强调教育面向工农的

---

[1] 陈瑞英，吕哲.对我国公民受教育权平等实现的审视[J].河北法学，2004，22（1）：141-144.

[2] 张爱梅.基于身份差别的教育歧视[J].福州大学学报（哲学社会科学版），2011，25（02）：94-97.

[3] 周远坤.教育平等权问题及解决之道[J].华东政法学院学报，2006（02）：112-117.

思想在高等教育中同样得到体现，高校学生中工农子弟所占的比例高，农村和城镇学生在接受高等教育的机会方面差距不明显。1952年开始的院系调整，要求每所综合大学附设工农中学，从政策上保证工农接受高等教育的机会。

中华人民共和国成立后很长一个时期里，高等教育一直是"免费的午餐"。当时高等教育实行"统包、统分、免费入学、毕业包分配"的办法，学生上学不需要缴纳学费，家庭经济困难者还可以申请享受人民助学金，在职职工考入大学者还可以带薪入学，受教育者几乎不必为接受教育支付任何费用。在这样的背景下，来自农村家庭的学生增加，城乡之间的差距逐渐缩小。高校新生中的工农子女1952年为20.5%，1958年已占55.28%，1965年达71.2%。[①] 但是在重点大学中，工农子女所占的比例不高。此外，由于强调家庭成分和政治表现，那些出身"不好"的青少年即使学习成绩很好也很难有升学的机会，这又构成了另一种形式的不平等。

2. 恢复高考后

1977年高考制度恢复，分数成为进入高等学校的首要标准，考试招生制度体现了能力主义的倾向，家庭出身与政治身份已经不再是接受高等教育的决定性因素，在一定程度上体现了高等教育机会的公平。20世纪80年代中期以后，社会分配领域存在严重的"脑体倒挂"现象，以及随着高校毕业生就业制度改革、"不包分配"所引致的社会关系资本等重要性的凸显，使得学生特别是农村学生中弥漫着"读书无用论"的思想，此阶段农村学生接受高等教育的意向降低，农村学生进入好的学校和具有良好回报专业的人数呈现迅速下滑趋势。[②]

恢复高考后，高等教育入学政策呈现出多样化，委托培养、自费等多种形式在招生中大量出现，缴费上学逐步成为一种趋势，并逐渐向研究生层次

---

① 马和民，高旭平. 教育社会学研究 [M]. 上海：上海教育出版社，1998：111.
② 彭拥军. 高等教育与农村社会流动 [M]. 北京：中国人民大学出版社，2007：218.

扩展。1978年，我国出现了"收费走读，不包分配"的大学生；1984年，普通高校开始招收委培生，委培生或其委培单位需要缴纳部分培养费，如学杂费等。1989年，国家教委、国家物价局和财政部联合颁布《关于普通高等学校收取学杂费和住宿费的规定》，对"按国家计划招收的学生（除师范生外）收取学杂费和住宿费"，从政策上肯定了高等教育应该实行成本分担和成本补偿制度。1990年，自费生完全纳入国家计划，但严格控制招生数量。自1992年开始，国家教委提出了逐步实行高校公费、自费招生并轨，逐步完善办学机制及自主择业的教改思路。1992年6月，国家教委联合有关部门发出了《关于进一步改革和完善普通高等学校收费制度的通知》，提出高校收费标准不再由中央统一制定，而交由各省级教育行政主管部门根据当地情况自行制定。这一政策的直接结果是学杂费的标准普遍提高，学杂费占高等教育成本的比例开始大幅度上升，由1992年的4.34%跃升为1993年的12.12%。从1997年起，我国所有普通高等学校，除农林水利、师范、地矿等特殊行业的院校、专业外都并轨招生，进一步强化了有关收费政策，调整了收费标准，并在全国统一实行。1999年《中共中央、国务院关于深化教育改革全面推进素质教育的决定》提出，高校收取的学费最高不得超过生均培养成本的25%，自此学费开始猛涨。从1996年到2001年，我国高校生均学费的年均增长率达到了25%，远超过居民可支配收入的年均增长率。学费迅速增长的结果是高等教育令越来越多的人负担不起，尤其是占人口多数的农村家庭。

多种政策和制度因素影响到了城乡学生接受高等教育的机会。20世纪90年代以后，我国城乡学生接受高等教育机会的差距有逐年拉大的趋势。90年代初，城乡高等教育入学率的差距在3倍左右；1994年以后，城乡高等教育入学率差距扩大到3.6—3.7倍；1997年收费并轨以后，差距迅速增加到4倍以上（表6-1）。谢维和、李雪莲于1998年进行的调查显示，来自大中城市、县级市和乡镇的学生占到了调查总数的64.9%，农村学生占35.1%。统计表明，若以1997年全年人口的城乡构成（分别为31.91%和68.09%）为参照，可以计算出当年城镇学生和农村学生接受高等教育的概率分别为 2.03 和 0.52，城镇学生接受高等教育的机会是农村学生的 3.95 倍。[1]

表 6-1　1990 年—1998 年城乡高等教育情况

年份	全国高等教育 适龄人口（万人）	入学率（%）	农村高等教育 适龄人口（万人）	入学率（%）	城镇高等教育 适龄人口（万人）	入学率（%）
1990	12640.7	1.6	7188.4	0.9	5452.3	2.6
1991	12680.1	1.6	7113.3	0.9	5566.8	2.5
1992	12629.3	1.7	7094	0.9	5535.3	2.7
1993	12769.3	1.9	6801.4	1	5967.9	3.2
1994	12388.8	2.3	6556.1	1	5832.7	3.6
1995	11644.9	2.5	6147.1	1.1	5497.8	4
1996	11067.8	2.7	5826.1	1.2	5241.7	4.4
1997	10358	3.1	5424.1	1.2	4933.9	5.1
1998	9808.8	3.5	5137.8	1.3	4671	5.9

数据来源：郭书君.我国农村高等教育发展状况的实证分析 [J].辽宁教育研究，2005（10）.

更为突出的是，在重点院校、重点专业中，农村学生与城市学生入学机会的差距更大，高等院校中来自城镇（包括乡镇、县级城市和大中城市）学生的数量大大超过来自农村的学生数量，城镇的学生在重点院校和优势学科（专业）中所占的比例远远超过农村学生。张玉林等 1998 年进行的一项对全国 37 所不同层次高校（大专除外）、1994 和 1997 级近 7 万学生的调查，发现在城乡之间，机会获得的整体差距为 5.8 倍，在全国重点院校中则达到 8.8 倍，即使在最低层次的地方高校中也有 3.4 倍，超过了城乡居民经济收入的名义差距（2.8 倍）。在重点大学中，这种不平等则远远超过城乡之间经济收入的实质差距（6 倍）。[2] 在专业录取上，城市学生大多在"热门专业"，而农

---

[1] 樊明成.我国高等教育入学机会的城乡差异研究 [J].教育科学，2008（01）：63-67.
[2] 张玉林.从数字看教育不公 [J].中国改革，2004（12）：22-24.

村学生主要集中在"冷门专业"。在经济学、法学、管理学等"热门"学科领域，这种差异更加显著（表6-2）。

表 6-2　清华大学与北京大学本科生中农村学生比例

年份	清华大学			北京大学		
	招生数（人）	农村学生（人）	比例（%）	招生数（人）	农村学生（人）	比例（%）
1990	1994	433	21.7			
1991	2031	385	19.0			
1992	2080	381	18.3	1810	403	22.3
1993	2210	352	15.9	910	168	18.5
1994	2203	407	18.5			
1995	2241	451	20.1	2089	436	20.9
1996	2298	431	18.8	2164	425	19.6
1997	2320	452	19.5	2211	420	19.0
1998	2462	510	20.7	2240	415	18.5
1999	2663	506	19.0	2425	396	16.3

资料来源：张玉林.分级办学制度下的教育资源分配与城乡教育差距——关于教育机会均等问题的政治经济学探讨［J］.中国农村观察，2003（01）：10-22.

3. 高校扩招后

1999年我国高等教育扩大招生规模，本意上是为更多的人提供接受高等教育的机会，但是由于学费快速上涨等原因，农村适龄人口与城镇适龄人口接受高等教育机会的差距加大，城乡接受高等教育机会的总体差异呈现逐步拉大的趋势。2004年，谢作栩、王伟宜用"辈出率"进行实证研究，发现处于社会上层的国家与社会管理者子女进部属重点大学的机会是城乡无业、失业、半失业阶层子女的32倍，部属重点高校的入学机会明显偏向于那些拥有较多的组织资源、经济资源和文化资源的社会上层人士子女。在公立本科院校，这一比例也达到了 22 倍。①邓峰基于中国家庭动态跟踪调查 2010 年的数据，考察扩招前后城乡高等教育入学率的变动趋势，并对农村生源占录取新生比、城乡录取率及城乡辈出率等入学公平指标进行探讨，结果表明：扩招后农村高等教育入学率的增速较快，但由于扩招前城乡入学率的差异悬殊，农村高等教育的增量较少，最终导致城乡间入学率的差距在扩招后增大。1999 年扩招后的十年，我国高等教育的平均入学率为 27.2%，约为扩招前的 4.1 倍。从城乡高等教育的变动情况看，城镇入学率在扩招后增加了 41.1%，而农村入学率在扩招后只增加了 14.3%，城乡间高等教育入学率的差距由扩招前的 19.8% 增加到扩招后的 46.1%。②

此外，高校扩招以来，还存在不同质量或类型的教育机会的不平等现象。③2023 年，李莹、王琦的研究发现：扩招导致城乡内部高等教育可及性、公平性与公平的可及性不同程度地提高，其中城镇的变动幅度更大，扩招带来的利好更多地被城镇群体捕获，从而进一步拉大了城乡之间的可及性与公平性差距。④

4. 高等教育普及化以来

2020 年，我国各类高等教育在学总规模超过 4000 万人，毛入学率为 51.6%。按照马丁·特罗的大众化理论，已经迈入普及化阶段。普及化阶段的高等教育产生显著的特征变化，包括高等教育的规模、院校的多样性、入学和选拔的政策、管理和行政、课程和教学形式以及学术标准等。⑤随着我国高等

---

① 谢作栩，王伟宜.不同社会阶层子女高等教育入学机会差异的探讨——陕、闽、浙、沪部分高校调查[J].东南学术，2004 增刊：259-264.
② 邓峰.高等教育扩招后城乡入学机会差异的变化[J].高等教育研究，2012（8）：22-28.
③ 闫雅琪，叶华.高校扩招影响几何？城乡教育不平等仍在加剧[EB/OL].（2017-07-14）[2023-04-08].https://baijiahao.baidu.com/s？id=1572860908581700&wfr=spider&for=pc.
④ 李莹，王琦.扩招背景下城乡高等教育机会差异研究[J].北京师范大学学报（社会科学版），2023（03）：77-84.
⑤ 钟秉林，王新凤.迈入普及化的中国高等教育：机遇、挑战与展望[J].中国高教研究，2019(8)：7-13.

教育的发展，越来越多的家庭实现大学生"零的突破"。清华大学教育研究院"中国大学生学习与发展追踪研究"分析了 2011 年 −2018 年全国本科生家庭情况，发现 70% 以上大学生都是家庭的第一代大学生。[①]目前我国仍有一部分人没有接受过高等教育，这部分人群大致分为三类：（1）仅接受中等职业教育的学生，他们当中大多数毕业后选择直接就业。（2）义务教育阶段辍学的学生。（3）因自身原因，如患有残疾等没有机会接受完整基础教育的学生。如果从地域分布来看，以上人群中大多数处于偏远农村贫困地区。[②]

有人利用"中国大学生追踪调查"2020 年数据，采用线性回归和逻辑斯蒂回归等多种方法分析了在高等教育步入普及化阶段背景下，社会阶层差异对高等教育公平状况的影响。研究证实：社会阶层地位显著影响着高等教育起点公平，并通过起点公平对过程公平和结果公平产生间接影响；起点不平等和过程不平等的叠加效应，加重了弱势阶层出身的大学生在教育结果上的累积劣势。[③]教育过程和教育结果不公平问题日益凸显，让本已严重的教育不公平雪上加霜，加大了普及化阶段高等教育解决教育公平问题的难度。[④]高等教育公平面临如何从教育机会数量均等化转向教育机会质量均等化、如何从起点单维公平转向"起点—过程—结果"多维公平等新问题。

以上足以证明高等教育受教育机会的城乡差异事实存在。不过要看到，这种差异是历史、文化、经济与基础教育发展水平等因素共同作用的结果。

[①] 叶雨婷.越来越多的家庭实现大学生"零的突破" 我国高等教育进入普及化时代[N].中国青年报，2020-10-13（1）.

[②] 别敦荣.高等教育普及化的动力、特征与发展路径[J].高等教育评论，2021（01）：1-12.

[③] 刘保中.中国高等教育步入普及化阶段背景下的阶层差异与教育公平[J].北京工业大学学报（社会科学版），2021（3）：116-126.

[④] 赵庆年.普及化高等教育面临四大挑战[N].中国科学报，2021-7-6（7）.

三、教育与社会分层、城乡流动

（一）社会分层与社会流动

社会阶层（social stratum）是指依据社会经济地位、教育程度、家庭背景等社会特征的差异而划分的层次。不同理论流派和不同研究取向的学者对社会阶层这一概念有不同的理解，划分的标准也有所不同。当代社会分层学者大多依据职业身份划分社会阶层，因为在工业化社会和后工业化社会，职业身份极大程度地决定了人们的社会地位和收入水平。也有一些学者在职业身份的基础上，增加财产所有权、收入和教育等指标。[1]阶级和阶层分析是社会政治分析的基本内容，也是社会政治分析的基本方法。然而，如何准确划分和识别阶级和阶层本身是一个颇有争议的问题。总的来看，人们对阶级和阶层的划分已经从单一指标发展到多元指标，从经济指标扩展到社会指标，从资源分层进入到消费分层。[2]

社会流动（social mobility），指的是社会等级或阶层的变化，具体指个体或群体从一种社会地位或社会阶层向另一种社会地位或阶层的转变，社会流动既表现为个体社会地位的变更，也表现在个体社会角色的转换。[3]"社会流动是指在一个分层系统中社会成员地位的移动。"[4]"指就一个人或一群体而言，从一种社会地位或社会阶级向另一种社会地位或社会阶级的变化。"[5]也有人将社会流动定义为，"在财富、职业、教育或其他社会变量基础上，个人或者群体地位向上或者向下移动的能力"。[6]社会流动按不同标准可分为多种

---

[1] 然茗.“寒门难出贵子”就是“阶层固化”吗？——专访中国社会学会社会分层与流动专业委员会副理事长李春玲［J］.云南教育（视界综合版），2017（10）：12-13.

[2] 项继权，袁青.阶层识别：指标、逻辑及其发展［J］.江汉论坛，2017（01）：130-134.

[3] 赵洪波，吴岚，黄晓利.社会流动视角下继续教育的特殊价值——兼议继续教育在促进农民工市民化转化中的作用［J］.继续教育研究，2008（07）：1-3.

[4] Randall Collins.Theoretical sociology［M］.San Diego：Harcourt Brace Jovanovich，1988：425.

[5] ［美］戴维·波普诺.社会学［M］.李强，等译，北京：中国人民大学出版社，1999：252.

[6] Social mobility［EB/OL］.The American Heritage？ New Dictionary of Cultural Literacy：Third Edition，2013.from Dictionary.com website：http://dictionary.reference.com/browse/social mobility.

形式：根据方向，可分为垂直流动和水平流动；根据范围，可分为代际流动和代内流动；根据规模，可分为个体社会流动和团体社会流动；根据原因，可分为结构性流动和自由流动；根据方式，可分为竞争性流动和赞助性流动。[①]西方社会学家视社会流动为现代工业社会的重要特征，认为其有利于人尽其才，并认为社会越开放，阶层的流动率越高。

李路路认为，改革开放以来中国社会最大的变化是原有的利益关系和利益结构发生了重大变化，即从国家集中再分配资源和利益的结构转变为多元化的结构成分和市场化的分配机制。社会结构分化最重要的表现，是过去高度集中、相对同质性的社会正在逐渐分化为一个阶级阶层社会，或者说是从过去国家建构的两个阶级、一个阶层框架或身份等级社会转变为复杂的阶级阶层社会。在纷繁复杂的分化过程中，其中最重要、最基本、最稳定的分化，是社会的阶级阶层化，即以阶级阶层的形式构成新的权力主体，因而意味着社会权力结构的分化，意味着以阶级阶层和社会权力为基础的新的利益结构的形成。中国社会转型进入21世纪以来，社会矛盾与冲突日益加剧，重返阶级分析的呼声开始兴起并日益高涨，在某种程度上甚至导致了研究范式的转变。现代阶级理论的核心之一，是面对社会的复杂化（包括西方社会的复杂化，包括传统社会主义所带来的制度变迁），力图在经典理论概念的基础上有所创新。无独有偶，学术界最早的阶级阶层范式转换也是发生在这个时期，比如《当代中国社会阶层分析报告》于2002年出版，一系列论文随后发表。阶级阶层分化和阶级阶层分析正式重新进入人们的分析视野。[②]

（二）教育是跨越城乡鸿沟的桥梁

教育从来都被认为是不同社会阶层实现社会流动的关键渠道，是跨越城

[①] 李伯重.旧题新解：唐代河朔藩镇研究——读张天虹《中晚唐五代的河朔藩镇与社会流动》[J].河北师范大学学报（哲学社会科学版），2022（1）：39-44.

[②] 李路路.改革开放40年中国社会阶层结构的变迁[J].社会科学文摘，2019（04）：5-7.

乡鸿沟的桥梁。教育有将年轻人整合到社会及各种成人角色中去的社会化职能，在社会、经济地位等方面存在巨大不平等的情况下，给人提供公平竞争的机会，提供获得救济的机会，从而显著改善弱势群体的生存状态，减少社会的不公平。[1]索罗金在其《社会流动》一书中提出：学校是使人从社会底层向社会上层流动的电梯。布劳与邓肯在《美国社会结构》一书中也指出：现代工业社会中社会地位获得更多依赖个人自身的人力资本和努力。在美国，对个人职业地位影响最大的，首先考虑的是教育程度。[2]

随着中国市场化进程的推进，中国社会的阶层化过程仿佛表现出工业化社会所具有的特点，即集体主义排他（如户籍身份、工人与干部身份的区别、政治忠诚、社会主义革命时期的"阶级成分"划分等）在社会流动中日趋削弱，而个体主义在社会流动中的作用日趋加强。其中，教育在社会流动中的作用的加强日益引起人们的关注。如果说基于社会个体的知识、技能及努力程度而实现的社会流动具有现代社会的合理性，那么人们的教育获得过程就非常值得关注。[3]教育对社会流动的作用具体表现在人们的职位、地位、收入等各方面的改变。教育带给人们的学历与技能认证，成为他们获得相应社会地位和不同职业的重要凭证，决定了他们的职业范围和薪酬收入。教育可以改变命运，帮助人实现"向上流动"的梦想。从这种意义上说，凡教育均与社会流动有正相关关系。当年我国"两基"目标实现后，全国人均受教育年限和新增劳动力平均受教育水平都得到明显提高，劳动力素质发生积极变化，一大批初中毕业后外出务工的农村青年，支撑起了"世界最大工厂"，其中相当多的人实现了自己的"阶层跨越"。有人使用2018年中国家庭追踪调查（CFPS）数据，考察免费义务教育政策对中国农村家庭教育代际流动性

---

[1] 张炳生.教育公平的价值取向及其实现[J].河北师范大学学报（教育科学版），2003（5）：33-38.
[2] 谢志平，周德义.社会分层、社会流动与职业教育[J].教育与职业，2010（3）：5-7.
[3] 方长春.家庭背景如何影响教育获得：基于居住空间分异的视角[J].教育学报，2011，7（06）：118-126.

的影响，发现免费义务教育政策显著提高了农村家庭教育代际流动性。[1]

职业教育是实现合理社会流动的重要机制，能够促进社会分层与流动。通过职业教育可以提高弱势群体的就业能力和知识储备量，提供更多向上流动的机会，促进其向中间阶层转换，扩大中间阶层的比例。[2]职业教育能促使处在最底层的人向中层甚至更高阶层流动，可加速社会结构的变化。[3]职业教育的发展和现代职业教育体系的建立能为合理的社会流动提供思想文化方面的支持，为人的终身发展提供条件和可能，也能为底层群众向上流动提供技能支撑。[4]职业教育促进社会流动的作用机理：从应然的角度来看，职业教育应面向经济社会发展所需、立足于劳动世界的职业和工作，通过赋予受教育者工作世界的知识、能力和态度促进其向就业市场过渡，并使其在劳动力市场中获得就业岗位、实现职业发展，进而实现社会流动。不过也有人认为，职业教育是"面向弱势群体的弱势教育"，实际充当了"社会资源不平等分配合法化的工具"，促进社会流动有限。[5]

继续教育以其对象范围广、形式灵活多样、教育主体多元性和高度的开放性，为人们适应变化的时代而对职业提出的新要求作出了保证，社会的智力保障和动力支持由此获得了可持续发展，并为个人二次择业提供了可能。在当代中国，继续教育对于促进社会各阶层的合理流动具有重要的作用。[6]

---

[1] 彭骏，赵西亮.免费义务教育政策与农村教育机会公平——基于教育代际流动性的实证分析[J].中国农村观察，2022（02）：144-164.

[2] 张英杰.从社会流动角度探析职业教育与和谐社会的关系[J].职教论坛，2007（12上）：4-6.

[3] 谢志平，周德义.社会分层、社会流动与职业教育[J].教育与职业，2010（3）：5-7.

[4] 吕景城.论职业教育在当代社会分层流动中的作用[J].中国职业技术教育，2005（32）：30-31.

[5] 瞿连贵，李耀莲.职业教育如何促进社会流动——机理、向度、限度及其进路[J].职教通讯，2021（1）：16-25.

[6] 赵洪波，吴岚，黄晓利.社会流动视角下继续教育的特殊价值——兼议继续教育在促进农民工市民化转化中的作用[J].继续教育研究，2008（07）：1-3.

（三）高等教育促进城乡流动的深刻性

高等教育是影响社会流动的重要因素。陆学艺认为，一个人的社会地位可以具化为教育地位、职业地位、经济地位和权力地位等，在教育地位获得和职业地位获得中，受教育程度是重要影响因素。受教育程度越高，越容易获得较高的职业地位，尤其是在初次职业获得上更是如此，也更有利于个体的向上社会流动。在当今的开放社会中，受教育程度对社会流动的影响越来越明显和深刻。高等教育促进个体社会流动，个体通过接受高等教育获得体面的职业和高收入，跻身于社会中上阶层。高等教育作为一种选择机制，对社会结构性流动具有特殊作用，通过对影响社会流动的先赋因素，如家庭出身、社会关系等进行挑战，对后致性因素，如技术、受教育程度等进行渗透，打破劳动力流动的技术壁垒，从而改善社会的结构性流动。高等教育影响社会流动的作用机制，在于个体通过接受高等教育，增强人力资本，在就业竞争中更易被雇主"筛选"和雇用，进入主要劳动力市场，进而获得更高的经济地位和职业地位，从社会底层跻身于中上阶层。赵红霞、王乐美基于2012年、2013年、2015年三年"中国综合社会调查"混合截面数据，通过二元逻辑斯蒂回归分析发现，接受高等教育者阶层向上流动概率远大于未接受高等教育者；高等教育加大了弱势群体阶层向上流动的机会，在高等教育作用下，乡村人口阶层和中西部地区人口阶层向上流动概率均增大。[①]

在传统中国社会，"万般皆下品，唯有读书高"，读书并参加科举是底层民众实现向上流动的不二渠道。读书人科举成功就能获得功名，从而改变自身命运和生存处境。隋唐时期，考试面向社会底层的寒士文人，允许士子"怀牒自举"，弱化家庭出身，淡化阶层差异，扩大了人才选拔范围。宋代开始更是直接取消门第限制和荐举制度，而以考试成绩作为标准，读书人不论地位出身，不必再由官吏推荐，均可报名参加考试，最大限度地保障"学而

---

① 吴克明，吴丹.高等教育与社会流动的关系：一个文献综述［J］.教育经济评论，2021（4）：118-128.

优则仕"。① 有研究表明，在南宋的 1256 位进士中，57.9% 的人来自非官宦家庭。② 显然，中国封建社会绵延千年，科举制造就的社会流动不能不说是一个重要的原因。③ 中国古代的科举考试制度有一定程度的平等竞争性，有利于社会各阶层的流动和社会的凝聚与整合，有益于文化的普及与传承，更有利于封建王朝统治的稳定与巩固。科举制度还是一种特殊的凝聚机制。④ 可科考并不是一件容易的事，所谓"三十老明经，五十少进士"，说的便是当时的科考之难。虽然也有神童，十几岁便中进士，如北宋的晏殊，但更多的是苦读半生却屡试不中。所以孟郊 46 岁中进士，还会"春风得意马蹄疾，一日看尽长安花"。蒲松龄从 19 岁开始参加科举，到老都没有成功，一生"怀才不遇"。还有《儒林外史》里的范进，54 岁中举，却高兴过头，疯了。

　　传统社会是一个乡土社会，绝大多数人都生活在乡村，读书人即便科举不中，也仍然可以继续"晴耕雨读"。而城乡二元结构社会下的情况就很不同，由于农村和城市的差别大，几乎分属两个不同的世界，因此能否考上大学，实际上意味着一个人将在哪个世界生活，关系到他们一生的前途和出路，是个人命运的一种选择。⑤ 户籍等一系列制度壁垒，隔绝了城市和农村的联系。由于社会身份相对凝固化，农村向上流动的渠道除了参军、招工、婚姻和农转非外，在理论上向所有人敞开的制度化手段主要是接受高等教育或其他可以改变身份的教育，如中等专业（或职业）教育。人为强化的城乡二元分离，使城乡不再是一个简单的地理概念，它们实际上附加了身份和价

---

① 应中元. "寒门难出贵子"的时代困境与逆袭之路[J]. 中国青年研究，2020（08）：89-95.
② Ping-Ti Ho. The ladder of success in imperial china, Aspect of social mobility[M]. New York：Columbia University Press, 1962：260-262.
③ 林曾. 从寒门走进象牙塔：中美大学教授社会流动之比较研究[J]. 中国高教研究，2013，（09）：52-60.
④ 狄丹. 试论中国古代科举考试制度的作用与弊端[J]. 云南师范大学学报，2001（05）：32-35.
⑤ 孙立平. 大学生农村生源减少的忧虑[J]. 领导文萃，2006（2）：18-22.

值等许多内容。① 很长一个时期里，千方百计、想方设法逃离农村，做"城里人"、吃"国家粮"，曾经是千千万万"高加林"梦寐以求的理想。1978年我国恢复高考，一大批贫寒家庭的子弟通过考取大学，不仅改变了自己的人生，甚至同时也改变了整个家庭的命运。示范效应之下，不乏数载寒窗苦读、一心"功名"、屡战屡败、屡败屡战的故事。"比供孩子读书成了风气"，以致出现了忍饥挨饿、倾家荡产供读书的"英雄"。"十年寒窗磨一剑"，"吃得苦中苦，方为人上人"等都是这种现实的写照。

高等教育对于农村人跨越二元社会制度边界的吸引力很大，通过高等教育走向城市具有历史性和深刻性。自古以来，"知识改变命运"深深扎根于中国人的心底，成为社会底层人民努力改变命运的重要方式与动力。在我国恢复高考制度后至20世纪90年代，教育一直是社会中下层以及农村人口改变命运的重要方式，他们通过接受教育收获了知识与技能，获得了改变自身命运的资本。② 在良性状态下，高等教育可以促进农村社会流动由赞助性流动向竞争性流动的转变。可以肯定，当社会竞争日益依赖科学技术、日益依赖知识时，高等教育将会产生日益强大的推动大学生向上层社会流动的作用。高等教育作为一种制度化、规范化的活动，既是实现农村社会流动有序化的前提之一，也是个人社会流动行为有序化的具体体现。③ 尽管学历主义和学历社会一直受到各种各样的抨击，但学历在社会构成和人的发展中的重要性是不言而喻的。学历是一种筛选手段，是一种社会符号，也是改变命运的重要手段。应该说，长期以来，在农村的藩篱中更多地注入了这种教育文化的基因。但是很长时间里，由于家庭环境、教育条件、高校招生规模等多方面的限制，能够挤过独木桥的乡村孩子还是少数。对更多的人来说，只能是"受

---

① 彭拥军，阮筱棋. 从高等教育视角看农村社会流动的路径与秩序[J]. 西南交通大学学报（社会科学版），2008（05）：112-116+127.

② 于丹. 中国城乡代际教育流动差异及其变迁[J]. 未来与发展，2018，42（11）：93-97.

③ 彭拥军，阮筱棋. 从高等教育视角看农村社会流动的路径与秩序[J]. 西南交通大学学报（社会科学版），2008（05）：112-116+127.

到了失望的打击和排斥，造成求学的消极情绪和厌学现象"。① 一个时期里一些地方院校的"考研热"，某种程度上也折射了城乡二元的体制之痛。

（四）家庭背景、教育获得与代际流动

教育获得是代际流动研究的主要领域之一，其核心问题是，家庭背景对子女的教育获得具有怎样的作用？其作用的机制是什么？而这个过程又是如何随社会历史变化而变迁的？布劳和邓肯的地位获得模型②是这一研究传统的第一个里程碑，它确立了以微观视角的家庭资源禀赋理论为主流的解释逻辑，即以家庭所拥有资源的多寡来解释其子女的教育成就。李春玲提出，自1940年以来的60年里，中国社会教育机会分配形态的变化趋势经历了两个截然相反的发展阶段。1978年以前，教育机会分配从一种极度不平等的状态向着平等化的方向演变；而1978年之后，教育机会分配的不平等程度逐步增强，家庭背景及制度因素对教育获得的影响力不断上升。在意识形态及教育功能发生转变的大趋势之下，1978年以来实施的教育改革和政策变化对教育机会分配产生了影响。此外，中国社会的一些制度特征对人们的教育机会也有影响，特殊的制度设置——如户籍制度和单位制等——使人们享有极其不同的教育资源。③ 李煜的研究发现，恢复高考后，家庭教育背景成为改革初期教育不平等的主要原因；1992年以后社会分化加剧，教育体制受市场化的冲击，家庭阶层背景的效用显现，教育不平等的产生机制转变为资源转化与文化再生产双重模式并存。其中特别值得注意的是，管理阶层的资源优势正逐步转化成其下一代的教育机会。④

---

① 刘铁芳.乡土的逃离与回归[M].福州：福建教育出版社，2008：22.

② D.J. Treiman. Industrialization and social stratification [M]//E.O. Laumann (ed.).Social Stratification: Research and Theory for the 1970s. Indianapolis: Bobbs-Merrill, 1970: 207—234.

③ 李春玲.社会政治变迁与教育机会不平等——家庭背景及制度因素对教育获得的影响（1940—2001）[J].中国社会科学，2003（03）：86-98+207.

④ 李煜.制度变迁与教育不平等的产生机制——中国城市子女的教育获得（1966—2003）[J].中国社会科学，2006（04）：97-109+207.

文化资本是影响个人教育获得和社会地位获得的重要因素。仇立平等研究发现：父母和子女文化资本存量越高，子女受教育年限越长；子女文化资本对地位获得具有显著影响；在控制性别、父亲职业等变量后，文化资本越多，越有可能进入更高阶层；教育、家庭文化氛围和文化投资对地位获得具有持续且稳定的作用；文化资本是社会下层实现向上流动的有效手段。[1] 方长春认为，家庭文化资本差异对教育获得的影响是现代学校教育所难以回避的，也是最难克服的。这是因为，家庭文化资本上的优势可以通过潜移默化的方式强化子代在教育获得中的成就动机，并且在有着丰富文化资本家庭中成长的孩子可以在家庭中"预社会化"学校生活方式，使得其在学校生活中表现得更为轻松。[2] 文化资本的差异也会影响人们对子代的教育意识，进而影响他们对子代的教育资源的选择。[3] 关系型社会资本、结构型社会资本、认知型社会资本均对家庭教育期望产生显著的正向影响。[4] 有人认为高等教育数量的扩张与机会的增加，并不意味着农村学生接受了高等教育，其地位就必然会得到提升。这是因为在高等教育大众化乃至普及化的背景下，人们地位的提升取决于高水平的就业，而高水平的就业在很大程度上得益于高质量的高等教育。[5] 20 世纪 90 年代以后，我国教育不平等问题逐渐显现和恶化。尽管农村人口上大学的比例逐年提高，但其上重点大学的比例仍偏低。这些数据表明，城乡之间高等教育入学机会的差距正在从显性的总量不均衡，转变为更深刻的和隐含的教育差距，主要体现为不同层次、不同类型大学的城乡

---

[1] 仇立平，肖日葵．文化资本与社会地位获得——基于上海市的实证研究[J]．中国社会科学，2011（06）：121-135+223．

[2] 方长春．家庭背景如何影响教育获得：基于居住空间分异的视角[J]．教育学报，2011，7（06）：118-126．

[3] 风笑天，方长春．教育分流意向——差异与影响因素[J]．公共管理高层论坛，2006（1）：109-121．

[4] 蔡庆丰，程章继，陈武元．社会资本、家庭教育期望与阶层流动——基于"中国家庭追踪调查"的实证研究与思考[J]．教育发展研究，2021，41（20）：9-21．

[5] 张继平．高质量高等教育公平的主要特点及实现机制[J]．高等教育研究，2016（2）：13-18．

学生分布。农村户籍子女在起跑线上就远远落后于城镇家庭的子女。[1]

社会学研究表明，人出生在"给定"的制度化世界里，其社会经济背景和"文化资本"不同，因此个体境遇也不同。[2] 学校的文化、教育、价值与社会资本，可以通过教育被其学生所继承。教育具有双重属性，既可以作为文化资本的符号，又可以充当社会分层与流动的工具，再生产社会阶层结构，影响社会机会和资源的分配。父辈占有的资本存量直接影响下一代的教育机会与成就。而家庭文化资本对子女获得高等教育入学机会的影响更为隐蔽和持久。一个学生从6岁长到14岁，住在哪个地区，身处什么家庭，一定程度上决定了他或她的学习质量以及进入后义务教育阶段的能力。城市阶层拥有丰富的文化资源、组织资源及社会关系资源，城市学生凭借其所拥有文化、权力、组织资源优势，在保送生政策的执行中成功地进行了这种优势的复制与再生产。[3] 挤过独木桥的这部分农村学生在进入大学乃至大学毕业后参与社会竞争时，由于他们的起点和整体素质的差异，以及"社会关系资本"的匮乏等原因，他们仍然处在弱势群体的位置上。[4] 在现代社会，教育对于社会流动是一把双刃剑。它既是社会流动的自致性因素，也是实现社会继承的手段。家庭社会经济资源的作用机制在于高阶层家庭利用占有社会经济资源的优势，在升学和择校的过程中减少竞争烈度，将部分竞争者排斥在竞赛之外，甚至垄断教育机会。这具体体现在两个方面："直接"排斥和"隐性"排斥。[5]

有人提出，改革开放以来我国社会不平等的扩大、阶层结构的"定型化"、教育回报率的上升等结构性因素使教育在社会流动过程中的重要性日益上升，从而导致社会各主体在教育领域展开了激烈的竞争。与此同时，一

---

[1] 于丹.中国城乡代际教育流动差异及其变迁[J].未来与发展，2018，42（11）：93-97.
[2] 王后雄.从社会学视角看弱势群体"差生群"生成原因及对策[J].教育科学，2005（5）：9-13.
[3] 王后雄."高考城市化倾向"的问题、成因及矫正[J].教育发展研究，2009（5）：14-19.
[4] 刘铁芳.乡土的逃离与回归[M].福州：福建教育出版社，2008：18.
[5] 李煜.制度变迁与教育不平等的产生机制——中国城市子女的教育获得（1966—2003）[J].中国社会科学，2006（04）：97-109+207.

系列与人才培养和选拔有关的制度设置或教育政策强化了家庭的经济、文化和社会资本对子女学业成就和教育获得的决定性作用。城市或优势阶层凭借更丰富的各种资本，帮助子女在优质教育资源或升学机会获得方面取得胜利，最终导致受教育机会的城乡和阶层差异不断加剧。[①]有人从超社会资本、强社会资本与教育公平的视角，分析了当今中国教育影响社会分层的因素。"超社会资本"是建立在对经济资本、社会资本和文化资本的全面占有的基础之上的，超越法律和制度许可范围的，能对社会资源的占有和分配产生决定性作用的一种特殊资本形式；"强社会资本"是建立在人情面子之上的社会关系网，这种关系网在日常生活中普遍存在，难以名状，同时又很有约束力。[②]在二元结构体制下，农村学生要想通过教育实现社会流动和社会地位的提升，其所付出的努力和代价往往要比同龄城市学生多。[③]

有人认为，1999年后，高校普遍扩招，上大学、上名校的机会从数量上看是增加了，但与此同时高昂的学费及其他费用，让一些收入偏低的家庭望而生畏，农村学生接受高等教育特别是上好学校、好专业的机会其实相对减少了，以至于有人认为高等教育正越来越变成专为富人安排的一桌宴席。另一方面，高校扩招和各种高教形式的膨胀，使得上大学的门槛下降，市场上供给的高校毕业生太多，高校毕业生就业难问题开始出现，价值趋向贬值。为高等教育支付的成本高了，收益却存在更多的不确定性，甚至还降低了。就业过程中"背景""关系""人脉"的决定性、排他性作用，像一道不断升高的"隐形门槛"，使得农村普通人家的子弟难以进入社会上升通道，而有着强大社会资源的富有家庭的孩子，则可以轻松获得体面的工作、较高的收入及更广阔的发展空间。这种状况不仅影响就业公平，更加剧了由社会底层

[①] 吴愈晓.社会分层视野下的中国教育公平：宏观趋势与微观机制[J].南京师大学报（社会科学版），2020（04）：18-35.

[②] 陈卓.超社会资本、强社会资本与教育公平——从当今中国教育影响社会分层的视角[J].青年研究，2010（5）：75-96.

[③] 李淼，王岩.城乡二元结构下的社会分层与教育公平的相互影响[J].理论与改革，2010（04）：66-69.

向中间阶层以及更上阶层流动的难度。[①]

四、"寒门再难出贵子"与教育公平

《辞海》对"寒门"的解释：一是指贫寒的家庭，二是指阶层地位低微的家庭。对"贵子"的解释，是指显贵的子嗣，多用作敬辞，亦指社会地位较高的人。结合文献依据和词义演变，应从经济条件、社会地位、文化水平等因素综合考虑来界定"寒门"和"贵子"的含义。从历史演变来看，"寒门出贵子"定义的出现与门第制度的确立有关，体现了社会地位的等级。[②]

（一）"寒门再难出贵子"与"阶层固化"

2011年8月初，某自称中学老师、网名linyang222的人在网上发帖称：做了15年老师我想告诉大家，这个时代寒门再难出贵子！文中称，眼下，成绩好的孩子越来越偏向富裕家庭。拿其所在的某特区（非深圳）来说，这两年学校里的中考状元或高考状元，家里条件都很好，尖子生大多也是这样。"不出20年，世道已经变了，这几年尤为明显。要说学生的智力，差别真不是太大，但成绩都是钱堆出来的。在可预见的未来，这种教育的差别会越来越大。"[③]此帖引发各方反响。新浪微博随即进行了"当今中国寒门是否难出贵子"的调查，结果显示逾七成网友认同那位老师的感叹。[④]紧接着《南方周末》发表文章，提到有研究表明重点大学农村学生比例自1990年起不断滑落，北大农村学生所占比例从三成落至一成，清华2010级农村生源仅占

[①] 涂小雨.社会阶层分化与中国社会管理的未来[J].中共天津市委党校学报，2012（5）：87-91.
[②] 应中元."寒门难出贵子"的时代困境与逆袭之路[J].中国青年研究，2020（08）：89-95.
[③] "这个时代寒门再难出贵子"——网友发帖引热议[N].无锡商报，2011-8-8（A10）.
[④] 李云路，黄玥，蔡敏.中国社会拷问"寒门难出贵子"现象[N].河南工人日报，2011-8-22（4）.

17%。①随后,有更多的关于重点大学的录取情况被公布,从中似乎都可以看出农村生源比例在减少,甚至像中国农业大学这样的农业院校农村生源也在下滑。中国农业大学 2011 年农村户籍学生比例为 28.26%,比 2010 年减少了 5.98 个百分点,近十年来首次跌破三成。②寒门出身,尤其是农村孩子进入大学尤其是优质大学似乎也越来越困难。③

2015 年,天涯社区上出现网名永乐大帝二世的"寒门再难出贵子"帖子,作者自称是一位银行的 HR,工作了 10 年,接待了一群到银行实习的实习生,然后观察他们的所作所为,从中得出结论:出身的不同会导致每个人行为处世和眼界上的天壤之别。那些穷孩子虽然专业知识也不差,但真的很难通过自身的努力挤入上层社会。同是这一年,在《我是演说家》舞台上,北大女生刘媛媛讲到"寒门再难出贵子"的话题。刘媛媛说自己:出身寒门,甚至都不算寒门,因为家里连门都没有。④再次引发热议。2017 年,高考成绩发布的时候,北京高考文科第一名熊轩昂"火"了一把,因为他在接受采访时说的一段大实话。⑤随着熊轩昂的这一段采访走红,"寒门再难出贵子"这句话又重现江湖出来虐心,网上炸开了锅似的大谈阶层固化。

"阶层固化",是与"寒门再难出贵子"如影随形的一个词。

"阶层固化",指因阶层之间对资源分配长期保持相对稳定,导致阶层之间的流动性受阻的一种社会现象。⑥伴随着频频出现在网络、媒体,"阶层固

---

① 潘晓凌.穷孩子没有春天?——寒门子弟为何离一线高校越来越远 [EB/OL].(2011-8-5) [2023-04-08].http://www.infzm.com/contents/61888?source=131.

② 潘林青,李江涛,潘莹.寒门果真难出贵子?——透视国内多所农业大学农村生源比例减少 [N].大理日报,2011-8-30(B2).

③ 李云路,黄玥,蔡敏.中国社会拷问"寒门难出贵子"现象 [N].河南工人日报,2011-8-22(4).

④ 刘媛媛.寒门贵子 [J].中学生,2015(24):22-23.

⑤ 熊轩昂说:农村地区的孩子越来越难考上好学校,像我这种属于中产阶级家庭的,衣食无忧的,而且家长也都是知识分子,而且还生在北京这种大城市,所以在教育资源上享受这种得天独厚的优势,是很多外地的或者农村地区的孩子完全享受不到的.张灿灿.高考报道早已陷入乏味的重复 [J].青年记者,2021(13):111.

⑥ 吴亮.我国社会阶层固化的成因及对策研究 [J].经贸实践,2018(18):305-306.

化"甚至"阶层板结"等词也进入了学界的视野。围绕"寒门"和"贵子"的讨论一直占据话题榜,其背后隐含的深层次问题涉及社会公平、资源分配、阶层固化。户籍制度、城乡二元制等制度的缺陷对寒门学子的流动造成了阻碍,大城市落户需要积分、好工作限户籍、读书限学区、新环境难融入与适应等都限制了寒门学子的发展。①

有论者认为,1978年改革开放,尤其是自20世纪90年代之后,居民财富暴涨,贫富差距加大,社会阶层分化加剧,社会固化显现,下层阶级向上流动的机会减少。②中国至今尚未形成稳定的橄榄型社会结构,中间阶层总体比例较小,阶层固化的趋势明显加速,呈现三种情况:碎片化、断裂化、层理化。所谓碎片化,即分化了的社会群体之间的利益关系不再扭结,呈现无序状态。所谓断裂化,是指随着贫富差距的拉大,社会结构出现断裂,两极化的群体不再有共同利益。所谓层理化,即社会群体横向流动的通道相对畅通,上下流动的通道阻滞,阶层之间形成了分明的界限并且难以实现利益的交流。③在社会转型期,各种类型的精英群体经过相互渗透和结盟,正在逐步形成一种强大的精英联盟,这使得阶层之间利益、信息等交流发生困难,阶层界限逐渐趋向明显,阶层固化逐渐形成。④有人提出,社会公众有"阶层固化"的感觉,一方面是由于新的阶层结构在形成过程中某些领域的差距拉得过大,另一方面是因为中下层社会成员向上流动的渠道不够通畅,户籍、体制、单位等因素以及权钱交易、腐败行为干扰了机会竞争的公平性。⑤

有人分析引发中国社会阶层固化的主要原因:所有制结构变迁引发了阶

---

① 应中元."寒门难出贵子"的时代困境与逆袭之路[J].中国青年研究,2020(08):89-95.
② 吴亮.我国社会阶层固化的成因及对策研究[J].经贸实践,2018(18):305-306.
③ 蔡志强.社会阶层固化的成因与对策[N].学习时报,2011-6-27(04).
④ 吕孝华,吴伟.阶层固化视角下教育对青年发展的影响[J].中国青年研究,2013(6):11-16.
⑤ 然茗,李春玲:"寒门难出贵子"就是"阶层固化"吗?[EB/OL].(2017-9-7)[2023-04-08].https://www.hubpd.com/c/2017-09-07/605973.shtml.

层分化与固化的双重趋势，改革开放初期物资匮乏条件下采用的倾斜性政策遭遇调整困境，中国既有的教育体制逐渐无力承载阶层流动的职能，阶层固化还源于多元价值主体加大了政府协调社会的难度。在教育体制改革不断深化的今天，通过接受教育来改变命运的通道渐显逼仄。当教育体系本身无法承载社会流动的责任时，社会就需要有新的通道来实现社会群体向上流动的可能。但是我们很难为如此庞大的社会群体提供足够的资源和制度平台以保障上下流动的渠道畅通，由此引致的权力和资本介入加剧了特权对公义的侵蚀，进一步固化了下层社会阶层。①当前城乡间教育事实上仍然存在较大差距，这种差距最直接的表现即基础教育阶段学校办学条件的差距。可以说，农村"寒门难出贵子"，正是源于城乡教育存在的差距。更为关键的是，学校阶层分割已成为一种既成的社会事实，农村学校的学生更多来自社会职业、教育程度及收入水平较低层次的家庭。②

但是也有人认为，所谓社会已陷入阶层固化的困境其实不过是大众媒体制造的"恐慌"。"寒门再难出贵子"这种观点不仅错误甚至是可怕的！现实生活中，寒门子弟逆袭的例子数不胜数。孔子说有教无类，这是给每个人平等的机会，抓住这个机会，才有改变命运的可能。③人们在研究教育不平等时特别强调城乡教育不平等，实际上忽略了一个很重要的因素：农村户籍的人在他们完成户口转变的过程中，绝大部分都是依靠升学完成的。也就是说，教育不仅仅没有伴随着阶层固化，反而还促成了农村地区的人完成阶级跃迁。在高等教育领域，"寒门贵子"争论的本质体现为精英主义与平等主义的冲突。高等教育不仅是社会阶层流动的重要渠道，也是社会阶层再生产的工具。高等教育既要为了学术卓越而保护精英主义，也要为了社会公平而捍

---

① 蔡志强.社会阶层固化的成因与对策［N］.学习时报，2011-6-27（04）.
② 范先佐."寒门难出贵子"的原因及解决之道［J］.全球教育展望，2020，49（03）：36-41.
③ 寒门再难出贵子？阶层固化之痛！一篇引起千万人共鸣的好文［EB/OL］.（2017-08-17）［2023-06-18］.https://www.163.com/dy/article/CS2O413K0517D113.html.

卫平等主义。① 有人提出，寒门学子如何在阶层的分化与重组、固化与流动的形势下突围，不仅是寒门学子的个人问题，也是国家和社会重点关注和亟待解决的问题。②"寒门学子及其父母一定要牢固树立'寒门出贵子'的坚定信念。农村的寒门子弟，尤其是寒门大学生，也一定要懂得，一个公平开放的社会就是底层民众向上流动的社会，也是靠实力说话的社会。随着社会的不断进步，教育将成为个体向上流动的主要途径，他们拥有通过努力改变命运的机会。"③ 有人则拿路遥、莫言等许多"寒门"子弟"逆袭"的故事来勉励青年学子，"他们无不代表了一种符号，一种家庭贫寒又希望通过自身的努力来改变命运的普通青年符号"。④

（二）"寒门再难出贵子"与"教育焦虑"

有一段时间，有一种焦虑弥漫在中国社会，这种焦虑叫"教育焦虑"。其症状表征为贯穿整个教育的对"教育落后"的恐慌、在教育过程中对"教育重负"的压力、在教育结果方面对"教育无能"的担忧。⑤ 教育焦虑是父母参与子女的教育活动中体验到的消极不安的情绪，主要包括父母对子女当前教育环境、教育资源、学业表现和教育收获的担忧和焦虑，并伴有情绪感受、生理反应、行为反应这三个特征结构。⑥ 2018 年 9 月，智课教育联合新浪教育发布的"中国家长教育焦虑指数调查报告"显示，中国家长 2018 年教

---

① 郭书剑，王建华. 寒门贵子：高等教育中精英主义与平等主义的冲突 [J]. 高等教育研究，2018，39（10）：21-30+36.

② 应中元. "寒门难出贵子"的时代困境与逆袭之路 [J]. 中国青年研究，2020（08）：89-95.

③ 范先佐. "寒门难出贵子"的原因及解决之道 [J]. 全球教育展望，2020，49（03）：36-41.

④ 余卉，胡子祥. 寒门再难出贵子？社会资本双重属性下青年就业的质性研究 [J]. 中国青年研究，2019（12）：57-63.

⑤ 陈华仔，肖维. 中国家长"教育焦虑症"现象解读 [J]. 国家教育行政学院学报，2014（02）：18-23.

⑥ 许科威，严周锋，吴文婷，梅思佳，陈莉. 基于扎根理论的中小学家长教育焦虑的研究：内容及特征结构分析 [J]. 江西广播电视大学学报，2022，24（03）：89-96.

育综合焦虑指数达到 67 点，整体处于比较焦虑状态。[1]

教育焦虑首先发生在所谓的中产阶级家长身上。这些中产阶级家长，内心深处有着巨大的不安全感。他们希望自己的孩子可以继续接力，向更高的社会经济地位跃迁，为此他们不惜重金，让孩子去上各种辅导班，学习各种才艺，让孩子有更大的机会进名校。[2] 不仅仅是中产阶级，中国的教育焦虑有两个显著特点：一是整体性、全民性的，各个阶层都在焦虑，中产的在焦虑，高收入的在焦虑，普通老百姓也在焦虑；二是焦虑从孩子低龄阶段就开始——主要在小学阶段，然后下沉到了幼儿园，其对应的就是"幼升小"和"小升初"的择校竞争。[3] 从遍布大街小巷的"培训班"到炒得火热的"学区房"，从"虎妈猫爸"的上演到横跨太平洋的"小别离"，从"疯狂的妈妈"到"疲惫的学生"……"教育焦虑"已经成为社会的一种普遍现象。[4]

不仅是城市，农村家长的教育焦虑也与日俱增。过去，很少有农村家长会对子女教育进行额外投资，"知识改变命运"的观念一直都有，却始终只是停留在嘴上，绝大部分农村小孩接受教育的唯一机会就是在学校上课，农村家长对待子女教育的心态普遍平和。如今农村家长对于子女教育的态度已经发生了剧烈转变，也越来越舍得对子女教育进行投资，教育投资对于很多农村家庭而言已成为首要开支。与教育开支扩张同步发生的是农村家长的教育焦虑也日渐增强。[5] 随着城镇化的深入推进，农村人口进一步向城镇聚集，大量的农村学龄人口在城镇接受义务教育。义务教育学龄人口的高度集中使原来城乡间、区域间、校际间累积的教育差距转化为群体间和个体间的教育差距，这种差距给农村家长带来了心理冲击，成为农村家长教育焦虑的触发因

---

[1] 中国家长的教育焦虑 有解吗？［EB/OL］.（2019-12-28）［2023-04-08］.https://baijiahao.baidu.com/s？id=1654128494124006971&wfr=spider&for=pc.
[2] 依凡.中产阶层教育焦虑症结在哪里［J］.投资与理财，2018（5）：30.
[3] 杨东平.教育内卷化的底层逻辑及其破解［J］.中小学校长，2021（09）：3-8.
[4] 冯惠敏.教育焦虑：别让教育异化为负担［J］.教育家，2019（46）：1.
[5] 望henoz.农村父母的教育焦虑从何而来［EB/OL］.（2019-11-20）［2023-04-08］.https://www.thepaper.cn/newsDetail_forward_4995364？commTag=true.

素。随着农村家长群体中"80后""90后"的增多,农村教育的格局正在发生剧烈变化。他们的教育观念与父辈有很大的差异,对子女的教育更加重视并且有更高的教育期望,教育焦虑也更加明显。[①] 家长教育焦虑作为焦虑的衍生概念,并非家长个体所独有的特殊状态,而是整个家长群体都普遍持有的群体心理现象。[②] 更多的人认为,"教育焦虑"已成为一种"社会病"。

导致全社会"教育焦虑"的原因,各方观点、看法有以下一些:

社会焦虑在教育过程中的反映。心理失衡导致了焦虑,导致了家庭教育的动作变形,对孩子教育过度化和片面化倾向严重。教育与个体和社会的生存和发展密切相关,当教育意图与预期结果产生严重偏差时,大众对教育的焦虑感就会产生,尤其是家长。[③]"中国家长教育焦虑指数调查报告"从社会环境、教育资源、家庭关系及父母成长四个维度来探查中国家长教育焦虑的影响因素,结果显示在上述四个维度中,社会环境因素引发的中国家长教育焦虑程度最高,学习成绩、校园安全、手机上瘾、学区房等问题成为焦虑爆发点。[④] 焦虑的心态折射的是教育改革滞后于民生需求的现状,更反映出社会板结、利益固化给教育带来的压力。有人更提出,教育焦虑正逐渐成为影响生育水平和人口发展的重要因素。[⑤]

教育的高度不平等化和筛选机制。北京大学王蓉教授及其团队2018年发布了一份报告,用到一个词"教育的拉丁美洲化",是指在人口收入差距显著的社会中,大量中高等收入的家长可能"逃离"公共教育体系而在私立部门中寻求更高水准的服务,公立学校特别是基础教育阶段的公立学校逐渐成

---

① 刘善槐. 农村家长的"教育焦虑"从何而来[J]. 人民论坛,2020(14):72-74.
② 李金洲. 家长教育焦虑研究文献综述[J]. 西部学刊,2020(08),77-79.
③ 柴葳,王京源. 教育焦虑何时不再困扰家长[N]. 中国教育报,2019-3-13(06).
④ 中国家长的教育焦虑 有解吗?[EB/OL].(2019-12-28)[2023-04-08].https://baijiahao.baidu.com/s?id=1654128494124006971&wfr=spider&for=pc.
⑤ 陶涛. 教育焦虑传导机制下的低生育意愿及应对[J]. 华中科技大学学报(社会科学版),2023,37(03):74-80.

为低劣质量机构的"代名词"。①王蓉教授等用这个词来描述教育的高度不平等化。这种情况下，如果高等教育机构，仍然享受着政府的高补贴政策，就会造成教育不公平格局。因为，社会中的优势群体，在私立中小学接受了优质的教育，更有可能考上这些提供优质教育的高等教育机构。

择校竞争引发教育焦虑。这种择校竞争由来已久，而且层级越来越低、竞争性越来越强，发展成了全民的教育焦虑。对于这种现实，杨东平认为郑也夫"学历军备竞赛"的称法比较恰当，用这么一个词来表达中国教育当前的现实，比一般的"择校""焦虑""鸡娃"等更准确地说明了事情的本质。②由于优质教育资源往往集中于城市，农村家长想要让自己的孩子接受更好的教育便只能送孩子进城上学，这必然需要家长们承担更高的教育成本，对农村家长的经济实力提出了挑战，继而引发农村家长的经济焦虑。③

"剧场效应"引爆焦虑"场域"。"剧场效应"，本义为在剧场观看演出时，前排观众中有人忽然站起身来看戏，由于挡住了视线，后头的人也纷纷起身观看。争先恐后的"补课""加码"等"抢跑"行为，将"起跑线"不断地置前，于是由"剧场效应"而形成了一种社会竞争的"场域"。如果别人家的孩子已经开始"抢跑"，自家孩子却还在"热身"，家长们如何做到云淡风轻？当惊叹于一个个"牛蛙"横空出世，自家孩子却还是普通"青蛙"时，家长们又怎能不心急火燎？④家长在"鸡娃群"中陷入"不明确——伪明确——更不明确"的怪圈，情绪也从焦虑变为更加焦虑，家长自身、家庭

---

① 李建文，檀传宝.义务教育民办学校可以择生吗？——"公民同招"政策的伦理讨论［J］.中国教育学刊，2021（07）：23-28.
② 杨东平.教育内卷化的底层逻辑及其破解［J］.中小学校长，2021（09）：3-8.
③ 望超凡.农村父母的教育焦虑从何而来［EB/OL］.（2019-11-20）［2023-04-08］.https://www.thepaper.cn/newsDetail_forward_4995364？commTag=true.
④ 中国家长的教育焦虑　有解吗？［EB/OL］.（2019-12-28）［2023-04-08］.https://baijiahao.baidu.com/s？id=1654128494124006971&wfr=spider&for=pc.

内部、群内家长之间乃至社会中形成教育焦虑循环的"莫比乌斯环"。[1]

还有人认为，教育焦虑的根源在教育之外。教育焦虑问题的形成与教育环境及家长对教育本质的理解有着密切关系。教育寄托、补偿心理、学生成绩不佳带来的"羞辱感"、教育恐慌和无助感等是教育焦虑产生的重要原因。教育环境的状态（如教育政策环境、学校育人环境、家庭教育环境等）直接影响教育焦虑的产生。[2]课外辅导、在线教育贩卖"教育焦虑"。教育功能的异化推动了教育功利化与工具化发展倾向，进而催生了教育焦虑；资本"瞄准"了教育的功利性与工具性特征并实现了与教育活动的深度融合，在资本的恶性竞争中教育焦虑被不断扩散。[3]教育焦虑直接反映出社会优质教育资源供需不平衡，反映着教育系统运行机制存在的线性逻辑以及教育评价中的不科学导向，还反映着焦虑主体过度参与教育实践，凸显应试教育的"共谋"。教育焦虑的实质是家长对儿童未来发展确定性追求过程中所遭受的失控状态。[4]中国家长教育焦虑的背后，是对优质教育资源的需求，是对多元化教育模式的期待，这其实是对改革的呼唤，需要通过全面深化改革来解决。[5]

五、"内卷"、"躺平"与"孔乙己的长衫"

（一）"内卷"与"躺平"

"内卷"或者叫"内卷化"，本是一个学术名词。它来自一个英文词involution，有"向内"的意思，[6]指一种社会或文化模式在某一发展阶段达

---

[1] 耿羽.莫比乌斯环："鸡娃群"与教育焦虑[J].中国青年研究，2021（11）：80-87.
[2] 丁亚东，薛海平.家长教育焦虑的现状、特征及影响因素——基于35162名家长的实证研究[J].首都师范大学学报（社会科学版），2022（05）：145-156+188.
[3] 段雨，胡亮.教育焦虑的形成、扩张及其纾解[J].甘肃理论学刊，2022（03）：122-128+2.
[4] 黄晓磊.家庭教育焦虑作为社会综合征的治理逻辑[J].中华家教，2021（01）：90-92.
[5] 解艳华.摆脱"家长焦虑"困局[J].群言，2018（01）：25-27.
[6] 杨东平.教育内卷化的底层逻辑及其破解[J].中小学校长，2021（09）：3-8.

到一种确定的形式后，便停滞不前或无法转化为另一种高级模式的现象。内卷化最初是由美国人类学家戈登·威泽在解释文化到达一定阶段后不能实现新发展只会内部不断复杂化的模式时提出的概念。这一概念后经格尔茨、杜赞奇等人的发展与再阐释，以及与经济学、政治学等各学科命题相结合，概念本身认识论层面的意义不断丰富，成为一种被广泛使用的理论话语。[1]

2020年，"内卷"这个词横空出世，并迅速大热。作为网络流行词，"内卷"指同行间竞相付出更多努力以争夺有限资源从而导致个体"收益努力比"下降的现象，可以看作努力的"通货膨胀"。[2]后来，"内卷"被广泛地使用在人们生活的各个方面、各个领域，从"996"工作模式、学业竞争，到行业竞争、社会资源分配。"内卷化"从一个专业学术词汇进入当下的文化空间，变成一个意义宽泛的"热词"，折射出新时代对于"劳动"（人类活动）意义的新理解。[3]

"内卷"之于教育，有两重含义：一是指教育自身的"内卷"，典型的如衡水中学，有人称之为"内卷化的衡水式中学"；二是指由教育"内卷"引发的其他"内卷"。教育内卷意味着教育目的异化、教育有增长而无发展，以及教育资源过度甚至无效损耗。[4]"教育内卷化"的基本内涵为：教育系统发展到终极形态，无法打破自身壁垒，内部不断"精细化"并产生抵御质性变革的能力；受到外部因素的严格限制，个体或群体行为模式僵化，系统内耗加剧；教育偏离育人初心，盲目追求确定性的结果，教育功能失调。"教

---

[1] 鲁沛竺.内卷化：一个跨学科理论话语的教育领域误用与反思[J].苏州大学学报（教育科学版），2022，10（03）：71-80.

[2] 仇晓灿.探索以积极心理学打破大学生"内卷化"魔咒[J].山西青年，2022（24）：187-189.

[3] 成庆."内卷化"与意义世界的重建——兼与徐英瑾教授商榷[J].探索与争鸣，2021（07）：90-98+178.

[4] 李云星."漩涡"：教育内卷生成机制解码——兼论教育内卷的破解之道[J].教育发展研究，2022，42（Z2）：1-9.

育内卷化"的表征为：制度改革陷入僵化，过度竞争加剧内耗，教育功能发生异化。①有人认为教育领域的内卷是社会经济发展到一定阶段的必然现象，"内卷化"是过度竞争或无序竞争的结果，它反映了投入与产出之间的特殊关系，属于"突破"前的必经阶段。②宏观上的竞争与效率追求等现代社会发展的内在逻辑和微观上重视数量的科学主义评价机制共同推动了教育内卷的发生，反映了教育内卷的历史渐进性、普遍性和可计算性特征，揭示了教育内卷外在形式重于内在内容、外在激励重于内在动机的本质属性。在此基础上，我国教育内卷表现出与国民性相关、后发外生型等特征，使得我国治理教育内卷的系列政策面临着一定的困境。③

紧接着"内卷"而来的，是"躺平"。"躺平"从字面上理解，就是平躺在那里。它是对环境的顺从、对困难的妥协、对未来的放弃，是一种"决定放弃靠拼命工作来攒钱，不断产生焦虑而伤身的生活模式，而采取主动降低自身欲望，从而缓解生存压力"的生活哲学。有人认为，如果说2020年是"内卷元年"，那2021年则是"躺平元年"。"躺平学"这个概念起源于《中国人口吧》里面的一个帖子：《躺平即是正义》。帖中名言：只有躺平，人才是万物的尺度。帖主依据自身的生活方式和生命意识提出了一种以"低欲望、低需求、低消费、少社会关联"为主要特征的生存主张，这种主张迅即在网络上激发出不少共鸣，以至于在众声喧哗中"躺平主义"仿佛构成了对物欲横流的消费主义的一种消解，对某些领域过度竞争、严重内卷现状的一种抵制，甚至是对无序扩张的资本积累的一种反抗。虽然一再遭到主流媒体的臧否，但"躺平"无疑已经成为本年度炙手可热的流行词。④自《躺平即是

---

① 刘雅晴. "教育内卷化"的内涵表征与破局思考[J]. 教书育人，2022（29）：6-10.
② 耿永志. 教育领域"内卷化"问题分析及政策建议——基于信号论和投资论的对比[J]. 教育导刊，2023（01）：27-33.
③ 阎凤桥. 教育内卷的生成机制、主要特征及其治理困境[J]. 北京教育学院学报，2023，37(02)：10-14.
④ 王金林. 自我解构的躺平主义——"躺平正义论"批判[J]. 探索与争鸣，2021（12）：16-18.

正义》帖文问世,"躺平"和"躺平主义"受到广泛的关注,参与者之多,争论之激烈,堪称网络奇观。反对者认为"躺平族"自私自利、不负责任、消极颓废,因而主张抵制它;同情者认为"躺平"是对"内卷"的无奈之感和对不合理现实的抵抗,因而主张认真对待它。①

"躺平"影响所及,远远超出了网络世界。许多人包括许多主流媒体就此发表了意见或表明了态度。专家们则从社会学、心理学、人类学、经济学、政治学甚至哲学等视角就此展开了研究和讨论,代表性的观点如下。

"躺平"是一种亚文化现象。"躺平文化"是亚文化的新形态,也是应对"内卷化"社会的非理性选择,其背后隐喻着青年的现实困境和问题症候,折射出当代青年在"内卷化"的社会压力下的精神焦虑和现实无力感。②作为一种青年亚文化现象,"躺平主义"的群像特征表现为一系列独特的心理表征、价值构境、话语叙事和形象定位。③作为一种网络文化症候和符号化表意实践,从"内卷"到"躺平"体现着从概念到流行话语的青年亚文化建构与流变过程,并通过社交媒体的多向传播和与社会热点事件相关的多元解读引发大众的共鸣。④作为社会文化的一种标志性现象,对"躺平"可以有多元的解读,最典型的"躺平"是属于"90后"一代的特殊现象,是"后浪"文化的一种表现。⑤事实上,描述青年人因各种社会压力而产生逃避、放弃、自我封闭等情绪心理和行为方式的词语,可以追溯至20世纪90年代初于英国出现的"尼特族"。此后,"尼特族"在欧洲、南非等被普遍用于形

---

① 汪行福. 躺平主义理性批判[J]. 广州大学学报(社会科学版),2022,21(04):43-53.
② 相雅芳. 祛魅与重构:"躺平文化"的社会根源及文化反思[J]. 新疆社会科学,2021(05):146-152+164.
③ 马超,王岩. "躺平主义"的群像特征、时代成因及其应对策略[J]. 思想理论教育,2022(04):107-111.
④ 付茜茜. 从"内卷"到"躺平":现代性焦虑与青年亚文化审思[J]. 青年探索,2022(02):80-90.
⑤ 许纪霖. 躺平:代际冲突下的"后浪"文化[J]. 探索与争鸣,2021(12):8-11.

容低学历、低年龄、低社交性、低收入、无业的青年群体。①"尼特族"在日本是"低欲望社会",在韩国是"独居社会"现象。"低欲望"与"躺平"现象的出现并非偶然,它是近年来以"丧文化""佛系文化"为代表的"颓废型"青年文化的延续。它是青年面临社会难题而群体性焦虑的文化反映,也是青年主体的代际特质与亚文化表征,本质上是所谓社会"内卷"后青年的自我贬损。②"躺平主义"承续了以"丧""佛系"为代表的青年亚文化基因。③

"躺平"反映了一种无力感。"内卷"与"躺平"以对个人促逼生存状态的高度概括而引发了广泛的情绪共鸣。作为一种事实性存在,二者既各自独立又相互渗透。"内卷"是个人为达成目标与自我和他人进行的激烈竞争,而"躺平"则是对"内卷"的厌倦和逃离,"犬儒式躺平""实用式躺平""间歇式躺平"等多种样态的"躺平"反映了个人对促逼生存状态反抗的无力感。④从本质来看,无论"内卷"还是"躺平",都反映出青年迷茫、焦虑、失落、矛盾的社会心态,在社会变迁下由个体与群体的相互构建而形成。⑤继"内卷"之后,"躺平主义"流行,不仅反映出当前社会背景下,人们面对激烈竞争时普遍产生的社会阶层流动的焦虑,也意味着当一个社会从剧烈变迁向相对稳定状态过渡时,人们的文化价值观和社会心态将发生转向。⑥"躺平"现象产生之外因主要是当代青年承受的社会压力与生活期望的超载以及中外

---

① 戴西伦.从"尼特族"到"躺平":全球溯源、成因及应对经验[J].青年探索,2022(03):101-112.

② 宋德孝,别杨杨."低欲望躺平主义"的本质、危害及其超越——基于当代青年多元需求的分析视角[J].中国青年研究,2022(02):22-29.

③ 张铨洲."躺平主义"的生成机理、具象表征与治理策略[J].理论导刊,2023(07):74-80.

④ 裴越.论"内卷"与"躺平"的生存焦虑[J].鲁东大学学报(哲学社会科学版),2022,39(01):65-70.

⑤ 叶文璐."内卷"与"躺平":社会变迁下的青年心态困境[J].北京青年研究,2023,32(03):28-35.

⑥ 陈友华,曹云鹤."躺平":兴起、形成机制与社会后果[J].福建论坛(人文社会科学版),2021(09):181-192.

消极文化的侵蚀，内因主要是其生命意义缺失与精神危机。后者表现为躺平者的"空心病"和"三观"问题，其核心是缺乏支撑其存在感和意义感的价值观。[1]"内卷"、"躺平"、焦虑既源于经济与社会，也源于政治权利。政治权利的自由逻辑使"内卷"、"躺平"、焦虑具有了正当合理性。"内卷""躺平"是自由的起点、过程和结果，也是因自由选择而付出的代价。[2]

"躺平"是一种另类的抵御姿势。"躺平"语系让一部当代社会心态史和青年文化发展史映射出复杂多变的意义，表达出另类的抵御姿势。"躺平"是加速社会和时间体制不断驱赶个体、削弱生命自主性，造成生命与世界断裂从而深度自我异化的结果。[3]"躺平主义"也体现了弱势青年对社会"内卷化"的一种软性反抗。"我躺故我在"对接"我思故我在"，呈现对物质主义宰制下"资本逻辑"加速节奏的反思，同时在反对高消费主义的"物朴"满足感及叙事框架中实现"自我超越"。[4]"躺平族"的出现是现代经济社会高度内卷、学校教育体系矛盾叠加以及温室型家庭教育机制综合形塑的结果，折射出青年的行为对抗、价值迷茫和心理失落。[5]

"躺平"与教育的"干系"，在于人们由"躺平"联想到"阶层固化"，由"阶层固化"联想到教育，形成了一个逻辑链。从主观角度看，"躺平"或是因为看清社会现实从而正视自己，选择低欲望和反"内卷化"。从客观角度看，外部紧张的国际局势严重影响就业者工作状态，内部的网络经济扩张、城乡鸿沟等导致底层青年难以实现梦想，最终被迫"躺平"。"躺平"之利在于可独善其身又能以"沉思生活"缓解压力，是对"内卷"的消极抵抗

---

[1] 张自慧,依力亚,黄利金.青年"躺平"背后的意义缺失与精神危机[J].哲学分析,2022,13(01)：89-101+198.

[2] 张爱军.内卷、躺平、焦虑：政治权利的自由逻辑进退及其回塑[J].武汉理工大学学报（社会科学版），2023，36（02）：40-47.

[3] 马中红."躺平"：抵御深度异化的另类姿势[J].探索与争鸣，2021（12）：54-62+178.

[4] 令小雄,李春丽."躺平主义"的文化构境、叙事症候及应对策略[J].新疆师范大学学报（哲学社会科学版），2022，43（02）：124-139.

[5] 张慧,石路."躺平族"的具象表征、理论诱因与引导理路[J].理论导刊，2022（01）：85-92.

和对人生意义的审视反思。①

但是也有人认为,不加分辨地接受教育"内卷化"的概念,一方面是对教育活动的污名化,另一方面则会滋生教育无用论的新论调。教育"内卷化"本身就是一个伪概念、假命题,其本质只是功利主义极端化下的全民教育焦虑。②还有人认为,国内研究者引入这一理论话语分析教育问题的时候,存在滥用和误用的问题。具体表现为:忽视了"内卷化"发生的制度环境、教育事业本身的工具性、教育追求的同质化倾向,缺乏针对概念的理性反思,批判性倾向鲜明。这种不恰当的引用无益于问题的分析,也会导致理论话语的无效。③甘阳就怀疑"内卷"这个词可能有点被滥用了,认为刻苦学习是做学生的本分,这不等于"卷"。同样,学生考试希望考出最好的分数,这也不是"内卷",真正的"内卷"是你对所有课程和所有学习都没有兴趣,你却仍然要拼命去拿最好的成绩。这个过程一定很痛苦而且很没劲,这才叫"内卷"。④

还有人提出,从历史时态看,"躺平"本质为"犬儒主义"的一种现代化裂变;从当代时态看,占据网络话语权的"白领式躺平",并非真正的"躺平",而是一种青年意识形态话语范式表达,其当代表现是不反对"奋斗"本身,而反对"无脑奋斗",追求个体人文关怀。青年并非真想"躺平",而是想"躺一会"放松。消解"躺平"不能仅靠抨击以"堵住"青年的嘴,而需要提高市场监管效能、保障青年发展利益诉求、为青年提供可上升的平台机制等一系列综合措施。⑤少一点"规训",多一点对个人选择的尊重;少一

---

① 崔岐恩,程天如,李珍妮.躺平:作为青年人行为符号的信息与意义[J].语文学刊,2022,42(06):71-77.
② 杨磊,朱德全,樊亚博.教育真的内卷了吗?——一个批判分析的视角[J].内蒙古社会科学,2022,43(02):179-189.
③ 鲁沛竺.内卷化:一个跨学科理论话语的教育领域误用与反思[J].苏州大学学报(教育科学版),2022,10(03):71-80.
④ 甘阳."内卷"的滥用[J].读写月报,2022(16):20.
⑤ 王甄玺."躺平"一词何以流行——基于历史唯物主义视角[J].山东青年政治学院学报,2021,37(05):55-59.

点"裹挟",多一点对大众声音的倾听,既事关媒体信任,也事关政治信任;既是社会发展的必然要求,更是因应"躺平"话语的最好对策。[1]

(二)"孔乙己的长衫"

"少年不懂孔乙己,读懂已是书中人。"

2023年春天,孔乙己,一个世纪前存在于鲁迅小说中的人物成为热搜关键词。一些年轻人将"孔乙己"的形象与自己的人生境遇挂钩,"读过点书,又混得不如意,干别的吧,又放不下读书人的身段",调侃眼下"高不成低不就"的生活。"如果我没有上过大学,那我一定心安理得地去打螺丝","学历不仅是敲门砖,也是我下不来的高台,更是孔乙己脱不下的长衫"。孔乙己"照进现实",反射出年轻人的生存压力和焦虑情绪。这个话题的讨论者,多是接受过高等教育的年轻人。他们或正在求职,或刚步入社会不久。[2] 孔乙己的长衫,以不曾想象的方式"出圈"。它像一个无法触碰又隐隐作痛的伤口,刺激着找不到理想工作的迷茫群体的心。网络上,类似话题就像解压的树洞,引人聚集、倾诉、吐槽,痛苦在此展示、交织、堆积,[3] 很多年轻人从孔乙己身上看到了自己,联想到了求职立业的艰难和惆怅,遂纷纷以"当代孔乙己"自嘲自比。[4] 如火如荼的讨论引发了许多人对于职业的选择、读书的意义等问题的思考。"孔乙己文学"现象呈现了符号、价值、行为、情绪四个方面的群体特征。[5]

"孔乙己的长衫","脱"还是"不脱"? 意见不一。主张脱的认为:每代

---

[1] 胡范铸,张虹倩."躺平"舆情:言行分裂中的社会焦虑和自我治愈[J].青年学报,2021(04):52-58.
[2] 刘望潮.困住年轻人的"孔乙己长衫",到底是什么?[EB/OL].(2023-3-1)[2023-04-08].https://new.qq.com/rain/a/20230301A088SH00.
[3] 黄静.孔乙己的长衫,脱不下也不必脱下[EB/OL].(2023-03-18)[2023-04-08].https://baijiahao.baidu.com/s?id=1760690441732754396&wfr=spider&for=pc.
[4] 余胜良.从孔乙己脱不脱长衫看文化影响[N].证券时报.2023-03-30(A06).
[5] 张良驯,付成梅."孔乙己文学"背后的青年就业困境与疏解[J].中国青年社会科学,2023,42(04):11-20.

年轻人都有自己的烦恼,无论这"长衫"是与生俱来的家庭环境,还是不忍割舍的读书人身份,抑或难以翻篇的人生经历,都不该成为我们追求自由、成就自我的绊脚石。100多年前,孔乙己脱不下的长衫,是他以自欺欺人方式维护的"读书人"体面。而今天大学生们脱不下的"长衫",是他们对自己职业定位的固化思维,是传统教育观念隐藏的职业偏见,也是社会舆论对高学历人才的"软绑架"。① 脱不下的不是孔乙己的长衫,而是陈旧的职业思维。职业本就不应该有高低贵贱之分,在知识社会职业只有合适不合适之分、能力及不及之分。有人指出,真正让你脱不掉孔乙己长衫的,是我们的农村社会形态。"我父母辛辛苦苦供我念书,不是想让我过自定义的生活,他们就是想要我出人头地,然后他们才能在村里扬眉吐气。"② 主张不"脱"的认为:脱不下的孔乙己长衫,是当代年轻人最后的尊严。③ 学历意味着什么? 不仅意味着生活,还有尊严。毕竟是父母辛勤培养、接受了高等教育的人,寻求一份能够维系颜面哪怕工资不高的工作并不为过。④

由"孔乙己的长衫",人们联想到了大学生就业、"寒门"、阶层。在现代社会中,教育被认为是改变一个人命运的最重要途径之一,而大学学历也被视为通往成功的必经之路。然而对于出身底层的大学生来说,获得高等教育的机会并不容易。即使拥有大学学位,他们也可能面临着就业难、工作低端化和收入不高的问题。很多大学生在求职过程中遭遇各种困难和歧视,他们可能因为出身贫困、家庭背景等因素而被拒门外,无法获得与自己学历相

---

① 周倩莹.摆脱"长衫"焦虑 不只是大学生的事[N].科技日报,2023-03-17(02).
② 真正让你脱不掉孔乙己长衫的,是我们的农村社会形态[EB/OL](2023-03-21).https://baijiahao.baidu.com/s?id=1760946731248445705&wfr=spider&for=pc.
③ 衷曲无闻.脱不下的孔乙己长衫,是当代年轻人最后的尊严[EB/OL].(2023-03-12)[2023-04-08].https://www.baidu.com/link?url=mOXXm_j8Zvj1ceVCgZWubWHqe7zkErdAwkKKgVXU7J70sD6taMXfm8JvoxmHo5bs1nkAYmxovP3XaoBrhmVEoK&wd=&eqid=9f19fc8a000305a6000000036442357d.
④ 肖俊.脱不下的不是孔乙己的长衫,而是陈旧的职业思维[N].南方都市报,2023-3-18(GA02).

符合的工作岗位。①数据显示，2000年的时候全国高校毕业生人数是100.9万人，2022年首次破千万，2023年预计达到1158万人，再创历史新高。24年间全国高校毕业生人数实现超10倍增长。②2023年，北京高校毕业生约28.5万人，硕博毕业生人数首超本科生。③学历"通货膨胀"年代，高校毕业生"高学低就"的情况确实存在，"长衫"焦虑难免。有人则把"孔乙己的长衫"与第四次"读书无用论"来袭和越来越多的农村子弟放弃高考联系了起来。

教育就其本质来说，无外乎两大功能——促进阶层流动的基本社会功能和促进个人发展的基本个体功能。④在底层群体的人生视野中，平等的教育，一直是他们头顶的那一缕阳光，脚下的那一级阶梯。教育能够促进阶层向上流动，改变穷人前途命运，助推社会公正平等。这是他们心中坚如磐石的信念。⑤教育的历史性变革和跨越式发展，带给人们无限的憧憬。然而，激烈的就学竞争，急剧的社会分化，也使人们对教育的功能陷入深深的困惑和迷茫之中。⑥社会成员对公平的感觉依赖于个体在社会相互作用中对自己所处地位、拥有资源、他人态度等社会变量的一种自我价值反应和判断，是个人的一种主观感觉。由于个人成长环境的不确定性，所受教育程度与掌握知识水准不同，价值观形成的过程也不同，价值判断的标准因人而异（偏好差异），因此社会个体对公平的价值判断常常与公共政策上的公平产生背离。⑦不同

---

① 央视点评孔乙己"脱不下的长衫"，寒门还能出贵子吗？［EB/OL］.（2023-03-20）［2023-04-08］.https://www.163.com/dy/article/I0ACL1GS05532FXR.html.

② 杨丹，何苗.24年间毕业生人数增超10倍，2023届毕业生就业更"难"？［EB/OL］.（2023-03-02）［2023-04-08］.https://baijiahao.baidu.com/s？id=1759251017325153482&wfr=spider&for=pc.

③ 罗艳.今年北京硕博毕业生人数首超本科生［N］.新京报，2023-03-20（A11）.

④ 米奥舒.后双减时代中国教育发展趋势［EB/OL］.（2021-08-25）［2023-04-12］.https://zhuanlan.zhihu.com/p/403368955.

⑤ 苏北.教育焦虑，拷问社会公平［J］.半月谈内部版，2019（11）.

⑥ 苏北.教育焦虑，拷问社会公平［EB/OL］.（2019-11-06）［2023-04-12］.https://baijiahao.baidu.com/s？id=1649424537020779717&wfr=spider&for=pc.

⑦ 马志远，金瑞.财政约束条件下的教育公平与教育财政政策选择［J］.教育经济评论，2016，1（03）：3-23.

人群关于教育公平的话语所表达的往往并不完全是同一种意义，甚至有时是相互冲突的意义或截然相反的改革愿望。[①] 困难背后更深层次的问题是，人们对于"教育公平"的理解越来越难以达成共识，基于各种视角和出发点的教育理念之间的冲突越来越难以调和。[②]"寒门再难出贵子""阶层固化""教育焦虑""内卷""躺平""孔乙己的长衫"等，述说着世态民情，也述说着教育和社会公平的复杂性、相对性、受制约性、历史性和过程性。

[①] 石中英.教育公正与正义理论[J].现代教育论丛，2001（02）：1-5.
[②] 孙启明.考试招生制度改革的问题与逻辑[J].教育学术月刊，2017（03）：68-73.

第七章　伦理视域的城乡中国教育

"制度伦理"是个外来概念。这一范畴的提出，是与 20 世纪 80 年代以来我们对西方制度经济学理论的引进和借鉴密切相关的，是我们对传统中所缺乏的制度层面的创新和完善。[①] "制度伦理"强调以制度和规则来规范和引导人们的行动和社会生活，保持社会的公平和正义，并最终确保人们的利益不受侵犯。这一思想在西方文化中源远流长。政策取向是指在政策上作出的选择方向涉及"伦理价值"问题。如果说前述各章我们侧重讨论的是城乡中国教育政策、制度的特征，以及在这样的政策、制度之下教育所呈现的样貌，讨论"是什么""是什么样的"，也即"实然"状态，那么本章我们侧重讨论教育政策、制度"应该""不应该"问题，也即"应然"状态。

一、制度伦理及其重要性

（一）"制度伦理"界说

"制度伦理"研究在中国兴起，主要原因有二：一是剧烈的社会变革，新旧经济、政治及社会结构的变化，引起了人们对社会制度本身的道德伦理问题的强烈兴趣；二是国外制度经济学及以罗尔斯为代表的政治伦理学理论的传播在中国学术界得到回响。[②] 究竟什么是制度伦理，长时间里学界存在不同的认识，具体表现在对"伦理制度"和"制度伦理"侧重点的理解上。

[①] 倪愫襄. 制度伦理的论域 [J]. 长沙电力学院学报（社会科学版），2002（02）：15-18.
[②] 李纲. 论制度伦理研究的第三阶段 [J]. 佳木斯职业学院学报，2023，39（01）：100-102.

"伦理制度"论者将其理解为道德规范和建设的制度化和法治化，或将其理解为与经济制度、政治制度、法律制度并存的概念，作为制度伦理研究的一个方面。① 而"制度伦理"论者认为，制度伦理概念，只能被用来指称在一般的非伦理的制度中所蕴涵着的道德原则、伦理价值。在不引起歧义的情况下，也可以将其简要地定义为"制度中的伦理"。② 与此相关的第三种观点，实际上是前两种看法的综合，认为制度伦理是存在于社会基本结构与基本制度中的伦理要求和实现伦理道德的一系列制度化安排的辩证统一。③

据此，本研究这样理解"制度伦理"：第一，制度伦理即制度据以产生的伦理，换句话说就是制度的伦理根源或伦理底蕴；第二，制度伦理即制度的伦理，也即制度本身内涵着的某种伦理原则、道德追求和价值判断，同时包含对制度正当、合理与否的伦理评价，④ 体现为制度的伦理精神、伦理关怀、伦理价值、伦理秩序等。"制度伦理包含制度的内在伦理蕴涵和外在的伦理效应这两个基本方面，它是这两个方面的伦理价值的有机统一。"⑤ 制度伦理不仅包括伦理的制度化、法律化，即伦理的制度向度，也应包括制度的伦理向度，即制度的合理性与合道德性。制度的伦理和伦理的制度是制度伦理中相互统一、不可分割的两个方面，强调一个方面而忽视或否定另一方面，都是片面的，也是错误的。⑥ 无论是哪一种制度伦理观，都认为制度伦理是市场经济、市民社会发展的产物，目的都是建立起契约伦理。制度伦理基本上等同于契约伦理，是法律和道德结合的产物，包含在契约和契约关系中，追求的基本价值是正当，它表达了共同的自由意志，是平等主体的相互

---

① 唐成努.制度伦理的价值意蕴[J].求索，2008（08）：106-108.
② 吕耀怀.道德建设：从制度伦理、伦理制度到德性伦理[J].学习与探索，2002（02）：61-65.
③ 施惠玲.制度伦理研究述评[J].哲学动态，2000（12）：10-13.
④ 吕耀怀.道德建设：从制度伦理、伦理制度到德性伦理[J].学习与探索，2002（02）：61-65.
⑤ 钱广荣.关于制度伦理与伦理制度建设问题的几点思考[J].江淮论坛，1999（06）：54-56.
⑥ 吴秀莲.制度伦理的界定[J].实事求是，2007（01）：7-9.

确证，体现了主体权利和义务的统一。①

相应地，教育制度伦理，是指教育制度本身蕴含的伦理价值、伦理追求，是人们对教育制度合理性、正当性所进行的伦理、道德评价，它不仅强调对教育制度主体的伦理要求，而且强调对教育规范与教育运行机制的伦理安排。因而，它既包括教育制度本身的合伦理性，也包括教育制度在运行、调节人们利益关系过程中的合伦理道德性。②与制度伦理相关的是政策伦理。所谓政策伦理，是指国家公共权力部门为实现特定目标，在调节与分配有限利益资源的过程中所遵循的伦理价值原则，③以及政策本身内蕴着的一定的伦理追求、道德原则和价值判断，强调的是教育政策自身所蕴含的道德性。

（二）伦理是制度的内在诉求

制度是一种人们有目的建构的存在物。建制的存在，都会带有价值判断在里面，从而规范、影响建制内人们的行为。制度在特定伦理理念指导下建立，是特定伦理精神的现实存在，因而，制度内在地具有伦理属性，是一种现实的伦理关系及其秩序，它既是社会成员日常道德生活的现实背景，又是社会成员追求特定道德价值目的的自由意志活动结果。任何制度背后都有一个伦理取向，有什么样的价值观就有什么样的制度建设。④

制度伦理就是以社会基本制度、结构和秩序的伦理维度为中心主题的社会性伦理文化、伦理规范和公民道德体系。制度伦理也就是制度据以产生的

---

① 严从根.制度伦理教育的合法性审视[J].南京师大学报（社会科学版），2009（04）：91-97.

② 覃文松.从制度伦理角度论我国基础教育财政制度改革[J].内蒙古师范大学学报（教育科学版），2004（10）：32-36.

③ 刘世清.教育政策伦理：一个新的研究领域[J].湖南师范大学教育科学学报，2009，8（06）：13-16.

④ 申仁洪，闫加友.我国特殊教育的困境与突破：基于制度伦理的考察[J].重庆师范大学学报（哲学社会科学版），2012（6）：74-82.

伦理，换句话说，就是制度的伦理根源或伦理底蕴。制度伦理的核心问题是伦理问题。[1]制度伦理以权利—义务关系为核心，以正义为首要价值。制度通过权利—义务关系分配，为社会成员确定日常生活的具体责任与义务，维护特定的社会伦理关系及其秩序。[2]以制度伦理为研究对象的理论学说为制度伦理学，[3]亦称体制伦理学。"制度伦理"在实现道德从内指型到外指型转变的同时，也实现着伦理主题从善到正义、伦理关注点从个体到关系的伟大历史转换。"制度伦理"的兴起是伦理学领域的"哥白尼式的革命"。[4]

（三）制度主义的重要立场

这一重要立场，在亚当·斯密、马克思和批判主义那里有鲜明的体现。

亚当·斯密以其庞大的理论体系为资产阶级提供了自由竞争、自由贸易的经济理论，同时也提供了建立新的经济关系和社会生活秩序的道德学说。[5]斯密的巨大影响来自两部著作，一部是1759年问世的《道德情操论》，另一部是1776年出版的《国富论》。一个有趣的事实是，无论外界对《国富论》如何推崇，斯密本人似乎更加重视他的《道德情操论》。[6]亚当·斯密在《道德情操论》里给后人留下了一个思想之"谜"，这就是在经济学及伦理学中经常被提起的"斯密问题"。[7]"斯密问题"本质上反映的是经济与伦理以及经济学与伦理学的关系问题，它揭示了存在于经济生活中的利益关系矛盾和伦理冲突。[8]斯密指出，"如果一个社会的经济发展成果不能真正分流到大众手中，那么它在道义上将是不得人心的，而且是有风险的"，"正是这种多同

---

[1] 唐成努.制度伦理的价值意蕴[J].求索，2008（08）：106-108.
[2] 朱贻庭.伦理学大辞典[M].上海：上海辞书出版社，2011：389.
[3] 朱贻庭.伦理学小辞典[M].上海：上海辞书出版社，2004：273.
[4] 黄成华，黄钢.制度伦理的意义考察[J].中国医学伦理学，2005（03）：81-83.
[5] 于建星.亚当·斯密制度伦理思想初探[J].学术论坛，2005（03）：59-62.
[6] 金辛迪.人性论研究的新视域与新路径[J].伦理学研究，2019（1）：122-127.
[7] 孙春晨.论经济与伦理的相关性[EB/OL].（2008-12-19）[2023-04-12].https://www.docin.com/p-1788289912.html.
[8] 孙春晨.市场伦理发展的自然逻辑与人性基础[J].河北学刊，2005，23（3）：84-89.

情别人和少同情自己的感情,正是这种抑制自私和乐善好施的感情,构成尽善尽美的人性"。①《道德情操论》不仅是斯密的第一本主要著作,也是他生命最后几年里竭尽全力进行修订的一本书,他在身患重病、知道自己时日无多的情况下,对这本书进行了最重要的一次修订,这说明了伦理学在斯密心目中的地位。对于道德真理的探讨在斯密那里是贯穿始终的。②"这些崇高的真理在他年轻时离开学院之际,第一次激起了他的天才般的热情,他最后的精神努力也是寄托在这方面的。"③"翻开斯密《道德情操论》的英文本,我注意到这本书的标题,如《拯救斯密》的作者所论,用了一个定冠词'The',而不是通常所用的不定冠词'A'——意思很明显:斯密认为他的道德情操论是'唯一'的,而不是许多种可能的道德情操论之'一种'。"④

批判主义或者叫批判理论,被认为由马克思开创。其认为社会学理论知识的主要任务和作用就在于对现实社会的批判性检视,其基本特征就是不断强调社会学理论批判的、革命的性质,强调理论和理论家在改造、变革现实社会中的重要作用,反对那种旨在维护、修补现存社会结构的单纯解释性的"科学"研究,⑤反对把现代工业社会的既定现实当作合法的做法。在马克思那里,"国民经济学不过是以自己的方式表现道德规律"。"马克思站在无产阶级立场上……以劳动价值论和剩余价值论托起契约伦理与劳动正义,在资本的非人化趋势中发现资本的人道化趋势,把古典经济学的契约交换和劳动正义改造成无产阶级的劳动权利呼吁,并由劳动权利进一步要求人的权利。"⑥这种批判主义的传统在法兰克福学派那里得到了充分的继承和发扬。作为20

---

① [英]亚当·斯密. 道德情操论[M]. 蒋自强, 等译. 北京: 商务印书馆, 1997: 25.
② 陈绪新, 吴豫徽, 丁婷婷. 被放逐的资本主义及其文化悖论[J]. 中州学刊, 2013(12): 113-118.
③ 何怀宏. 在经济学与伦理学之间[J]. 读书, 1998(12): 134-141.
④ 汪丁丁. 斯密的幽灵[J]. IT经理世界, 2004(1): 92.
⑤ 赵婷婷. 高等教育学科理论体系建构路径——基于对其他社会科学学科的考察[J]. 高等教育研究, 2021(8): 71-78.
⑥ 李建立. 经济分析的伦理基础——马克思对古典经济学的道德重塑[J]. 道德与文明, 2002(40): 69.

世纪重要的社会意识形态学说和现代西方社会学的一种重要理论流派,法兰克福学派以其社会批判理论对资本主义社会进行反思,其工具理性批判、日常生活批判、大众文化批判、劳动异化批判和意识形态批判等,揭露了资本主义社会的科技理性、大众文化商品化等问题。法兰克福学派代表人物霍克海默、马尔库塞、弗罗姆等人认为,只有未来的、没有剥削的社会才是真正健康的社会。批判主义或批判理论的这些立场影响到了许多领域。

20 世纪 70 年代以来,制度主义学界开启了对旧制度主义和行为主义政治学的批判性反思,新制度主义政治学开始勃兴。其中的历史制度主义认为,集体行动者及制度都在历史地发展着并且塑造着利益表达,重视观念、利益、立场对制度行动者偏好的影响。[1] 新制度经济学派跨越边沁、穆勒和庇古的理性传统,而回归斯密的经验传统。新制度经济学派首先回答了现实世界中人和物的本质属性问题,然后分析了市场、组织、国家等治理方式的演化,并对各种治理方式进行了伦理评价,从而形成了一个经济和伦理并重的思想体系。[2] 诺思认为,意识形态不可避免地与个人在观察世界时对公正所持的道德、伦理评价交织在一起,这意味着人们有一种关于可能的非此即彼的选择观念,即不同的人们在相互对立的理性和意识形态中进行选择。[3] 阿马蒂亚·森是在对经济学与伦理学关系的研究中具有里程碑意义的经济学家,他的一部在经济学界和伦理学界产生了广泛和深远影响的著作就以《伦理学与经济学》为书名。[4] "经济现象和自然现象是有区别的。经济学作为一种社会科学,不能脱离人,不能脱离社会,因而也不能脱离社会价值判断,不能避开社会伦理道德问题,不能成为自然科学中的物理、化

---

[1] 丁志刚,李天云.新制度主义政治学的理论缘起、发展脉络与创新路径[J].国外社会科学前沿,2021(03):56-67.

[2] 李新鹏.新制度经济学派的经济伦理思想研究[D].武汉:武汉大学,2017(07).

[3] 马颖,余官胜.制度经济学从旧制度主义、激进制度主义到新古典主义:回顾与评价[J].经济思想史评论,2010(02):207-235.

[4] 孙春晨.市场伦理发展的自然逻辑与人性基础[J].河北学刊,2005,23(3):84-89.

学、天文学那样的科学。"① 新制度主义在制度伦理问题上的立场和态度是鲜明的。

(四) 制度"善"的维度

什么样的制度才能称得上是"善"的？这样的制度设计应遵循什么样的原则？具有什么样的特性？结合各方观点，这里试着作些理解。

其一，公平正义。公平正义是人类社会具有永恒价值的基本理念。柏拉图、亚里士多德、托马斯·莫尔等，都提出过制度正义的问题。② 爱尔维修、霍尔巴哈认为制度公正是个人品德公正的基础。黑格尔指出，公正是独一无二的社会法则。③ 罗尔斯在《正义论》中开宗明义地指出："正义是社会制度的首要价值，正像真理是思想体系的首要价值一样。一种理论，无论它多么精致和简洁，只要它不真实，就必须加以拒绝或修正。同样，某些法律和制度，不管它们如何有效率和有条理，只要它们不公正，就必须加以改造或废除。"④ 艾德勒也认为，在自由、平等、正义这三者中，只有正义才是无限制的好事，"只有在正义的制约下，自由和平等才能和谐地达到它们各自的最大限度"。⑤ 凭借"公平正义"的理论预制，罗尔斯对西方现代自由主义理论进行了一种政治伦理学的改建，改铸近代社会契约论的伦理学前提预设，重新设置一个公平的"原初状态"作为正义伦理的前提性条件。⑥ 罗尔斯提出关于公平的著名的三条原则：（1）每个个人有获得最广泛的、与他人相同的自由；（2）人获得的不均等待遇，其所获得的地位、职位、利益应该对所有人开放；

---

① 陈岱孙. 西方经济学与我国的现代化 [J]. 世界经济, 1983 (9): 8-14.
② 宋增伟. 制度公正与人性假设 [J]. 社会科学, 2005 (08): 79-86.
③ 宋希仁. 西方伦理学史上的正义观 [J]. 道德与文明, 1988 (05): 20-22.
④ [美] 约翰·罗尔斯. 正义论 [M]. 何怀宏, 译, 北京: 中国社会科学出版社, 1988: 1.
⑤ 莫凡. 新自由主义核心价值认同的利益机制——兼析对和谐社会建设的启示 [J]. 行政论坛, 2011 (5): 70-73.
⑥ 罗庆菊. 罗尔斯正义理论的建构 [J]. 湘潭大学学报（哲学社会科学版）, 2005 (S1): 214-216.

（3）如起始状况（收入和财富分配）不同，处于不利地位者的利益应用"补偿利益"的办法来保证。[①]"制度失却公正，也就失去了存在的价值。失去公正的制度就成为无根的外在于人的僵死的规范。"[②] 历史早已证明"人们不会衷心拥戴一种政治制度和经济制度，更不用说一种哲学，除非对他们来说，这种制度或哲学代表着某种更高的、神圣的真理"。[③]

其二，人性假设。普遍人性及由此所推展而来的不同人性观，是人类社会诸般制度赖以演进与建构的出发点。故而，人性及相应的人性观，对于人类社会的多样态制度演进或设计，无疑具有形上本源性意义和规训作用。[④] 制度是人为的设计，一切社会制度和规则的建立都是为了社会关系的完善和人性的充分展现。[⑤] 制度作为约束人行为、协调人与人矛盾的外在规范，必须从人的本性出发进行考虑，方能具有合理性和强大的生命力。[⑥] 一种制度公正与否自然不能脱离人性假设的考虑，现实的制度设计都是由不同的人性假设为理论前提的。[⑦] 个人的人类价值是评价制度和公共政策的准则。[⑧] 人性既非尽善尽美，也非十恶不赦，人性是复杂的——既有善的一面，也有恶的一面，好的制度可以抑制人性中贪婪、恐惧等恶的一面，而坏的制度则让人性中追求善的一面四处碰壁。制度可以改变，但人性却不可强行改造。[⑨] 任何制度的运行都离不开人的因素，任何制度都是人设计的，而人是有缺陷的、不完美的，由人所设计的制度也是有缺陷的、不完美的，这就决定了制度公正

[①] 罗红艳. 试论弱势教育现象治理中的政府公平责任 [J]. 中国电力教育，2011（8）：1-2.
[②] 宋增伟. 制度公正与人的全面发展 [M]. 北京：人民出版社，2008：75.
[③] [美] 伯尔曼. 法律与宗教 [M]. 梁治平，译. 北京：中国政法大学出版社，2003：65.
[④] 刘京希，Zhu Yuan. 何种观念？怎样的制度？——不同人性观视域下的制度演进与建构 [J]. 孔学堂，2022，9（01）：28-37+130-139.
[⑤] 唐成努. 制度伦理的价值意蕴 [J]. 求索，2008（08）：106-108.
[⑥] 薛艳丽. 人性与制度 [J]. 理论月刊，2004（01）：52-54.
[⑦] 宋增伟. 制度公正与人性假设 [J]. 社会科学，2005（08）：79-86.
[⑧] [德] 柯武刚，史漫飞. 制度经济学——社会秩序与公共政策 [M]. 韩朝华，译. 北京：商务印书馆，2002：89.
[⑨] 徐斌. 制度变革与人性发展 [J]. 北京师范大学学报（社会科学版），2005（06）：117-122.

的相对性和暂时性。[1] 试图强行改变人性，以确保制度永久不变，企图靠说教与强制来改变人性，这无异于缘木求鱼。[2] 从人性假设出发，制度伦理的价值原则，应该是生命原则、自由原则、平等原则。[3]

其三，充分博弈。任何一项制度的产生，都应该是社会成员相互博弈的结果。社会成员的博弈可能存在无数的均衡，一项制度的确立是其多种可能出现的均衡中成为现实的那一个结果。制度的确立必须得到大多数社会成员的认同，大多数社会成员的认同又进一步使制度得到自我强化。[4]200多年前美国立宪制度的奠基人之一亚历山大·汉密尔顿就曾提出过一个令人深思的问题："人类社会是否真正能够通过深思熟虑和自由选择来建立一个良好的政府，还是他们永远注定要靠机遇和强力来决定他们的政治组织。"[5]制度发展的根本动力来自微观主体的博弈过程和自下而上的演化过程。好的经济制度来自经济力量的博弈，通过经济力量的博弈使资本的效率最大化；好的社会制度来自各种社会力量的博弈，通过社会力量的博弈尽量达到公平；好的制度来自各种经济力量和社会力量综合后利益集团的博弈，力求在效率和公平之间达到一种相对于大家都能接受的平衡。

其四，应该是契约的。就是两个或两个以上自由、平等主体的合意。制度是人与人交往的产物，制度建立的过程是一种签订契约的过程。从内容和形式上，契约正义论所要建立的契约立足于"公意"基础上，在正义中凸显理性。契约即理性。从价值观念上，契约正义论的"正义"指向的是价值的正义、程序的正义，最终达至实质公平。[6] 社会契约思想实质上就是通过协商

---

[1] 宋增伟. 制度公正与人性假设[J]. 社会科学, 2005（08）: 79-86.
[2] 刘军宁. 为什么制度必须符合人性？[J]. 商务周刊, 2011（Z1）: 28-29.
[3] 唐成努. 制度伦理的价值意蕴[J]. 求索, 2008（08）: 106-108.
[4] 陈睿, 吴太胜. 论民意表达的三个维度[J]. 山西高等学校社会科学学报, 2012, 24（01）: 28-32.
[5] [美]汉密尔顿. 联邦党人文集[M]. 程逢如, 译. 北京: 商务印书馆, 1982: 264.
[6] 廖婧茜. 课程改革的制度伦理与制度"善"[J]. 西北师大学报（社会科学版）, 2023, 60（02）: 81-89.

机制平衡各种社会利益的政治和经济规则，它以人类的良知、公德、诚信、道义为准绳，通过一份份不同形式的契约限定人的行为，使社会中的每一个个体都成为契约的签约人，从而由这无数个签约的个体形成一个守约的社会群体。社会契约思想代表和体现的伦理精神实质就是公平、平等、自由、诚信、负责任和理性。社会契约思想的核心首先是国家的权力属于人民，人民能广泛参与国家政治、经济事务的管理；其次是它力图体现国家建立及国家权力运作的正义性。[①]卢梭说："这种契约并不是上级与下级之间的一种约定，而是共同体与它的各个成员之间的约定，它是合法的约定，因为它是以社会契约为基础的；它是公平的约定，因为它对一切人都是共同的；它是有益的约定，因为它除了公共利益之外，不能再有其他目的；它是稳固的约定，因为它有公共的力量和最高的权力作为保障。"[②]

其五，应该是交易成本尽可能低的。制度变迁过程是不同主体之间的利益博弈过程，现实的制度安排都是博弈双方为减少交易摩擦和交易费用而达到的利益均衡。一个节省交易成本的制度安排、制度框架和制度创新的空间是至关重要的。制度决定了交易成本的大小，从而影响资源配置和经济发展。交易成本低的制度优于交易成本高的制度，有利于降低交易成本的制度改革就是积极的改革。好的制度就是能降低交易费用、制约投机行为和搭便车现象的制度。制度创新就是努力达到"帕累托改进"。交易费用高昂的制度肯定是不好的。[③]一项善的制度应该使所有人的利益受到保障或提高，至少不能降低或者损害哪怕部分人的利益。[④]一个运行费用极其高昂的制度之所以会存在，必定是改变该制度、采用另外一种制度的费用极其高昂。[⑤]不

---

① 孙小金.儒家圣人政治与西方契约政治比较[J].深圳大学学报（人文社会科学版），2005（03）：40-43.
② ［法］卢梭.社会契约论［M］.何兆武，译.北京：商务印书馆，1995：27.
③ 向松祚.张五常经济学［M］.北京：朝华出版社，2005：325.
④ 郅庭瑾.教育管理制度伦理问题研究［J］.华东师范大学学报（教育科学版），2006（12）：32-36.
⑤ 向松祚.张五常经济学［M］.北京：朝华出版社，2005：328.

过因为"人类的理性有限性和机会主义倾向",会导致因为过于重视制度交易的成本而增加制度的风险,[①]甚至出现制度"锁定"(lock in)效应,最终大家在腐败没落的制度中消亡。好的制度设计,还应该是工具理性和价值理性的统一,在工具理性与价值理性之间把握好平衡点。

与此密切相关的问题:什么样的政策才是好政策?判断一项政策"正确与否",西蒙指出了两条标准,其中之一就是要重视政策实施的结果正确与否。只要我们承认真实决策必须置身于某种制度环境之中,我们就可以看到,对任何具体决策的"正确性",都可以从两种不同立场上去判断。广义地讲,一项决策如果与一般的社会价值标准相吻合,如果其后果从社会角度看是可取的,那么,它就是"正确的"。[②]公共政策的制定和实施,实质上是政策主体依据自身所代表的社会利益需求,对复杂关系进行调整、协调的过程。但由于资源总是有限的,因此政策选择和制定政策必须确认一个价值的排序,决策者在制定公共政策时必须面对这种选择。判定社会制度好坏的一个重要依据是它们所蕴含的精神,[③]评价一项政策的好坏也需要考察政策所体现的"精神",这种"精神"就是好政策的基本标准。

二、政策取向的意蕴与价值

(一)公共政策最本质的规定性

拉斯韦尔曾指出:"公共政策科学是一门以社会中人的生活的更大问题为方向的解决问题的科学。"戴维·伊斯顿把公共政策界定为"对一个社会进行的权威性价值分配""包含着一系列分配价值的决定和行动"。[④]两人均强

[①] 徐汉文,张云河.科学发展观视域下的高职教育发展理念、主体与制度[J].教育与职业,2011(8):16-18.

[②] 魏宏聚.义务教育经费投入政策失真现象研究[D].重庆:西南大学,2007(02).

[③] [英]伦纳德·霍布豪斯.社会正义要素[M].孙兆政,译.长春:吉林人民出版社,2006.1.

[④] [美]戴维·伊斯顿.政治体系——政治学状况研究[M].马清槐,译.北京:商务印书馆,1993:92.

调了公共政策是一种特定目标和价值取向的决定和行动。

价值是一定的社会主体关于某一社会现象好与坏、对与错、优与劣的主观性评价和判断。任何政策都是为解决政治、经济、社会、文化领域的特定问题而制定的，公共政策的实质是利益或价值的分配和再分配。公共政策的价值取向直接影响政策的内容和结果，有什么样的价值取向就有什么样的公共政策，价值取向是公共政策最本质的规定性。公共政策问题是从大量社会问题中筛选出来的，如何筛选？谁参与筛选？其结果大相径庭。某一公共政策能否顺利完好地被提出，其中存在许多不容忽视的伦理问题。人们作出的每个决定、每项政策都是以一定的价值或价值观为基础的，因此，决策总要与"值不值得"这样的问题联系在一起，对这些问题的回答就不仅仅依据客观存在的事实，而且受到个人所持的价值观念和伦理道德等因素的影响。决策就是这样在决策主体本身已经形成的价值观这一背景下产生出来的，伦理价值的烙印自然也同时被打了上去。[①]公共政策不仅关心政策的具体目标，而且追求更加宏伟的目标，那就是对人类公共生活的伦理关怀。离开了价值导向，公共政策就失去了存在的意义。

曾经，在社会学、心理学等领域存在所谓"价值中立""价值无涉"的立场，即指科学研究等工作不使用价值判断，只采用逻辑判断，即客观地说明"事实是什么"，"事物是如何变化的"。[②]休谟认为事实判断与价值判断之间有着不可逾越的鸿沟，因而我们并不能简单地从"是"与"不是"推论出"应该"与"不应该"。马克斯·韦伯提出应当把价值中立性作为从事社会学研究所必须遵守的方法论准则，[③]研究的基本原则是"将纯粹的可逻辑推论的经验事实的断定与实际得到的或者哲学的价值判断相区分"，也就是

---

① 张欣. 公共政策与伦理问题相关性分析 [J]. 理论与当代，2011（03）：21-24.
② 褚金勇. "异域之眼"与"同文之心"：文化心理学视野下东亚汉学家的学术生产研究 [J]. 河北学刊，2022，42（6）：102-109.
③ 蔡涛. 罗宾斯视角下经济科学的性质和意义：《经济科学的性质和意义》评析 [J]. 经济研究参考，2011（44）：44-51.

说"是什么"与"应该是什么"之间存在不可逾越的鸿沟，研究者不能在实然与应然之间进行相互的推导。[1]20世纪中叶，制度研究领域行为主义兴起，秉持"价值中立"的立场。这种"价值中立"的立场也曾影响到经济学领域。有人认为，经济学与道德和伦理问题无关，道德问题不是经济学的核心命题，经济学的核心命题是资源配置和效率增进。认为经济学是一门具有严格经验主义和实证主义性质的社会科学，应该成为一种类似于物理学和数学的、由一整套客观严密的演绎推理过程构成的纯粹科学，它应该处于一种完全超脱的摒弃价值判断的"道德中立"状态。在弗里德曼看来，"道德中立"并不削弱经济学研究结论在逻辑上和事实描述上的有效性，相反，"道德中立"摒除了在一般人文学科中所充斥的充满道德评判意味的理论趋向。[2]"价值中立""价值无涉"的立场也曾影响到公共政策分析领域。从事公共政策研究的是一帮技术精英，他们的公共政策研究完全是一种纯技术性的研究活动。价值的思考在此被视为荒诞。此时，技术的理性统治着这一领域。[3]教育政策研究等领域，同样也存在过这种主张"价值中立""价值无涉"的情况。

就确保研究的客观性而言，"价值中立""价值无涉"有其一定的合理性，但也存在着明显的困境：一是简单地把自然科学领域的方法套用到社会科学领域；二是混淆了研究立场和研究事实、对象之间的关系，否认了事实上存在的伦理或价值取向；三是价值中立在实践中难以实现，原因在于科学调查研究与社会实践的区别。我们在讲价值中立的时候，主要是科学调查研究中一系列研究过程要尽量保持价值中立。而在社会实践中，我们的目标是解决问题，实践过程中很难保持价值中立，就算可以保持价值中立，但可能并不

---

[1] 余登丽. 从"假问题"现象看学术研究的价值取向[J]. 中国研究生，2010（12）：62-63.

[2] 王曙光. 论经济学的道德中性与经济学家的道德关怀——亚当·斯密《道德情操论》和"斯密悖论"[EB/OL].（2008-07-14）[2023-04-12]. http://www.aisixiang.com/data/19638.html.

[3] 张康之. 寻找公共行政的伦理视角[M]. 北京：中国人民大学出版社，2002：198.

利于我们所要达到的目标。[①]

（二）方法论上难以回避的问题

在一切有关人类自身的社会科学和人文学科研究领域，价值判断，即"研究者宣称他接受从某些伦理原则、文化观念或哲学观点中所推演出来的实际价值判断"，恐怕都是一个在方法论上难以回避的棘手的问题。研究者总是处于一个相当尴尬的两难境地：一方面，作为标榜"公正客观"的研究者，他必须将自己置于一个完全超脱于研究对象的"客观"情境中，隐藏主体的主观好恶和价值判断，以一种彻底冷静、淡漠而超然的心态关照研究客体；另一方面，研究对象——人类自身的情感趋向性和行为目的性又迫使研究者必须对研究对象给予最终的实际的道德上的裁决，作出由研究者自身文化传统和道德环境所规范和塑造的价值判断。[②]一些现代西方经济学家清醒地认识到了这一点。在马歇尔眼里，"政治经济学或经济学是一门研究人类一般生活事务的学问；它研究个人和社会生活中与获取和使用物质福利必需品最密切相关的那一部分"。[③]

20 世纪 60、70 年代，西方国家为了解决严重的社会经济问题，提高公共政策的有效性，开始强调在公共政策的评价中注重价值判断的功能，即评价者在对公共政策进行评价时，不仅要将实验研究方法与实地调研方法相结合，而且强调个人价值观的重要性，要将个人的价值观融入对公共政策的判断和评价之中。随着对公共政策研究的深入，越来越多的学者认为公共政策评价应当与价值分析紧密联系起来，注重对公共政策目标本身的公正性及合理性进行分析，而不是仅仅限于评价公共政策的效率。至此，采用伦理价值

---

① 金易纬.对社会工作中"价值中立"原则的探讨［J］.新西部（下半月），2018（2）：16+38.

② 王曙光.论经济学的道德中性与经济学家的道德关怀——亚当·斯密《道德情操论》和"斯密悖论"［J］.学术月刊，2004（11）：39-45.

③ ［英］马歇尔.经济学原理（上卷）［M］.朱志泰，译.北京：商务印书馆，1964：23.

观和伦理评判标准进行公共政策评价开始进入评价者的视野。[1]无论怎样强调政策的科学性,都不可能不涉及政策的价值和伦理。[2]美国"水门事件"以后,随着人们对社会机构的信任下降,政策中的伦理问题重新成为公共政策领域关注的主题,并作为对政府缺乏信任的结果持续至今。[3]20世纪70年代以来,应用伦理学研究迅猛发展,成为热门学科之一。应用伦理学运用理论伦理学所提供的伦理学原理,去评价人们行为的对与错,去评价各种社会制度、政策策略乃至技术手段及其应用方式的道德合理性和正当性。[4]运用伦理学的方法对政策进行分析研究开展起来,并逐渐成为趋势和潮流。[5]

(三)教育政策与伦理的同源性

教育政策与道德之间有着天然的、本位意义上不可分割的联系。教育政策欲发挥规范效力,必须基于一定的道德谱系之中,具备伦理上的正当性。教育政策与道德在发生学上具有同源性,教育政策必须以伦理道德原则为价值导引。[6]教育资源的有限性使得教育政策总面临着"谁受益"或"谁受损"的抉择。因此,"优先保护谁的教育利益"既是教育政策制定过程中无法回避的基本问题,也是教育政策伦理价值取向的核心问题。[7]如何处理不同群体的利益关系,是平等还是有区别地对待不同社会阶层成员的教育利益需求,是教育政策制定过程中始终无法回避的基本问题。因此,对于教育政策而言,

---

[1] 许淑萍.公共政策伦理评价的意蕴、标准及其维度[J].学习与探索,2017(04):57-63+174-175.
[2] 朱永坤.教育政策伦理研究:教育公平问题解决的理论途径[J].教育理论与实践,2008,28(3):15-17.
[3] [美]卡尔·帕顿,大卫·沙维奇.公共政策分析和规划的初步方法[M].孙兰芝,胡启生,等译.北京:华夏出版社,2002:25.
[4] 卢风,肖巍.应用伦理学导论[M].北京:当代中国出版社,2002:16-17.
[5] 陈振明.政策科学——公共政策分析导论[M].北京:中国人民大学出版社,1998:566.
[6] 彭华安.论教育政策的道德品性[J].教育学术月刊,2010(10):17-20.
[7] 刘世清.优先保护谁的教育利益——论教育政策伦理观的基本取向[J].现代大学教育,2010(2):9-13.

"如何分配"不仅仅是一项技术性问题,同时,还必须接受社会大众对其进行的伦理与道德审判。① 在本质上,教育政策伦理是规范教育政策客观存在的道德关系的准则体系,是调整各种教育利益关系的有效手段,是社会主流价值对教育政策的道德诉求。② 大凡被认定为成功或有效的教育政策实践,必然同时能被解读或挖掘出独特的内在道德特性或伦理内涵。离开了道德的路向和谱系,教育政策必然陷入抉择的困惑。③ 教育制度伦理是教育政策和教育制度价值诉求的契合点,教育政策分析必然关联制度伦理。教育公正作为教育制度伦理的核心范畴,也必然成为教育政策价值诉求的基本点。从制度伦理的角度审视教育政策的制定和实施,是一种有价值的分析视角。④

20世纪80年代以来,世界范围内的公共教育重建运动使公共教育体制发生了极大的变化。各国都制定了一系列市场化、民营化的措施改造传统的公共教育体制,试图重构国家与教育、政府与学校之间的关系。我国公共教育体制在改革中也出现了若干典型的市场化运作形式,不同程度地把教育与市场结合起来。然而这场改革带给教育的除了正面效应外,还有许多负面影响,从而引发一系列改革伦理问题。⑤ 不仅如此,长期以来由于管理主义的影响,教育制度的设计往往过分强调工具理性,忽视教育的目的价值;往往过于追求教育效率,忽视教育公平;往往崇拜市场在教育中的作用,虚化政府的教育责任,从而导致教育的不公平现象。工具理性的盛行、政府自利性和强势集团的存在,使得公共政策产生了诸多的伦理失范。⑥

差不多同样的时期,教育公平问题日益进入人们的视野。国内学术界对

---

① 刘世清. 教育政策伦理问题研究[J]. 教育学术月刊, 2009 (06): 25-29+35.
② 石火学. 教育政策伦理的内涵、本质与意义[J]. 电子科技大学学报(社科版), 2010, 12(06): 88-91+112.
③ 彭华安. 论教育政策的道德品性[J]. 教育学术月刊, 2010 (10): 17-20.
④ 张烨. 教育政策分析的制度伦理视角[J]. 清华大学教育研究, 2005 (01): 34-39.
⑤ 劳凯声. 公共教育体制改革中的伦理问题[J]. 教育研究, 2005 (2): 3-11.
⑥ 刘复兴. 市场条件下的教育公平:问题与制度安排[J]. 北京师范大学学报(社会科学版), 2005 (1): 23-29.

教育公平问题的讨论日趋热烈，教育公平作为教育制度安排的重要原则得到了社会各方的重视和支持。城乡、区域教育差距问题、受教育权利问题、农村教育问题、进城务工人员子女教育问题、家庭经济困难学生资助问题等，越来越受到人们的关注。随着研究的展开和讨论的深入，越来越多的人认识并体会到，现实中教育公平的种种缺失，根本在政策和制度伦理的缺失。[①]曾经，在我国教育制度体系中，价值变得扭曲、公平遭到质疑、伦理备受冷落的现象普遍存在，教育制度缺位，教育政策失衡，教育功能异化。教育政策的城市偏向无以承载基础教育的公正，教育管理的权力腐败干扰学校场域的制度平等，教育评价的精英主义导致教育行为异化。[②]只有超越管理主义和工具主义，引入伦理的视角，才能真正建立教育公正的原则。制度伦理在教育制度活动中的影响越来越突出，也使教育制度的伦理涉入成为必然。[③]呼唤教育制度之善，实现教育制度的伦理化应当成为教育制度变革与创新的重要论题。[④]深入理解教育活动的基本价值，准确把握教育改革的复杂性，真正确立起教育制度伦理的理念，才能最终提升教育改革的道德水准和改革决策的伦理质量。[⑤]与此相对应，教育伦理学（educational ethics），一门由教育学与伦理学整合而成的学科，一门研究教育与人的生存和发展的合理性、价值性的关系的学科，成为当代应用伦理学或教育哲学的新兴学科之一。[⑥]

---

① 朱永坤.教育政策伦理研究：教育公平问题解决的理论途径[J].教育理论与实践，2008，28（3）：15-17.
② 汪杰锋，叶凤青.教育制度伦理化：缺失与建构[J].天津师范大学学报（基础教育版），2018，19（02）：19-23.
③ 高树仁.论教育制度的伦理意蕴及实现逻辑[J].当代教育科学，2017（11）：8-11.
④ 郅庭瑾.教育制度分析的伦理视角[J].全球教育展望，2006（11）：50-53.
⑤ 王本陆.教育公正：教育制度伦理的核心原则[J].华南师范大学学报（社会科学版），2005（4）：97-103.
⑥ 王正平.教育伦理学：作为一门学科的形成与发展[J].上海师范大学学报（哲学社会科学版），2019（2）：32-40.

（四）政策、制度伦理分析的旨归

政策伦理分析的核心是揭示政策的伦理属性及其伦理功能，其主旨是指向"什么是好的政策""好的政策应当是怎样的""何以可能""有何伦理价值"等问题。[①]价值研究通过价值的确认与分析直接面对价值问题，假定前提是：在人类系统中，价值观是所有行为的主要决定因素。价值分析要回答以下一些问题：（1）为了什么目的？（2）多大风险？（3）应优先考虑什么？[②]政策伦理问题可展开为两个扇面的问题：一是政策的伦理理想问题，这个问题可表述为政策的伦理精神和内在目标；二是政策的道德方向确立问题，这个问题同样可以表述为政策指向实践的道德原则和行为规范。也即"什么样的政策才是好的政策"？"建立在什么样的伦理平台上的政策才是好的政策"？只有回答、解决了这两个问题，或者说只有建立在这样的伦理理想和伦理平台上的政策，才可称得上好政策。

教育经济学的理论预设是教育资源的短缺，其核心问题是在教育资源短缺的情况下，如何有效地使用有限的教育资源，最大效率地发挥有限教育资源的效用。教育政策是关于教育机会、教育资源分配或调整的规定或规则，直接关系着不同受教育群体的利益。[③]在教育资源有限的情况下，"应该如何分配"或者"什么样的分配是公正的或好的"是教育政策制定过程中无法回避的一个基本问题。[④]教育政策的价值基础由一系列价值原则及其理论依据构成。教育政策活动主体之间相互作用所形成的基本问题和关系是教育政策价值基础的客观依据。[⑤]教育伦理的价值功能在于使教育的本体价值得以最大限度地发挥，使人类对教育的需要得以更好地满足，使人的生命本质在教育

---

① 高兆明.制度伦理与制度"善"[J].中国社会科学，2007（6）：41-52.
② 陈振明.政策科学——公共政策分析导论[M].中国人民大学出版社，1998：582.
③ 李莉.教育公正：超越管理主义的教育制度伦理原则[J].湖南师范大学社会科学学报，2008（03）：27-30.
④ 刘世清.教育政策伦理：内涵与基本问题[J].教育理论与实践，2009，29（19）：16-19.
⑤ 劳凯声，刘复兴.论教育政策的价值基础[J].北京师范大学学报（社会科学版），2000（6）：18.

中及其影响后得以真正提升。这体现了教育伦理学的终极价值关怀。其合理性依据是：合乎教育自身的发展规律，符合人的发展规律，合乎社会的发展规律以及善的理念。①教育政策的实质价值和程序价值都是政策选择的结果，教育政策如何进行价值选择（选择什么，按什么程序选择和活动），决定着教育政策是否具有合法性和有效性。②一个好的教育政策，除了通过"好"的生产（话语）过程，形成"好"的文本外，还要看这种文本是否产生"好"的社会效应。③研究教育政策伦理的局限性，可以使人们在研究和运用教育政策伦理时，准确全面地把握教育政策伦理，全面发挥教育政策的作用，克服教育政策伦理所带来的局限性，从而更好地推动教育政策改革。④

基于以上的讨论，我们对城乡中国的教育政策和制度作一些伦理分析。

三、农村教育价值取向的"两难"

（一）"现代性"与"乡土性"的彷徨

现代性与乡土性问题，是近代以来中国社会诸多领域均面临的一个问题。"知识分子往往绕不开把对故乡的体悟落于笔端，如鲁迅之于浙江绍兴，沈从文之于湖南凤凰，莫言之于山东高密，马尔克斯之于阿拉卡塔卡，乡土成为作家写作生涯的重要资源。"⑤中国文学对"乡土"意义的发现，是中国现代文学"现代性"的根本体现之一。"乡土"是一个相对于现代都市而存在的概念。在中国现代小说中又与"传统"紧密相关，意味着封闭、落后、保守……而正是对"乡土"属性的这一发现和在表现中"为人生"的理解，才在根本上确立了中国现代小说的"现代"特性，凸显了新文学既受西方也

---

① 糜海波.教育伦理：价值及其依据［J］.教育导报（上月刊），2005（7）：12-15.
② 刘复兴.教育政策价值分析的三维模式［J］.教育研究，2002（04）：15-19+73.
③ 涂端午，魏巍.什么是好的教育政策［J］.教育研究，2014，35（01）：47-53+59.
④ 孙绵涛.试析教育政策伦理的局限性——一种后设伦理学分析的视角［J］.教育研究，2012，33（07）：4-8.
⑤ 冯浩.日暮乡关：乡村知识分子的精神路向［J］.今日教育，2017（12）：60-62.

受本土传统影响的根本面貌。[①]由于现实的危难，中国社会的历史选择乃是启蒙—改造型的社会发展路向，以致乡土中国与外援性的现代化之间的内在紧张问题被遮蔽。这直接导致当下置身现代化的过程中个体的内在精神资源的缺失。中国社会在谋求以城市化为内容、以物质的现代化为中心的现代化过程中，忽视了乡土中国的社会底蕴。[②]

乡土性与现代性是乡村学校的两种重要属性：乡土性夯实着乡村学校的文化根基，现代性映衬着乡村学校的时代意识。百年来，我国乡村教育变革一直在乡土性与现代性价值之间摇摆，改革开放以后城镇化进程加速了乡村学校文化意蕴的失落，导致乡土文化的背离和乡村教师的"去农"化，引发了人们对乡村学校现代化改造的困惑与质疑。[③]从对现代性进行反思的理论立场来看，传统和现代教育观念只是各具逻辑自主性的观念类型，乡村教育现代化过程实际是现代文明对乡土文明的吞噬。[④]当前农村教育的主体性和乡土性正在丧失。一定意义上讲，农村教育这种独特的价值追求或者使命正在出现迷失，这是目前农村教育面临的一个根本问题。[⑤]乡村教育的"乡土化"，可能只是浪漫主义的路向。事实上，唯美纯净的乡村世界从来就只存活于被装饰的文人书卷之中。这是一种脱离了农村真实主体在场的异域想象，它删除了农村生活中多数时间内乡村主体承担的真实痛苦与艰难，是一种戴着城市中心主义意识之网对乡村世界的猎奇。[⑥]

[①] 古世仓.中国现代小说"乡土"意蕴的流变与中国革命［J］.兰州大学学报，2003（05）：8-13.
[②] 刘铁芳.逃离与回归：乡土中国教育发展的两种精神路向［J］.探索与争鸣，2009（9）：69-72.
[③] 谭敏.乡土性与现代性：乡村学校的文化反思与文化自觉［J］.教育科学研究，2020（6）：18-23.
[④] 汤美娟.走出现代性：乡村教育的重新定向［J］.教育理论与实践，2015（34）：8-11.
[⑤] 韩民.农村教育的主体性和乡土性正在丧失［EB/OL］.（2015-05-27）［2023-04-18］.https://www.sohu.com/a/16524945_105067.
[⑥] 李涛.中国乡村教育发展路向的理论难题［J］.探索与争鸣，2016（05）：100-103.

(二)"向农"与"离农"的徘徊

"向农"与"离农"之争,开始于20世纪中国教育"西化"的过程中,争论围绕农村教育为农村服务还是为城市服务而展开。"向农"论者认为,农村学校教育应该为农村社会经济发展服务,为当地培养人才,其矛头直指如今农村学校教育脱离农村发展实际,只是为城市输送人才这一现状。而"离农"论者则认为,简单地把农村学校教育定位于为农村发展培养人才,会限制农民子弟进入城市,加剧城市和农村间的不平等。[1]争论的现实因素在于城乡二元格局的逐步形成和巩固,人为因素在于工具价值取向的思维方式,这两种因素决定了"向农"与"离农"作为农村教育价值取向选项的现实局限和根本局限,[2]反映了农村教育面临的两难选择。中国农村职业教育政策经历了不同阶段的变化,向农与离农或明或暗地蕴含其中。[3]

一直以来,农村教育的功能服务存在"为城"和"为农"的矛盾,从国家政策层面而言,素来强调农村教育服务"三农"的方向,鼓励农村学生学成之后回归农村、扎根农村、服务农村。然而,在农村学生所接受的教育内容中,却具有明显的城市偏向,以城市作为教育内容的选材导向,把"现代性文明"定格在城市,农村除了自然禀赋之外,实已成为"偏僻""落后"的代名词。乡土知识和文化教育的缺位,让本已熟悉农村环境的学生"离农"愿望更为强烈,引发国家意愿和个人意愿的严重对立。[4]在城镇化进程中,部分地区在"教育均衡发展"的口号下,在教育管理中出现了"离农""弃农"等"去农村化"倾向。一方面,实施"农村教育城镇化"运动,

---

[1] 马启鹏.农村学校教育如何摆脱"向农"、"离农"之争[J].教育发展研究,2010,30(09):63-66+71.

[2] 李学良.农村教育的"离农"、"向农"之争——兼论农村教育的价值取向[J].教育学术月刊,2018(2):65-70.

[3] 刘巧利.中国农村职业教育政策的变迁:办学方向的视角[J].教育学术月刊,2013(09):47-51.

[4] 李松.新中国成立70年我国农村教育:经验、问题与对策[J].河北师范大学学报(教育科学版),2019,21(04):46-53.

撤并乡村学校，把重点力量、资金投放在城镇，建设高度集中的教育园区；另一方面，"冷漠对待"乡村学校，对尚存的农村学校投入少，对乡村教师关注少，透露出"农村学校消失是早晚的事情"的潜台词。[1]尽管诸多学者基于多个学科视角对农村教育价值取向进行审视并提出各自的见解，但仁智互见，至今未能很好地解决农村教育的价值取向问题。[2]中国村落空间中的百年社会教化经历了复杂变迁，表现在中国乡村教育发展理念、方向、目标、路径等一系列根本性的内生命题从未被真正厘清，"农村教育城镇化"还是"守护乡土教育本真"、"离农性"还是"为农性"、"文字下乡"还是"文字上移"等一系列农村教育发展的二元治理悖论，一直困扰着研究者和决策者。[3]

（三）"初衷"与"结果"的背离

因为面临多重博弈，在城市与农村问题上，区分对待势必问题多，统一标准又成"一刀切"。对于城乡发展差距，从中央到地方的各级政府都十分明晰，在制定与实施教育改革方案时通常也会对城市与农村的要求及进度予以必要的不同考虑。由于教育改革受制于经济、政治、文化、社会以及推行者的认识和理解等等多种因素，政策的初衷与实际效果之间往往事与愿违。教育政策的领导者、设计者及组织者每每处于一种两难困境之中。[4]

以农村中小学布局结构调整为例。

21世纪初，全国各地展开了一场力度空前的农村学校布局结构调整工作，按照小学就近入学、初中相对集中、优化教育资源配置的原则，合理规

---

[1] 杨润勇.均衡发展不能"离农"、"弃农"[N].中国教育报，2013-7-4（5）.
[2] 肖正德，谷亚.农村教育到底为了谁?——农村教育价值取向研究述评[J].教育研究与实验，2019（06）：24-28.
[3] 李涛.中国乡村教育发展路向的理论难题[J].探索与争鸣，2016（05）：100-103.
[4] 吴康宁.中国教育改革为什么会这么难?[J].华东师范大学学报（教育科学版），2010（4）：10-19+36.

划和调整学校布局，对农村小学和教学点进行适当合并。①此举主要是撤并生源减少的农村小学，把学生集中在乡镇中心小学，目的是让教育资源集中利用。此次农村学校布局结构调整工作"成效显著"。据《中国乡村教育行业发展现状分析与未来前景调研报告（2022—2029年）》统计，2013—2019年，我国乡村学校数量由159193所下降至104217所，乡村学校班级数量由133.2万个下降至112万个。2013—2019年，我国乡村小学学校数量由14万所减少至8.9万所，乡村小学班级数量由113.9万个下降至95.3万个。"撤点并校"政策是由中央提出的一项旨在扩大农村中小学学校规模、优化教育资源配置的教育改革举措，②是新城镇化背景下农村小规模学校改革的必然选择。它有助于优化教育资源、扩大规模效应、提高教育质量、促进教育均衡。③学校布局调整既是学校地理空间分布的变化，也是教育资源重新配置的过程，更是各方利益的博弈和调整，其根本政策价值是促进学生发展，④确实迅速形成了政府一维视角下的城乡教育一体化发展与统筹化治理，并通过终结农村教育镶嵌在村落中的分散形态，更直接地换来了本届政府可视化的教育绩效。⑤

但是，在布局调整工作中，不少地方存在过急过快的情况。有的地方硬性规定撤并学校的时间和数量，有的地方缺乏深入调研和科学论证，有的地方没有充分征求学生家长的意见，导致出现了一些不容忽视、必须切实加以解决的突出问题。⑥显性的问题包括学生上学路程普遍变远、学生上学交通安

---

① 焦新.保障农村孩子就近接受义务教育——教育部有关负责人就规范农村义务教育学校布局调整答记者问[N].中国教育报，2012-09-14（2）.
② 张丽珍."撤点并校"政策的演变轨迹、主导逻辑及优化机制[J].四川师范大学学报（社会科学版），2015，42（06）：63-69.
③ 娄立志，吴欣娟.农村小规模学校"撤点并校"的代价与补偿[J].教育研究与实验，2016(02)：47-51.
④ 雷万鹏，王浩文.70年义务教育学校布局调整回顾与反思[J].华中师范大学学报（人文社会科学版），2019，58（06）：12-24.
⑤ 李涛.中国乡村教育发展路向的理论难题[J].探索与争鸣，2016（05）：100-103.
⑥ 焦新.保障农村孩子就近接受义务教育——教育部有关负责人就规范农村义务教育学校布局调整答记者问[N].中国教育报，2012-09-14（2）.

全隐患增多、寄宿制学校办学条件保障不到位、并入学校大班额问题突出、部分群众经济负担加重等，导致出现"城挤、乡弱、村空"情况，进而引发一系列的社会、经济、教育问题，带来相应的教育代价。

农村中小学布局调整时期，也是我国城镇化进程前所未有的时期。随着城镇化进程的加快，大量农村人口向城镇迁移，大量青壮年农民外出务工，大量宅基地和土地被闲置，大量"空心村"出现，大量农村聚落数量减少，大量空巢老人和留守儿童"诞生"。"空心村"现象的背后是农村规模的不断萎缩和农村内生力的衰败。同时，农村小学规模在不断变小，大量普通小学和初中破败，出现了农村普通小学及在校生数量双线下降现象。[①]2011年10月10日，《中国青年报》发表通栏文章《大国空村掐断乡土教育的根》。当时的情况是，"空心村"现象在农村正变得越来越普遍，年轻人纷纷外出，留下的是老人和孩子。大概每一个农村学校的留守儿童比例都能达到1/2至2/3。随着年轻人——村庄中最成熟、最有活力的一群人的离开，一个村庄失去了最根本的东西。村庄没有生气，孩子的内心是荒凉的。年轻人的离去掏空了孩子的内心，而孩子的离去又掏空了乡村的灵魂。没有学校的村庄就像没有孩子的家庭。一位老人这样说："村庄没有了学校，就像人没有了孩子，晚上睡觉的时候心里空落落的。""撤点并校"加剧了乡土文化断裂和乡村的衰败，从乡村中生长出来的中华文化的根失去了滋养。[②]

对一些地方在农村中小学布局调整中出现的问题，党中央、国务院高度重视。《国家中长期教育改革和发展规划纲要（2010-2020年）》明确提出"适应城乡发展需要，合理规划学校布局，办好必要的教学点，方便学生就近入学"。2012年9月，国务院办公厅出台了《关于规范农村义务教育学校布局调整的意见》，提出要科学制定农村义务教育学校布局规划、严格规

[①] 杨曼，刘风豹.城镇化背景下"空心村"现象背后的农村基础教育研究[J].教学研究，2015，38（03）：109-114.

[②] 樊未晨.大国空村掐断乡土教育的根[N].中国青年报，2011-10-10（03）.

范学校撤并程序和行为、办好村小学和教学点、解决学校撤并带来的突出问题。一场理性的政策纠偏在各地陆续展开,伴随这一进程,既往撤并的动力机制、阶段性特征、突出问题,以及行政"一刀切"式推进的脉络,日渐明晰地呈现出来。① 而本是教育管理常态的学校布局调整,其政策价值和目标却因行政的强力推动而变形,个中原因、是非曲直值得深究。

(四)"统一"与"区分"的纠结

"减负"是其中一个很明显的例子。我们为减轻中小学生学业,进行了旷日持久的努力。但就是这么一件"非常正确"的事情,"农村"和"城市"却有不同反应。"教育减负:城市与农村区别大":城市里的人总在抱怨孩子负担重,书本内容单调,教学方法不科学,这在城市生活语境中有一定的道理,可是很少有乡村地方的学生与家长抱怨学习负担重。要知道农村的学生为考到和城市学生相同的分数,须付出更多的努力,所谓的素质教育和全面发展对于他们来说是不折不扣的奢侈品。②

2013年8月,教育部发布《小学生减负十条规定》,被称为史上最严厉的"减负令",却引发了不同反应。"家长担心跟不上,老师担心成空谈,校长担心砸招牌,专家担心无效果。"《减负十条》最严重的问题,是对全国小学生群体的复杂差异缺乏认识,会堵死农村孩子上进之路。减负对农村学生而言是在本来就不多的课程学习上再砍掉一些。相比拥有优越学习条件的城市孩子,农村学生基础本来就要薄弱一点,如此一来农村学生就更是输在了基础上,输在了起跑线上。③ 农村地区实施不留作业、取消考试等政策要求之后形成的负面影响可能会相当严重,在督促学生完成规定的课程内容学习、保障初中生升入质量较好的高中学校、进一步缩小城市和农村之间教育结果

---

① 周大平.农村学校布局陷失衡:价值目标因行政干预变形[EB/OL].(2013-06-16)[2023-04-18].http://www.chinanews.com.cn/edu/2013/06-16/4931559.shtml.
② 刘铁芳.乡土的逃离与回归[M].福州:福建教育出版社,2008:19.
③ 樊燕飞.农村小学生减负研究[J].才智,2015(23):46.

不均衡的差距等方面引发更多的矛盾。①学生减负加剧了城乡学生教育机会的分化；城市学生在减负政策推行后能够获得来自学校、市场和家庭三方面的教育机会；农村学生在学校教育弱化之后，却无法获得家庭和市场的及时补缺，教育机会更为稀缺。城市学生的教育呈现出发展状态，农村学生的教育则表现出维持或后退的状态，城乡教育差距进一步扩大。②还有人认为，《减负十条》最严重的问题，是对全国小学生群体的复杂差异缺乏认识，没有充分考虑全国城乡、地区、民族的教育状况差异。"一刀切"的做法，有意识无意识地犯了以城市儿童的形象和经历代表全体儿童的错误，此前的课程改革与撤点并校等政策，都给乡村和边远地区的教育制造了严重的危机。③

2021年7月，中共中央办公厅、国务院办公厅出台《关于进一步减轻义务教育阶段学生作业负担和校外培训负担的意见》，被称作"双减"文件。以中办、国办的名义出台"双减"文件，前所未有，表明了党中央、国务院对学生课业负担过重、校外培训负担过重问题，以及由此引发的广大家长和学生教育焦虑现象的高度重视和治理教育"乱象"尤其是学科类校外培训的坚定决心。

有人解读"双减"政策的本质是国家发起的一场针对"学科知识博弈"和"课外辅导"的全民刹车，让大家由站着看剧变为坐着看剧，旨在重塑学生健康成长的教育生态。④"双减"政策背后的逻辑：降低教育成本，减轻家长、学生负担，缓解焦虑，弥合各阶层社会矛盾，为提高生育率、推进"三娃"政策开路；打击金融资本，为发展实体经济蓄力；为中国经济从投资拉动型向技术拉动型结构性转型提供人力资源；为推动内循环、破除阶层固化

---

① 李学. 中小学减负政策的逻辑、困境与推进思路[J]. 教育导刊, 2014（03）: 33-36.
② 雷望红, 吕国治. 减负政策与学生教育机会的城乡分化[J]. 苏州大学学报（教育科学版），2018, 6（02）: 74-80.
③ 王丹. 我对《小学生减负十条规定》的意见[J]. 少年儿童研究, 2014（01）: 11-13.
④ 马陆亭, 郑雪文. "双减": 旨在重塑学生健康成长的教育生态[J]. 新疆师范大学学报（哲学社会科学版），2022, 43（01）: 79-90.

扫除障碍；找回失落的人文精神，重塑新时代中国国民精神。[1]更多的人解读"双减"是让教育回归"立德树人"的初心，回归"育人为本"的教育本质要求，回归学校教育主阵地地位，回归学生的全面持续发展，回归促进社会公平正义的价值使命。[2]"双减"是教育观念的大变革。坚持人民至上，不断满足人民群众对美好教育生活的需要，这是"双减"改革的大逻辑；克服教育的功利化、短视化，落实立德树人根本任务，这是"双减"改革的大思维；坚持教育公益属性，推进教育公平，建立高质量教育体系，这是"双减"改革的大战略；全面修复教育生态，保障每位中小学生的健康成长，这是"双减"改革的大格局。[3]"双减"蕴藏着一盘"大棋"，是回归教育规律、回归教育本原的重要契机，不仅是教育理念的重大变革，也是一场影响中国亿万家庭的教育改革。要落实"双减"，为大师辈出的时代作准备。[4]

"双减"文件出台后，教育部等部门和各地采取了一系列力度空前的政策举措，推动"双减"取得积极成效：培训市场虚火大幅降温，广告基本绝迹，资本大幅撤离，野蛮生长现象得到有效遏制。[5]85%的家长对学校课后服务表示满意，72%的家长反映教育焦虑有所缓解，90%以上学生表示学业负担有所减轻。[6]"双减"政策下，"宇宙补课中心"海淀黄庄"人去楼空"。[7]

但这么一个力度空前的政策举措，也引发了不同的认识和声音。"'双

---

[1] 米奥舒．后双减时代中国教育发展趋势［EB/OL］．（2021-8-25）［2023-05-27］.https://zhuanlan.zhihu.com/p/403368955.

[2] 杨兆山，陈煌．"双减"引发的对基础教育的几点思考［J］.四川师范大学学报（社会科学版），2021，48（06）：35-41.

[3] 张志勇．"双减"格局下公共教育体系的重构与治理［J］.中国教育学刊，2021（09）：20-26+49.

[4] 程路．落实"双减"，为大师辈出的时代做准备［J］.人民教育，2022（Z1）：77-78.

[5] 李永梅．"双减"之下，教师教育出版的"变"与"不变"［J］.编辑学刊，2022（1）：69-73.

[6] 教育部校外教育培训监管司．"双减"明白卡［EB/OL］.（2022-5-25）［2023-05-27］.http://www.moe.gov.cn/jyb_xwfb/gzdt_gzdt/s5987/202202/t20220225_602315.html.

[7] 肖翊．"双减"政策下，"宇宙补课中心"海淀黄庄"人去楼空"［J］.中国经济周刊，2021（15）：46-49.

减'政策下，乡村学校面临的问题。一是学校教育责任剧增。二是一线教师压力剧增。三是专业性教师的匮乏收不到良好的教育效果。""双减"对于工作在条件相对有限、资源相对缺乏的农村地区的小学全科教师而言，是前所未有的考验。① 有人采用水龙头理论解释简单减负导致教育不平等的可能性：缩短学生在校时间、增加学生自由时间的小学生减负政策与实践相当于关闭学校教育的"水龙头"，结果弱化了学校促进教育机会均等的功能，增强了家庭背景、社会环境对学生学业成就的影响。由于城乡之间、阶层之间的家庭资本与教育生态有很大差别，统一的减负政策可能引发新的教育机会不均等。② 如何提高农村学校课堂教学效率，如何在课业负担减轻、自由支配的时间和空间变多的情况下保证农村留守儿童闲暇时间的自主学习，农村初中寄宿制学校课后服务如何保证等，如何满足农民工随迁子女等弱势群体的课后服务需求等，都是"双减"遇到的新的情况和问题。项贤明认为，当学校升学率和考试成绩成为相关官员的政绩之后，"减负"也就难免会沦为教育改革中的空口号和假动作，当"减负"本身成为政绩之后，它也就从实实在在的改革行动变异成了一种制造教育改革泡沫的空头话语生产。③

四、城乡有别教育政策之"困"

（一）"二元对立"思维之"困"

所谓"二元对立"思维即对事物的一种简单化的"非黑即白、非此即彼、非善即恶"的思维方式。在哲学史上，"二元对立"或"二元论"虽不能说是西方独有的思维方式，但应该说在西方文化中居于"主因性"地位。在

---

① 朱江华，杨晓平，单奕桐."双减"背景下农村小学全科教师课后服务的挑战与对策[J].教育与教学研究，2023，37（03）：64-77.

② 王金娜.减负如何导致教育机会不均等——从"水龙头理论"反思小学生"减负"的政策与实践[J].湖南师范大学教育科学学报，2016，15（03）：75-80.

③ 项贤明.七十年来我国两轮"减负"教育改革的历史透视[J].师资建设，2019（11）：44-57.

西方文化史上，结构主义的思维模式就是架构在"二元对立"的"原始基"上，结构主义坚持只有通过存在于部分之间的关系才能适当地解释整体和部分，结构主义方法的本质和首要原则在于对元素之间关系的探究，从某种角度看，结构主义思维就是建立在二元对立思维模式的基础上才成其大的。[1] 二元对立语式是中国现代性话语的主要特征之一。汪晖指出："现代化对于中国知识分子来说一方面是寻求富强以建立现代民族国家的方式，另一方面则是以西方现代社会及其文化和价值为规范批判自己的社会和传统的过程。因此，中国现代性话语的最为主要的特征之一，就是诉诸'中国／西方'、'传统／现代'的二元对立的语式来对中国问题进行分析。"[2] 从洋务运动时期机械照搬西方教育模式，到五四运动中提出"打倒孔家店"的口号，再到中华人民共和国成立初期将传统教育看成是封建主义残余等，严重地割裂了传统教育与现代教育的关系。这种简单的"二分法"，在传统教育与现代教育之间制造出一道难以逾越的鸿沟，导致二者之间难以交流与融合。[3]

从制度方面看，包括教育在内的城乡二元社会结构的差异，不仅反映出城乡地域性差异，更本质的是反映出城乡制度性落差，[4]即制度安排造成的人为差异。这种制度性落差在全国的教育领域，表现为在国民教育体系中采用了变相的双轨制安排。[5]这种双轨制鲜明地表现在教育的财力保障和教育资源的配置上，就是农村教育长期很少得到政府公共财力的支持，农村教育经费主要靠收取学杂费和教育费附加来负担，主要靠农民负担。"分级办学"一度被认为是城乡教育制度性落差的典型表现。张玉林认为，作为公共政策的"分级办学"制度，无论是设计理念还是具体的实践运行，都缺少公平地分

---

[1] 陈旭光. "电影工业美学"的"二元对立"思维与科学研究的"折衷主义"方法[J]. 教育传媒研究，2022（5）：11-13.
[2] 汪晖. 当代中国的思想状况与现代性问题[J]. 文艺争鸣，1998（6）：7-22.
[3] 郑刚，宋晓波. 自觉内生型：中国教育现代化的新特征[J]. 中国教育学刊，2023（05）：9-15.
[4] 范魁元，王晓玲. 城乡教育一体化背景下的教育管理体制改革研究[J]. 教育科学研究，2011（6）：5-12.
[5] 王本陆. 消除双轨制：我国农村教育改革的伦理诉求[J]. 教育参考，2004（5）：20-25.

配教育资源的要素。^①不但没有使农民的教育福利得到帕累托改进,而且在制度效率上也是低下的。长时间里,我国的教育制度实际上存在着较严重的城乡分野。尽管这些制度基本上是在计划经济时期确立的,很多已经改变,有的正在改变,但其精神实质至今仍在或多或少产生着影响。

(二)政策过程农民的缺位

政策议程的建立是社会问题转化为政策问题的关键一步,在任何政治系统中都存在若干政策议程,其中公众议程和政府议程是两种基本的形式。一般来说,如果一个社会问题不能够在公众议程中占据一席之地,那么它就很难进入政府议程。[2]由于农村和农民一直处于弱势,城市不太容易听到农村的声音,长时间里农村教育不太容易进入公众议程和政府议程。21世纪初农村教育才被作为一个重要议题进行讨论,就是有力的说明。留守儿童问题自20世纪80年代中期就产生了,但作为一个社会问题被关注是在21世纪初。从问题出现到问题被关注再到问题被提上政府议程经历了大约20年的时间,一些问题随着时间的积累开始显得严重,不利于政策的制定,更不利于问题的及时解决。[3]政策制定主体没有主动及时地发现问题并提上议程,是导致留守儿童问题长期存在的一个重要原因。[4]

政策过程中农村和农民的缺位表现在:其一,在设定议事日程、推动问题进入公共政策程序方面,农民几乎没有代言人,只能依靠"有良心"的媒体、专家、学者或者政府官员的关注才能使与自身有关的问题进入议事日程。其二,农民的民意受关注较少。其三,农民因自身知识有限,不了解、不知道政策,只能被动接受,无法对政策执行提出看法、意见。其四,政策

---

① 张玉林.中国城乡教育差距[J].战略与管理,2002(6):55-63.
② 谢明.政策分析概论[M].北京:中国人民大学出版社,2004:183-184.
③ 柯春晖.城乡统筹发展中的教育政策取向和政策制定[J].教育研究,2011(4):15-19.
④ 郝良玉,胡俊生.公共政策视野中的留守儿童教育问题探讨[J].延安大学学报(社会科学版),2008,30(6):29-34.

制定过程中低水平的公民参与。由于长期实行剥夺农民、独厚城市居民的制度，逐渐形成了城市既得利益集团，"全民的政府事实上异化成了城市居民的代言人，制度的供给权完全归城市居民所独占"。[1]由于缺乏有效的供给谈判制度，农民无法在公共物品的供给决策中体现自己的意志。这种自上而下的制度外公共物品供给决策机制导致了农民不能积极参与农村公共物品供给的决策，从而导致了农民话语的缺失。[2]福柯认为，"话语意味着一个社会团体依据某些成规将其意义传播于社会之中，以此确立社会地位，并为其他团体所认识的过程"。[3]但在我国，长时间里农民话语权明显缺失，外界几乎听不到他们发自心底的声音，农民一直是"弱势群体"，他们掌握的资源很少，尽管可能人数众多，但他们的声音很难在社会中发表出来。[4]

由于农民缺乏自己强有力的组织，政策的执行对象"自为"地被排斥在政策决策和落实的过程之外。[5]无论关于中小学教育的讨论，还是教育改革方案的设计，以及教育政策的制定和制度的安排中，农民都始终是缺席的，很少听到他们的声音。[6]虽然政策制定者常常做姿态让农民参与教育政策制定过程，但容许参与的形式与途径却很有限，所谓听取民意往往只是走过场。关心农村教育的人，为农村教育寻找出路的人，给农村教育制定政策的人，并不真正了解现在的农村，也不知道农民的需求、农村社会的需求。长期以来在农村教育问题上拥有话语权的人，虽然很多人也是农家子弟，但自从考上大学那天起，他们看农村的视角已经是城里人的视角了，他们谈论的农村其实是记忆中的农村。这样一种情况下，教育政策对个人受教育权利的受损、

---

[1] 张智勇，陈秀华. "户籍制度、就业歧视与农民工权益保护" [EB/OL].（2006-11-4）[2023-05-27].www.chinareform.org.cn/cgi-bin/BBS_Read_new.asp Topic_ID=3253.

[2] 马强. 农村公共物品供给决策中农民话语的缺失及治理 [J]. 山东省农业管理干部学院学报，2006，22（2）：25-26.

[3] 王治珂. 福柯 [M]. 长沙：湖南教育出版社，1999：199.

[4] 黄丝娜，袁坤. 和谐社会构建下"失意群体"问题浅析 [J]. 传承，2010（11）：146-153.

[5] 郭丹. 农村社会管理创新必须改变农民原子化状态 [EB/OL].（2011-7-7）[2023-05-27]. https://www.zgxcfx.com/Article/32381.html.

[6] 钱理群. 关于西部农村教育的思考 [R]. 西部农村教育论坛，2005：17.

政策存在的系统偏差不敏感，对损害受教育权利现象的不正当性不敏感，对民众的教育需求回应不足。[1]当我们讨论诸如创新教育、学生负担过重、新课标的实施、现代教育技术的运用等教育问题的时候，更多的是代表了城市教育的呼声，并不能真正代表广大乡村教育的声音，尽管乡村教育确也存在此类问题，但多数已经被淹没在城市的呐喊声中了。[2]

（三）政策认同程度低

认同（identity），是指行为主体对某一事物的认可与赞同，政策认同就是政策接受主体对政策的认可与赞同。从本质上看，政策认同是人们在政策执行过程中对所实施政策的一种心理态度和评价。[3]美国学者艾伦·C.艾萨克（Allan C.Isaak）认为，"一个人以赞同或反对的方式评价他周围世界的某些方面的现存倾向，即态度是指赞成或不赞成，喜欢或不喜欢一些社会事物和自然事物的现存倾向"。[4]从广义上来说，政策认同不仅直接包含对政策本身的认同，而且还间接包含着对政策制定主体和政策执行主体的认同。[5]

关于公共政策的合法性可以从多个角度来理解。韦伯认为合法性是人们对权威者地位的确认和对其命令的服从。[6]哈贝马斯认为合法性意味着某种政治秩序被认可的价值。[7]伊斯顿认为合法性基础源于意识形态、结构和个人品质。[8]从政治学意义上来看，公共政策的合法性是指公众对公共政策的认可、支持、遵照及执行；从法律意义上来看，公共政策的合法性是指公共政

---

[1] 柯春晖.城乡统筹发展中的教育政策取向和政策制定[J].教育研究，2011（4）：15-19.
[2] 陈潭，罗新云.公共教育资源配置失衡及其政策补给——以湘南H区的教育调查为例[J].公共管理学报，2008，5（2）：94-105.
[3] 王国红.试论政策执行中的政策认同[J].湖南师范大学社会科学学报，2007（04）：46-49.
[4] ［美］艾伦·C.艾萨克.政治学：范围与方法[M].郑永年，等译.杭州：浙江人民出版社，1987：241.
[5] 王国红.试论政策执行中的政策认同[J].湖南师范大学社会科学学报，2007（04）：46-49.
[6] 邢玲，高信奇.公共政策合法性及其危机[J].政治学研究，2008（5）：15.
[7] ［德］哈贝马斯.交往与社会进化[M].张博树，译.重庆：重庆出版社，1989：136.
[8] ［美］戴维·伊斯顿.政治生活的系统分析[M].北京：华夏出版社，1991：346.

策从制定到执行的整个过程都要合乎法律的要求,不能违反法律的意旨,即公共政策过程的合法律性。[1]教育政策合法性的本质是教育政策价值选择的合目的性,也就是价值选择符合人们的需要、价值理想和追求。[2]教育政策价值选择合法性的本质是其合目的性,只有那些符合并最终能够满足利益主体(公众)的需要和利益的政策选择才会被他们认可、承认和自觉服从。[3]公共政策的顺利实施很大程度上取决于政策对象对政策的支持和拥护程度。长期以来,由于教育政策制定精英模式的绝对主导地位,政策对象对教育政策的影响力极为有限,理论界对教育政策认同缺乏研究,政策执行部门也未给予必要的重视等原因,教育政策认同存在障碍。[4]

公众产生认同感最有效、最重要的方式就是直接参与公共决策过程。长期以来,我国教育决策模式主要是一种单向度的模式,农民没有表达利益诉求和影响决策生成的能力和渠道,缺乏主体意识,对政策的理解与执行处于被动,从而降低了对政策的认同。个别地方政府的"寻租"行为,个别政策执行者侵犯公众利益,也会削弱政策的合法性。[5]

(四)政策效果不一、周期短

在我国,由于经济社会发展水平不一,各地教育发展的状况不尽相同,必须根据各地具体情况实行有差异的教育发展政策,切不可简单地"一刀切"。如果在一个义务教育普及程度低、教师极其匮乏的偏远山村推行素质教育,显然是不合时宜的。受诸多因素的影响,教育政策在实际执行过程

---

[1] 吴家庆,陈利华.改革开放以来我国农村基础教育政策创新发展的特点[J].湖南师范大学社会科学学报,2008(4):8-13.
[2] 王举.教育公平:教育政策合法性的价值前提[J].当代教育论坛,2015(01):58-61.
[3] 刘复兴.教育政策的边界与价值向度[J].清华大学教育研究,2002(01):70-77.
[4] 石火学.教育政策认同的意义、障碍与对策分析——教育政策执行视域[J].重庆大学学报(社会科学版),2012,18(01):148-153.
[5] 吴家庆,陈利华.改革开放以来我国农村基础教育政策创新发展的特点[J].湖南师范大学社会科学学报,2008(4):8-13.

中，往往会出现执行活动及结果偏离政策目标的不良现象，即所谓政策执行失范。[①]从政策过程来看，我国一些教育政策决策、执行和评价的主体比较单一，利益相关人缺席的现象比较严重，缺少政策预期分析、政策听证、政策辩论、政策实验、政策宣传等重要环节，忽视最重要、最直接的利益主体，凸显的是强势利益和既得利益，导致政策的合法性与合理性一并缺失，利益协调功能减弱。[②]在一个缺乏利益整合和有效合法的利益表达渠道的社会，由于诸种原因，原本应实现公共利益的公民参与政策制定导致政策产出发生价值偏移，即更广泛的公共利益的缺失。[③]很长一个时期，我国教育政策都是作为其他社会政策的必要补充或者以突出问题的应对措施的身份出台的，并未形成一套健全的教育自身系统化发展的长效保障机制和体系，由此造成的政策系统本身的结构性缺陷极大地制约了政策效用的充分发挥。[④]

所谓政策周期，是指政策经过制定—执行—评估—监控—终结这几个阶段后形成的一个周期。[⑤]艾克斯坦很早就发现中国存在着"政策周期"现象，他认为中国的政策周期根源于中国的决策结构和价值系统，认为中国的政策框架时间是不断变小的。在 20 世纪 80 年代初，一个计划延续 2—3 年的时间，然后作适当的调整和改进；在 20 世纪 80 年代中期，则缩短到一年时间；到了 20 世纪 80 年代末，就变成一个季度了。[⑥]教育研究话语的变化某种程度上也说明了教育政策周期的这一特点。有人通过考察 20 世纪 80 年代

[①] 吴家庆，陈利华.改革开放以来我国农村基础教育政策创新发展的特点[J].湖南师范大学社会科学学报，2008（4）：8-13.

[②] 祁型雨，李春光.我国教育政策价值的反思与前瞻[J].现代教育管理，2020（03）：29-35.

[③] 张智灏，孙猛.教育政策制定过程中的公民参与悖论探析[J].当代教育科学，2011（13）：26-29.

[④] 吴家庆，陈利华.改革开放以来我国农村基础教育政策创新发展的特点[J].湖南师范大学社会科学学报，2008（7）：25.

[⑤] 陈振明.政策科学——公共政策分析导论（第二版）[M].北京：中国人民大学出版社，2003：403-404.

[⑥] 陈振明.政策科学——公共政策分析导论（第二版）[M].北京：中国人民大学出版社，2003：408.

末后十多年中国教育研究的话语发现：一是每一个教育研究话语持续的时间都不长，话语转换的频率很快。考虑到每一话语的出现都存在一个酝酿的阶段，每一话语实际上持续的时间可能更短。二是话语内容转换方式多为"跃进式"。往往是前一个话语尚未"说"完，或者人们还未来得及领悟话语的实质内容，后一个话语就已经出现。① 甚至存在着政策剧变的情况，即政策在较短时间内发生急剧的、具有根本意义的变迁。长期以来教育政策存在的一个突出问题就是头痛医头，脚痛医脚，割裂各项政策之间的联系。② 就事论事，导致在许多问题上是"摁下葫芦起了瓢"。政策的频繁变动影响政策的成效，因为政策的公正性要求一整套明示的、先定的、普遍的、客观的行为规则，如果随意变动，朝令夕改，政策对财富、权力、社会地位、机会等社会价值所进行的权威性分配就会导致不公正的结果。

五、中国教育曾经的城乡分野

（一）城乡教育的制度落差

事实上，城乡分治建构的是一个从中心城市出发、依行政权力而衰减的等级框架。因而，我们在直辖市、省会城市、地级市、县城、乡镇和农村，看到了从最豪华到最破败的不同学校。在整个社会分层机制的导引下，精英教育的制度设计强化了教育结果的等级化、层级化趋势。农村教育起点低，被限制着比城里"慢一步"，在初等教育或基础教育徘徊，步步落后形成弱势。③ 二元结构导致了城乡二元价值对立，教育政策在价值和目标上长期带有城市或精英倾向，忽略了对农村和广大弱势群体的应有关注。农村教育以城市为价值取向，主要为城市经济社会发展服务。农村教育往往只是单向度地向城市看齐，反映在教育政策和教育规划上，就是以城市为中心，并将其施

---

① 程少波. 论转型时期的教育话语 [J]. 教育评论，2000（3）：4-7.
② 柯春晖. 城乡统筹发展中的教育政策取向和政策制定 [J]. 教育研究，2011（4）：15-19.
③ 陈敬朴. 农村教育如何弱势走强 [J]. 教育发展研究，2003（11）：14-18.

用于农村。用城市教育的体制、办学模式，以及所使用的教材、教学内容与教学方法来办农村教育，不是面对全体学生，而是面对少数尖子生，结果造成农村教育很少体现农村的特点，很难满足农村的特殊要求。农村教育的目的很单一，主要是为城镇培养和输送人才，让农家子弟通过高考跳出农门，很少考虑农村教育为自身建设服务的功能，不考虑农村教育的薄弱性、特殊性、差异性。开设的课程有很强的城市化倾向，几乎不给学生传授他们能够在农村环境中有效发挥作用所需的知识、技能和思想。[1] 这种教育是为升学作准备的，它训练学生读写算，还包括朗诵、背诵和反复练习，却没有培养学生独立思考问题和解决问题的能力。[2]

　　城乡二元结构也造成了城乡人口教育观念与教育意识的差别，使得城市人相对于农村人有一种天生的优越感，城市家庭对子女都抱着较高的教育期望，与之相反，农村人相对于城市人有一种自然形成的自卑情结。城乡分割造成了城乡社会对城市及城市文明的单向认同，即城市比农村好，城市文明也优于农村文明，农村文明成为被摒弃和改造的对象。这种文明排斥和文明隔阂，成为横跨在城乡之间的文化鸿沟和积淀在市民与农民之间的心理壁垒。[3] "我们忽视了乡村生活中原本就拥有的东西，由于我们俯视他们的方式使得'他们的世界'中的原本有价值的教育资源被慢慢地遗弃和背离。乡村教育问题被简化为硬件设施的改造和读书机会的把握。原有的对乡村教育问题的整体思考与深层把握被遮蔽了。"[4] 物质条件可能改变了，但理念、精神内核是城市的。农村社会不断被边缘化，农村与城市进一步疏离，农村学校逐渐丧失其改造农村的功能。教育理论研究主要着眼于城市教育，教育决策权、教育话语权均以城市为中心，农村教育境况常常被忽视。诸多教育政

---

[1] 柯春晖.城乡统筹发展中的教育政策取向和政策制定[J].教育研究，2011（4）：15-19.
[2] 蓝建.城乡二元结构与发展中国家的教育[J].教育研究，2000（8）：70-75.
[3] 杨卫安.城乡义务教育一体化：制度形态与新时代特征[J].现代教育管理，2020（9）：31-37.
[4] 钱理群，刘铁芳.乡土中国与乡村教育[M].福州：福建教育出版社，2004：301-303.

策设计偏离了中国社会发展的基本事实和目标,农村和社会弱势群体没有广泛地进入教育政策研究的视野。[①]我国的教育政策在实施过程中加剧了城乡教育的贫富不均、师资配置的失衡、城乡学校的梯次发展和城乡教育质量的差距,迷失了它应有的公平和正义伦理本性。[②]多元分割的教育体制,强化了农村教育贫困,尤其是弱势群体的教育贫困。[③]

有人认为,社会排斥(social exclusion)这个被社会学学者所借鉴的政治概念,能准确地解释我国这种城乡教育差距及其造成的后果。[④]在排斥性政策的作用下,一部分社会成员被推至社会边缘。中国农村长期遭受的政策性排斥主要体现在政治权益、经济权益、社会权益三个层面。这三个维度相互强化,不断累积,加上历史因素、自然因素、农民个体因素等的合力影响,使一些农村地区经济、社会、文化等陷入了恶性循环之中,致使长期贫困。[⑤]

(二)城乡教育的不同面貌

二元结构使城乡教育的条件形成强烈反差,包括教育投资的城乡差异、教师配置的城乡差异、上课天数的城乡差异、学校分布的城乡差异、学校物质条件的城乡差异、学生条件的城乡差异。[⑥]也导致城乡教育质量的明显差异,农村学校的培养质量明显低于城市学校的培养质量,这既体现在学生的思想道德素质、心理素质、能力素质方面,也体现在学生的体质和劳动素养方面。农村从业人员素质的总体水平偏低,农村学校培养的人才质量总体来说难以满足社会的需要。长期以来教育政策在对待农村问题上是矛盾的,既

[①] 鲍传友.论中国教育政策研究的本土化[J].天津市教科院学报,2005(30):5-7.
[②] 杨浩强,贺艳洁.城乡教育政策的伦理缺失与回归[J].教育科学论坛,2012(02):5-7.
[③] 谢童伟,施雨婷.中国农村教育贫困研究的进展与趋势[J].清华大学教育研究,2019,40(04):98-103.
[④] 方恩升.论城乡教育差距的危害——以构建和谐社会为视角[J].中国人力资源开发,2006(2):4-8.
[⑤] 彭新万.政策性排斥与中国农村长期贫困[J].经济理论与经济管理,2007(5):73-75.
[⑥] 蓝建.城乡二元结构与发展中国家的教育[J].教育研究,2000(8):70-75.

表现为强大的、不容置疑的城市取向,又表现为许多时候对于农村教育输血而非造血般的重视和补偿。新中国教育看到了城乡教育的差距及城市与乡村对教育需求差别的悬殊,努力地想改变这种状况,力图使农村教育与城市教育不至于差距太大。[①] 靠着政府的强力推动和一系列的政策措施,农村教育也在不断发生变化,但总体上不如城市。

在地处偏僻、人烟稀少而悠闲幽静的乡间村落,偶或凸现相对齐整而简单的校舍——一片空地之中,突兀出一杆褪了颜色的国旗,缺乏现代教育设施的教室里回荡着带有浓重口音的普通话,一群对外面世界充满期待和疑惑的孩子往来于村落和校舍之间。这或许就是许多人直观到的农村教育图景。[②] 在城乡二元封闭社会,对乡村少年来说,城市是用来"向往"的,许多情况下是激发他们勤奋学习的原动力;乡村则是用来"生活"的,他们的心智启蒙与人格塑造正是在自然淳朴的乡村文化生态中完成的。伴随着高速城市化的进程,大量乡村学校急速消亡,进而很大程度上产生村落消亡和乡村社会瓦解加速、乡村文化"失地"、中华文化生态遭遇破坏和乡村少年文化人格健全"土壤"缺失等问题,这些由"学校离村"带来的社会文化隐忧将是深远的。[③] 农村学生向城镇地区聚集,区域教育出现"城满、乡空、村弱"的"空心化"格局。农村教育被城市化的升学教育所牵引,农村学校虽然地处农村,却与当地社区和农村的发展、农民的生活完全无关,处于一种"悬浮"的状态。[④] 在打破传统中国"无差别统一的城乡良性循环",推进近代"新式教育"以来,城市剥削和压迫乡村的城乡关系就决定了中国教育一步步地失去乡村,失去传统中国的乡村文化和乡村价值。[⑤]

---

① 刘世清.论新中国成立以来我国教育政策的伦理取向及其演变机制[M]//中国教育政策评论 2008.北京:教育科学出版社,2008:111-124.
② 吴亚林.农村教育发展:概念重建与制度设计[J].郑州师范教育,2015,4(03):6-9.
③ 周晔."学校离村"的乡村教育新动向及其社会文化隐忧——兼与"文字上移"提法商榷[J].河北师范大学学报(教育科学版),2015,17(05):118-122.
④ 杨东平.农村学校向何处去?[J].中小学管理,2015(10):1.
⑤ 饶静,叶敬忠,郭静静.失去乡村的中国教育和失去教育的中国乡村——一个华北山区村落的个案观察[J].中国农业大学学报(社会科学版),2015,32(02):18-27.

第八章　城乡一体化进程中的中国教育

中国的城乡一体化是针对城乡二元结构矛盾突出而提出来的，其实质是二元社会解构的过程。城乡一体化首先是由一些地方在实践中提出来的，随后相关的理论研究和探索不断展开，并逐步成为党和国家的意志。党的十七大把"推进城乡一体化"写入报告，这在党的最高文件中是第一次。而后，党的十七届三中、五中全会都强调了要"推进城乡经济社会发展一体化"。党的十八大以来，中国特色社会主义进入新时代，社会主要矛盾发生变化，解决发展不平衡不充分问题成为时代课题。推进城乡一体化成为这个时期的政策重心之一，我国开始进入城乡融合发展和共建共享共赢阶段。

一、思想渊源与中国实践

（一）城乡一体化的思想渊源

从城乡对立走向城乡一体是马克思、恩格斯的重要思想，也是世界工业化、城市化进程中的普遍现象。随着工业革命的发生，城市成为资本集聚的场所，形成了人流、物流、资金流的巨大旋涡，乡村则沦为向城市提供人力、土地、粮食及各种原料的附属地。社会上层统统寄居在城市，享受着文化、教育、科技、医疗、交通等各领域发展进步带来的福祉。即使是乡村里为数不多的富人，也被城市贵族视为"乡巴佬"。至于那些胼手胝足的普通农夫,则成为粗俗、贫穷的代名词。[1]马克思指出,实现共产主义必须消灭城乡差别、工农差别、体力与脑力劳动之间的差别。他在《政治经济学批判》一书中首次提出了"乡村城市化"这一理论。[2]在《哲学的贫困》中马克思写道:"城乡关系的面貌一改变,整个社会的面貌也跟着改变。"恩格斯最先提出"城乡融合"的概念,他在《共产主义原理》中指出:"通过消除旧日的分工,进行生产教育、变化工种、共同享受大家创造出来的福利,以及城乡的融合,使全体成员的才能得到全面的发展。"马克思、恩格斯预言,城市与农村从分离最终会走向融合,其轨迹大致要经历三个辩证发展阶段:城育于乡,即城市诞生于农村;城乡对立,工业革命作为催化剂加速了城市化进程,造成城乡分离;城乡融合,随着城市化的发展,逐步消除城乡差别。马克思、恩格斯认为,消除阶级差别和城乡不均衡现象的"城乡融合",使城乡成为更高级的社会综合体,是城乡发展的终极目标,是社会发展的高级阶段。[3]

在英文和法文中,与城乡一体化比较相近的词有 integration(一体化),但是它很少与城乡(urban-rural)一词搭配,经常与"经济"一词连用。还有一个词"城乡融合"(urban-rural composition),其含义是指自 20 世纪以来,西方国家的一些制造业从原先的大都会向较小的村落或尚未工业化的地区转移,从而形成城市和乡村相混合的新型区域。[4]最早提出城乡一体化思想的是英国城市学家埃比尼泽·霍华德(Ebenezer Howard),他于 1898 年出版了《明日:一条真正同享改革的和平道路》[1902 年再版时改名为《明日的田园城市》(*Garden Cities of Tomorrow*)]倡导"用城乡一体的新社会结

---

[1] 徐祥临.新时代城乡关系与推进之路——习近平总书记"城乡融合发展"思想的历史性贡献[J].国家治理,2018(2):18-21.
[2] 谢家训,刘琳.成都市构建城乡教育一体化发展模式研究[J].成都教育学院学报,2006(7):7-24.
[3] 陈文胜.中国迎来了城乡融合发展的新时代[J].红旗文稿,2018(8):19-20.
[4] 谢家训,刘琳.成都市构建城乡教育一体化发展模式研究[J].成都教育学院学报,2006(7):7-24.

构形态来取代城乡对立的旧社会结构形态"。他在书的序言中说:"城市和乡村都各有其优点和相应缺点,而城市—乡村则避免了二者的缺点……城市和乡村必须成婚,这种愉快的结合将迸发出新的希望,新的生活,新的文明。"美国城市学家刘易斯·芒福德于1946年为《明日的田园城市》一书再版作序时,说:"霍华德把乡村和城市的改进作为一个统一的问题来处理,大大地走在了时代的前列。"芒福德主张建立许多新的城市中心,形成一个更大的区域统一体,重建城乡之间的平衡,使全部居民在任何地方都有可能享受到真正城市生活的益处。[①]20世纪50年代以后,有关西方城乡关系的思想经历了刘易斯理论、增长极理论、城市偏向理论、乡村城市战略理论、朗迪勒里自上而下"次级城市"战略和波特"城乡联系与流"思想理论等。[②]

西方发达国家都经由不同的方式实现从城乡二元对立到城乡一体的治理模式变迁。进入20世纪,随着交通技术的发展,发达国家的城乡差别不断缩小,乡村和城市几乎连成一片。城市和农村的结构发生了根本性的改变,城乡差别也逐渐被贫富差别所取代。[③]在工业化早期,为加速资本积累,各国普遍会在推动农业增长的同时,抑制农村社会和政治发展,但在工业化进行到一定阶段后,将会存在一个经济与社会政策、政治发展逐步转向并走向城乡一体化的过程,且从总体上看,后发工业化国家的政策转向快于早发国家。[④]城乡作为一个历史范畴,在生产力与生产关系的矛盾运动中从分离、对立到融合发展的历史过程,也是发展中国家二元经济结构形成、深化到消解的历

---

① 谢家训,刘琳.成都市构建城乡教育一体化发展模式研究[J].成都教育学院学报,2006(7):7-24.

② 申晓艳,丁疆辉.国内外城乡统筹研究进展及其地理学视角[J].地域研究与开发,2013,32(05):6-12+45.

③ 沈承诚.后发国家现代化角落的权利贫困与中国式现代化的超越[J].江汉论坛,2023(04):51-55.

④ 李明,邵挺,刘守英.城乡一体化的国际经验及其对中国的启示[J].中国农村经济,2014(06):83-96.

史过程。[1]到后工业化时期，城市和农村相互依赖、相互促进、共同发展、共同繁荣。此阶段的城乡关系实质在于城乡之间生产要素的自由流转，在互补性基础上，实现资源共享和合理配置，农村社会与城市社会基于各自的特点协调发展，各自的居民能够享受到具有平等质量的生活条件。后工业社会，是一个没有农村也没有城市的社会，因为城市已经消融在农村和山林之中，试图界定独特的城市和乡村问题是徒劳的。[2]

进入21世纪后，新城市化现象再度引起学界关注，其中最引人注意的是2004年《新型城市化模式：超越城市—乡村两分法》一书的发表。该书所强调的中心议题是，传统的城市和乡村概念已经过时，应该推导出新的符合实际并有前瞻性的概念；人类聚落的性质和范围有了巨大的变化，城镇和乡村再也没有一个清晰的界线了。与城市化转型密切关联的一个观点是所谓的"逆城市化"论。[3]"逆城市化"是相对于"城市化"而言的，是指由于交通拥挤、犯罪增长、污染严重等城市问题的压力日渐增大，城市人口开始向郊区乃至农村流动，市区出现"空心化"。

世界各国包括发达国家和发展中国家在城市化进程中，也都曾经历统筹城乡教育并实现一体化的过程，所采取的政策举措大体包括以下方面：一是均等化。比如日本，不管是城里的孩子，还是乡下海岛的孩子，享受同等的受教育机会和受教育的权利，同时也享受同等的教育待遇。城里的孩子有什么教育设施，乡下的孩子也必须有什么样的教育设施。二是城乡互动。早在20世纪初美国就开始推行旨在追求农村办学高效的合校运动。20世纪中期以来，在美国，学券制、特许学校、小班化教学、佩尔奖学金等举措国际闻名。2002年美国国会通过《不让一个孩子掉队》法案，其根本目的就是确保所有孩子在阅读和数学方面都能够达到具有挑战性的标准，缩短由于种族和

---

[1] 张桂文，王子凤. 马克思城乡关系理论中国化的历史演进及实践经验[J]. 政治经济学评论，2022，13（06）：86-103.
[2] 黄凤祝. 城市与社会[M]. 上海：同济大学出版社，2009：1-2.
[3] 王旭. 城市史[M]. 长沙：湖南教育出版社，2015：391.

社会阶级差别所引起的学业成就差距。法国长时间里实行中央与地方分权合作，以地方为主、中央为辅推进乡村教育。地方乡村教育基本由学区负责管理，中央则通过给予政策和经费加强监督，进行督导。三是倾斜。韩国曾经颁布《岛屿、偏僻地区教育振兴法》，主要内容包括：优先解决岛屿、偏僻地区学校用地、教室和学校网站等必要设施设备；提供免费教科书；为教师提供住房，给予教师优先研修的机会等。[1]在澳大利亚，政府先后制定并实施了"劣势学校计划""贫困乡村地区计划""乡村地区计划"等政策措施。[2]四是补偿。印度政府采取了一系列措施，包括增加教育投资、创设"移动学校"等，让那些生活在贫民区的孩子可以在家门口接受教育。巴西政府成立了基础教育发展及教学促进基金会，专门负责基础教育的政府资金的分配与使用，作为减少地区之间以及地区内部不平等现象的机制。[3]

（二）中国城乡一体化的宏大实践

党的十八大明确提出："解决好农业农村农民问题是全党工作重中之重，城乡发展一体化是解决'三农'问题的根本途径。""加快完善城乡发展一体化体制机制，着力在城乡规划、基础设施、公共服务等方面推进一体化，促进城乡要素平等交换和公共资源均衡配置，形成以工促农、以城带乡、工农互惠、城乡一体的新型工农、城乡关系。"党的十八届三中全会通过的《中共中央关于全面深化改革若干重大问题的决定》进一步指出："城乡二元结构是制约城乡发展一体化的主要障碍。必须健全体制机制，形成以工促农、以城带乡、工农互惠、城乡一体的新型工农城乡关系，让广大农民平等参与现代化进程、共同分享现代化成果。"这是中共中央首次明确提出新型城乡关

---

[1] 董博清，于海波.韩国农村教育政策及发展趋势［J］.外国教育研究，2013（2）：114-122.
[2] 陈娜.澳大利亚发展农村教育的重要举措——乡村地区计划述评［J］.外国中小学教育，2007（8）：12-15.
[3] 李潮海.国外城乡教育一体化发展的特征分析与经验启示［R］."城乡教育一体化发展的国际经验与本土实践"国际学术研讨会，2013.

系的概念，并且将"城乡一体"作为新型城乡关系的最终目标。[①]党的十九大明确提出"建立健全城乡融合发展的体制机制和政策体系"，实施乡村振兴战略，从根本上改变了"以工统农"、"以城统乡"、以扩张城市减少农村减少农民的发展路径，从根本上改变了乡村从属于城市的现实，突出了乡村发展的中心地位和城乡关系的平等地位，使城市和乡村成为不同生活方式的平等选项，城乡彼此相互依存共荣共生。[②]党的二十大明确提出"着力推进城乡融合和区域协调发展"，"全面推进乡村振兴，坚持农业农村优先发展，巩固拓展脱贫攻坚成果"，进一步明确了城乡融合发展的方向。

与此同时，一系列重大政策举措相继推出。2013年12月，中央召开城镇化工作会议，提出城镇化是现代化的必由之路，要"让城市融入大自然，让居民看得见山、看得见水、记得住乡愁"，提出全面放开建制镇和小城市落户限制，有序开放中等城市落户限制，合理确定大城市落户条件，严格控制特大城市人口规模。[③]2014年，国务院颁布《关于进一步推进户籍制度改革的意见》，明确提出要进一步调整户口迁移政策，统一城乡户口登记制度，全面实施居住证制度，就此开启了新一轮户籍制度改革。此次改革取消了农业户口和非农业户口的区分，统一登记为居民户口，消除了城乡居民自由迁移的制度障碍。[④]2014年3月，《国家新型城镇化规划（2014—2020年）》发布，这是中央颁布实施的第一个新型城镇化规划。2018年9月，中共中央、国务院印发《乡村振兴战略规划（2018-2022年）》，围绕乡村振兴"人、地、钱"等要素供给，规划部署了加快农业转移人口市民化、强化乡村振兴人才支撑、加强乡村振兴用地保障、健全多元投入保障机制等方面的具体任务。2019年4月，中共中央、国务院印发《关于建立健全城乡融合发展体制机制

---

① 张海鹏.中国城乡关系演变70年：从分割到融合[J].中国农村经济，2019（3）：2-18.
② 陈文胜.中国迎来了城乡融合发展的新时代[J].红旗文稿，2018（8）：19-20.
③ 丁栋.中国明确不同城市城镇化路径中小城市户籍将放开[EB/OL].（2013-12-15）[2023-05-27].https://www.chinanews.com.cn/gn/2013/12-15/5620742.shtml.
④ 唐任伍.中国共产党百年城乡关系探索[J].人民论坛，2021（36）：33-37.

和政策体系的意见》，提出要加快形成工农互促、城乡互补、全面融合、共同繁荣的新型工农城乡关系，加快推进农业农村现代化。①2022年5月，中共中央办公厅、国务院办公厅印发《关于推进以县城为重要载体的城镇化建设的意见》，提出县城是我国城镇体系的重要组成部分，是城乡融合发展的关键支撑，对促进新型城镇化建设、构建新型工农城乡关系具有重要意义。按照中央的部署，各地积极展开了推进城乡一体化和融合发展的实践。

中国推进城乡一体化和城乡融合发展的进程是与脱贫攻坚、与全面建成小康社会、与乡村振兴伟大事业相伴而行的。贫困是人类社会长期存在的历史现象，亦是人类社会的顽疾。占世界人口五分之一的中国，2012年的时候还有9899万贫困人口。为消除绝对贫困，中国共产党带领全国人民，上下一心，进行了一场伟大的实践，在中国大地上开展了轰轰烈烈的脱贫攻坚战，取得了全面的胜利。2021年2月25日，中国向世界庄严宣告，中国脱贫攻坚战取得了全面胜利，现行标准下9899万农村贫困人口全部脱贫，832个贫困县全部摘帽，12.8万个贫困村全部出列，区域性整体贫困得到解决，完成了消除绝对贫困的艰巨任务，②提前10年实现联合国《2030年可持续发展议程》减贫目标，困扰中华民族几千年的绝对贫困问题得到历史性解决。

有人认为，在一定的意义上，中国社会40年的变迁，其核心可以看作是现代化和体制变革双重转型的过程。在这个转型过程中，中国社会经历了从计划到市场、从集中到分散、从一元到多元、从固定到流动和从封闭到开放的变革。其中，社会结构的变革被认为是最重要的变革之一。③从城乡关系变迁史看，影响城乡关系变化的因素有很多，相较于西方国家城乡关系的变化主要是由工业化发展导致城市与乡村地位此消彼长而引起，我国城乡关系

---

① 新华社.中共中央 国务院关于建立健全城乡融合发展体制机制和政策体系的意见［EB/OL］.（2019-05-05）［2023-05-27］.http://www.gov.cn/zhengce/2019/05/05/content_5388880.htm.
② 胡仪元，唐萍萍，屈梓桐.后脱贫时代西部贫困区全面可持续发展的内涵特征与实践进路［J］.陕西理工大学学报（社会科学版），2021（6）：59-64.
③ 李路路.改革开放40年中国社会阶层结构的变迁［J］.社会科学文摘，2019（04）：5-7.

的变化受政策影响更为显著。[①] 基本经济制度是城乡关系的社会基础和直接决定力量，新中国城乡关系演进蕴含着基本经济制度变迁的逻辑。社会主义基本经济制度由形成"二元对立"，到打破"二元对立"，实现"二元并存"，再到向着"二元融合"的方向发展。[②]

伴随着城乡一体化的进程，教育改革发展的外部环境、动力机制都发生了深刻变化，相应地，教育的理念、政策、制度和实践逻辑都发生了转向。

二、城乡一体化进程中的教育理念

理念是公共政策的先导，也是实践的先导。城乡一体化进程中，我国教育改革发展的理念也发生了重大变化，体现了对教育规律的新认识。

（一）以人为本、以人民为中心的理念

以人为本是一种理念，也是一种重要的价值。以人为本是将人本身作为最高价值从而主张善待一切人、爱一切人、把一切人都当作人来看待的思想体系。教育就是为了使人从"物化"走向"人化"。所谓"人化"，就是用"人"的方式去理解人、对待人、关怀人。教育政策伦理问题的本质就是教育政策是否平等地对待每一个人，是否尊重每一个人的人性需要，从而促进每一个人的发展。一个健全的教育制度，首先应该回应教育共同体成员的真实感受和要求，无论这种感受和要求是对还是错。只有如此，社会公众才不会把教育制度看作是由外在力量强加在他们身上的东西，一个与己无关的多余的外物，而是认为教育制度就是自己的，是自己生活的一部分，须臾不可分离。正因为教育制度是自己的，它体现了人性的要求，社会公众才特别地爱护和珍视，教育制度也才真正具有权威性和神圣性，人们才真正有信心对

---

① 罗志刚.中国城乡关系政策的百年演变与未来展望[J].江汉论坛，2022（10）：12-18.
② 朱鹏华，侯风云.新中国城乡关系演进的逻辑、轨迹和规律[J].福建论坛（人文社会科学版），2022（03）：67-81.

其予以信任和信仰，教育制度也才真正值得尊重。[1]

坚持以人民为中心，是新时代中国特色社会主义思想的重要内容。以人民为中心是一种发展思想，也是一种执政理念，是在新时代条件下对"为人民服务"这一理念的高度彰显，是中国共产党担当起该担当的责任的重要体现。[2]以人民为中心深刻地体现出马克思主义的立场情怀，体现了社会主义道德的核心和原则，形成了当代中国伦理学的基质特色，是中国式现代化的价值追求。[3]"坚持以人民为中心发展教育"，这一重要论断高度概括了我国教育改革和发展的基本经验，是马克思主义群众史观在新时代教育根本目的中的集中体现，深刻回答了新时代中国教育实践中三个重要的问题，即发展的目的、发展的依靠力量和发展的根本价值。[4]教育是人民群众最关心、最直接、最现实的利益问题之一。教育为人民服务是我国社会主义教育事业的出发点和落脚点，是党的教育方针始终坚持的基本原则。优先发展教育事业是"以人民为中心"的必然选择。[5]高质量教育体系是指向能够满足人民群众日益增长需要的更高质量、更加公平、更有效率、体系更加完备、更加丰富多样、更可持续发展、更为安全可靠的教育体系。建设高质量教育体系，是迈向新征程的需要，是推动经济社会发展的需要，是教育自身跨越发展的要求，也是坚持以人民为中心的要求。[6]教育改革的伦理基础，必须始终坚持教育为人民服务，实现促进人的全面发展的本质回归。坚持以人民为中心发展教育，要满足人民对美好生活的需要，要以人民满意为尺度。[7]

---

[1] 李江源. 教育习俗与教育制度创新[J]. 社会科学战线, 2006（4）: 220-228.
[2] 郝全洪. 坚持以人民为中心的发展思想[N]. 学习时报, 2018-05-18（A2）.
[3] 高国希. 以人民为中心：中国式现代化的价值追求[J]. 道德与文明, 2022（05）: 60-67.
[4] 刘复兴, 邢海燕. 坚持以人民为中心发展教育[J]. 中国高等教育, 2019（6）: 13-15.
[5] 闵维方. 坚持优先发展教育事业[J]. 中国高等教育, 2022（02）: 4-5+14.
[6] 周洪宇, 李宇阳. 论建设高质量教育体系[J]. 现代教育管理, 2022（01）: 1-13.
[7] 赖德胜, 李廷洲. 坚持以人民为中心发展教育[N]. 中国教育报, 2019-01-10（6）.

（二）城乡一体、城乡融合的理念

城乡一体化是指一定区域范围内城市与乡村在政治、经济、文化等方面发展的有机结合，形成以城带乡、以乡促城、相互依存、互补融合、协调发展的城乡关系，逐步消除城乡二元结构格局，实现城乡共同发展、共同繁荣。[①] 不仅包括用城市生产方式和生活方式改造农村生产和生活方式、生产要素重组和农村人口向城市的流动和迁移、城乡产业有机整合和组织方式的变化等，还包括整个社会结构、组织、文化等的变迁。城乡一体化是一个国家和地区在生产力水平或城市化水平发展到一定程度的必然选择，是中国当前经济社会发展的重点，是又一场深刻的社会变革。

城乡教育一体化是指统筹城乡教育发展，整合城乡教育资源，打破城乡二元经济结构和社会结构的束缚，构建动态均衡、双向沟通、良性互动的教育体系和机制，促使城乡教育资源共享、优势互补，推动城乡教育相互支持、相互促进，缩小城乡之间的教育差距，有效消除地域、经济等因素导致的教育不均衡问题。[②] 城乡教育一体化发展是城乡一体化发展的重要方面，是打破城乡二元结构、实现城乡融合发展的必然选择，是构建完善的现代国民教育体系和终身教育体系、促进教育公平、使城乡真正共享教育改革发展成果的根本途径，是保持与发挥城乡教育区域性特色与优势、支持乡村振兴战略和促进城乡协调发展的重要举措。城乡教育一体化的内涵具有区别于城乡教育均衡和统筹城乡教育的独特性与阶段性。其特征为城乡教育目标共识、城乡教育观念互通、城乡教育地位互认、城乡教育资源共享、城乡教育责任共担、城乡教育优势互补、城乡教育困难互助和城乡教育活动共同参与。[③] 城

---

① 褚宏启. 城乡教育一体化：体系重构与制度创新——中国教育二元结构及其破解 [J]. 教育研究，2009（11）：3-10.

② 许经勇. 统筹城乡经济社会发展加快岛内外一体化建设 [M]. 厦门：厦门大学出版社，2011：207.

③ 李玲，宋乃庆，龚春燕，韩玉梅，何怀金，阳泽. 城乡教育一体化：理论、指标与测算 [J]. 教育研究，2012，33（02）：41-48.

乡教育一体化的本质是促进教育公平，缩小城乡差距，提高城乡整体教育水平。城乡教育一体化既是目标又是手段，要运用一体化的方式实现一体化，其关键是树立一体化的理念，运用一体化的思维，建立一体化的制度。[①]

（三）公平、均衡、质量的理念

党的十八大提出要"逐步建立以权利公平、机会公平、规则公平为主要内容的社会公平保障体系，努力营造公平的社会环境，保证人民平等参与、平等发展权利"。"大力促进教育公平，合理配置教育资源，重点向农村、边远、贫困、民族地区倾斜，支持特殊教育，提高家庭经济困难学生资助水平，积极推动农民工子女平等接受教育，让每个孩子都能成为有用之才。"党的十九大提出要"推进教育公平"，努力让每个孩子都能享有公平而有质量的教育。党的二十大将教育、科技、人才进行整体论述、作出整体部署，提出要"促进教育公平"，"加快义务教育优质均衡发展和城乡一体化"。

这个时期，东西方对教育公平内涵及其发展的认识出现了质的飞跃。世界各国的教育公平理念主要有：立宪、制度建设、资源的公平分配、微观教育活动的公平。概而述之，教育公平是指受教育权利与教育资源分配的合理性、正当性，以及教育活动的目的、内容、程序与功能等对人的发展产生影响的一种合理性状态与水平。[②] 基于此，教育应高高举起公平的旗帜，应致力于保证人人享有平等的受教育权，体现公平的原则即教育利益分配、各种教育资源的配置以及创设规范应当实现平等对待，每个人应当平等地成为教育领域的受益人。政府、社会和教育机构在制定教育政策、分配教育资源等方面公正和平等地对待每个社会成员，保障每个社会成员都能均等地享受到公共教育资源。不仅要追求教育公平形式的公正即程序公正或规则公正，做到制度面前人人平等，即一个教育制度对所有的人做到不偏不倚，保持中

---

① 张旺. 城乡教育一体化：教育公平的时代诉求［J］. 教育研究，2012（8）：13-18.
② 单文周，李忠. 新时代教育公平内涵与建设的思考［J］. 教学与管理，2019（12）：1-5.

立，而且应该追求教育公平的实质公正、实体公正，[1]包括：(1)个体的基本权利的保证。(2)学习或发展机会的平等。(3)对弱势群体必要的制度跟进与补偿措施。(4)制度评价的育人标准。[2]教育公平的关键是机会公平，基本要求是保障公民依法享有受教育的权利，重点是促进义务教育均衡发展和扶持困难群体，根本措施是合理配置教育资源，向农村地区、边远贫困地区和民族地区倾斜，加快缩小城乡、区域教育差距。[3]在差异性极大的现实中，仅靠同等对待的平均推进策略、企图通过社会发展自然地缩小和弥补差距的设想是不现实的，必须依靠政府对弱势地区、弱势人群补偿性的倾斜政策。[4]教育是阻断贫困代际传递的重要途径，"治贫先治愚，扶贫先扶智"。

均衡本来是一个物理学的概念，后来这一名词被经济学、政治学等领域不断借用，其含义是：各种力量在一段时间内相互抵消而形成的一种平衡状况。均衡是一种状态，也是一种价值。倡导和坚持教育公正原则，要求必须消除教育发展中现实存在的城乡差距，推行教育均衡发展战略。中国是一个发展中的大国，幅员辽阔，各地区资源条件、生产力发展水平、社会进步状况、文化传统等方面都存在很大差异。在一定时期内，承认这种差别，实行非均衡发展战略，是因地制宜发展教育事业的现实选择。然而，教育作为促进现代经济增长和社会进步的先导和基础，其发展差距的拉大将对经济发展、社会进步、民生福祉构成威胁。因此，努力缩小教育差距、促进教育协调发展应成为新时代我国教育政策调整的重大命题和基本导向。

与我国社会主要矛盾变化相一致，新时代我国教育主要矛盾已经转化为人民日益增长的优质教育需求与教育发展不平衡不充分之间的矛盾。我国教育事业经过改革开放以来40多年的大发展，已经成为教育大国，正在向教

---

[1] 柯春晖. 城乡统筹发展中的教育政策取向和政策制定[J]. 教育研究，2011(4)：15-19.
[2] 段治乾. 试论教育制度伦理公正[J]. 中州学刊，2004(2)：148-150.
[3] 岳金辉. 省域基础教育资源优化配置研究[D]. 武汉：武汉理工大学，2011：56.
[4] 杨东平. 从权利平等到机会均等——新中国教育公平的轨迹[J]. 北京大学教育评论，2006(2)：2-11.

育强国迈进，整体进入了提高质量、优化结构、提升效益的新阶段。提高质量、促进公平，一起构成新时代教育改革发展的两大主题和核心任务。这是中国教育满足人民群众的诉求、让人民群众有更多获得感的重要前提，也是推进教育现代化、建成教育强国的必由之路。就农村教育而言，经过长时间以来特别是 21 世纪以来的发展，面貌已经发生了根本性的变化。接受高质量的教育，同样也是农村孩子和农民工孩子的基本权利。在这样一种情况之下，提高质量同样应该摆上农村教育的议事日程，成为农村教育的核心和紧迫任务。必须从根本上改变长期以来存在的认为农村教育是一种较低层次、较低水平教育的思想意识，克服农村教育可以比城市慢半拍、容许农村教育质量差一点的观念。既要缩小城乡教育在规模、数量上的差别，更要缩小城乡教育质量上的差异，切实注重提高农村教育的质量。[①]

（四）教育公益属性、政府责任的理念

教育是一项公益性事业，公益性是教育的一个基本属性，这是人们对教育属性和价值特征的基本判断，事实上也是人们从利益归属和资源配置等方面对教育运行规律的基本概括。维护教育的公益性是我国宪法和法律赋予各级政府、社会组织和每个公民的责任和义务。国家和政府的责任，是在制定涉及教育的法律法规时，要在保证公正公平的前提下，首先考虑以教育资源的投入使用方式来确保公益性的维护。[②]教育资源的公益性的实现，是教育本质的根本体现，也是教育资源的核心价值所在。[③]坚持教育公益属性，必须强调政府责任。这既是教育公益属性的要求，也是克服市场机制配置资源弊端的要求。教育的公益性决定了它不可能像商品一样完全通过市场来提供，而必须通过市场以外的资源配置机制来提供，这就导致在现代国家中政府所提

[①] 柯春晖.城乡统筹发展中的教育政策取向和政策制定[J].教育研究，2011（4）：15-19.
[②] 岳金辉.省域基础教育资源优化配置研究[D].武汉：武汉理工大学，2011（10）：摘要 1.
[③] 唐明钊.教育资源系统研究[M].成都：西南交通大学出版社，2014：21.

供的教育越来越具有举足轻重的意义。①

坚持教育公益属性，强调政府责任，最重要的是要解决好教育投入问题，尤其是对义务教育的投入。要建立健全公共财政制度，公共教育财政应覆盖整个教育体系。国家在坚持教育优先发展战略的前提下，确认公共财政的保障重点及其预算支出的刚性。重构教育投入体制，优化调整财政支出结构，进一步提高公益性社会事业占财政拨款的增长比例，保障公共教育费用逐步增长。制定各级各类教育的基本拨款原则与拨款标准，建立完善各级各类学校办学基本标准，同时要完善拨款程序，增加拨款的透明度。坚持教育公益性，要克服"教育产业化"的迷误，规范民办教育发展，解决好资本逐利性与教育公益性的矛盾。民办教育不能资本化、商业化、市场化。

三、城乡一体化进程中的教育政策

（一）义务教育均衡发展政策

木桶的容量，取决于最短的那块板。20世纪末，我国实现了基本普及九年义务教育的宏伟目标，从根本上保障了广大儿童少年接受义务教育的权益，在世界九个人口大国中率先实现了全民教育庄重承诺，是发展中国家推进全民教育的成功范例。但由于我国仍处于社会主义初级阶段，各地经济社会发展不平衡，城乡二元结构矛盾突出，城乡之间、地区之间、学校之间的差距依然存在。②针对这些问题，2005年，教育部即专门出台《关于进一步推进义务教育均衡发展的若干意见》，明确要求把义务教育工作重心转到均衡发展上来。2006年新的《义务教育法》将均衡发展纳入法治化轨道，强调各级政府的法定义务。《国家中长期教育改革和发展规划纲要（2010—2020年）》（以下简称《教育规划纲要》）提出要"建立城乡一体化的义务教育发展机制"。颁布实施后，教育部与所有省（区、市）签署了教育战略合作协

---

① 劳凯声.公共教育体制改革中的伦理问题[J].教育研究，2005（2）：3-11.
② 岳金辉.省域基础教育资源优化配置研究[D].武汉：武汉理工大学，2011（10）：摘要1.

议和义务教育均衡发展备忘录。为补齐农村教育短板，党的十八大以来，我国统筹推进县域内城乡义务教育一体化改革发展，教育投入继续向困难地区和薄弱环节倾斜，城乡义务教育一体化改革不断取得新的进展。

2012年9月，国务院出台《关于深入推进义务教育均衡发展的意见》，提出要推进义务教育均衡发展，着力提升农村学校和薄弱学校办学水平，全面提高义务教育质量，努力实现所有适龄儿童少年"上好学"。①确立了深入推进义务教育均衡发展的指导思想、基本目标、政策措施和体制保障。

2016年，《国务院关于统筹推进县域内城乡义务教育一体化改革发展的若干意见》（以下简称《若干意见》）发出。《若干意见》明确了城乡义务教育一体化改革目标，即到2020年实现"四统一""三消除""两提高""一实现"，并提出了十项重大改革和发展举措。《若干意见》着眼未来发展方向和乡村教育的实际，提出了一系列重大政策举措，不是局限于局部内容的调整完善或单一制度的修修补补，而是充分考虑整个义务教育的内在联系，对义务教育事业链条的环节进行系统设计、整体考虑、有效链接，通过确定明确目标，有计划、有步骤地扎实推进，确保城乡义务教育一体化改革的科学性、系统性。②《若干意见》把乡村教师队伍建设作为重点，并提出了消除大班额的相关举措，要求各省制定消除大班额专项规划，建立工作台账，加快消除现有大班额。

为了切实巩固"两基"成果、推进义务教育均衡发展，教育部聚焦义务教育有保障，健全"控辍保学"联控联保长效机制，加强跨部门数据比对和精准摸排，挂牌督战重点地区，切实做好劝返复学工作，确保辍学学生找得到、劝得回、留得住。③为引导各地将义务教育均衡发展向着更高水平推

---

① 张彩红，张玺，陈艳菊．邯郸市基础教育均衡发展调查研究［J］．邯郸职业技术学院学报，2022，35（1）：45-49．

② 马敏．精准施策，提高城乡义务教育一体化改革效应［EB/OL］．（2016-7-12）［2023-5-27］．http://edu.people.com.cn/n1/2016/0712/c1006-28548397.html．

③ 唐芊尔．义务教育这十年：县域均衡发展，让更多孩子"上好学"［N］．光明日报，2022-06-22（11）．

进，全面提高义务教育质量，经国务院教育督导委员会同意，教育部决定建立县域义务教育优质均衡发展督导评估制度，开展义务教育优质均衡发展县（市、区）督导评估认定工作。该项工作的开展，极大地牵引和推动了全国各地义务教育的均衡发展，明显缩小了区域之间、城乡之间、校际办学条件和水平的差距，显著提高了义务教育的整体发展水平。[①]

（二）教师队伍建设一体化政策

这个时期，党和国家把教师队伍建设摆在极端重要的战略地位，全面谋划新时代教师队伍建设工作，提出一系列新理念新思想新战略，全面深化新时代中国特色社会主义教师队伍建设改革。[②] 以党的全面领导为根本保证，以师德师风为第一标准，以培养培训为重要环节，以优化管理服务为关键支撑，教师队伍建设统筹推进。[③] 农村教师队伍问题受到前所未有的重视。

2015年，国务院办公厅印发《乡村教师支持计划（2015—2020年）》，要求实施乡村教师生活补助政策，中央财政对地方给予相应奖补。同年，经国务院同意，人力资源社会保障部和教育部联合印发《关于深化中小学教师职称制度改革的指导意见》，全面推开中小学教师职称制度改革。《指导意见》对乡村教师评定职称制定了相对倾斜的政策。

2018年，中共中央、国务院印发《关于全面深化新时代教师队伍建设改革的意见》（以下简称《意见》），这是新时代全面深化教师队伍建设改革的系统性、纲领性文件。《意见》和《教师教育振兴行动计划（2018—2022年）》，从国家战略与教师使命的高度对教师队伍建设和教师教育改革发展谋划了顶层设计，既是教师教育的国家意志与国家力量，也最为集中地体现了

---

① 樊莲花，司晓宏.义务教育优质均衡发展督导评估审视与展望[J].教育研究，2021，42(10)：104-111.

② 教育部教师工作司中国教育科学研究院：教师队伍建设的辉煌历程与历史性成就[EB/OL].(2019-09-28)[2023-5-27].http://www.moe.gov.cn/jyb_xwfb/xw_zt/moe_357/jyzt_2019n/2019_zt24/cjzs/201909/t20190929_401557.html.

③ 汪明.教师队伍建设的历史性成就[N].中国教育报，2019-09-28(1).

我国教师政策发展的国家智慧与最新成果；既进一步明确和强化了关于教师队伍建设的常规政策，同时又闪耀出一些教师政策发展创新的亮点。[1]通过这些政策措施，努力造就一支素质优良、甘于奉献、扎根乡村的教师队伍。

同年，国务院办公厅印发《关于全面加强乡村小规模学校和乡镇寄宿制学校建设的指导意见》，针对两类学校师资保障不到位、师资队伍不太强问题，要求努力优化工作环境、提高待遇保障、扩展发展空间，让优秀教师不仅能进得来，而且能留得住、教得好。[2]教育部等六部门印发《关于加强新时代乡村教师队伍建设的意见》，提出要紧紧抓住乡村教师队伍建设的突出问题，促进城乡一体、加强区域协同、定向发力、精准施策、破瓶颈、强弱项，大力推进乡村教师队伍建设高效率改革和高质量发展。[3]

这个时期，"农村中小学教师特殊岗位计划"继续实施。"特岗计划"由中央财政设立专项资金，用于特设岗位教师的工资性支出，并通过公开招募高校毕业生到西部"两基"攻坚县及县以下农村义务教育阶段学校任教，引导和鼓励高校毕业生从事农村教育工作，创新农村学校教师补充机制，逐步解决农村师资总量不足和结构不合理等问题。[4]2006年，教育部等四部门联合启动实施"特岗计划"，公开招聘高校毕业生到西部农村学校任教。2009年，在试点工作的基础上继续扩大实施"特岗计划"，实施范围由12个省区和新疆生产建设兵团"两基"攻坚县扩大到中西部地区22个省区的国家扶贫开发工作重点县。"特岗计划"实施至今18年，共招募了115万名特岗教师，他们中95%以上的人在乡镇及以下学校任教，其中30%在村小和教学点

---

[1] 李瑾瑜.我国教师政策发展的新亮点及其实践意义[J].西北师大学报（社会科学版），2018，55（05）：87-95.

[2] 教育部：严格落实津贴补贴政策提高乡村教师待遇[EB/OL].（2018-5-2）[2023-05-27].https://baijiahao.baidu.com/s?id=1599353202296258765&wfr=spider&for=pc.

[3] 加强乡村教师队伍建设发展公平而有质量的教育——教育部教师工作司负责人就《教育部等六部门关于加强新时代乡村教师队伍建设的意见》答记者问[EB/OL].（2020-9-4）[2023-05-27].http://www.moe.gov.cn/jyb_xwfb/s271/202009/t20200904_485115.html.

[4] 张景阳，王迎霞."特岗计划"要让更多教师归"乡"[N].科技日报，2021-5-6（6）.

工作，直接服务于我国边远贫困地区义务教育最薄弱的区域和人群。[①]"特岗计划"创新了乡村教师补充机制，提升了乡村教师队伍素质，优化了乡村教师队伍结构。特岗教师被誉为农村教师队伍"换血的一代"。

实现城乡中小学教职工编制标准的统一。2014年，中央编办会同教育部、财政部深入调研，在2009年将农村标准提高到县镇的基础上，进一步将县镇标准提高至城市水平，实现城乡中小学教职工编制标准的统一。《关于统一城乡中小学教职工编制标准的通知》提出，统一城乡中小学教职工编制标准，小学、初中、高中教职工与学生比分别为1：19、1：13.5、1：12.5。同时，明确要求向农村边远地区适当倾斜，重点保障村小、教学点的教职工编制配备。2019年，针对中小学在校生、教职工编制和实有人员变化情况，以及城乡之间、地区之间、学校学段之间人员编制配备不平衡、编制调整不及时、人员流动不顺畅等问题，中央编办会同教育部等部门联合出台专门政策意见。[②]2020年，《乡村教师队伍建设意见》提出，实行乡村教师和城镇教师分开评审；乡村小学教师按照所教学科评聘职称不受所学专业限制；长期在乡村和艰苦边远地区从教的中小学教师，职称评审放宽学历要求，不作论文、职称外语和计算机应用能力要求；长期在乡村学校任教的教师职称评聘可按规定"定向评价、定向使用"。截至2022年6月底，全国省市县三级中小学教职工编制已如期达到或高于国家基本标准。[③]

推进城乡教师资源更加合理配置。2014年，教育部等三部门印发《关于推进县（区）域内义务教育学校校长教师交流轮岗的意见》，提出推进义务教育教师队伍"县管校聘"管理改革。2018年《关于全面深化新时代教师队伍建设改革意见》提出，全面部署义务教育教师"县管校聘"工作，推动义务教育学校校长教师交流轮岗。通过定期交流、跨校竞聘、学区一体化管

---

① 张景阳，王迎霞."特岗计划"要让更多教师归"乡"[N].科技日报，2021-5-6（6）.
② 樊未晨.十年来我国中小学教职工编制全面达标[EB/OL].（2022-09-6）[2023-05-27］.http://news.cyol.com/gb/articles/2022-09/06/content_bOq0zfLjv.html.
③ 朱永新.十年之变：夯实基础教育的基础[J].中小学管理，2022（10）：1.

理、集团化办学、学校联盟、对口支援、乡镇中心学校教师走教、"管理团队＋骨干教师"组团输出等方式，[①]实现城乡教师交流轮岗，引导城镇优秀校长和骨干教师向乡村学校流动。2018年，教育部、财政部启动"银龄讲学计划"，面向社会公开招募一批优秀退休校长、教研员、特级教师、高级教师到农村义务教育学校讲学。[②]

建立乡村教师荣誉制度。2015年，《乡村教师支持计划（2015—2020年）》提出，提升乡村教师职业荣誉感，对长期在乡村学校任教的优秀教师进行表彰。2016年，教育部、人力资源社会保障部联合作出决定，对在乡村学校从教30年以上的400万教师颁发荣誉证书；地方为在乡村学校从教20年、10年的教师颁发荣誉证书。2018年，教育部实施乡村优秀青年教师培养奖励计划，每年遴选300名乡村优秀青年教师，每人奖励1万元，并纳入名师工作室培养。乡村教师荣誉制度提升了乡村教师从教的使命感、责任感和荣誉感。

依法保障教师工资待遇。确保义务教育教师平均工资收入水平不低于当地公务员平均工资收入水平，完善乡村教师生活补助，支持建设农村教师周转宿舍。建立教师工资待遇保障长效机制，各地基本实现义务教育教师平均工资收入水平不低于当地公务员平均工资收入水平。完善中小学教师收入分配激励机制，绩效工资发放有效体现教师工作量和工作绩效。全面实施乡村教师生活补助政策，中央安排250.1亿元，惠及中西部22省份725区县7.6万所乡村学校130万教师。

（三）补齐农村教育短板的政策

前述推进义务教育均衡发展政策、城乡教师队伍建设一体化政策，同时也是补齐农村教育短板的政策，此外，在学前教育、高中教育、职业教育等

[①] 教育部等六部门关于加强新时代乡村教师队伍建设的意见（教师〔2020〕5号）[J].中华人民共和国教育部公报，2020（9）：31—35.

[②] 赵帅杰.4年多来，甘肃一批退休教师深入33个县区开展教学——情系乡村教育重返三尺讲台（倾听）[N].人民日报，2023-1-6（07）.

方面也采取了许多补齐短板的政策措施，这里以学前教育、职业教育为例。

学前教育是基础教育起始阶段，对幼儿身心健康、习惯养成、智力发展具有重要意义，曾经是我国教育的短板，社会上一度有"入园难、入园贵"的议论。《国家中长期教育改革和发展规划纲要（2010-2020年）》首次专章论述学前教育发展问题，提出到2020年基本普及学前教育的目标，提出要坚持学前教育的公益性和普惠性。同年11月，《国务院关于当前发展学前教育的若干意见》发出，要求各地以县为单位编制实施学前教育三年行动计划。2014年，教育部、国家发改委、财政部决定启动实施第二期学前教育三年行动计划。2018年中共中央、国务院颁布《关于学前教育深化改革规范发展的若干意见》，为学前教育的健康发展注入了强大发展动力。[①]2019年，教育部提出启动实施第三期学前教育行动计划，推动各地加快村级幼儿园建设，在城市新增人口、流动人口集中地区新建改扩建一批幼儿园。2021年，教育部等部门印发《"十四五"学前教育发展提升行动计划》。这个时期，其他一系列旨在促进学前教育发展的政策法规也不断出台。在中央的直接推动下，各地采取了一系列力度空前的政策举措，为学前教育的发展提供了有力支撑和坚实基础，提前实现《教育规划纲要》提出的目标。2022年我国学前教育毛入园率达到89.7%。普惠性学前教育得到大力发展。

这个时期，党和国家坚持把职业教育作为教育综合改革的突破口，扎实推进各项工作，在健全办学体制、完善育人机制、提升内涵质量、增强服务能力、建设"双师型"教师队伍、建成世界规模最大的职业教育体系等方面取得了可喜成绩，职业教育从"层次"到"类型"，进入高质量发展新阶段。[②]2019年，国务院印发《国家职业教育改革实施方案》，明确"职业教育与普通教育是两种不同教育类型，具有同等重要地位"，正式确定职业教育

---

① 张志杰.中国学前教育政策发展脉络与演进研究：1978-2019［J］.教育导刊，2022（11）：39-47.

② 平和光，郝卓君，孟凯.新时代新奋斗：新时代中国特色社会主义时期的职业教育［J］.职业技术教育，2021，42（33）：24-31.

在我国教育体系中是一个单独种类的教育。①加快发展面向农业农村的职业教育，是形势所需，也是此阶段职业教育的重点方向。数据表明，职业学校中农村学生占比较大，中职学生中，农村户籍的占比82%；高职学生中，农村户籍的占比53%。广大农村不但是职业院校的生源地，也应当成为职业院校人才培养的"服务地"和"就业地"。②

（四）日臻完善的学生资助政策

这个时期，我国的学生资助政策体系日臻完善，财政、教育等部门全面落实党和政府的重大决策部署，从国情出发，坚定不移地持续推进我国学生资助制度建设。国家学生资助政策体系从不完整逐步走向完善，资助项目从少到多，资助面从窄到宽，实现了"三个全覆盖"，即所有学段全覆盖、公办民办学校全覆盖、家庭经济困难学生全覆盖。在学前教育阶段，按照"地方先行，中央奖补"的原则实施政府资助，幼儿园和社会积极参与；在义务教育阶段，全部免除学生学杂费，全部免费提供教科书，补助寄宿生生活费，实施营养改善计划；在普通高中教育阶段，以国家助学金、建档立卡等家庭经济困难学生免学杂费、地方政府资助为主，学校资助和社会积极参与；在中等职业教育阶段，以免学费、国家助学金为主，学校资助、社会资助和顶岗实习为补充；在高等教育阶段，实施国家奖助学金、助学贷款、学费减免、补偿代偿、勤工助学和绿色通道等多元混合的资助体系。经费投入力度进一步加大，学生资助规模不断扩大，数以千万计的家庭经济困难学生在资助政策帮助下顺利入学，完成学业。③2012年以来，以政府为主导、学校和社会积极参与的学生资助政策体系，对"所有学段、所有学校、所有家庭经

---

① 何淼.教育部：从"层次"到"类型"职业教育进入高质量发展新阶段[EB/OL].（2020-12-08）[2023-05-27].http://www.moe.gov.cn/fbh/live/2020/52735/mtbd/202012/t20201209_504263.html.

② 苏华.加快发展面向农村的职业教育[N].人民日报，2019-04-18（18）.

③ 教育部.十八大以来学生资助取得重大成效[EB/OL].（2017-09-06）[2023-05-27].http://www.moe.gov.cn/jyb_xwfb/xw_fbh/moe_2069/xwfbh_2017n/xwfb_20170906_sfcl_20170906/201709/t20170906_313499.html.

济困难学生"实现全覆盖，10年累计资助学生近13亿人次，确保"不让一个学生因家庭经济困难而失学、辍学"。深入实施农村义务教育学生营养改善计划，覆盖农村义务教育学校12.38万所，受益的学生达到3.5亿人次。[①]

四、城乡一体化进程中的教育制度

（一）高校考试招生制度

考试招生制度是国家基本教育制度，关系国家发展大计，关系百姓切身利益，关系青少年健康成长。党的十八届三中全会对考试招生制度改革作出全面部署。2014年，中央全面深化改革领导小组会、中央政治局常委会、中央政治局会议审议考试招生制度改革方案，国务院印发《关于深化考试招生制度改革的实施意见》，启动新一轮考试招生制度改革。教育部坚决贯彻党中央、国务院决策部署，推动教育系统凝心聚力、攻坚克难，积极稳妥推进考试招生制度改革，陆续出台实施高中学业水平考试、加强和改进综合素质评价、规范高考加分、实施强基计划、推进高职分类考试、改革艺术体育考试招生等一系列具有"四梁八柱"性质的配套政策，分五批指导29个省（区、市）启动高考综合改革，各地结合实际制定改革实施方案并有序组织实施。[②] 截至2022年9月，全国已有29个省份分五批启动了高考综合改革，前三批14个省份的新高考已平稳落地，第四批七省区的新高考将于2024年落地，第五批八省区的新高考将于2025年落地。[③]

实施面向贫困地区定向招生专项计划，让"寒门出贵子"之路更加通畅。2012年3月，教育部、国家发展改革委等五部门决定自当年起，"十二五"

[①] "数"看党的十八大以来基础教育改革发展成就[J].人民教育，2022（19）：6-7.
[②] 王辉，孙海波，李晓勇，欧阳谦，钟秉林，王恩科，张先龙.考试招生制度改革这十年[J].中国考试，2022（10）：1-12.
[③] 其中，前三批14个行政区（第一批为上海、浙江，第二批为北京、天津、山东、海南，第三批为河北、辽宁、江苏、福建、湖北、湖南、广东、重庆）的新高考已平稳落地，第四批七省区（吉林、黑龙江、安徽、江西、广西、贵州、甘肃）的新高考将于2024年落地，第五批八省区（山西、内蒙古、河南、四川、云南、陕西、青海、宁夏）的新高考将于2025年落地。

期间，每年在全国普通高校招生计划中专门安排一万名左右招生计划，以本科一批高校为主，面向集中连片特殊困难地区生源，以农林、水利、地矿、机械、师范、医学以及其他适农涉农等贫困地区急需专业为主，采取单列计划、单设批次、单填志愿、单独划线的办法，实行定向招生。①据统计，在当年招收的这约一万名新生中，超过70%的学生是农村生源。许多高校在自主选拔录取过程中还加大了向农村优秀学生的倾斜力度。2013年，国务院决定进一步提高重点高校招收农村学生比例，将招生计划增至三万名，并在全国高校招生计划中专门安排18.5万个名额，由东部高校招收中西部考生，提高重点高校招收农村学生比例。②2014年的政府工作报告提出当年"贫困地区农村学生上重点高校人数要再增长10%以上"。2022年此计划招生名额达到13.1万人。重点高校招收农村学生专项计划，催生了一场高考招生的"革命"。随着高校专项计划的不断推进与完善，圆了一大批农村学生上重点高校的梦想，对推进教育机会公平、促进社会纵向流动发挥了不可替代的重要作用。③持续实施支援中西部地区招生协作计划。同时，进一步完善和落实进城务工人员随迁子女升学考试政策，累计已有168万余名随迁子女在流入地参加了高考。④

清理和规范高考加分项目，是此阶段考试招生制度改革的一个重头戏。《国家中长期教育改革和发展规划纲要（2010—2020年）》提出要"清理并规范升学加分政策"。2010年底，教育部会同多个部委联合下发《关于调整部分高考加分项目和进一步加强管理工作的通知》，明确要求各地调整学科竞

---

① 志愿填报导航政策篇［J］.考试与招生，2013（6）：23-28.
② 国务院：提高重点高校招收农村学生比［EB/OL］.（2013-05-15）［2023-05-29］.http://politics.people.com.cn/n/2013/0515/c1001-21495823.html.
③ 崔盛，吴秋翔.重点高校招收农村学生专项计划的实施成效与政策建议［J］.教育发展研究，2018，38（03）：18-25+50.
④ 唐芊尔.更公平、更科学、更有成效［N］.光明日报，2022-9-16（9）.

赛和体育特长生两类加分项目。①2014年,《国务院关于深化考试招生制度改革的实施意见》提出要大幅减少、严格控制考试加分项目。教育部联合五大部门共同发布《关于进一步减少和规范高考加分项目和分值的意见》,提出从2015年起,取消体育特长生、中学生学科奥林匹克竞赛、科技类竞赛、省级优秀学生以及思想政治品德有突出事迹等五类高考加分项目,并要求各地减少地方性加分项目,进一步降低加分分值。截至2022年9月,各地逐步取消95类地方性加分项目。这一次清理和取消高考加分项目,无论就力度还是就项目种类而言,都可谓达到了"史上最彻底"。②

  2014年肇始的新高考改革形成了分类考试、综合评价、多元录取的考试招生模式,促进公平、科学选才、监督有力的体制机制更加健全,中国特色现代教育考试招生制度更加完善。③这是我国恢复高考制度以来力度最大、影响最深的一次系统性变革,其价值意蕴主要体现在:打破文理分割,实现知识结构的融合联通;推行综合评价,破解"唯分数论"难题;推动高中和高校多元衔接,探索贯通式培养模式;拓展差异选择,促进未来生涯发展。④"新高考"是我国21世纪的一场旨在维护、促进个体高等教育选择权利表达与行使的高考革新活动,其本质意蕴在于实现求真、向善、崇美、依规、尚实的有机结合、相互影响与高度统一,基于"人"之差异性的"人"的全面发展是"新高考"的价值取向,而对"人"的重新发现是"新高考"

---

  ① 明确全国中学生数学、物理、化学、生物、信息学奥林匹克竞赛决赛及部分科技类竞赛获奖者的保送资格被取消,加分不超过20分;全国奥赛省赛区一等奖的保送和加分资格均被取消;体育特长生规定项目为八项,各省(区、市)自选项目一般不超过两个,加分均不超过20分。
  ② 王传涛.取消高考加分,"最彻底"才能带来"最公平"[EB/OL].(2018-03-22)[2023-05-29].http://views.ce.cn/view/ent/201803/22/t20180322_28567559.shtml?from=groupmessage&isappinstalled=0.
  ③ 冯永亮.这十年:教育面貌发生格局性变化[N].中国教师报,2022-9-14(2).
  ④ 胡德鑫.论新高考改革的价值意蕴、制度困境与未来进路[J].教育科学研究,2021(04):18-23.

最突出的时代贡献。①新高考改革也形成了连锁反应,传递到初中阶段,"新中考"方案也逐步落地,推动了基础教育阶段课程的系统性改革。

(二)教育评价制度

此阶段一项具有开创性意义的改革是教育评价制度改革。教育评价事关教育发展方向,有什么样的评价指挥棒,就有什么样的办学导向。②教育评价改革是一项世界性、历史性、实践性难题,涉及多重因素、不同主体,牵一发而动全身,被喻为教育综合改革"关键一役"和"最硬一仗"。教育评价改革涉及历史文化传统、经济社会发展水平、思想观念等多重因素,涉及不同主体,必须系统设计、辨证施治、重点突破。"五唯"(唯分数、唯升学、唯文凭、唯论文、唯帽子)是当前教育评价问题的集中体现,"破五唯"是教育评价改革的关键任务和重中之重。③功利主义和工具主义下的教育评价功能错位带来的突出问题,是当前我国教育评价改革的现实背景。④

2020年10月,中共中央、国务院印发《深化新时代教育评价改革总体方案》(以下简称《总体方案》)。《总体方案》提出要扭转不科学的教育评价导向,坚决克服唯分数、唯升学、唯文凭、唯论文、唯帽子的顽瘴痼疾。《总体方案》围绕党委和政府、学校、教师、学生、社会五类主体,坚持破立结合,重点设计了五个方面22项改革任务。《总体方案》要求各级党委和政府要坚持正确政绩观,不得下达升学指标或以中高考升学率考核下一级党委和政府、教育部门、学校和教师,不得将升学率与学校工程项目、经费分配、评优评先等挂钩,不得通过任何形式以中高考成绩为标准奖励教师和学生,严禁公布、宣

---

① 金晓明.高考改革:从形式公平走向实质公平——推进新一轮高考改革的思考与建议[J].浙江工业大学学报(社会科学版),2015,14(04):430-434.

② 侯晓蕾.论工业4.0时代高职院校课程评价的原则[J].科学咨询,2021(49):163-165.

③ 赵婀娜,吴月.用好教育的指挥棒——专家解读《深化新时代教育评价改革总体方案》[N].人民日报,2020-12-20(12).

④ 司林波.新时代教育评价改革的现实背景、内在逻辑与实践路向[J].陕西师范大学学报(哲学社会科学版),2022,51(01):96-110.

传、炒作中高考"状元"和升学率。要求党政机关、事业单位、国有企业要带头扭转"唯名校""唯学历"的用人导向，建立以品德和能力为导向、以岗位需求为目标的人才使用机制，改变人才"高消费"状况。①《总体方案》出台后，教育部又推出了一系列配套政策文件，涉及教育的各领域、各阶段，涉及义务教育评价指南、学校体育、学校美育、本科教育教学评估、学科评估、规范SCI论文指标使用、哲学社会科学领域破除"唯论文"、正确认识和规范使用高校人才称号等，教育评价改革的制度文件体系不断完善。②其他相关部门和地方也纷纷制定实施方案，出台相关政策措施。

（三）教育财政制度

经过全党全社会的共同努力，2012年我国首次实现国家财政性教育经费支出占GDP比例达到4%的目标。党的十八大以来，按照党中央、国务院决策部署，中央财政和地方财政把教育摆在优先发展的战略位置，健全完善教育投入体制机制，不断加大财政教育投入，优化教育经费结构，重点投入，优先保障。2016年，全国财政性教育经费支出占GDP的比例达到4.22%，其中，全国一般公共预算安排的教育支出是财政性教育经费的主渠道，是一般公共预算的第一大支出，占比达到15%，财政性教育经费居主导地位。③尤其是疫情暴发以来的几年，我国经济下行压力逐年加大，财政收支矛盾非常突出，但对教育的财政投入始终坚持逐年只增不减。④4%带动教育投入基数持续加大，不管是总投入，还是财政性、一般公共预算、非财政等渠道用于教

---

① 教育部.构建符合中国实际、具有世界水平的教育评价体系——教育部负责人就《深化新时代教育评价改革总体方案》答记者问[EB/OL].（2020-10-13）[2023-05-29].http://www.moe.gov.cn/jyb_xwfb/s271/202010/t20201013_494379.html.

② 教育部.对十三届全国人大四次会议第9352号建议的答复[EB/OL].（2021-08-10）[2023-05-29].http://www.moe.gov.cn/jyb_xxgk/xxgk_jyta/jyta_zgs/202108/t20210824_553969.html.

③ 柴葳.着力完善教育投入稳定增长的长效机制[EB/OL].（2017-12-24）[2023-05-29].https://www.sohu.com/a/212429190_243614.

④ 李远方.我国教育面貌正在发生格局性变化[N].中国商报，2022-09-29（3）.

育的钱，比 2011 年都翻了一番。[①]

　　坚持政府举办义务教育，逐步提高义务教育经费保障水平，建立城乡统一、重在农村的义务教育经费保障机制。依据《国务院关于进一步完善城乡义务教育经费保障机制的通知》，从 2016 年开始，中央统一确定城乡义务教育生均公用经费基准定额，中西部小学 600 元、初中 800 元，东部小学 650 元、初中 850 元。从 2017 年开始，统一"免除学杂费、免费提供教科书和对家庭经济困难寄宿生补助生活费"，调整后，城乡所有的义务教育阶段学生都能享受"两免一补"政策。其中寄宿生生活费补助标准为小学生每生每年 1000 元、初中生每生每年 1250 元。调整后，中央和地方对城乡义务教育实行统一的分项目、按比例分担机制。国家规定课程免费教科书和为一年级新生提供正版学生字典所需资金由中央全额承担；寄宿生生活费补助由中央和地方按 5∶5 比例共同分担；公用经费中央和地方分担比例为西部地区 8∶2，中部地区 6∶4，东部地区 5∶5。2022 年，制定实施全国统一的义务教育学校公用经费基准定额，达到每生每年小学 650 元、初中 850 元。教育支出责任不断上移，中央均衡性转移支付力度持续加大，教育经费充足性有较大提高，教育发展不平衡不充分问题有所缓解。[②] 推动"两免一补"和生均公用经费基准定额经费随学生流动可携带。2022 年 5 月，财政部下达义务教育相关转移支付资金 2125 亿元（不含教师工资），引导和支持地方落实"双减"政策，提高义务教育经费保障水平，深入推进薄弱环节改善与能力提升工作，加强教师队伍建设，提高教育教学质量。[③]

（四）教育治理体系

　　这个时期，与国家的治理现代化目标相一致，教育系统提出了治理现代

[①] 宋凌燕.教育投入十年增 3 万亿过半支出用于教师工资[N].南方都市报，2022-09-29（GA16）.
[②] 张家勇.新时代教育体制改革的四个着力点[N].中国教育报，2019-12-04（5）.
[③] 申铖.下达 2125 亿元！财政部加快推进义务教育优质均衡发展和城乡一体化[EB/OL].（2022-5-11）[2023-05-29].http://www.news.cn/fortune/2022-05/11/c_1128641622.htm.

化的目标。教育治理现代化的核心概念就是从管理走向治理。管理意味着是政府单方面的自上而下的行为;而治理,则意味着在一种多元利益格局的现实中,通过社会参与形成的多元治理的机制。为此,要实现权力的分散和下放、信息公开、公众参与、第三方评价等,管办评分离背后,是要构建一个新型的治理方式。推进教育管办评分离是全面深化教育领域综合改革的重要内容。[1]2013年11月,《中共中央关于全面深化改革若干重大问题的决定》对教育领域综合改革提出了"深入推进管办评分离"的要求;2015年5月,教育部发布《关于深入推进教育管办评分离促进政府职能改变的若干意见》,对教育管办评分离工作进行了部署,为推进教育治理现代化、激发教育活力提供了政策依据。[2]与传统的以管制为表征的教育管理体制相比,以管办评分离、放管服结合为表征的教育治理体系现代化建设具有严密的制度逻辑。教育治理体系现代化的核心是理顺教育系统诸要素之间的关系,激发各教育要素的活力,从而激发整个教育系统的活力。[3]

这个时期,围绕义务教育均衡发展、落实省级政府教育统筹、改革教育监测评价机制、推进教育督导体制改革、完善高校治理结构等方面的改革不断推进。"放管服"是我国教育管理制度改革的继承与发展,是对教育"管办评"分离改革中政府职能转变的具体化。[4]教育领域推动政府职能转变,从"越位点"退出,主动放掉该放的权:加强省级政府教育统筹,使省级政府有更大的教育统筹权;政府向学校放权,减少不必要的行政审批和干预,教育"放管服"改革取得突破性进展;加强督导体系建设,全面强化督政、督

---

[1] 蒲蕊,柳燕.教育管办评分离中政府、学校和社会的角色[J].教育科学研究,2016(12):44-48.

[2] 黄晓婷.管办评分离背景下的教育评价新视野[R].中国教育财政政策咨询报告(2015—2019):734-737.

[3] 范国睿.教育制度变革的当下史:1978—2018——基于国家视野的教育政策与法律文本分析[J].华东师范大学学报(教育科学版),2018,36(05):1-19+165.

[4] 张歆.深化"放管服"改革,激发中小学办学活力——基于上海教育"管办评"分离改革经验[J].上海教育科研,2021(09):44-49.

学、评估监测三大功能。①

这个时期的教育改革更加注重系统性、整体性、协同性。这是改革方法与策略的调整，体现了对教育改革复杂性的认识，是对唯物辩证法的创造性运用。教育改革涉及面广、关联度高，破解深层次矛盾和问题难度大，许多问题解决起来往往涉及多个部门职责，涉及多种政策配套，涉及多方利益调整，靠原有的单项改革或局部突破的办法难以奏效，需要在继续深入实施国家教育体制改革试点的基础上，用系统思维、全局意识、普遍联系的观点认识改革、加强改革的顶层设计，需要着眼于长效机制的构建，着眼于教育体制机制的健全，统筹兼顾。②需要坚持鲜明的问题导向，集中力量突破制约教育事业发展的关键环节；运用系统思维，把握教育改革各要素、各部分之间的关联性与耦合性；推动协同治理，建立健全教育改革多方协同体系；凝聚改革共识，处理好改革发展稳定的关系。

五、中国城乡教育的历史性变迁

此阶段，正值中国改革开放 40 周年、中华人民共和国成立 70 周年、中国共产党成立 100 周年，有很多人从不同角度对这几个时段的中国教育、中国城乡教育变迁进行了研究和探讨。在一个较大的时间尺度之下回望、看待中国城乡教育的变迁，恰似一幅浓墨重彩的画卷，又如一条奔流不息的长河。

（一）教育发展内生动力的变化

以义务教育供给和乡村教师队伍建设为例。

从农村教育的供给制度与城乡关系变迁的双重视角去审视改革开放 40

---

① 赵秀红.中国教育的深水突围——党的十八大以来教育改革发展成就述评·深化改革篇[N].中国教育报，2017-10-12（01）.

② 范国睿.40 年教育政策与教育改革的逻辑[N].中国教师报，2018-12-26（2）.

年农村教育的变迁历程，可以将这 40 年大致划分为五个阶段：人民公社制度瓦解后在办学方向与办学体制上的农村教育探索期；农民离土不离乡背景下以"三教统筹"为特征的农村教育改革期；农村人口外流背景下由教育供给不足引发的农村教育困境期；税费改革后城乡一体化发展背景下的农村教育调整期；积极的农村教育政策与农村教育走向不明朗并存的农村教育守望期。① 纵观我国义务教育的发展，体现出四个方面的变迁逻辑，即制度供给经历了从基本普及向全面普及的历史转变、供给数量经历了下降和波动后呈现稳步上升的趋势、供给质量经历了从初步提及到不断提高的过程、供给结构完成了从普及教育城乡有别向城乡教育一体化发展的转变。② 我国在城乡义务教育治理体制、治理目标、治理价值、治理方式等方面呈现出发展的基本特征，体现了从市场自主向政府责任的回归、从外延增长转向内涵发展、从效率向公平转化、从统一性模式向多元化模式发展的治理特征。③ 我国基础教育在价值取向上，从效率取向转向效率公平兼顾取向；在发展理念上，从应试教育转向素质教育；在发展方式上，从规范发展转向特色发展；在发展形态上，从传统教育转向未来教育。④

改革开放以来，我国义务教育经历非均衡发展、非均衡向均衡发展过渡和均衡发展三个政策阶段。在这一进程中，义务教育均衡发展政策的动力机制、价值取向、过程保障和文化规则有着自身的演进逻辑。⑤ 21 世纪以来，追求"普及"之上的"均衡"和"质量"，是我国义务教育可持续发展的基本取向，优质均衡发展成为当前我国义务教育发展的总战略。⑥ 推进城乡义

---

① 刘秀峰.改革开放 40 年农村教育的变迁——基于供给制度与城乡关系的双重视角[J].四川师范大学学报（社会科学版），2019，46（01）：54-60.
② 张旸，吴婷婷.我国义务教育供给的变迁研究[J].现代教育管理，2020（12）：35-41.
③ 杨挺，李伟.城乡义务教育治理 40 年[J].教育研究，2018，39（12）：71-80.
④ 范涌峰.我国基础教育变革的趋势及方法论转向[J].教育科学研究，2021（06）：18-24.
⑤ 阮成武.我国义务教育均衡发展政策的演进逻辑与未来走向[J].教育研究，2013，34（07）：37-45.
⑥ 孟卫青，姚远.国际视野下义务教育优质均衡发展的中国路径[J].教育研究，2022，43（06）：83-98.

务教育一体化,这是我国义务教育发展方向、发展理念、发展战略、发展目标、价值取向的重大调整,是为了应对城乡教育二元结构及其消解过程中所产生的衍生问题而提出的,是近年来国家处理城乡义务教育关系的基本思路和政策实践。[1] 以"拔高"为重心的义务教育,支持考试竞争和选拔淘汰,造成了教育中的被优质群体和被薄弱群体,也诱导了学生褊狭越界发展和不搭界发展的误区。转向以"兜底"为重心,是指义务教育的发展优先考虑均衡,优先考虑一切学生,优先考虑被薄弱群体,优先考虑国民基础素质目标。[2] 从把义务教育作为教育工作的重中之重,到把农村义务教育作为教育工作的重中之重,再到把均衡发展作为义务教育的重中之重,是教育思想的升华、教育工作重点的转变。均衡发展是我国义务教育发展历史和现实的双重选择。[3] 义务教育优质均衡发展的提出既是一种实践上的阶段性跃进,也是一种思想上的理性超越,而优质均衡,则是中国义务教育高质量发展的时代路向。[4]

乡村教师政策是我国教育政策话语体系的重要组成部分。李廷洲等研究发现,改革开放 40 年来的教师政策变迁经历了不同阶段。在政策变迁的过程中,政策体系趋于完备,初步形成促进教师队伍建设的制度基础设施;发文主体层级和政策的权威性不断增强;发文主体日趋多元,政策协同性不断增强;教师质量成为愈发重要的政策议题;命令性政策工具的使用存在过溢的倾向。[5] 有人提出,经过 40 年的努力,我国建立了教师政策体系中的总政策、基本政策和具体举措的纵向结构,形成与世界接轨,包含教师教育政策、教

---

[1] 杨卫安. 城乡义务教育一体化:制度形态与新时代特征[J]. 现代教育管理,2020(9):31-37.

[2] 杨启亮. 转向"兜底":义务教育优质均衡发展的重心[J]. 教育研究,2011,32(04):30-35.

[3] 翟博. 均衡发展:我国义务教育发展的战略选择[J]. 教育研究,2010,31(01):3-8.

[4] 杨清溪,柳海民. 优质均衡:中国义务教育高质量发展的时代路向[J]. 东北师大学报(哲学社会科学版),2020(06):89-96.

[5] 李廷洲,吴晶,王秋华. 改革开放 40 年我国教师政策的变迁历程、主要特征与发展前瞻——基于政策工具理论视角的文本计量研究[J]. 清华大学教育研究,2019,40(01):103-110.

师招聘与就业政策、教师工作量与专业自治权政策、教师专业发展政策等教师政策体系的横向结构，并通过补短板的方式，不断充实幼儿园教师、农村教师、特殊教育教师政策体系，为新时代加速教师政策具体落实，加强教师政策体系的评估、监测和督导夯实基础。[1]有人运用费尔克拉夫话语分析理论框架，审视21世纪以来我国乡村教师政策话语的演进脉络和发展特征，发现专项计划是补充乡村师资的重要抓手、职前职后一体化是乡村教师素质提升新趋向、乡村教师待遇保障由"保基本"转向"全覆盖"、乡村教师区域配置的均衡与公平得以强调。[2]有人基于世界银行教师政策框架的政策目标，研究发现我国新时代乡村教师政策扎根中国大地，呈现出侧重教师选拔、教师支持、教师教育政策目标，弱化教师期望和教师效能政策目标的分布特征。[3]

中国共产党成立100年来，我国农村教师政策经历了以服务革命为目标的萌芽阶段、以服务工农大众为目标的探索阶段、以依法治教为目标的发展阶段、以均衡发展为目标的提升阶段、以底部攻坚为目标的优化阶段。其演进逻辑遵循"两动一静"的政策范式，即从工具理性走向价值理性、从单极规范走向多元治理、以坚守时代性作为基本立场。[4]借助历史制度主义框架，分析百年来乡村教师政策演进发现：乡村教师作为政策的规定对象逐渐从关联性政策的影子走向了正位，政策内容对乡村教师的关照实现了从强制性政策引导到物质关怀的条件吸引，政策工具体系由单一的教育类政策形成了多元、联动的多领域政策联合，乡村教师政策精神实现了从主要满足政治需

---

[1] 高慧斌，王文宝，何美，刘妍.改革开放40年教师政策体系演进[J].教师发展研究，2018，2（04）：1-9.

[2] 林一钢，张书宁.进入21世纪以来我国乡村教师政策文本的话语分析[J].现代教育管理，2022（01）：66-74.

[3] 陈冲.我国新时代乡村教师政策目标分布特征——基于世界银行教师政策框架视角[J].上海教育科研，2021（09）：57-63.

[4] 张妍，曲铁华.中国共产党百年农村教师政策回眸与前瞻[J].现代教育管理，2021（06）：10-17.

求、寻求教师和教育的工具性作用到追求发挥教师和教育的本体功能转变。[1]

（二）教育改革价值取向的演变

以教育财政制度和高考制度改革为例。

改革开放40年来，我国教育财政制度发生了深刻变革，逐步形成了具有中国特色的教育财政制度，表现出受制度环境影响、自上而下贯彻落实、政策执行推动、法治建设逐步完善以及从效率转向公平等特征。[2]财政教育支出不但为教育事业的可持续发展提供了资金保障，而且对教育公平的有效实现给予了保证。中华人民共和国成立70年来，我国农村义务教育投入体制深受国家宏观经济、财政、税收等制度嬗变的影响，依次历经了从统一列支、两条腿走路、乡村自给、以县为主、到多级共担投入体制的演进。投入体制变迁呈现出清晰的价值路向，变迁逻辑上由工具理性向演进理性转变，投入的价值位序上从城乡分离走向城乡统筹，事权投入重心上历经"U"形转移，投入体制建设关注点由外延式转向内涵式。[3]中华人民共和国成立70年来，在国家大政方针的指导下，农村基础教育经费投入政策历经中华人民共和国成立之初的统包统支、高度集中到统一领导、多费补充，从改革启程、经费来源多元转变到乡县投入、经费多元持续延展，从央地分项目、按比例承担到强调城乡基础教育均衡发展的中国农村基础教育经费投入政策变革之路。这一政策变迁脉络直接影响着中国农村基础教育的成长和发展，影响着中国乡村教育的规模和质量，成就了农村教育的中国模式、中国速度和中国

---

[1] 孙刚成，徐艺心.百年乡村教师政策演进：历程、逻辑与取向[J].现代教育论丛，2023（01）：54-66.

[2] 杨会良，杨雅旭.改革开放四十年中国教育财政制度演进历程、特征与未来进路[J].教育经济评论，2018（06）：3-13.

[3] 陈坤，秦玉友.农村义务教育投入体制70年：价值路向与前瞻——基于新中国成立以来政策文本的分析[J].教育学报，2019，15（01）：56-66.

效益。①

高考制度自1977年恢复以来，其政策价值取向呈现出由全然的"精英立场"向显露"草根情结"的转变。②中华人民共和国成立70年来，中国高考以厚重的历史与文化为逻辑起点，以为国为民的责任担当为价值取向，以恪守公平的形式变革为基本底线，以追求科学的内容变革为不懈突破，在演进历程中，有恪守亦有突破，最终形成了不同于世界其他国家的中国模式。③纵观高考建制70年的政策演变，其大致历经了统招方向的确定、遭遇否定并中断、恢复与科学化探索以及建立新高考体系四个发展阶段。④70年高校招生考试的发展历程跌宕起伏，从高考制度的利弊存废与评价，到报考人数、录取人数、高考录取率等方面都体现了这种特征。我国高校招生考试取得了巨大的成就，积累了许多宝贵的经验，也留下了深刻的教训，并体现出从计划到市场、从政治到教育、从保密到阳光、从精英到普及的发展趋势。⑤我国高考政策经历了一个从"国家主义"取向向"利益相关者"转变的历史过程。在一次次的改革中，始终存在着多方利益相关者，他们共同表达了多重利益诉求。不同的利益诉求背后蕴藏着不同的实践逻辑，多重逻辑相互交织，共同作用于高考变革的实践。高考制度变迁是利益博弈的逻辑、权力转变的逻辑等"外铄性"力量与坚守公平的自身逻辑等"内生性"力量相互作用下的变化过程。⑥

---

① 赖明谷，李东栩.中华人民共和国成立70年来农村基础教育经费投入政策变迁研究[J].教育理论与实践，2019，39（34）：20-24.

② 陈丽，孟凡丽.从"精英立场"到"草根情结"：40年高考政策价值取向演变的社会学分析[J].高教探索，2017（12）：52-57.

③ 郑若玲，庞颖.恪守与突破：70年高校考试招生发展的中国道路[J].华中师范大学学报（人文社会科学版），2019，58（05）：16-24.

④ 李木洲，叶晓芳.高考建制70年政策演变的逻辑、特征与趋势[J].复旦教育论坛，2022，20（05）：14-20.

⑤ 刘海峰.跌宕起伏：中国高校招生考试70年[J].高等教育研究，2019，40（11）：9-22.

⑥ 刘涛.高考制度变迁的多重逻辑与启示[J].考试研究，2013（04）：17-21+9.

（三）从"文字下乡"到"文字上移"

有人用从"文字下乡"到"文字上移"来解读中国百年乡村建设和农村教育变迁。"文字下乡"是费孝通先生当年在《乡土中国》中提出的概念。国家主义宰制下被征用的文字被赋予"治理术"的意义，开启了历时百年的"文字下乡"运动。[①]百年来，乡村建设贯穿于中国现代化探索的整个进程。"文字"作为伴随着乡村建设运动下沉到乡村社会的一种重要资源和工具，为政府提升治理效率、贯彻国家意志以及保证乡村社会有效运转提供了可能。[②]20世纪90年代以来，发展主义主导下"遭遇发展"的文字，又在短暂的十年间造就了"文字上移"的大潮。国家视角下"意义负载"的"文字"作为一项大型社会工程，与乡土社会之间一直处于相对隔离的状态。制度与生活之间良性互动的缺乏，使乡村教育丧失了主体性，这不可避免地衍生出一系列意外后果。[③]百年来，中国乡村教育经历了"文字下乡"到"文字上移"的复杂历程，表面上看二者相互对立，但细致观察则不难发现二者实质上是逻辑一致的，即都是"发展主义"的现代性逻辑和"国家主义"的政治逻辑之于乡村教育在不同阶段中的控制策略和操作手法。[④]从"文字下乡"到"文字上移"的过程中，我国乡村教育总体上经历了从"嵌入"到"悬浮"的历史变迁。[⑤]从"文字下乡"到"文字上移"的过程，乃是乡村小学从无到有、由少而多，进而由盛转衰的过程。从最初的强行植入到今天的强力拔出，乡村小学之于乡村社会犹如"来也匆匆，去也匆匆"的过客，兴衰变

---

① 姚荣.中国乡村教育的意义嬗变与实践逻辑：基于"制度与生活"互动的视角[J].清华大学教育研究，2017，38（06）：114-124.
② 吴理财，李佳莹.从"文字下乡"到"数字下乡"的百年乡村建设——基于政府治理的视角[J].中国农村观察，2023（02）：2-15.
③ 姚荣.中国乡村教育的意义嬗变与实践逻辑：基于"制度与生活"互动的视角[J].清华大学教育研究，2017，38（06）：114-124.
④ 李涛."文字"何以"上移"？——中国乡村教育发展的社会学观察[J].人文杂志，2015（06）：122-128.
⑤ 姚荣.从"嵌入"到"悬浮"：国家与社会视角下我国乡村教育变迁研究[J].清华大学教育研究，2014，35（04）：27-39.

迁只经历了短短一个世纪。这是时代的命运，更是政府的"宏图"。①

从这样的视角来看待"扫盲"运动和农村成人教育、职业教育、学前教育的发展及制度变迁，其纹理同样清晰。

晚清以降，随着政治革新和文化启蒙的开展，面向大众的"送字下乡"逐渐成为政治和知识精英的一种共识，参与扫盲的主体、规模及影响越来越广。近代以来，西方传教士、民间知识分子以及国共两党都十分重视"送字下乡"，但不同的行动主体其动机与目的也有所不同：传教士主要出于宗教动机，民间知识分子主要出于社会改造动机，而国共两党的扫盲则带有较为强烈的"为政治服务"的色彩。不同扫盲模式之间也存在着博弈，竞相争夺大众。从传播社会学的角度看，"扫盲"本身是一种社会教化的渠道，"送字下乡"所铺就的识字网络也为通过文字而进行的社会宣传和政治传播铺平了道路。面向基层的扫盲工作之所以在近代以来受到重视，是因为普通民众第一次在政治社会生活中被视为主体力量。②

中国共产党成立后，开始开辟一条真正普及人民群众的扫盲教育道路。首先，筑建了坚实的扫盲教育领导基础。其次，丰富了扫盲教育的话语体系。通过百年的实践，完成了扫盲教育，实现了从"工农教育"到"成人教育"再到"终身教育"的话语体系转变。③中华人民共和国成立初期国家大力开展扫盲运动，源于党历来对文化教育的高度重视以及适应经济发展、塑造社会主义新人、提高人民文化素质、改革社会不良风气的现实需要。扫盲运动通过运用多种教学方式、采用简便易学方法、鼓励创办各类学校、学习与生产相结合等一系列措施，实现人们在心理、思想、态度、行为等方面的

---

① 程天君，王焕.从"文字下乡"到"文字上移"：乡村小学的兴衰起伏[J].教育学术月刊，2014(08)：3-12+33.

② 潘祥辉."送字下乡"：晚清及民国时期扫盲运动的传播社会学考察[J].浙江学刊，2017(05)：145-157+2.

③ 王哲文，吴洪成.中国共产党领导扫盲教育的百年历程、意义与经验[J].学术探索，2022(12)：139-146.

转变，提高了人们的组织化和社会化意识，推动了人的现代化进程。① 中国共产党领导的百年扫盲教育是党的百年奋斗史的重要组成部分，其间历经新民主主义革命时期初步探索扫盲教育道路、社会主义革命和建设时期广泛开展、改革开放的新时期基本扫除文盲，以及 21 世纪以来积极推进扫盲教育的转型四个历史时期。百年扫盲教育不仅改变了文盲大国的状况，实现了工农大众的文化翻身，还开创了一条具有中国特色的扫盲教育道路。②

基于历史制度主义理论框架分析中华人民共和国成立以来我国农村成人教育历史变迁过程，从结构观看，政治体制改革为农村成人教育政策演进提供政治背景，经济体制转型为农村成人教育政策演进奠定市场基础，文化观念变化为农村成人教育政策演进提供思想根源；从历史观看，政策演进过程中深受政府、涉农办学机构及农民个体理性抉择的影响，呈现出显著的路径依赖特征，而制度微调、制度置换、制度转化和制度断裂等四种制度变迁类型在其中均有体现。由此得出以下结论：我国农村成人教育政策变迁属于政府主导下的强制性制度变迁；政策变迁呈现出"报酬递增"和路径依赖现象；渐进性变迁与突变式变迁并存。③

农村职业教育作为职业教育不可分割的重要组成部分，对于解决"三农"问题、消解城乡长期性二元结构等问题具有重要作用。④ 中华人民共和国成立以来我国农村职业教育先后经历了"为农"、"为农"转向"离农"、"离农"和"为农"四个阶段或过程。中间出现短暂的"离农"也是为了长远的

---

① 陈悦，季春芳.新中国成立初期扫盲运动与人的现代化研究[J].新东方，2021（03）：28-34.

② 王哲文，吴洪成.中国共产党领导扫盲教育的百年历程、意义与经验[J].学术探索，2022（12）：139-146.

③ 于莎，张天添.我国农村成人教育政策的历史变迁与制度逻辑——基于历史制度主义分析[J].现代远距离教育，2021（03）：31-37.

④ 曲铁华，姚旖旎.我国农村职业教育政策的变迁与启示——基于 1949—2019 年政策文本的分析[J].沈阳师范大学学报（社会科学版），2021，45（01）：100-107.

"为农"，是一种矫枉过正。①

改革开放 40 年来，我国农村学前教育经历了调整与恢复、稳步提高、艰难曲折发展、深入改革发展、重点发展等五个发展阶段。②在历史时空维度上，探究中国学前教育制度变迁的内在逻辑，剖析制度间跨域的相互依存关系，洞察改革背后多方主体的利益博弈，可以揭示城乡学前教育非均衡发展的深层根源。③中华人民共和国成立 70 多年来农村学前教育政策变迁的趋势主要体现在政策制定、政策目标、政策内容等方面。④从中华人民共和国成立到奋进新时代，中国学前教育事业实现了跨越式发展。国家重新调整利益格局，从城乡二元结构转向一体化发展，并对教育资源进行再分配，力图通过倾斜性制度弥补对农村学前教育造成的不利影响，这是国家对效率与公平博弈均衡的结果。中国共产党成立以来，农村学前教育政策历经了多个阶段。各阶段中，党的领导和各阶段国家战略是其发展的关键影响力量，教育方针、城乡关系、儿童权利、妇女角色的变化也发挥着重要的影响作用。进入新时代，农村学前教育已成为国家战略重点，并逐渐回归教育的本体价值。⑤

（四）乡村教育话语体系的变迁

话语是民族符号图式、实践形态、文化价值和生存空间等特质属性的有力表达。中国乡村教育话语是在乡村教育实践探索基础上，深刻把握国家发展时代主题，彰显以中国特色社会主义乡村教育发展道路为旨归的本土化诉

---

① 曹晔.农村职业教育的价值取向："离农"还是"为农"——基于历史变迁视角的考察［J］.职教通讯，2012（01）：26-32.
② 孙美红.改革开放 40 年我国农村学前教育的变迁与政府责任［J］.学前教育研究，2019（01）：33-44.
③ 陈坚."比较制度分析"视角下城乡学前教育均衡发展的路径［J］.四川师范大学学报（社会科学版），2021，48（03）：119-126.
④ 张雅倩，王萍.中华人民共和国成立 70 年来农村学前教育政策变迁的回顾与展望［J］.早期教育（教育科研），2019（09）：12-16.
⑤ 孙雪荧.中国共产党百年农村学前教育政策的历史逻辑［J］.民族教育研究，2022，33（02）：16-28.

求和现代性追求。纵观中国乡村教育话语体系的百年历程，传承乡村文化、发挥乡村价值、坚守乡村理想以及振兴乡村事业共同构成了乡村教育话语叙事之主线，并在新时代乡村教育实践中不断得以丰富和发展。[①] 中国乡村教育的研究主题涉及民国乡村教育经验、乡村教育变迁逻辑、乡村教育的根本问题、乡村教育的价值取向、乡村教育的文化使命、乡村教育的发展策略、乡村教育的经费投入、乡村学校课程与教学改革、乡村教师专业发展、乡村教育与乡村社会发展等10个方面。70年探索明晰了中国乡村教育的理论内核，触碰到了实践问题，有效促进了乡村社会发展。[②]

改革开放以来的农村教育政策呈现出明显的特征：在农村教育改革与发展的理念方面，从城乡教育二元发展走向城乡教育均衡发展和一体化发展；在农村教育政策的目标建构上，在系统思维的引领下，追求农村教育与农村经济社会的协调发展及农村各级各类教育的协调发展；在农村教育改革的路径方面，从早期鼓励"自下而上"的探索到新世纪以来更强调"自上而下"的顶层设计，体现了"上下结合"的政策运行特征。[③] 中国乡村教育的改革和发展始终贯穿于中国共产党的发展脉络之中。在百年历程中，中国共产党始终以"办好人民满意的教育"，使乡村学生从"有学上"向"上好学"转变为出发点和落脚点，展开宏大的历史叙事，乡村教育走出了一条中国特色社会主义发展之路，取得了举世瞩目的伟大成就。[④]

这个时候，以5G、大数据、云计算、物联网、人工智能、虚拟现实、区块链、元宇宙等技术为代表的新一轮信息技术革命，更加深刻地改变着世

---

① 袁利平，姜嘉伟.中国乡村教育话语体系的百年演进及其现实启示[J].陕西师范大学学报（哲学社会科学版），2022，51（01）：69-83.

② 欧阳修俊.新中国成立70年乡村教育研究回顾与思考[J].现代远程教育研究，2019（02）：11-22.

③ 魏峰.改革开放40年我国农村教育发展：成就、动力与政策演进特征[J].基础教育，2018，15（06）：15-21+84.

④ 刘奉越，张天添.中国共产党百年乡村教育发展历程、成就与展望[J].河北大学学报（哲学社会科学版），2021，46（04）：47-54.

界、创造着未来，引发了人类的认知革命，改变着知识创造的逻辑、方法，教育的场域、学校的边界也在不断发生着变化。农村地区的生产生活等也在数字化转型进程之中，城乡经济社会融合发展与网络数字化发展相互作用，形成嵌套和叠加效应，进一步缩小城乡社会基础的差距与发展态势的差异。[1] 此时中国绝大部分的农村中小学，都可以通过信息技术接收到优质教育资源。教育信息化点亮人类教育梦想，数字之光照亮人类教育未来。

此时我们能够看到的是：张桂梅仍然坚守在华坪女子高级中学，近300万乡村教师正奋斗在广大的农村，他们中许多人的青春之花绽放在山海江湖之间，点亮乡村孩子们心中那盏灯，用文化浸润乡村，给乡村带去改变。

此时，你将视野放到中国最偏远山区，那里已经有跨越天堑的桥梁，有横穿高山的隧道以及覆盖山区的信号基站；在广大农村地区，义务教育扫除了大部分文盲，水电网设施极其完善，彩电冰箱空调成为标配。即使在最贫困地区，只要基础设施完善，和现代文明相连的纽带就不会断绝，一切都有希望。[2] 但是中国地域广阔，历史的、现实的、先赋的、后天的因素所造就的城乡物质的、文化的等等差异，不可能一朝一夕就被改变。

这或许就是社会、就是历史，这或许就是事物的辩证法。

---

[1] 聂石重. 城乡融合视角下的数字鸿沟弥合 [N]. 中国社会科学报，2021-01-27（A05）.

[2] 智先生. 很认真地聊一下美国 [EB/OL].（2020-3-30）[2023-05-29]. https://zhuanlan.zhihu.com/p/115815501.

第九章　中国式现代化与城乡教育的未来

多年以前，法国著名的农村社会学家孟德拉斯（Henri Mendras）在其经典著作《农民的终结》一书中指出，"20亿农民站在工业文明的入口处，这就是在20世纪下半叶当今世界向社会科学提出的重要问题"，因为在此之前的20世纪，"较之工业的迅速发展，农业的缓慢发展可以给人一种安全稳定、千年平衡的印象，与工业的狂热相对照，农民的明哲适度似乎是永恒的：城市和工业吸引着所有的能量，但乡村始终哺育着恬静美满、安全永恒的田园牧歌式幻梦"，而工业化和城市化的铁律打破了原有的平衡，震撼和改变了整个社会结构。[1] 人类自此开始面对各种新的问题、新的机遇、新的挑战。

党的二十大提出要以中国式现代化推进实现中华民族伟大复兴，擘画了中国式现代化的宏伟蓝图。中国式现代化蕴含着独特的世界观、价值观、历史观、文明观、民主观、生态观，开辟了世界现代化理论和实践的新境界，[2] 提供了中国道路新的叙事方式，更提供了思考、诠释中国乃至"天下"问题的新的视域。改革开放以来尤其是21世纪头20年，中国经历了人类有史以来最为剧烈的城镇化进程，由"乡土中国"迈向了"城乡中国""城乡社会"，中国的城镇化也由上半场进入了下半场。城乡关系转型变迁是我国近百年来实现复兴梦想、推进现代化进程的关键问题，而现代化也是理解百年来我国城乡关系在分离与融合间转型嬗变的基本逻辑的重要线索。[3] 中国式

---

[1]　[法]孟德拉斯.农民的终结[M].李培林，译.北京：中国社会科学出版社，1991：1-6.
[2]　任洁.中国式现代化蕴含的独特"六观"[N].光明日报，2023-03-30（06）.
[3]　陈雪娟，胡怀国.中国现代化进程透视下的城乡关系演变[J].经济纵横，2021（05）：9-17.

现代化际会城镇化下半场，提供了思考、叙述、展开、重构城乡中国教育的新的思想场域、新的宏阔背景、新的未来可能。

一、中国式现代化：新的思想场域

（一）在历史的深处叙事

现代化是近代以来中华民族的核心叙事，也是一个深刻的历史命题。晚清道光以降，在外部列强威胁之下，中国逐步沦为半殖民地半封建社会，中国被迫开启艰难的现代化历程，这一过程历经侧重于器物技术的晚清、侧重于思想制度的民国和侧重于自我建设的中华人民共和国三个阶段。[1]中国早期的教育现代化，从器物层面到制度层面，再到思想层面，实现从制度构建到观念进步的变革，但始终表现为侧重某一要素、某一部分，体现较为单一的目标取向。[2]中国在清末因甲午战争等被迫卷入由西方主导的现代化历程而造成了中国乡村自发本土化建设的中断，国家的羸弱甚至缺场使城乡作为一个"治理连续体"被打破，以重构城乡关系来实现社会再造的乡村建设实验大多怅然收场，以致出现了梁漱溟所谓的"乡村运动而乡村不动"的世纪之惑。[3]有人提出，19世纪中后期以来，西方各种教育教学理论陆续传入中国，受到了教育研究者的追捧，但也因"食洋不化"产生了一系列问题。从中国教育现代化的历史进程和当前教育改革中的一些现象看，中国教育一度失掉了自信，不仅"言必称西方"，而且"行必效欧美"。[4]中国教育一直是西方教育的"跟跑者""追随者"，中国式教育现代化如何超越对西方教育的模仿，在承继中国传统文化的基础上建立自主创新的教育现代化体系是百

---

[1] 容中逵.中国教育历史演进的历共时态与运行基础[J].教育研究与实验，2023（03）：109-118.

[2] 郑刚，宋晓波.自觉内生型：中国教育现代化的新特征[J].中国教育学刊，2023（05）：9-15.

[3] 刘威，梅晶哲.城乡融合发展：西方理论局限与中国实践嵌入[J].社会科学战线，2022（12）：220-232.

[4] 葛海丽，张广君."喻"为核心的本土教育方法论：历史建构与当代转化[J].当代教育与文化，2023，15（01）：6-13.

年来一直未能很好解决的问题。教育现代化面临同质化抑或多元化的战略选择，在中西文化之间、在现代化和中国化之间作着"非此即彼"式的抉择。①

现代化是一个世界现象，是一个社会历史范畴，其内涵和特征随时代和社会历史条件变化而不断拓展和深化。现代性是一个极为复杂的"社会—文化体系"，它的发生与发展不可能靠某单一因素，也不可能通过单一的发展模式来证成或证伪。金耀基先生认为，"前现代期"的中国真正具有独特文明模式，近代以来的剧烈变革，使中国原有文明模式破裂，一个新的、迥异于西方的文明模式正在加速形成。中国的现代化是现代化的"全球化"的一个组成部分。中国的现代化也不能简单地看作是为了中国的富强，它基本上是中国寻求新的文明秩序的历史过程。②20世纪90年代初，在著名历史学家罗荣渠先生推动下，中国学界形成了以他为代表的"现代化新论"。他的"新"不只是基于现代化理论的反思提出了一元多线历史观，而且基于这种历史观对欧洲以及中国现代化的道路作出新的评价，最重要的是，展望未来。③罗荣渠先生强调：要把对现代精神文明的关注提到新的高度，但不是回归传统文化，而是摄取传统文化的优秀要素，在文化日益世界化的过程中，会通中西，建立以人的全面发展为中心、人与自然协调发展的世界新文明。④

在中华民族历史上，现代化是几代人的夙愿；在人类发展史上，全球迄今完成工业化的发达国家和地区人口总和不超过10亿人。中国14亿多人口整体迈入现代化社会，实现共同富裕，这是人类历史上亘古未有的大事件。⑤中国式现代化是人口规模巨大的现代化，是全体人民共同富裕的现代化，是

---

① 程红艳.百年现代化进程中"教育中国化"的曲折探索［J］.深圳社会科学，2023，6（01）：135-144.
② 金耀基.金耀基自选集［M］.上海：上海教育出版社，2002：88-89.
③ 胡大平.从近代民族复兴的话语看中国式现代化之新文明追求［J］.学术界，2022（11）：14-22.
④ 罗荣渠.现代化新论［M］.北京：商务印书馆，2009：542.
⑤ 郝薇薇，张远.为解决人类面临的共同问题作出贡献——国际社会眼中的中共二十大［N］.北京日报，2022-10-28（6）.

物质文明和精神文明相协调的现代化,是人与自然和谐共生的现代化,是走和平发展道路的现代化。①中国式现代化是一个全面的、综合的、立体的现代化,是全方位的、均衡的现代化,是中国传统智慧的反映,其中包含了中华文化精神。②中国式现代化是中国在世界现代化进程中再绘国家蓝图的一种尝试,它在更大程度上以世界看中国,超越了传统的以中国看世界的框架,从而对中国在万国之中的国家定位、在万国竞争中的国家处境与国家未来预期目标作出了重新厘定。它既展现了中国以自己的现代化刷新人类文明的雄心壮志,也再度确认了中国式现代化还是"世界"框架中的现代化的国家发展目标。③

中国式教育现代化是中国式现代化的基础和重要组成部分,是人类现代化的一次重要探索,蕴含典型的历史逻辑,既有世界教育现代化的普遍特点,更具备中国式教育现代化的典型特色。④中国式教育现代化具有自身的独特内涵及实践逻辑,必须赋予中国式教育现代化一定历史时期的国家或区域特征。教育现代化必须经由教育中国化而成,教育中国化是教育现代化的必由阶段及最终归宿;教育中国化并非复古主义,而是现代化视角下的文化扬弃与文化再生。它应该是教育整体的现代化,是教育各个领域的现代化,而不是某一要素、某一部分片面的、单一的现代化。

(二)超越"二元对立"思维

中国式现代化超越了"二元对立"思维。西方现代化是从农耕文明到工业文明再到信息文明的依次发展过程,形成了传统和现代二元对立的文明

---

① 李君如.奋进新时代新征程的政治宣言和行动纲领[J].前线,2022(11):56-62.
② 郑永年."中国式现代化新道路"是全方位的、均衡的现代化[EB/OL].(2021-07-05)[2023-05-28].http://szzklm.sz.gov.cn/zkjy/content/post_706285.html.
③ 任剑涛.再绘国家蓝图:"世界"框架中的"中国式现代化"[J].中央社会主义学院学报,2023(03):5-19.
④ 高书国.中国式教育现代化的历史逻辑、内在品质和未来向路——教育高质量发展支撑中国式现代化[J].中国远程教育,2023,43(04):1-7.

观，主张用现代性取代传统性。而中国式现代化则主张以文明交流超越文明隔阂，以文明互鉴超越文明冲突，以文明共存超越文明优越，和而不同，兼容并包，把现代性和传统性很好结合起来，探索创立具有包容性的人类文明新形态。① 城乡关系是特定国家现代化进程必须直面的重大实践问题。伴随着三次社会大分工而出现的产业分化，导致了人类产业形态、组织方式和空间分布的多样化，城乡对立、互动以及融合随即成为人类和特定国家经济社会发展的一条主线。在这个意义上，理解城乡关系的演变规律就是理解"现代化"本身。② 正反两面的经验教训告诉后来者，在工业化、城镇化阶段到达一定水平的时候，就需要及时调整城乡关系的战略，从规制层面避免导致城乡"过度"分化的走势。必须克服根深蒂固的城乡"二元对立"的思维，跳出"现代化—反现代化"的思维模式，在理想主义和现实主义之间寻求一种平衡。③ 对"二元对立"思维的超越，是一种典型的中国智慧，也在社会伦理的层面上转化为儒家文化很重要的"中庸"的"人生哲学"。④

在工业化、现代化和城镇化发展过程中如何妥善处理工农关系和城乡关系，是中国经济社会发展中的难题之一。因为，早在工业革命时期，城市的底层逻辑就已发生了根本性的转变。工业革命之前的城市只是一种政治性的聚居状态，而工业革命之后的城市开始成为资本增值的工具。政治性聚居强调尊卑秩序，资本增值则十分强调周转效率，人们被迫卷入一个庞大并抽象的现代化系统，甚至连政治领袖往往也无处可逃。⑤ 从某种意义上说，一部人类文明史就是一部城乡文明进步史，一部人类经济史就是一部城乡关系发展

---

① 叶小文. 中国式现代化超越了西方现代化，以中国新发展为世界提供新机遇——中国式现代化的世界宣言［N］. 北京日报，2022-10-17（18）.
② 高帆. 评《体国经野：中国城乡关系发展的理论和历史》［J］. 经济地理，2020，40（01）：240.
③ 钱理群，刘铁芳. 乡土中国与乡村教育［M］. 福州：福建教育出版社，2008：209-212.
④ 陈旭光. "电影工业美学"的"二元对立"思维与科学研究的"折衷主义"方法［J］. 教育传媒研究，2022（05）：11-13.
⑤ 徐腾. 城市到底属于谁？评《守卫生活：简·雅各布斯传》［EB/OL］.（2022-04-12）［2023-05-28］. https://baijiahao.baidu.com/s？id=1729874117954313260&wfr=spider&for=pc.

史，城乡关系在人类文明演进和经济社会发展中居于核心地位。现今中国城乡关系所呈现出来的种种现状和问题，都是中国自古城乡关系演变的延续，尤其是近代以来城乡关系快速变迁的累积与发酵。[1]中国的城乡关系或者"三农"问题，需要在中国近代以来一百多年的历史过程中去重新理解，需要在中国现代化的进程中去把握。以乡村作为社会本位是中国持续了一个多世纪的思考与实践，在今天关于什么是"中国道路"的讨论中，应该获得新的理解。所谓近代以来中国的现代性困境，最根本的表现就在于乡村与国家的复杂关系，一个依然深刻地制约着中国今天和未来的历史过程。[2]

作为中国式教育现代化的重要组成部分，中国式乡村教育现代化具有独特的政治逻辑、经济逻辑、人口逻辑、文化逻辑和生态逻辑。[3]乡村教育的价值选择应当跳出"城"与"乡"的二元悖论，站在人文与自然这一包含"城"与"乡"的更广阔的空间来思考乡村教育发展问题。要摆脱二分法思维桎梏，回归乡村教育本质，确立超越二分法宰制的乡村教育价值取向。中国式农村教育现代化理论要打破西方意识形态偏见，探索不同于西方的本土现代化模式；以世界先进水平为标准定位教育现代化，积极推进教育强国建设；破除路径唯一性幻象，探索传统与现代共存、乡土化与城市化并进的新型农村教育现代化之路。[4]

（三）可能面临的挑战

自 2020 年以来的三年多时间里，全人类都在见证历史。新冠疫情，这场

---

[1] 吴丰华，白永秀.中国近代以来城乡关系变迁机理：一个文献综述[J].学术评论，2015（04）：4-13.

[2] 元之，吕新雨.乡村危机与新乡土主义——一个世纪以来的中国城乡关系[EB/OL]．（2022-07-20）[2023-05-28].https://www.kuaihz.com/tid23/tid81_104056.html.

[3] 赵鑫，李敏.中国式乡村教育现代化的发展逻辑与推进路径[J].现代教育管理，2023（06）：21-30.

[4] 杨卫安.借鉴·生成·发展：中国式农村教育现代化理论建构的三重向度[J].东北师大学报（哲学社会科学版），2023（04）：48-57.

自1918年西班牙大流感以来最严重的疫情，也是冷战结束以来最严重的全球公共卫生突发事件，冲击到了人类健康、经济增长、社会发展、国家安全和国际关系等方方面面，是一场全球性的挑战，已经在事实上永远改变了世界。疫情前就已存在的大国竞争加剧、全球合作屡遇难题、民粹主义思潮蔓延等问题，疫情后变得更加显著。经济低迷，企业倒闭，行业消失，失业率尤其是青年的失业率高企，世界性的金融危机如影随形，许多人生活困顿甚至走投无路，感到一种被"时代碾压"的无奈。战争，通胀，经济与地缘政治博弈，一切都在发生。全球化和多边主义如同黄昏中的最后一抹晚霞，逐渐黯淡，原有世界秩序正在继续崩坏，百年未有之博弈与史诗级大变局正在发生，人类文明正面临着一个血色的临界点，世界的旧地图正在失效。[1]"黑天鹅""灰犀牛"事件集中爆发。"世界之变、时代之变、历史之变正以前所未有的方式展开，人类社会面临前所未有的挑战。世界又一次站在历史的十字路口，何去何从取决于各国人民的抉择。"[2]

已然发生的中国人口数量和结构的变化，恐怕会是一个深刻影响中国未来包括教育未来的重大因素。2023年2月28日，国家统计局发布《中华人民共和国2022年国民经济和社会发展统计公报》，其中显示，全年出生人口956万，死亡人口1041万，全国人口比上年末减少85万，这是我国有人口统计以来61年首次出现了下降。从2018年起，我们的生育率和人口增速都已经开始明显下降，人口减少的趋势是非常明确的。[3]有研究者基于第七次全国人口普查数据的学龄人口预测研究结果表明，2021—2035年我国学龄人口总规模将从3.28亿持续减少至约2.5亿，学龄人口年龄结构也将由"两头小、中间大"的纺锤形结构逐步向"上宽下窄"的倒金字塔结构转变。学前、小

---

[1] 谭吉珂德.告别美国，正成为国际秩序中的一场革命[EB/OL].（2022-09-07）[2022-11-18]. https://www.guancha.cn/tanjikede/2022_09_07_656887.shtml.

[2] 习近平：高举中国特色社会主义伟大旗帜 为全面建设社会主义现代化国家而团结奋斗——在中国共产党第二十次全国代表大会上的报告[EB/OL].（2022-10-25）[2023-05-28].http://www.gov.cn/xinwen/2022-10/25/content_5721685.htm.

[3] 程路.人口变化，教育何以识变应变适变[J].人民教育，2023（6）：24-25.

学、初中、高中、高等教育的学龄人口将分别在 2020 年、2023 年、2026 年、2029 年、2032 年达到峰值，之后呈现快速减少趋势；学龄人口规模与结构的快速变化对教育资源的供给弹性和适应性提出了更高要求。[①]

二、城镇化下半场：一种宏阔背景

（一）城乡空间人口格局的变化

中国城镇化经历了 40 余年的快速发展，堪称人类历史上规模最大的城镇化。在城镇化上半场，我们把差不多相当于两个美国的人口从农村搬到城市。在中国城镇化突飞猛进的时候，到处是林立的吊车和脚手架，无数的城市高楼如雨后春笋般拔地而起。而中国城镇化过程中一个最独特的特点，是城乡之间大规模流动人口的存在。这一世界历史上最为壮观的城乡人口流动浪潮自 20 世纪 90 年代开始显现，进入 21 世纪后在短时期内急剧扩张，并一直持续到现在，在可预期的较长时期内还会继续存在，当然形态上应该会发生一些新的变化。[②]

2023 年，中国常住人口城镇化率突破 65%，城镇化进入"下半场"。根据美国学者雷·诺瑟姆的研究，世界各国的城镇化都会经历初期、中期和后期三个阶段，最终呈现为一个拉平的"S"形曲线。当城镇化率超过 70% 以后，城镇化进入后期阶段，农村人口和劳动力已迈过大规模转移阶段，城镇化速度放缓；城镇化不再表现为农村人口向城市人口转移，而是城市内部职业构成从第二产业向第三产业转移。[③] 我国社会正在发生由传统乡土中国向现代城市中国的重大转变，无论从规模还是从速度看，可谓前所未有之大变

[①] 张立龙，史毅，胡咏梅.2021-2035 年城乡学龄人口变化趋势与特征——基于第七次全国人口普查数据的预测［J］.教育研究，2022，43（12）：101-112.

[②] 焦长权.从乡土中国到城乡中国：上半程与下半程［J］.中国农业大学学报（社会科学版），2022，39（02）：22-39.

[③] 焦长权.从乡土中国到城乡中国：上半程与下半程［J］.中国农业大学学报（社会科学版），2022，39（02）：22-39.

迁、大转型，在人类发展史上独一无二。这个时候，中国城乡的空间结构等都将发生新的巨大变化，也必将对教育的空间格局、资源配置等产生重大影响。

改革开放以来，我国省际人口迁移总体上表现为由中西部迁往东部沿海地区的"一江春水向东流"态势，且"一浪高过一浪"。然而"潮涨终有潮落时"，相关研究表明，中国城镇化在 2010 年之后已经从加速阶段转变为减速阶段，且减速趋势持续增强。从人口角度看，城镇化减速发展的深层原因在于农村人口规模与结构的变化导致的农村人口向城镇迁移的规模和潜力渐趋下降。[①]有调查表明农业转移人口城镇落户意愿持续下降，部分地区出现城镇户籍人口迁往农村的现象。城镇化下半场，已经或即将出现多个拐点，包括人口向城市群集聚的拐点。根据大数据分析，2018 年的时候，我国已有近两百个城市出现了人口持续减少的情况。[②]大规模农民工正在逐步回归家乡，在故土的城乡社会空间体系中重新扎根下来，这将重构一个以县域为中心的新社会空间和新社会形态。

（二）"以人为核心"的城镇化

城镇化下半场，也是新型城镇化推进的过程。新型城镇化核心是人。"以人为核心"首先是强调城镇化过程中人的主体地位，紧紧围绕人的生存和发展权利的提升来推进城镇化进程。其中，最为重要的是流动人口与城市居民享有服务和福利公平，享有发展机会和权利公平。享有服务和福利公平，主要体现在基本公共服务均等化的推进，流动人口在就业、教育、医疗、托育、养老、住房等诸多福利和服务方面与户籍人口享有平等的待遇。[③]

[①] 何志扬，刘昌南，任远.新世纪以来中国城镇化的阶段转变及政策启示[J].天津大学学报（社会科学版），2017，19（2）：125-131.

[②] 仇保兴，叶蒙宇，宁坤.关注我国城镇化下半场的十二个拐点[J].城市发展研究，2021，28（09）：1-7.

[③] 陆杰华，韦晓丹.以人为核心的新型城镇化战略内涵、障碍与应对[J].北京社会科学，2023（7），107-117.

户籍制度改革关乎城镇化进程，更关乎中国经济社会的良性和健康发展。城镇化下半场，一个重要的任务是要促进农民工的市民化，实现"半城市化"向"城市化"的转变。这不仅影响着亿万农民工的切身利益，而且关系到中国能否在这一转变中释放出强大的内需增长潜力、促进经济高质量增长。[①]

未来仍将极大程度上影响中国教育的因素，是两个与人口有关的"不同步"：常住人口城镇化率与户籍人口城镇化率不同步，教育人口城镇化率与常住人口城镇化率、户籍人口城镇化率不同步。2023年，中国常住人口城镇化率达到了65%，但户籍人口城镇化率只有46%，二者之间相差19个百分点。近年我国义务教育人口城镇化率一直在82%左右，有的发达地区则达到90%以上，与常住人口城镇化率、户籍人口城镇化率的差异显著。这一显著差异，充分说明了教育在现代化建设中的"基础性、先导性"作用，说明教育本身就是城镇化的一个强大牵引力，说明教育长时间以来事实上承担了许多的经济、社会、文化等功能，也充分说明了教育事业改革发展任务的艰巨。

当前中国城乡关系存在的主要问题：第一，户籍制度改革亟待深化。虽然经过多年的改革，户籍上附着的城乡利益差异有所削弱，甚至有些已经消除，但是剥离的范围和程度依然不够。第二，城乡二元经济结构矛盾相当尖锐。更为严峻的是，中国城乡二元经济结构扭转速度相当缓慢，部分地区还呈现恶化的趋势。第三，城乡要素合理配置的机制尚未建立。长期的城乡二元格局，导致资金、土地、人才等要素配置在城乡之间严重不均衡，并且农村优质资源向城市单方向集中的趋势没有发生逆转。第四，城乡基本公共服务差距较大。其中教育发展不均衡和卫生发展不均衡是主要短板。第五，乡村衰退日益加剧。乡村建设依然落后于城镇建设的发展速度，乡村与城镇之间鸿沟继续扩大。村庄"空心化"现象日益加剧，部分村庄不断走向衰退。[②]

---

① 刘金凤，刘瑞明，石阳. 从"半城市化"到"城市化"：农业转移人口市民化进程中的教育推动机制研究［J］. 数量经济技术经济研究，2023，40（09）：138-156.

② 张海鹏. 中国城乡关系演变70年：从分割到融合［J］. 中国农村经济，2019（3）：2-18.

有人认为，在经济结构转型和城镇化加速推进下，全面建成小康社会后我国贫困问题在广度和深度上都更为复杂，贫困问题不仅存在于农村，而且随着人口流动，贫困从农村向城市转移的趋势加强，城市贫困问题将日益严峻。进城农民工的物质贫困、能力贫困、权利贫困、精神贫困、健康贫困、福利贫困等多维贫困问题突出，[1] 还存在贫困代际传递问题。

（三）教育的"乡愁"与"城愁"

这里假借文学词汇，用以表述时下中国城、乡教育的"愁绪"。

中国教育的"乡愁"：由于历史的、现实的、先赋的、后天的等等因素造成的城乡物质、文明、文化等差异，乡村教育仍然存在许多现实困境。气势恢宏的城市化，催动着社会巨变，也在继续虹吸着乡村教育。许多乡村中小学基础设施建设落后，办学条件较差，生源越来越少，小规模学校和教学点大量存在。乡村教师"引不来""留不住""教不好"，"不是在逃离，就是在逃离的路上"；[2] 一些偏远的乡村小学，教师数量严重不足，学科结构比例失调，老龄化现象非常突出，有的仅靠"爷爷""奶奶"辈教师支撑；教师文化使命模糊、公共精神式微、专业能力水平相对不足。校园欺凌难以杜绝，暴露出部分家庭教育薄弱、学校管理不足、法律依据缺失、社会干预滞后等多个短板。加速逻辑形成了一种流动加快的社会状态，使乡村学校与场所、传统的位置关系发生急剧变化，导致了乡村教育的"失位"。乡村学校不仅在地理上越来越疏远乡村，而且在时间上远离了与乡村传统的历史联系。[3] 审视乡村中小学教育空间的真实镜像，单调、封闭、刻板等主观体验充

---

[1] 白永秀，刘盼.全面建成小康社会后我国城乡反贫困的特点、难点与重点[J].改革，2019（5）：29-37.

[2] 谢丽丽.教师"逃离"：农村教育的困境——从G县乡村教师考警察说起[J].教师教育研究，2016，28（04）：71-76.

[3] 张桂.乡村教育的位育之道：基于加速逻辑的哲学反思[J].当代教育论坛，2023（01）：108-114.

分表征了乡村中小学教育空间教育性的弱化。①试图复制与刻写城市教育摹本的农村教育，不但没有体现出与国家教育规划一致的现实导向并获得持续的发展动力，反而日益悬浮于村落之上。②乡村教育在发展中面临着地位孤立化、资源稀缺化、关系断裂化、生态危机化等复杂问题。③乡村文化、乡村社会在变革的路途中，已背离了传统的文化模式，既不像城市也不像农村，传统的记忆也变得面目全非，所谓的乡愁记忆在现代文明的冲击下也逐渐被取代。

中国教育的"城愁"：城市居民尤其是城市的外来人口、流动人口为孩子的学位、成绩等问题而发愁，以及仍然存在的"教育焦虑"。"隐形""变异"的择校、补课问题。"课后三点半"以及城镇学校"挤""大班额"，新建学校内生动力不足、师资短板问题。随迁子女的完全融入问题、"异地高考"问题、普通高中与职业高中的比例问题，等等，也是教育的"城愁"。

三、城乡教育重构：一种未来可能

（一）重估乡村教育价值

乡村文化教育作为教育的独特形式和内容，它不同于其他教育形式和内容的独特价值与功能就在于乡村文明的教育与传承。乡村文明的现代意义，决定了乡村文化教育不仅属于乡村学校，同时也应当属于城市教育。对于现代教育价值体系的建构，乡村文明具有反思和唤醒意义。④关注乡村教育，首要的问题仍是如何更深入地阐明乡村教育本身的问题。中国式现代化背景之下，有必要重新审视乡村教育人文重建的意义和乡村教育在整个现代教育中

---

① 周大众.乡村中小学教育空间建构论略［J］.当代教育科学，2021（03）：36-43.
② 申恒胜，王玲."外嵌型悬浮"：国家型构下的农村义务教育治理与张力［J］.广西大学学报（哲学社会科学版），2018，40（06）：46-51.
③ 韦婷婷，周婧.乡村教育发展的现实困境及出路［J］.现代教育科学，2019（01）：18-22.
④ 薛晓阳.如何理解"乡村文化教育"的价值与功能——基于文明与教育关系的讨论［J］.安徽师范大学学报（人文社会科学版），2022，50（05）：137-147.

的位序，更需要关注长期以来被遮蔽的、回归乡土的保守型教育理念：一是对民族精神底蕴的理解，二是对人性自然的回归。①农村教育的现代化并非完全抛弃传统教育的一切，而是要对传统教育进行合理的改造、继承和创新；它既可以是一个永无止境的追求，也可以是一个预设的目标或标准；农村教育现代化并非一个反现代化的过程。②

乡村教育世界不仅关乎乡村教育发生的具象物理空间和文化维度的社会空间，也联结着教育发生的时间绵延和往今对照，更塑造了教育行动主体的精神家园。乡村的风物、土地、田野、动物、植物都是乡村教育的广阔背景，它们统统构成文化意义上的教育文本。③"文字"作为以学校为载体的一种社会建制，自古以来似乎具有着神奇的魔力。国家、地方社会乃至村落空间竞相争夺乡村教育这一重要场域，其意义也伴随着乡土中国秩序维系、国家政权建设、县域经济发展以及乡土社区重建等议题的提出而不断嬗变。④乡土不仅是一个区域，更是一种文化符号；乡土教育不仅仅是一种教育方式，也是人们对生存方式的思考，对人生意义的探寻，对精神家园的守望。乡土教育作为一种传承乡土文化的教育，是多元文化整合的有效途径，也是国民教育的有益补充。⑤耕读教育在本质上是对传统耕读文化的延续和传承，也应该是中国乡村教育的一个文化面向。

张孝德认为，在这次新冠疫情中，最需要我们反思的问题之一，就是要重新认识中国乡村的价值。不能忘记中国乡村是中国政治、经济和社会安全

---

① 刘铁芳.逃离与回归：乡土中国教育发展的两种精神路向[J].探索与争鸣，2009（9）：69-72.

② 凡勇昆，邬志辉.农村教育现代化的解释逻辑和价值定位[J].教育科学研究，2015（07）：10-15.

③ 项继发.乡村教育作为思想对象——个人叙事与书写反思[J].现代教育论丛，2021（04）：20-25+90.

④ 姚荣.中国乡村教育的意义嬗变与实践逻辑：基于"制度与生活"互动的视角[J].清华大学教育研究，2017，38（06）：114-124.

⑤ 顾玉军，吴明海.乡土教育"乡土"与"天下"之链[J].湖南师范大学教育科学学报，2012，11（01）：30-34.

的保险阀、化解危机的蓄水池。越是在中国出现风险和危机的时候，乡村价值和功能就越凸显。①中国有悠久的乡村自治传统，并由此构建出了一套完整的秩序和伦理系统。中国古代解决乡村与城市融合发展最关键的一个制度，就是告老还乡的退休制度，就是落叶归根、衣锦还乡的传统。或许也正是这种强调循环往复、落土归根的观念，某种程度上形塑了传统地方社会的政治秩序与治理形态，因为后者正是以那些由"庙堂"而归隐"故乡"的士绅阶层为核心和枢纽的。②我们有必要借鉴中国古代的告老还乡制度，鼓励从乡村走出去的大学生、研究生教授、企业家到乡村去养老，回馈家乡当乡贤。③

（二）重塑城乡教育版图

在教育现代化、教育强国的语境之下，我们应清晰把握当前面临的大而不强、发展不平衡、供需错位等重点难点堵点问题，认真研究、分析当前城乡教育发展不平衡方面仍然存在的突出问题、症结所在。根据经济社会发展水平、新型城镇空间布局、学龄人口流动变化、人口存量和变量等因素，结合实施乡村振兴战略，对城乡学校的位置、数量、结构、规模等进行科学谋划和合理配置。按照城镇化总体规划和常住人口规模编制城镇学校布局规划、建设学校，有序扩大城镇学位供给，推进随迁子女入学待遇同城化。④乡村地区尤其亟待解决校舍闲置与物力资源再利用问题。教师资源配置将面临不足和过剩反复交替，以及音体美学科教师的结构性缺编等挑战。义务教育作为一项基本公共教育服务，其资源配置逻辑与经济和社会发展多个方面政策有着复杂的相关性。需要通过教育主体责任和利益结构从微观、中观到宏

---

① 张孝德.大历史观视野下乡村振兴的使命与前途——读懂乡村才能振兴乡村[J].长治学院学报，2021（3）：1-35.
② 刘守英，王一鸽.从乡土中国到城乡中国——中国转型的乡村变迁视角[J].管理世界，2018，34（10）：128-146+232.
③ 张孝德.疫情反思：我们如何看待乡村的价值和未来[EB/OL].（2020-02-26）[2023-05-28].https://mp.weixin.qq.com/s/EOIUyXir-3hZ-PdQw2ka7Q.
④ 周洪宇.建设优质均衡的基本公共教育服务体系[J].中国基础教育，2023（01）：16-19.

观的系统性调整，形成更加具体有效的政策路径。①

教育数字化转型是涉及整个教育生态要素的系统性、根本性变革，是对教育价值的重构，是推动教育变革、重构城乡教育版图的重要力量、重要途径，给乡村教育发展带来了前所未有的契机。要充分利用信息技术更新教育理念、变革教育模式、提高教育质量。通过教育信息化，逐步缩小区域、城乡数字差距，大力促进教育公平，让亿万孩子同在蓝天下共享优质教育。

（三）走出和而不同之路

我国农村的教育现代化应采取"和而不同"的第三条发展道路，就是既要公平地对待农村教育，用与城市教育相同的水准来要求与发展农村教育，给农村教育创造平等的发展机会，也要从农村的实际出发，符合农村社会发展的需要，尊重农村教育的特性，使"农村教育"更像"农村教育"。②反思长期以来关于我国"城乡教育"问题的认识论与价值论局限，共生哲学、共生价值观应成为新时期的必要选择，根本就是要从哲学或方法论意义上建构起一种中国城乡教育共生观，即强调乡村教育与城乡教育作为具有不同"性格"的教育类型之间"异质共存"、互哺发展，或"各美其美、美人之美、美美与共"的关系构建。③农村教育是一个凝聚着沉重历史、承载着厚重现实的问题。人们大多认为，在工业化、城镇化进程中要破除城乡二元对立的结构和制度，实现城乡教育一体化，农村学校乃至整个农村教育势必按照城市教育模式进行复制。但城乡一体化并不意味着城市中心价值取向的主导地位，城乡教育一体化也不意味着城乡教育的同质化。④

农村教育现代化的发展需要优化配置和有效利用资源，注重制度和观念

---

① 阮成武.依据常住人口规模配置义务教育资源：逻辑生成与政策优化[J].教育研究，2023，44（04），94-105.

② 邬志辉，马青.中国农村教育现代化的价值取向与道路选择[J].江苏教育研究，2008（11）：41-43.

③ 刘远杰.城乡教育共生：一项教育哲学探索[J].教育学术月刊，2017（03）：3-15.

④ 吴亚林.农村教育发展：概念重建与制度设计[J].郑州师范教育，2015，4（03）：6-9.

的更新，确立乡土知识的价值，使农村教育从依靠政府的被动发展转到主动发展上来。应尽量避免只注重经费投入、办学条件改善、向城市看齐和外部援助的误区，走出传统与现代、乡土与城市的对立与冲突，从多重维度弥合乡土性与现代性之间的裂痕。除了要继续在物质层面促进城乡教育均衡发展外，还要在文化层面着力，突破城乡之间的文化隔阂与排斥，建立互相尊重、和而不同的文化和观念体系。① 要唤起乡村教育的主体性、自觉性，基于乡土文化重塑乡村教育的文化自信，基于地域性文化培育乡村教师的乡土情怀，唤醒新生代乡村教师的乡土文化认同。②

（四）重建城乡教育生态

生态文明的思想，对中国教育尤其是乡村教育来说具有极强的现实意义。如果说过去很长时间里，由于中国社会正处在高速工业化、现代化、城市化进程之中，处于"变动不居"之中，我们对于城乡关系修复，对于乡村"重建"的许许多多美好设想、构想屡屡落空或打了折扣，那么如今在城镇化下半场，城乡空间格局可能会处于一个相对稳定的状态，重建城乡教育生态则真正具有了现实可能。在经过多年的发展、调整、"撤并"之后，中国教育尤其是乡村教育也应该有一个修复期，以期恢复教育的"绿水青山"。

实现乡村教育的安所遂生，必须明确乡村教育的价值取向，探索乡村教育的改革和发展路径，重建乡村教育的人文生态环境。农村教育应回归"以人为本"的价值原点，乡土为根、创新为源，促进教育公平，守护社会生态，建设乡村教育，培育文化生态，自下而上改善教育生态。学校是乡村的文化中心，留住了学校，就留住了乡村文化的灵魂。③ 未来，小规模学校、小

---

① 杨卫安.城乡义务教育一体化：制度形态与新时代特征[J].现代教育管理，2020（9）：31-37.

② 蔡婉怡.从"离土"到"归根"：乡村教育的文化隐忧与内源突破[J].教育与教学研究，2023，37（04）：28-39.

③ 杨蕾.生态位视域下农村小规模学校的定位与发展[J].中国教育学刊，2017（09）：60-66.

班额和全科教师应该不再是教育发展落后的标志和无奈之举，而有可能是新的趋势。还需要开发具有乡土气息的校本课程，构建适合乡村学校的评价体系，培育一支具有乡村教育情怀的教师队伍。通过活化学生的乡土想象、培植学生的自然精神、扩宽学生的文化视野，来重建乡村教育的人文精神，从而使乡村青少年扎根他们的生活世界，培养其健全完整的人格。老师也应当让孩子们用好自己的五官，用眼睛去发现草间的蝴蝶，用鼻子轻嗅泥土的芬芳，用嘴巴品尝新酿的蜂蜜，用耳朵倾听虫豸的低鸣，用脸颊感受柔软的微风。①

四、政策体系重构：改变制度落差

教育治理体系是中国式教育现代化的制度载体和机制保障。中国教育发展进程中所面临的现代化需求，亟待建构与之适应的治理规则、程序和秩序。根据教育治理特性，在主体的多元化、对象的复杂化、治理方式的多样化和治理维度的层次化等集于一体的中国式教育现代化框架下，将治理作为本体论和方法论意义存在。② 就教育政策而言，以下是需要加以考虑的。

（一）给农民以平等的教育话语权

特别提出这个问题，是因为长时间里我们面对着这样一个事实：涉及农民群体利益的时候，往往要靠政府和大众媒体来为他们说话，他们自己的声音很微弱。③ 中国社会已经把农民建构成"低素质，没文化"的话语结构，实际上是强势话语封杀了农民的话语权，所谓的"代言者"实际上剥夺了农民

---

① 颜笑涵，赵晓春. 乡村教育"逆乡土化"的哲学思考［J］. 江淮论坛，2018（06）：156-160+177.
② 吴南中，李少兰，陈恩伦. 中国式教育现代化的治理逻辑［J］. 教育学术月刊，2023（03）：12-19.
③ 周作翰，郑自立. 我国弱势群体面临的现实困境与政策选择［J］. 深圳大学学报（人文社会科学版），2010（6）：51-56.

的话语权,农民被动地放弃了他们的话语权而成为沉默者和利益损失者。[1]

话语权是人的一种权利,是人可以凭借用来表达自己政治意志或者进行利益诉求的权利。要运用马克思主义来正确地认识与有效引领农民的话语权:一是克服基于对农民旧的偏见产生的话语歧视与话语傲慢;二是在理解农民中尊重农民特有的话语方式;三是引领农民话语权以提高农民话语的社会正能量,从而在尊重农民话语权中创造出中国特色社会主义话语特色与话语优势。[2]要增强农民的政治权利意识、主人意识、平等意识、法治观念,消除他们的官员特权思想和官贵民贱的等级观念,充分尊重他们的知情权、参与权、表达权和监督权,使他们敢于、勇于并能充分、自由地表达利益诉求,有机会参与教育的公共治理。重大决策特别是与农村有关的教育决策听证和咨询过程,应该有农民的身影和声音。只有政府、媒体、学者(尤其是农村发展研究者)等与农民一起共同努力打破中国目前的强势话语结构,重新建构公平的话语场域,才能最终归还农民应有的话语权和权力空间。[3]要提升农民的群体意识,从而获得衍生的自觉表达意识,并且保证话语表达符合群体共同价值导向。[4]要扩大公共政策形成中的公民参与,改变单一的政府选择教育政策活动的范式,建立教育公共治理的社会参与制度。[5]

(二)确保农村教育及时进入议程

所谓政策议程,又称政策日程,是指某一公共问题引起政府及其他公共

---

[1] 李争鸣.中国农民话语权的解构与重构[J].中国农业大学学报(社会科学版),2012,29(02):103-109.

[2] 刘歆立.以"共享"理念认识与引领农民话语权发展[J].宁夏党校学报,2016,18(06):68-70.

[3] 李争鸣.中国农民话语权的解构与重构[J].中国农业大学学报(社会科学版),2012,29(02):103-109.

[4] 张世煜,关振国.全过程人民民主建构中农民话语权提升研究[J].现代交际,2022(02):25-32+121-122.

[5] 刘复兴.市场条件下的教育公平:问题与制度安排[J].北京师范大学学报(社会科学版),2005(1):23-29.

权力主体的深切关注并被正式纳入其政策讨论范围、确定为予以解决的政策问题的过程。[1]议程设置是指对各种议题依重要性进行排序。政策议程设置是政策制定的一个重要环节、首要环节。一个问题能否提到政府机构的议程之上是该问题得以解决的较为关键的一步，它决定着什么样的社会问题和政治问题会成为议案进入决策领域，也决定着政府是否会对其采取行动、何时采取行动以及采取什么行动。[2]教育政策议程设置是指经由个人、团体或机构等利益相关者通过媒体的传播，使得教育实践中出现的相关问题上升为公共问题而引起教育行政部门或教育政策决策者的重视，并依据解决问题的条件筛选需要优先解决问题的过程。这是一个人为建构的、利益博弈的过程，是公众争夺政策决策者注意力的过程，也是政府回应公众诉求的过程。[3]

政策议程设置的方式有很多种。现代国家大多把政策议程划分为公众议程和政府议程两种形式。公众议程又称系统议程，它是指社会大众所广泛关注并讨论的问题，通常是由一部分与问题密切相关的人使问题凸显，然后逐渐扩展到社会大众，引起众人讨论。政府议程通常称作正式议程，它是指政府系统内部决策者已经关注到某些社会问题，或者觉得某些社会问题必须采取一定行动予以解决，因而把这些社会问题纳入考虑范围的一种政策议程。[4]改革开放以来，中国政策议程设置发生了显著变化。决策系统注重运用分立的知识，提升决策科学化、民主化水平；相应地，政策议程设置经历了从权力精英支配转向互动创设的制度变迁，决策系统注重应用多样化的政策知识，不断提升政策议题的学习能力，以应对外部环境变化带来的挑战。[5]中

---

[1] 罗依平，汤资岚，刘思思.协商民主视角下的地方政府公共政策议程优化研究[J].理论探讨，2019（05）：64-69.

[2] 王绍光.中国公共政策议程设置的模式[J].中国社会科学，2006（5）：86-99+207.

[3] 王鐘，蒋建华，崔彦琨.教育政策议程设置的内涵及模式[J].当代教育与文化，2022，14（06）：13-19.

[4] 杨杰.冲突与协调：政策制定中政府议程与公众议程关系论析[J].商，2016（24）：65.

[5] 杨宏山，李娉.中国政策议程设置的改革发展[J].河南社会科学，2019，27（04）：10-15.

国的政策议程设置还经历了从政治权威全能模式到"中心—边缘"模式再到网络散点化模式的演变。[①] 新时代我国政策议程设置面临全新的现代场景，多重机遇开启了公共领域转型之窗，公共关怀、现代意识、知识型公民、政策行动技能提升加上网络抗争，催生了政策议程设置中"新个体"的力量。[②]

然而在现实生活中，公众议程的命运却并不乐观，人们向往政策的"公共性"却常常落入"非公共性"的枷锁中。在公共政策的制定和运行中，常常遭遇工具理性与价值理性的紧张、"专家政治"与大众参与的冲突、部门利益与公共利益的僵局、信息垄断与"数字鸿沟"的失衡等伦理困境。[③] 教育政策议程设置深受一定时期政策环境的影响，在不同的时期形成了不同的议程设置模式。依据议程设置过程中各利益相关者之间的关系及媒介发挥作用的情况来看，我国的教育政策议程设置出现了较为典型的单向输入模式与舆情压力模式。[④] 由于农村教育长期处于弱势，也由于农村学校一线的校长和教师们距离决策者比较远，使得农村教育问题往往容易被忽视。如何确保农村教育及时进入政策议程，是需要认真加以研究和对待的问题。

（三）改进教育政策评估反馈机制

政策评估是提升政府治理效能的有效手段。教育政策评估是依据一定的标准和程序，对教育政策的效益、效率、效果及价值进行判断的一种行为，是对教育政策所作的价值判断，是教育政策过程的重要一环。教育政策评估是教育政策发展的重要一环，对教育政策进行评估可以诊断教育政策实施的效果，检验教育政策的效益和效率以及合理有效地配置教育政策资源

---

① 孙峰，马旭飞.政策议程设置：演变、机理与"互联网+"新样态[J].天津行政学院学报，2020，22（01）：10-18.

② 魏淑艳，高登晖，孙峰.新时代政策议程设置：场景、行动逻辑与未来趋向[J].理论导刊，2022（02）：4-11.

③ 杨建国.论公共政策伦理困境及其应对策略[J].道德与文明，2020（05）：133-139.

④ 王鐘，蒋建华，崔彦琨.教育政策议程设置的内涵及模式[J].当代教育与文化，2022，14（06）：13-19.

等。[1]通过科学的政策评估，人们能够判断某项教育政策本身的价值、成效，从而决定政策的延续、革新或终结，也为政策的改进、调整和制定新政策提供依据。教育政策执行效果的评估是教育政策活动乃至教育系统有序运行的基本保障。好的教育政策执行效果的评估，不仅是教育政策目标实现的根本途径，也是强化教育政策操作与执行力度的重要措施，而且是"再造教育政策"或"生产新的教育政策"的基本依据。[2]教育政策执行评估中的公众参与实践活动长期处于困境，主要表现为公众参与的合理性备受质疑、参与主体窄化、参与形式受限及参与效能较低等问题。[3]

要从推进决策科学化和民主化的角度，提高对政策评估重要性的认识，推进教育政策评估制度化。好的教育政策执行效果的评估需要从评估标准坚持事实与价值相统一、指标体系兼顾要素多元与联动协调、评估方法与技术切实可行、评估结果分析说理与反馈应用并重等方面重构分析框架，从而使教育政策执行实践中的政策虚置、政策悬置、政策失灵等现象尽量少出现乃至不出现。[4]要不断改进评估的手段和方法，提高政策评估的科学化水平，增强评估结论的可信度。[5]教育政策绩效评估是复杂的，要求多角度、评估主体组成多元化，同时要保证调查对象的广泛性、研究过程的专业化和独立性。建构合理的评估团体、采用科学的评估方法、建立科学的研究标准和公开信息管理制度能够提高研究的有效性。[6]改进和完善教育政策执行评估，应从机制、制度、评价标准层面采取重视多元主体参与、畅通教育政策决策途

---

[1] 彭虹斌，邓文意.教育政策评估的目标导向模式的合理、合法与局限[J].中国人民大学教育学刊，2022（01）：99-113.

[2] 祁占勇，杜越.什么是好的教育政策执行效果的评估[J].华东师范大学学报（教育科学版），2022，40（02）：29-42.

[3] 刘复兴，邢海燕.论教育政策执行评估中的公众参与问题[J].华南师范大学学报（社会科学版），2021（03）：54-61+205-206.

[4] 祁占勇，杜越.什么是好的教育政策执行效果的评估[J].华东师范大学学报（教育科学版），2022，40（02）：29-42.

[5] 柯春晖.城乡统筹发展中的教育政策取向和政策制定[J].教育研究，2011（4）：15-19.

[6] 路耀芬.教育政策绩效评估的有效性研究[J].教学与管理，2016（10）：7-9.

径、构建教育政策执行的制度框架、遵循教育政策执行合理性与合法性相统一、形成教育政策执行网络路径、构建教育政策评价的实践模式、培育"第三方"教育政策评价机构以及加强教育政策评价标准研究等改进策略，从而为教育政策过程的前瞻性研究提供学理依据和实践框架。①

（四）改进教育政策研究

什么是好的教育政策研究？首先，教育政策研究的本体论要解决研究什么教育政策的问题。其次，从教育政策研究的认识论上看，任何一项好的教育政策研究都需要有认识框架、认识路径、认识范式。第三，从教育政策研究的价值论来分析，要体现"好"的特征，教育政策研究要兼具学术价值、理论价值和真正的实践价值。第四，从教育政策研究的方法论来看，要体现"好"的研究结果，教育政策研究采取何种方法也值得探讨。第五，从教育政策研究的实践论来分析，一项好的教育政策研究必须致力于教育政策的方案、计划、策略、路径等具有实践性特征的目标的实现。②

当前，农村教育研究的研究主体以高校、科研机构的教育学和社会学领域科研人员为主，同时，作为农村教育实践者的农村学校校长、教师也在尝试参与。前者属于"城市人"，"城市人"研究农村教育并非不可以，而且由于这类群体较好的知识背景和科学研究能力，他们进入此研究领域具有相当的合理性与正当性，而问题在于，"城市人"的社会环境、生活环境和生存伦理与农村都是不一样的，尤其对于那些从未接触过农村生活的学者来说。研究者多将城市教育作为农村教育的模板，标准同一化。从文化视角这一更深层次来看，农村教育研究以城市教育为标准，对此形成依赖，无视农村文化土壤和农村教育发展的特殊规律与独特价值，这意味着文化剥夺和教育"暴

---

① 邓旭，马敬华.我国教育政策过程的前瞻性研究[J].现代教育管理，2021（04）：53-60.
② 王大泉，卢晓中，朱旭东，朱德全，邬大光，刘志军，刘善槐，范国睿.什么是好的教育政策研究[J].华东师范大学学报（教育科学版），2018，36（02）：14-28.

政"。农村教育的独特性更呼唤自内而外和自下而上的本土性研究。①在研究取向上，确定非单一学科取向，认识到农村教育是一个研究领域，农村教育概念是多学科取向的概念，农村教育问题是一个社会问题。在政策取向上，认识到倾斜性政策话语在政策执行中的随意性风险，承认资源生均平等政策话语在政策建构中的阶段性意义，推动积极差异政策话语作为政策创新的取向选择。在实践取向上，系统反思农村教育实践认知劣势思维的危害，认识到农村教育仿城化实践的局限，推动农村教育实践的特征思维转向。②

五、通往未来的路不止一条

（一）通往未来的路有很多

通往未来的路不止一条，而是有许多条。2020年9月，经济合作与发展组织发布《回到教育的未来：OECD关于学校教育的四种图景》(Back to the Future of Education: Four OECD Scenarios for Schooling)报告，提出未来教育可能遵循非线性发展趋势而出现多重可能图景的理念，进而构想了分别以大规模学校教育扩展、教育外包、以学校为中心的教育生态圈建立、无边界学习为特征的四种未来教育的可能图景。③以契约精神参与教育变革以兑现未完成的承诺和应对不确定的未来是该报告的核心思想。这意味着打造新的教育社会契约将成为重塑共同未来的第一步。"新"主要体现在以生态正义为转向的新人文主义教育形态，其实质是人与人、人与自然、人与技术关系的重构。④2021年11月，联合国教科文组织发布报告《共同重新构想我们的未来：一种新的教育社会契约》，提出需要对教育本身进行变革，建立起新

---

① 付昌奎，李静美．农村教育研究的本土性增进：价值、困境与路径［J］．教育理论与实践，2019，39（07）：18-22．

② 秦玉友．新时期农村教育的取向选择［J］．教育发展研究，2019，39（06）：8-14+22．

③ 张敬威，苏慧丽．为变化的未来而教——基于经合组织《回到教育的未来》报告的分析［J］．比较教育研究，2021，43（10）：12-20．

④ 岳伟，王欣玉，杨雁茹．革新教育：建立一个和平、公正和可持续的未来——《共同重新构想我们的未来：一种新的教育社会契约》报告述评［J］．现代大学教育，2022，38（06）：1-11．

的教育社会契约，以修补不公正的现象并改造未来。该报告对新的社会契约进行构想，并从课程、教法、教师、学校以及教育机会五个向度提出了重构教育的组织方式，以此作为指导未来的行动框架。[1]

2022年底，北半球的大部分地方正值隆冬，ChatGPT（Chat Generative Pre-trained Transformer）横空出世，在全球范围内爆火，也引发了许多人对于人类自身存在价值的忧伤与疑虑。毫无疑问，ChatGPT影响最直接、广泛的是教育领域。ChatGPT的出现就像一头横冲直撞的猛兽，开始撞向自19世纪建立的教育体系。灌溉式、硬记忆是否应该取消？反复做题的教育还有用吗？工具性教育还有价值吗？等等。最终它会带来一个什么结果？是缩小差距，让教育变得更公平？还是"马太效应"，让教育差距进一步拉大？[2]ChatGPT使技术主义在教育界进一步蔓延升温。伴随ChatGPT介入教育生态，教育系统将迎来全新变革，包括自主学习迎来新定义、教师教学迎来新变革、学校课程迎来新挑战、人才培养标准迎来新转向，等等。值得注意的是，在享受ChatGPT带来技术红利的同时，其自带的风险将乘势进入教育场域，包括知识异化风险、学生主体性异化风险、教学过程异化风险、数字伦理风险以及数字教育治理风险，等等。[3]比尔·盖茨就表示其一直在思考人工智能如何能够减少世界上一些最严重的不公平现象，并认为减少不公平的最佳机会是改善教育，特别是确保学生在数学上取得成功。[4]

---

[1] 张婉莹，逄世龙.未来教育的行动框架——《共同重新构想我们的未来：一种新的教育社会契约》解读[J].世界教育信息，2023，36（03）：72-80.

[2] 吴海兵.ChatGPT之后，教育向何处去？[EB/OL].(2023-03-31)[2023-05-12].http://k.sina.com.cn/article_5617160370_14ecf10b2019017e6g.html.

[3] 周洪宇，李宇阳.ChatGPT对教育生态的冲击及应对策略[J].新疆师范大学学报（哲学社会科学版），2023，44（04）：102-112.

[4] Bill Gates.The Age of AI has begun[EB/OL].(2023-03-21)[2023-05-12].http://k.sina.com.cn/article_5617160370_14ecf10b2019017e6g.html.

（二）教育：必要的乌托邦

1996 年，国际 21 世纪教育委员会曾经向联合国教科文组织提交了一份报告，这份报告后来以《教育——财富蕴藏其中》为题发布，其序言是"教育：必要的乌托邦"。该序言开篇即提出：面对未来的种种挑战，教育看来是使人类朝着和平、自由和社会正义迈进的一张必不可少的王牌。教育并不是能打开实现所有上述理想的世界之门的"万能钥匙"，也不是"芝麻，开门吧"之类的秘诀，但它的确是一种促进更和谐、更可靠的人类发展的一种主要手段，人类可借其减少贫困、排斥、不理解、压迫、战争等现象。[1]而联合国教科文组织 1972 年发布的报告《学会生存——教育世界的今天和明天》则提出：任何旨在改变人类命运的基本条件的事业势必包含有一些空想成分。[2]

"教育：必要的乌托邦"意味着，教育必须具有着眼于未来的精神。波兰教育哲学家苏科多斯基认为，着眼于未来的教育表达了这样一种信念：目前的现实不是唯一的现实，因而不能构成教育的唯一要求。着眼未来的教育精神超越了目前的范围，以共创明天的现实为目标。[3]"教育：必要的乌托邦"意味着，在人们越来越受现实功利羁绊，越来越被功利主义限制了生命意义的拓展之时，由于教育体现着对人类生活最高境界的诉求，保留了对于超越实利的、非功利的价值的追求，至少还可以寄希望于教育，以便使人对人在现实中的病态和畸形保持警觉，对人的纯功利冲动起到平衡和矫正作用。[4]教育理想代表着人们用未来的可能性去批判和改造现实。教育理想作为必要的乌托邦，唤起我们对未来的希望与梦想。教育理想是教育的希望所在，是教

---

[1] 联合国教科文组织.《教育——财富蕴藏其中》[M].联合国教科文组织总部中文科，译.北京：教育科学出版社，2014：序言 1.

[2] 联合国教科文组织国际教育发展委员会.学会生存——教育世界的今天和明天[M].华东师范大学比较教育研究所，译.北京：教育科学出版社，1996：222.

[3] 肖雪慧.教育：必要的乌托邦——肖雪慧教育随笔[M].福州：福建教育出版社，2001：20.

[4] 赵洪涛，朱永新.乌托邦精神：中国基础教育变革的内在力量——朱永新教授访谈录[J].基础教育，2006（05）：10-14.

育追寻的目标所在,是教育不断发展的动力所在。[①] 现代教育,尤其是当代教育的一个重要课题,便是拯救因科技理性过分张扬而导致的人的机械化、片面化,或者说,在"人也死了"的时代里将人救活。这就需要确立一种新的哲学观,或者说,寻找一种新的对世界及人生的本体论诠释。"不论在什么情况下,教育的主要目的都是使人作为社会的人得到充分的发展。"[②]

"教育:必要的乌托邦"意味着,我们要把促进人的全面发展作为教育的根本目的,坚持立德树人,全面贯彻党的教育方针,办好每一所学校,教好每一名学生,不单纯以升学率考核学校,不单纯以分数评价学生;意味着我们要真正摆脱规模发展、外延扩张的老路,更加注重教育内涵发展和品质提升,不以学校规模大小比水平,不以论文数量多少论英雄,少一点"大班额",少一点"沉重的书包",少一点"小眼镜";意味着要不断推进教育改革,完善教育体系结构,进一步激发教育活力,给受教育者提供更多、更好的教育选择;意味着我们有更多的"好教师",他们有理想信念、有道德情操、有扎实学识、有仁爱之心;意味着我们有更多的"好校长",他们坚守教育的使命,引领学校的发展,努力做社会的楷模;意味着我们有与国力相称的教育保障能力,孩子们不用为一顿饱足的午饭发愁,拥有安全、稳定、和谐的学习环境;意味着我们尊重与珍惜生命的价值,热爱与发展每个独特的生命,更少校园歧视和欺凌;意味着全社会对教育公平有更多的信任,不用总是为"学区房"而纠结焦虑;意味着我们的教育具有服务经济社会发展的能力,能够不断推动国家发展和民族进步;意味着我们的教育不仅能够满足国内需求,而且具有国际影响力、竞争力、吸引力,能够在世界舞台上一争高低。

---

① 黄启兵.教育理想:必要的乌托邦与危险的乌托邦[J].教育研究与评论(中学教育教学),2012(07):5-8.
② 刘洋.新时代大学"个性化教育"的走向与内涵辨析[J].现代教育科学,2011(6):20-25.

"教育：必要的乌托邦"还意味着，我们要有自己的教育理想、教育思想、教育哲学、教育信条；坚信知识能够改变命运、教育依然是"促进社会公平的伟大工具"；信奉"教育是人的灵魂的教育，而非理智知识和认识的堆积"；信奉"教育是农业而不是工业"，需要爱心与呵护，也需要静心与等待；意味着我们的教育有原点、有初心、有执着、有守望，既充满现代气息，又有泥土的芬芳，还要有无忧无虑、叽叽喳喳、蹦蹦跳跳的"放学路上"。①

"有教无类"的梦想，深藏于国人和人类的思想意识之中。无论贵贱、贫富、智愚、善恶，人人都应该受到教育，人人都可以受到教育，并通过教育消除这些差别。教育的首要任务是传授价值观念，但"教育具有两重性，即正确的教育是经济发展的最大资源，而错误的教育则会成为毁灭的工具。要使教育成为发展的最大资源，教育工作者必须具备正确的教育思想和教育观"。"不能澄清我们中心信念的教育只不过是一种训练或特权而已。由于我们的主要信念是混乱的，只要目前反哲理的倾向持续下去，混乱将变得更糟。到那时，根据'道高一尺，魔高一丈'的原理，教育远不是人类最大的资源，而将成为一种毁灭工具。"②

让教育继续成为填补鸿沟、弥合分裂而不是分裂社会的力量。

中国式现代化开辟了未来发展的无限可能，中国正在走出"历史的三峡"。一次正确的制度选择胜过十代人的代际更替，一个国家、一个民族能够在正确的时间、以正确的顺序、做正确的事，有时需要直觉和运气，但更需要智慧和勇气。行文至此，笔者想到的仍然是多年前在莫里斯·迪克斯坦

---

① 柯春晖.中国教育新期许：更高质量更加公平——2016年政府工作报告解读[N].中国教育报，2016-03-21（1）.

② [英]E.F.舒马赫.小的是美好的[M].北京：商务印书馆，1984.转引自黄圣周.教育是农村发展的最重要资源——舒马赫关于农村发展与教育的思想概述[J].咸宁师专学报，1998（2）：25-30.

所著《伊甸园之门》中读到的哈罗德·罗森堡《荒野之死》所说的那段话：一代人的标志是时尚，但历史的内容不仅是服装和行话。一个时代的人们不是担起属于他们时代的变革的重负，便是在它的压力之下死于荒野。历史赋予每一代人不同的使命，很难有人能超越自己的时代。历史会公正地记录每一代人走过的足迹，也会忠实地把新的课题留给后来者。

参考文献

（一）译著

［德］哈贝马斯.交往与社会进化［M］.张博树，译.重庆：重庆出版社，1989

［德］柯武刚，史漫飞.制度经济学——社会秩序与公共政策［M］.韩朝华，译.北京：商务印书馆，2002

［德］马克思.德意志意识形态［M］.北京：人民出版社，1961

［德］马克思.资本论第1卷［M］.北京：人民出版社，1975

［德］马克斯·韦伯.经济与社会（上卷）［M］.林荣远，译.北京：商务印书馆，1997

［法］卢梭.社会契约论［M］.何兆武，译.北京：商务印书馆，1995

［法］孟德拉斯.农民的终结［M］.李培林，译.北京：中国社会科学出版社，1991

［美］艾伦·艾萨克.C.政治学：范围与方法［M］.郑永年，等译.杭州：浙江人民出版社，1987

［美］巴林顿·摩尔：专制与民主的社会起源：现代世界形成过程中的地主和农民［M］.王茁，顾洁，译.上海：上海译文出版社，2012

［美］保罗·皮尔逊.回报递增、路径依赖和政治学研究［A］.何俊志等.新制度主义政治学译文精选［C］.天津：天津人民出版社，2007

［美］伯尔曼.法律与宗教［M］.梁治平，译.北京：中国政法大学出版社，2003

［美］博登海默.法理学：法律哲学与法律方法［M］.邓正来，译.北京：中国政法大学出版社，1999

［美］戴维·波普诺.社会学［M］.李强，等译.北京：中国人民大学出版社，1999

［美］戴维·伊斯顿.政治体系——政治学状况研究［M］.马清槐，译.北京：商务印书馆，1993

［美］道格拉斯·C.诺斯.经济史中的结构与变迁［M］.陈郁，等译.上海：上海三联书店、上海人民出版社，1994

［美］凡勃伦.有闲阶级论［M］.蔡受百，译.北京：商务印书馆，2019

［美］费正清，费维恺，编.剑桥中华民国史（1912—1949）（上卷）［M］.杨品泉，等译.北京：中国社会科学出版社，1994

［美］费正清.美国与中国［M］.张理京，译.北京：世界知识出版社，1999

［美］汉密尔顿.联邦党人文集［M］.程逢如，译.北京：商务印书馆，1982

［美］基尔摩·奥唐奈.论委任制民主［A］.刘军宁，编.民主与民主化［C］.北京：商务印书馆，1986

［美］吉尔伯特·罗兹曼.中国的现代化［M］.国家社会科学基金"比较现代化"课题组，译.南京：江苏人民出版社，1988

［美］卡尔·帕顿，大卫·沙维奇.公共政策分析和规划的初步方法［M］.孙兰芝，胡启生，等译.北京：华夏出版社，2002

［美］康芒斯.制度经济学·上册［M］.赵睿，译.北京：华夏出版社，2017

［美］罗尔斯.正义论.修订版［M］.何怀宏，等译.北京：改革出版社，

1999

［美］麦克尔·W.阿普尔.意识形态与课程［M］.黄忠敬，译.上海：华东师范大学出版社，2001

［美］乔治·赫伯特·米德.心灵、自我与社会［M］.霍桂桓，译.北京：华夏出版社，1999

［美］塞缪尔·亨廷顿.变革社会中的政治秩序［M］.李盛平，杨玉生，译.北京：华夏出版社，1988

［美］斯图亚特·南格尔.S.政策研究百科全书［M］.林明，等译.北京：科学技术文献出版社，1990

［美］特伦斯·鲍尔，［英］理查德·贝拉米.剑桥二十世纪政治思想史［M］.任军锋，徐卫翔，译.北京：商务印书馆，2016

［美］约翰·罗尔斯.正义论［M］.何怀宏，译.北京：中国社会科学出版社，1988

［美］詹姆斯·安德森.E.公共政策［M］.唐亮，译.北京：华夏出版社，1990

［以色列］尤瓦尔·赫拉利.人类简史——从动物到上帝［M］.林俊红，译.北京：中信出版集团，2017

［英］科斯·R.财产权利与制度变迁［M］.刘守英，等译.上海：上海三联书店，1994

［英］阿兰·德波顿.身份的焦虑［M］.陈广兴，南治国，译.上海：上海译文出版社，2007

［英］伦纳德·霍布豪斯.社会正义要素［M］.孙兆政，译.长春：吉林人民出版社，2006

［英］马歇尔.经济学原理（上卷）［M］.朱志泰，译.北京：商务印书馆，1964

［英］齐格蒙德·鲍曼.工作、消费、新穷人［M］.仇子明，李兰，译.

长春：吉林出版集团发展公司，2010

［英］亚当·斯密.道德情操论［M］.蒋自强，等译.北京：商务印书馆，1997

J.R.Hough.Educational Policy：A International Survey［M］.Groom Helm London & Sydney，ST.New York：Martin Press，1984

Ping-Ti Ho.The ladder of success in imperial china，Aspect of social mobility［M］.New York：Columbia University Press，1962

Randall Collins.Theoretical sociology［M］.San Diego：Harcourt Brace Jovanovich，1988

联合国教科文组织.教育——财富蕴藏其中［M］.联合国教科文组织总部中文科，译.北京：教育科学出版社，2014

（二）中文著作

1981年中国经济年鉴（简编）［M］.北京：经济管理出版社，1982

蔡昉，林毅夫.中国经济：改革与发展［M］.北京：中国财政经济出版社，2003

曹锦清.黄河边的中国［M］.上海：上海文艺出版社，2002

陈锟.中国乡村教育战略［M］.北京：中共中央党校出版社，2006

陈振明.政策科学——公共政策分析导论（第二版）［M］.北京：中国人民大学出版社，2003

陈振明.政策科学——公共政策分析导论［M］.北京：中国人民大学出版社，1998

定宜庄.中国知青史（初澜1953-1968）［M］.北京：当代中国出版社，2008

段文斌，等.制度经济学——制度主义与经济分析［M］.天津：南开大学出版社，2003

费孝通.乡土中国[M].上海:上海人民出版社,2006

关山远.世道人心(下)[M].南宁:广西教育出版社,2021

何东昌.中华人民共和国重要教育文献(1949-1975)[G].海口:海南出版社,1998

何东昌.中华人民共和国重要教育文献[M].海口:海南出版社,1998

何俊志,等.新制度主义政治学译文精选[C].天津:天津人民出版社,2007

胡定荣.课程改革的文化研究[M].北京:教育科学出版社,2005

黄凤祝.城市与社会[M].上海:同济大学出版社,2009

黄晓婷.管办评分离背景下的教育评价新视野[R].中国教育财政政策咨询报告(2015—2019)

金耀基.金耀基自选集[M].上海:上海教育出版社,2002

李昌平.我向总理说实话[M].北京:光明日报出版社,2002

李钢.话语文本国家教育政策分析[M].北京:中国社会科学出版社,2009

李水山.农村教育史[M].南宁:广西教育出版社,2007

李涛.浙江近代乡村教育史(第一版)[M].杭州:杭州出版社,2009

梁漱溟.梁漱溟全集(第二卷)[M].济南:山东人民出版社,1991

廖其发.中国农村教育问题研究[M].成都:四川教育出版社,2006

林毅夫.中国的奇迹:发展战略与经济改革(增订版)[M].上海:上海三联书店、上海人民出版社,1999

刘复兴.教育政策的价值分析[M].北京:教育科学出版社,2003

刘海峰.科举学导论[M].华中师范大学出版社,2005

刘海峰,等.中国考试发展史[M].武汉:华中师范大学出版社,2002

刘铁芳.乡土的逃离与回归[M].福州:福建教育出版社,2008

刘英杰.中国教育大事典(1949-1990)[M].杭州:浙江教育出版社,

1993

卢风，肖巍. 应用伦理学导论［M］. 北京：当代中国出版社，2002

卢现样. 西方新制度经济学［M］. 北京：中国发展出版社，1996

罗荣渠. 现代化新论［M］. 北京：商务印书馆，2009

马和民，高旭平. 教育社会学研究［M］. 上海：上海教育出版社，1998

马戎. 中国农村教育问题研究［M］. 福州：福建教育出版社，2000

毛泽东. 毛泽东书信选集［M］. 北京：人民出版社，1983

诺斯. 经济史中的结构与变迁［M］. 上海：上海三联书店和上海人民出版社，2002

彭拥军. 高等教育与农村社会流动［M］. 北京：中国人民大学出版社，2007

钱理群，刘铁芳. 乡土中国与乡村教育［M］. 福州：福建教育出版社，2008

秦晖. 天平集［M］. 北京：新华出版社，1998

全国妇联课题组. 我国农村留守儿童、城乡流动儿童状况研究报告［R］. 2013（05）

宋增伟. 制度公正与人的全面发展［M］. 北京：人民出版社，2008

孙立平. 断裂——20世纪90年代以来的中国社会［M］. 北京：社会科学文献出版社，2003

孙绵涛. 教育政策学［M］. 北京：中国人民大学出版社，2010

唐明钊. 教育资源系统研究［M］. 成都：西南交通大学出版社，2014

陶行知. 伪知识阶级·中国教育改造［M］. 上海：亚东图书馆，1928

田正平. 中国教育近代化研究丛书·总前言［M］. 广州：广东教育出版社，1996

王景伦. 毛泽东的理想主义与邓小平的现实主义［M］. 北京：时事出版社，1996

李涛.浙江近代乡村教育史［M］.杭州：杭州出版社，2009

王献龄.中国民办教师始末［M］.北京：知识产权出版社，2008

王旭.城市史［M］.长沙：湖南教育出版社，2015

王治珂.福柯［M］.长沙：湖南教育出版社，1999

向松祚.张五常经济学［M］.北京：朝华出版社，2005

肖雪慧.教育：必要的乌托邦——肖雪慧教育随笔［M］.福州：福建教育出版社，2001

谢明.政策分析概论［M］.北京：中国人民大学出版社，2004

许经勇.统筹城乡经济社会发展加快岛内外一体化建设［M］.厦门：厦门大学出版社，2011

薛毅.乡土中国与文化研究［M］.上海：上海书店出版社，2008

易中天.读城记（第三版）［M］.上海：上海文艺出版社，2006

张康之.寻找公共行政的伦理视角［M］.北京：中国人民大学出版社，2002

张乐天.教育政策法规的理论与实践［M］.上海：华东师范大学出版社，2002

张培丽.超越二元经济［M］.北京：经济科学出版社，2009

郑绩，周静，俞强.浙江历史人文读本·启智开物［M］.杭州：浙江古籍出版社，2013

中共中央文献研究室.毛泽东文集第7卷［M］.北京：人民出版社，1999

中国教育年鉴（1949-1982）［M］.北京：中国大百科全书出版社，1984

中国教育事典编辑委员会.中国教育事典（初等及中等教育卷）［M］.石家庄：河北教育出版社，1994

中国教育事业统计年鉴（1993）［M］.北京：人民教育出版社，1994

中华人民共和国教育部.2013年全国教育事业发展统计公报［R］.2014

中华人民共和国教育部.中国共产党教育理论与实践［M］.北京：北京师范大学出版社，2001

中华人民共和国教育部编.全国农村教育工作会议文件汇编［G］.北京：人民教育出版社，2004

中华人民共和国教育部发展规划司.中国教育统计年鉴2016［Z］.中国统计出版社，2017

钟启泉，金正扬，吴国平.解读中国教育［M］.北京：教育科学出版社，2000

周其仁.城乡中国（上）［M］.北京：中信出版社，2013

朱贻庭.伦理学大辞典［M］.上海：上海辞书出版社，2011

（三）学术论文

白暴力，周红利，魏军.马克思主义经典作家关于社会公平的论述［J］.高校理论战线，2005（12）

白鑫刚.当代中国"蚁族"现象解析［J］.河南师范大学学报（哲学社会科学版），2011，38（03）

鲍传友.中国城乡义务教育差距的政策审视［J］.北京师范大学学报，2005（3）

别敦荣.高等教育普及化的动力、特征与发展路径［J］.高等教育评论，2021（01）

蔡昉，杨涛.城乡收入差距的政治经济学［J］.中国社会科学，2000（4）

蔡国英，中小学择校现象的成因与对策［J］.求是，2006（23）

蔡宏伟.代课教师法律问题研究［J］.河北工业大学学报（社会科学版），2015，7（01）

蔡庆丰，程章继，陈武元.社会资本、家庭教育期望与阶层流动——基于"中国家庭追踪调查"的实证研究与思考［J］.教育发展研究，2021，41

(20)

蔡涛.罗宾斯视角下经济科学的性质和意义:《经济科学的性质和意义》评析[J].经济研究参考,2011(44)

蔡婉怡.从"离土"到"归根":乡村教育的文化隐忧与内源突破[J].教育与教学研究,2023,37(04)

楚成亚,刘祥军.当代中国城市偏向政策的政治根源[J].当代世界社会主义问题,2002(4)

曹大宏.我国乡镇教育管理体制的历史变迁与当前应有的职能定位[J].当代教育科学,2006(21)

曾天山.我国教材建设的实践历程和发展经验[J].课程·教材·教法,2017,37(12)

曾晓东.我国幼儿教育由单位福利到多元化供给的变迁[J].北京师范大学学报(社会科学版),2006(2)

曾贞.家长入"局"——复杂性视域下审视基础教育阶段家长角色和功能[J].现代教育论丛,2008(10)

车明明,张志华.从《麦田里的守望者》反思我国当代留守儿童爱的缺失[J].鸡西大学学报,2015,15(02)

陈冲.我国新时代乡村教师政策目标分布特征——基于世界银行教师政策框架视角[J].上海教育科研,2021(09)

陈岱孙.西方经济学与我国的现代化[J].世界经济,1983(9)

陈钢,黄豁.高考:有人弃考,有人苦考[J].瞭望,2014(20)

陈恒.关于城市史研究的若干思考[J].华东师范大学学报(哲学社会科学版),2019(5)

陈华仔,肖维.中国家长"教育焦虑症"现象解读[J].国家教育行政学院学报,2014(02)

陈吉元,等.中国的三元经济结构与农业剩余劳动力转移[J].经济研究,

1994（4）

陈家刚. 全球化时代的新制度主义 [J]. 马克思主义与现实，2003（06）

陈坚. "比较制度分析"视角下城乡学前教育均衡发展的路径 [J]. 四川师范大学学报（社会科学版），2021，48（03）

陈敬朴. 农村教育概念的探讨 [J]. 教育理论与实践，1999（11）

陈坤，秦玉友. 农村义务教育投入体制70年：价值路向与前瞻——基于新中国成立以来政策文本的分析 [J]. 教育学报，2019，15（01）

陈立鹏，罗娟. 我国基础教育行政管理体制改革60年评析 [J]. 中国教育学刊，2009（7）

陈丽，孟凡丽. 从"精英立场"到"草根情结"：40年高考政策价值取向演变的社会学分析 [J]. 高教探索，2017（12）

陈瑞英，吕哲. 对我国公民受教育权平等实现的审视 [J]. 河北法学，2004，22（1）

陈潭，罗新云. 公共教育资源配置失衡及其政策补给——以湘南H区的教育调查为例 [J]. 公共管理学报，2008，5（2）

陈文龙. 城乡壁垒抑或城乡二元结构 [J]. 战略与管理，2001（1）

陈先哲，曾晓，靳俊. 改革开放以来我国县中变迁的深层机理探析——基于资源依赖理论的解释 [J]. 教育发展研究，2023，43（02）

陈旭光. "电影工业美学"的"二元对立"思维与科学研究的"折衷主义"方法 [J]. 教育传媒研究，2022（05）

陈绪新，吴豫徽，丁婷婷. 被放逐的资本主义及其文化悖论 [J]. 中州学刊，2013（12）

陈友华，曹云鹤. "躺平"：兴起、形成机制与社会后果 [J]. 福建论坛（人文社会科学版），2021（09）

陈韬春. 我国留守儿童研究现状与现实思考 [J]. 基础教育参考，2016（5）

陈卓. 超社会资本、强社会资本与教育公平——从当今中国教育影响社

会分层的视角［J］.青年研究，2010（5）

成庆."内卷化"与意义世界的重建——兼与徐英瑾教授商榷［J］.探索与争鸣，2021（07）

程红艳.百年现代化进程中"教育中国化"的曲折探索［J］.深圳社会科学，2023，6（01）

程路.人口变化，教育何以识变应变适变［J］.人民教育，2023（06）

程猛.作为一种自救行动的毛坦厂模式［J］.中国德育，2016（13）

程少波.论转型时期的教育话语［J］.教育评论，2000（3）

程天君，王焕.从"文字下乡"到"文字上移"：乡村小学的兴衰起伏［J］.教育学术月刊，2014（08）

迟希新.留守儿童道德成长问题的心理社会分析［J］.教师教育研究，2005（06）

仇保兴，叶蒙宇，宁坤.关注我国城镇化下半场的十二个拐点［J］.城市发展研究，2021，28（09）

仇立平，肖日葵.文化资本与社会地位获得——基于上海市的实证研究［J］.中国社会科学，2011（06）

褚宏启.城乡教育一体化：体系重构与制度创新——中国教育二元结构及其破解［J］.教育研究，2009（11）

褚金勇."异域之眼"与"同文之心"：文化心理学视野下东亚汉学家的学术生产研究［J］.河北学刊，2022，42（6）

崔春华.中国古代城市的起源与发展特点［J］.中国史研究，1987（6）

崔盛，吴秋翔.重点高校招收农村学生专项计划的实施成效与政策建议［J］.教育发展研究，2018，38（03）

代玉启，李济沅."小镇做题家"现象的透视与解析［J］.中国青年研究，2021（07）

戴鞍钢.近代中国乡村教育的困境［J］.绍兴文理学院学报（哲学社会

科学），2013，33（03）

戴西伦.从"尼特族"到"躺平"：全球溯源、成因及应对经验［J］.青年探索，2022（03）

邓峰.高等教育扩招后城乡入学机会差异的变化［J］.高等教育研究，2012（8）

邓丽丽，梁涛."橄榄型社会"视域中的底层生长空间——基于对上海"蚁族"成长困境的实证分析［J］.知识经济，2013（03）

邓玲.中国共产党引领城乡关系发展的逻辑理路及实践进路［J］.理论导刊，2023（01）

邓旭，马敬华.我国教育政策过程的前瞻性研究［J］.现代教育管理，2021（04）

狄丹.试论中国古代科举考试制度的作用与弊端［J］.云南师范大学学报，2001（05）

狄多华.会宁"状元县"是如何创造的［J］.校长阅刊，2007（C2）

丁亚东，薛海平.家长教育焦虑的现状、特征及影响因素——基于35162名家长的实证研究［J］.首都师范大学学报（社会科学版），2022（05）

丁志刚，李天云.新制度主义政治学的理论缘起、发展脉络与创新路径［J］.国外社会科学前沿，2021（03）

董博清，于海波.韩国农村教育政策及发展趋势［J］.外国教育研究，2013（2）

董永贵，赵静雯.理性选择制度主义框架下我国异地高考政策回望与分析［J］.教育与考试，2021（03）

杜尚荣，刘芳.乡村教师引领留守儿童重构精神生活的理论逻辑、责任担当与实现路径［J］.教育科学，2022，38（03）

段斌斌.平等受教育权的含义剖析——从宪法学平等理论的视角出发［J］.教育科学研究，2016（06）

段成荣，吕利丹，王宗萍.城市化背景下农村留守儿童的家庭教育与学校教育［J］.北京大学教育评论，2014，12（03）

段雨，胡亮.教育焦虑的形成、扩张及其纾解［J］.甘肃理论学刊，2022（03）

段治乾.试论教育制度伦理公正［J］.中州学刊，2004（2）

凡勇昆，邬志辉.农村教育现代化的解释逻辑和价值定位［J］.教育科学研究，2015（07）

樊莲花，司晓宏.义务教育优质均衡发展督导评估审视与展望［J］.教育研究，2021，42（10）

樊明成.我国高等教育入学机会的城乡差异研究［J］.教育科学，2008（01）

樊香兰.新中国小学教师队伍发展历史研究［D］.西安：陕西师范大学，2004

范国睿.教育制度变革的当下史：1978—2018——基于国家视野的教育政策与法律文本分析［J］.华东师范大学学报（教育科学版），2018，36（05）

范魁元，王晓玲.城乡教育一体化背景下的教育管理体制改革研究［J］.教育科学研究，2011（6）

范敏华，孙锡平.戊戌变法与教育制度现代化［J］.苏州大学学报，2002（01）

范先佐，郭清扬.农村留守儿童教育问题的回顾与反思［J］.中国农业大学学报（社会科学版），2015，32（01）

范涌峰.我国基础教育变革的趋势及方法论转向［J］.教育科学研究，2021（06）

方长春.家庭背景如何影响教育获得：基于居住空间分异的视角［J］.教育学报，2011，7（06）

风笑天，方长春.教育分流意向——差异与影响因素［J］.公共管理高

层论坛，2006（1）

冯浩.日暮乡关：乡村知识分子的精神路向［J］.今日教育，2017（12）

冯惠敏.教育焦虑：别让教育异化为负担［J］.教育家，2019（46）

付昌奎，李静美.农村教育研究的本土性增进：价值、困境与路径［J］.教育理论与实践，2019，39（07）

傅剑，陈碧霞."蚁族"的群体特征、诉求与风险［J］.当代青年研究，2014（02）

甘阳."内卷"的滥用［J］.读写月报，2022（16）

高帆.中国城乡经济关系的演变逻辑：从双重管制到双重放权［J］.学术月刊，2012，44（06）

高国希.以人民为中心：中国式现代化的价值追求［J］.道德与文明，2022（05）

高慧斌，王文宝，何美，刘妍.改革开放40年教师政策体系演进［J］.教师发展研究，2018，8（04）

高书国.中国式教育现代化的历史逻辑、内在品质和未来向路——教育高质量发展支撑中国式现代化［J］.中国远程教育，2023，43（04）

高树仁.论教育制度的伦理意蕴及实现逻辑［J］.当代教育科学，2017（11）

高兆明.制度伦理与制度"善"［J］.中国社会科学，2007（6）

葛笑如.中国二元户籍制度的宏观分析——新制度经济学的视角［J］.湖北社会科学，2003（9）

葛新斌，杜文静.教育公平诉求中的民粹主义倾向批判［J］.高等教育研究，2016，37（05）

葛新斌.农村教育在国家现代化进程中究竟位居何处？——从"分级办学"到"以县为主"的制度变迁分析［J］.华南师范大学学报（社会科学版），2005（03）

耿永志.教育领域"内卷化"问题分析及政策建议——基于信号论和投资论的对比[J].教育导刊,2023(01)

耿羽.莫比乌斯环:"鸡娃群"与教育焦虑[J].中国青年研究,2021(11)

龚鹏飞.新中国中小学学制改革:历程、特点与愿景[J].教育史研究,2021,3(02)

古世仓.中国现代小说"乡土"意蕴的流变与中国革命[J].兰州大学学报,2003(05)

顾笑.教育公平视角下"就近入学"与"择校"的政策辨析[J].西部学刊,2022(09)

顾玉军,吴明海.乡土教育"乡土"与"天下"之链[J].湖南师范大学教育科学学报,2012,11(01)

郭书剑,王建华.寒门贵子:高等教育中精英主义与平等主义的冲突[J].高等教育研究,2018,39(10)

郭晓明.论基础教育课程政策的公正问题[J].教育理论与实践,2001,22(4)

郭晓霞.管窥"县中"现象[J].内蒙古教育,2013(3)

郭英,谢名春.新课程背景下教师教育课程设置的探讨[J].教育与教学研究,2012,26(12)

郭永福.衡水中学,怎么看?怎么办?[J].基础教育课程,2012(06)

郭于华.心灵的集体化:陕北骥村农业合作化的女性记忆[J].中国社会科学,2003(4)

韩丽嵘.方寸之间:中国县域治理深层逻辑[J].中国出版,2022(13)

郝锦花,王先明.论20世纪初叶中国乡间私塾的文化地位[J].浙江大学学报(人文社会科学版),2005(01)

郝良玉,胡俊生.公共政策视野中的留守儿童教育问题探讨[J].延安大学学报(社会科学版),2008,30(6)

郝文武．百年中国共产党对马克思主义教育正义思想的发展与实践［J］．教育研究，2021，42（06）

郝志军．教材建设作为国家事权的政策意蕴［J］．教育研究，2020（3）

何怀宏．在经济学与伦理学之间［J］．读书，1998（12）

何家栋，喻希来．城乡二元社会是怎样形成的？［J］．书屋，2003（5）

何志扬，刘昌南，任远．新世纪以来中国城镇化的阶段转变及政策启示［J］．天津大学学报（社会科学版），2017，19（2）

和学新，李楠．农村留守儿童教育及其政策分析［J］．当代教育与文化，2018，10（01）

洪朝辉．论中国农民工的社会权利贫困［J］．当代中国研究，2007（4）

侯玉娜．农民工子女的"城市教育梦"何以可能？——流入地教育政策对随迁子女教育期望的影响研究［J］．华中师范大学学报（人文社会科学版），2022，61（03）

胡鞍钢．加入WTO后的中国农业和农民［J］．群言，2002（6）

胡春明．大学生"蚁族"现象的教育社会学探析［J］．陕西师范大学学报（哲学社会科学版），2017，46（01）

胡大平．从近代民族复兴的话语看中国式现代化之新文明追求［J］．学术界，2022（11）

胡德鑫．论新高考改革的价值意蕴、制度困境与未来进路［J］．教育科学研究，2021（04）

胡范铸，张虹倩．"躺平"舆情：言行分裂中的社会焦虑和自我治愈［J］．青年学报，2021（04）

胡金木．公平与效率的二重协奏——以改革开放以来"重点学校"政策的变迁为线索［J］．中国教育学刊，2009（02）

胡仪元，唐萍萍，屈梓桐．后脱贫时代西部贫困区全面可持续发展的内涵特征与实践进路［J］．陕西理工大学学报（社会科学版），2021（6）

华灵燕. 流动人口子女教育问题的背景分析 [J]. 教学研究, 2007 (03)

黄成华, 黄钢. 制度伦理的意义考察 [J]. 中国医学伦理学, 2005 (03)

黄娥. 义务教育就近入学政策价值的嬗变 [J]. 教学与管理, 2016 (12)

黄梦杰. 公共选择视角下高校自主招生政策公平性分析 [J]. 集美大学学报 (教育科学版), 2015, 16 (05)

黄启兵. 教育理想: 必要的乌托邦与危险的乌托邦 [J]. 教育研究与评论 (中学教育教学), 2012 (07)

黄雪倩. 城镇化背景下的迁移性择校问题寻解 [J]. 教育发展研究, 2019, 39 (Z2)

季彩君. 教育公平视阈下的留守儿童教育支持——基于留守与非留守儿童差异的实证调查 [J]. 基础教育, 2016, 13 (02)

季丰. 怎么批评衡水中学, 才是真问题 [J]. 基础教育课程, 2011 (09)

贾丁. 社会现实类纪录片如何讲好故事——以《高考·毛坦厂的日与夜》为例 [J]. 电视研究, 2016 (07)

江立华. 乡村文化的衰落与留守儿童的困境 [J]. 江海学刊, 2011 (04)

姜纪垒. 国家统编教材的理论基础探析 [J]. 当代教育与文化, 2020, 12 (03)

蒋晖. 论《奏定学堂章程》对近代中国设计教育体系构建的推动作用 [J]. 档案与建设, 2023 (06)

蒋洁蕾. 重点高中制度存废问题研究 [D]. 上海: 上海师范大学, 2016

蒋永穆, 胡筠怡. 从分离到融合: 中国共产党百年正确处理城乡关系的重大成就与历史经验 [J]. 政治经济学评论, 2022, 13 (02)

焦长权. 从乡土中国到城乡中国: 上半程与下半程 [J]. 中国农业大学学报 (社会科学版), 2022, 39 (02)

解安, 覃志威. 中国共产党城乡关系探索的百年历程与基本经验 [J]. 理论探讨, 2021 (06)

解艳华．摆脱"家长焦虑"困局［J］．群言，2018（01）

金久仁．就近入学政策促进义务教育公平的前提、价值和路径［J］．教学与管理，2018（21）

金晓明．高考改革：从形式公平走向实质公平——推进新一轮高考改革的思考与建议［J］．浙江工业大学学报（社会科学版），2015，14（04）

金辛迪．人性论研究的新视域与新路径［J］．伦理学研究，2019（1）

靳玉乐，王洪席．十年教材建设：成就、问题及建议［J］．课程·教材·教法，2012，32（01）

荆利蕾．当前我国"蚁族"现状及成因分析［J］．经济研究导刊，2011（02）

柯春晖．城乡统筹发展中的教育政策取向和政策制定［J］．教育研究，2011（04）

柯任达，朱修春．中国近代教育、知识分子与中国社会的瓦解［J］．教育与考试，2010（05）

赖明谷，李东栩．中华人民共和国成立70年来农村基础教育经费投入政策变迁研究［J］．教育理论与实践，2019，39（34）

蓝海涛．我国城乡二元结构演变的制度分析［J］．宏观经济管理，2005（3）

蓝建．城乡二元结构与发展中国家的教育［J］．教育研究，2000（8）

郎镝．"冒籍"：古代"高考移民"的生态［J］．读书，2023（02）

劳凯声，刘复兴．论教育政策的价值基础［J］．北京师范大学学报（社会科学版），2000（6）

劳凯声．公共教育体制改革中的伦理问题［J］．教育研究，2005（2）

雷万鹏，陈贵宝．论农村代课教师的分流政策［J］．华中师范大学学报（人文社会科学版），2008（01）

雷万鹏，王浩文．70年义务教育学校布局调整回顾与反思［J］．华中师范大学学报（人文社会科学版），2019，58（06）

雷望红，吕国治.减负政策与学生教育机会的城乡分化［J］.苏州大学学报（教育科学版），2018，6（02）

李伯重.旧题新解：唐代河朔藩镇研究——读张天虹《中晚唐五代的河朔藩镇与社会流动》［J］.河北师范大学学报（哲学社会科学版），2022（1）

李潮海.国外城乡教育一体化发展的特征分析与经验启示［R］."城乡教育一体化发展的国际经验与本土实践"国际学术研讨会，2013

李春玲，张晴.中国式现代化进程中的县域教育：从城乡分割格局到城乡一体化均衡发展［J］.北京大学教育评论，2022，20（04）

李春玲.社会政治变迁与教育机会不平等——家庭背景及制度因素对教育获得的影响（1940—2001）［J］.中国社会科学，2003（03）

李弘祺.中国传统教育的特色与反省［J］.北京大学教育评论，2012，10（02）

李慧洁.浅析中国近代第一部学制——壬寅、癸卯学制［J］.当代教育论坛（宏观教育研究），2008（05）

李建立.经济分析的伦理基础——马克思对古典经济学的道德重塑［J］.道德与文明，2002（40）

李建文，檀传宝.义务教育民办学校可以择生吗？——"公民同招"政策的伦理讨论［J］.中国教育学刊，2021（07）

李江源.教育习俗与教育制度创新［J］.社会科学战线，2006（4）

李瑾瑜.我国教师政策发展的新亮点及其实践意义［J］.西北师大学报（社会科学版），2018，55（05）

李均.我国城乡教师资源配置失衡问题及其解决思路［J］.当代教育论坛（宏观教育研究），2008（01）

李君如.奋进新时代新征程的政治宣言和行动纲领［J］.前线，2022（11）

李克强.论我国经济的三元结构［J］.中国社会科学，1991（3）

李莉.教育公正：超越管理主义的教育制度伦理原则［J］.湖南师范大

学社会科学学报，2008（03）

李玲，宋乃庆，龚春燕，韩玉梅，何怀金，阳泽.城乡教育一体化：理论、指标与测算［J］.教育研究，2012，33（02）

李路路.改革开放40年中国社会阶层结构的变迁［J］.社会科学文摘，2019（04）

李淼，王岩.城乡二元结构下的社会分层与教育公平的相互影响［J］.理论与改革，2010（04）

李明，邵挺，刘守英.城乡一体化的国际经验及其对中国的启示［J］.中国农村经济，2014（06）

李木洲，叶晓芳.高考建制70年政策演变的逻辑、特征与趋势［J］.复旦教育论坛，2022，20（05）

李琦，闫志成.中国传统文化类节目的乡愁叙事及其意义生成［J］.湖南师范大学社会科学学报，2022，51（01）

李水山.当前我国农村教育的认识偏差与对策选择［J］.调研世界，2004（12）

李松.新中国成立70年我国农村教育：经验、问题与对策［J］.河北师范大学学报（教育科学版），2019，21（04）

李涛."文字"何以"上移"？——中国乡村教育发展的社会学观察［J］.人文杂志，2015（06）

李涛.中国乡村教育发展路向的理论难题［J］.探索与争鸣，2016（05）

李廷洲，吴晶，王秋华.改革开放40年我国教师政策的变迁历程、主要特征与发展前瞻——基于政策工具理论视角的文本计量研究［J］.清华大学教育研究，2019，40（01）

李昕，罗凯杰.论超级中学演进的底层逻辑与制度之治——基于衡水模式的反思与检视［J］.复旦教育论坛，2021，19（05）

李新鹏.新制度经济学派的经济伦理思想研究［D］.武汉：武汉大学，

2017（07）

李学．中小学减负政策的逻辑、困境与推进思路［J］．教育导刊，2014（03）

李学良．农村教育的"离农"、"向农"之争——兼论农村教育的价值取向［J］．教育学术月刊，2018（2）

李莹，王琦．扩招背景下城乡高等教育机会差异研究［J］．北京师范大学学报（社会科学版），2023（03）

李永洪，毛玉楠．理解制度：对政治学中制度研究范式的再思考——兼论新旧制度主义政治学的差异［J］．社会科学论坛，2010（03）

李勇斌．"县中模式"就是这样铸就的——一个农村教师的教育回眸与反思［J］．上海教育科研，2010（08）

李煜．制度变迁与教育不平等的产生机制——中国城市子女的教育获得（1966—2003）［J］．中国社会科学，2006（04）

李云星．"漩涡"：教育内卷生成机制解码——兼论教育内卷的破解之道［J］．教育发展研究，2022，42（Z2）

李长吉，肖欢．教科书城市化倾向研究综述［J］．当代教育与文化，2011，3（01）

李争鸣．中国农民话语权的解构与重构［J］．中国农业大学学报（社会科学版），2012，29（02）

李子江，杨志．我国高考加分政策演变的制度分析——基于历史制度主义的分析范式［J］．清华大学教育研究，2011，32（01）

厉以宁．计划经济体制与中国经济体制改革［J］．中国发展观察，2008（8）

廉思，张琳娜．转型期"蚁族"社会不公平感研究［J］．中国青年研究，2011（06）

廉思．从"蚁族"视角分析高等教育对社会流动的影响［J］．当代青年研究，2012（02）

廉思.蚁族[J].跨世纪（时文博览），2010（06）

梁波.新世纪城乡叙事的文化与伦理困境[J].河北科技大学学报（社会科学版），2012，12（04）

廖芳柳.城乡一体化格局下农村社会保障的变迁——以武汉市农村为例[J].湖北文理学院学报，2012（07）

廖婧茜.课程改革的制度伦理与制度"善"[J].西北师大学报（社会科学版），2023，60（02）

林曾.从寒门走进象牙塔：中美大学教授社会流动之比较研究[J].中国高教研究，2013（09）

林龙飞，高延雷."躺平青年"：一个结构性困境的解释[J].中国青年研究，2021（10）

林一钢，张书宁.进入21世纪以来我国乡村教师政策文本的话语分析[J].现代教育管理，2022（01）

凌世杰.话语分析在教育政策研究中的应用[J].教育探索，2023（03）

令小雄，李春丽."躺平主义"的文化构境、叙事症候及应对策略[J].新疆师范大学学报（哲学社会科学版），2022，43（02）

刘保中.中国高等教育步入普及化阶段背景下的阶层差异与教育公平[J].北京工业大学学报（社会科学版），2021（3）

刘翠航.统编教材建设参与意识形态再生产的历史观照[J].教学与管理，2022（31）

刘奉越，张天添.中国共产党百年乡村教育发展历程、成就与展望[J].河北大学学报（哲学社会科学版），2021，46（04）

刘复兴，邢海燕.坚持以人民为中心发展教育[J].中国高等教育，2019（6）

刘复兴，邢海燕.论教育政策执行评估中的公众参与问题[J].华南师范大学学报（社会科学版），2021（03）

刘复兴．教育政策的边界与价值向度［J］．清华大学教育研究，2002（01）

刘复兴．教育政策价值分析的三维模式［J］．教育研究，2002（04）

刘国华．对毛泽东社会主义教育理论与实践思考［J］．党史研究资料，2002（4）

刘海峰．跌宕起伏：中国高校招生考试70年［J］．高等教育研究，2019，40（11）

刘宏伟，刘元芳．高等教育助推阶层固化的社会资本分析［J］．高教探索，2013（04）

刘金凤，刘瑞明，石阳．从"半城市化"到"城市化"：农业转移人口市民化进程中的教育推动机制研究［J］．数量经济技术经济研究，2023，40（09）

刘京希，Zhu Yuan．何种观念？怎样的制度？——不同人性观视域下的制度演进与建构［J］．孔学堂，2022，9（01）

刘景超，汤付强．中国共产党教科书事业制度建设的回顾与展望［J］．教育史研究，2023，5（02）

刘军宁．为什么制度必须符合人性？［J］．商务周刊，2011（Z1）

刘茂军，孟凡杰．教育话语分析：教育研究的新范式［J］．教育学报，2013，9（05）

刘巧利．中国农村职业教育政策的变迁：办学方向的视角［J］．教育学术月刊，2013（09）

刘然，农涛．永远记住这个名字——写在告别民办教师的日子［J］．人民教育，2000（11）

刘善槐．农村家长的"教育焦虑"从何而来［J］．人民论坛，2020（14）

刘世清．教育政策伦理：内涵与基本问题［J］．教育理论与实践，2009，29（19）

刘守英，王一鸽．从乡土中国到城乡中国——中国转型的乡村变迁视角［J］．管理世界，2018，34（10）

刘守英.城乡中国的土地问题［J］.北京大学学报（哲学社会科学版），2018，55（3）

刘爽."就近入学"政策实施困境研究——基于布迪厄场域理论的视角［J］.现代教育科学，2019（08）

刘涛.高考制度变迁的多重逻辑与启示［J］.考试研究，2013（04）

刘铁芳，刘佳.春晖中学：现代教育的田园牧歌［J］.江苏教育研究（理论版），2008（4）

刘铁芳.逃离与回归：乡土中国教育发展的两种精神路向［J］.探索与争鸣，2009（9）

刘伟.意识形态生产的三种形态：知识、话语和权力［J］.马克思主义与现实，2018（01）

刘晓红.宪政视野下高考加分政策的教育"公平"之辩［J］.现代教育管理，2011（02）

刘秀峰.初衷与现实：就近入学政策的困境与走向［J］.四川师范大学学报（社会科学版），2017，44（02）

刘秀峰.改革开放40年农村教育的变迁——基于供给制度与城乡关系的双重视角［J］.四川师范大学学报（社会科学版），2019，46（01）

刘雅晴."教育内卷化"的内涵表征与破局思考［J］.教书育人，2022（29）

刘燕楠.话语分析的逻辑：谬误与澄清——当前教育研究中话语分析的教育学审视［J］.华东师范大学学报（教育科学版），2015，33（1）

刘洋.新时代大学"个性化教育"的走向与内涵辨析［J］.现代教育科学，2011（6）

刘英.免费师范教育政策的不平等分析：文化再生产理论视角［J］.西南科技大学学报（哲学社会科学版），2010（6）

刘应杰.中国城乡关系演变的历史分析［J］.当代中国史研究，1996（02）

刘媛媛.寒门贵子［J］.中学生，2015（24）

刘远杰.城乡教育共生：一项教育哲学探索［J］.教育学术月刊，2017（03）

娄立志，吴欣娟.农村小规模学校"撤点并校"的代价与补偿［J］.教育研究与实验，2016（02）

娄世桥.慎防村庄原子化阻滞中国现代化［J］.中国乡村发现，2007（6）

卢利亚.农村留守儿童四维教育体系的建构［J］.学前教育研究，2016（07）

卢乃桂，柯政.教育政策研究的类别、特征和启示［J］.比较教育研究，2007（2）

鲁沛竺.内卷化：一个跨学科理论话语的教育领域误用与反思［J］.苏州大学学报（教育科学版），2022，10（03）

陆杰华，韦晓丹.以人为核心的新型城镇化战略内涵、障碍与应对［J］.北京社会科学，2023（07）

陆学艺.走出"城乡分治 一国两策"的困境［J］.读书，2005（5）

路耀芬.教育政策绩效评估的有效性研究［J］.教学与管理，2016（10）

罗海萍.余光中与席慕蓉的《乡愁》比较赏析［J］.语文教学与研究，2022（02）

罗红艳.试论弱势教育现象治理中的政府公平责任［J］.中国电力教育，2011（8）

罗建国.我国高等教育集权管理体制生成逻辑分析［J］.大学教育科学，2009（5）

罗庆菊.罗尔斯正义理论的建构［J］.湘潭大学学报（哲学社会科学版），2005（S1）

罗生全，李越.城乡融合背景下乡村教师发展的政策重构［J］.现代教育管理，2021（02）

罗依平，汤资岚，刘思思.协商民主视角下的地方政府公共政策议程优

化研究［J］.理论探讨，2019（05）

罗志刚.中国城乡关系政策的百年演变与未来展望［J］.江汉论坛，2022（10）

罗志田.科举制废除在乡村中的社会后果［J］.中国社会科学，2006（01）

吕慈仙，孙亚男，智晓彤.异地高考政策认同对随迁子女教育期望的影响机制探究［J］.河北师范大学学报（教育科学版），2022，24（01）

吕娜.利益相关者视角下的大学自主招生政策［J］.西部学刊，2019（24）

吕孝华，吴伟.阶层固化视角下教育对青年发展的影响［J］.中国青年研究，2013（6）

吕耀怀.道德建设：从制度伦理、伦理制度到德性伦理［J］.学习与探索，2002（02）

马超，王岩."躺平主义"的群像特征、时代成因及其应对策略［J］.思想理论教育，2022（04）

马陆亭，郑雪文."双减"：旨在重塑学生健康成长的教育生态［J］.新疆师范大学学报（哲学社会科学版），2022，43（01）

马启鹏.农村学校教育如何摆脱"向农"、"离农"之争［J］.教育发展研究，2010，30（09）

马晓娜.教育公平与人口规模控制的博弈——新形势下超大城市"异地高考"实施的困境探析［J］.上海教育科研，2017（08）

马雪松.历史制度主义的发生路径、内在逻辑及意义评析［J］.社会科学战线，2022（06）

马银富.关于衡水教育的一些思考［J］.才智，2013（03）

马颖，余官胜.制度经济学从旧制度主义、激进制度主义到新古典主义：回顾与评价［J］.经济思想史评论，2010（02）

马志远，金瑞.财政约束条件下的教育公平与教育财政政策选择［J］.教育经济评论，2016，1（03）

孟卫青，姚远.国际视野下义务教育优质均衡发展的中国路径［J］.教育研究，2022，43（06）

孟旭，马有义.新中国民办教师的发展历程［J］.教育史研究，1999（2）

糜海波.教育伦理：价值及其依据［J］.教育导报（上月刊），2005（7）

闵维方.坚持优先发展教育事业［J］.中国高等教育，2022（02）

明航.论民办学校发展的路径依赖和民营化［J］.贵州教育学院学报（社会科学），2005（01）

倪新兵.社会资本差异下的"蚁族"群体构成［J］.当代青年研究，2014（02）

聂玮.成人仪式的社会学分析——以衡水中学成人仪式为例［J］.河北学刊，2015，35（03）

牛震.一所中学带活一个山区小镇——安徽六安市毛坦厂镇采访记［J］.农村工作通讯，2018（12）

欧阳修俊.新中国成立70年乡村教育研究回顾与思考［J］.现代远程教育研究，2019（02）

潘光旦，费孝通.城市和村庄：机会的不平等中国的官僚：为天才敞开的职业？Boston：D.C.Heath and Company，1963

潘天强.电影《决裂》——"文革"后期被勾兑的"政治贺岁片"［J］.上海大学学报（社会科学版），2010，17（5）

潘祥辉."送字下乡"：晚清及民国时期扫盲运动的传播社会学考察［J］.浙江学刊，2017（05）

裴越.论"内卷"与"躺平"的生存焦虑［J］.鲁东大学学报（哲学社会科学版），2022，39（01）

彭定光.中国特色社会主义制度伦理的内生性［J］.云梦学刊，2022，43（02）

彭虹斌，邓文意.教育政策评估的目标导向模式的合理、合法与局限［J］.

中国人民大学教育学刊，2022（01）

彭华安，丁晓昌.异地高考政策制定过程中的多重话语互动研究［J］.河北师范大学学报（教育科学版），2016，18（02）

彭华安.论教育政策的道德品性［J］.教育学术月刊，2010（10）

彭骏，赵西亮.免费义务教育政策与农村教育机会公平——基于教育代际流动性的实证分析［J］.中国农村观察，2022（02）

彭司华，彭司兰."就近入学"未完的话题［J］.教育与经济，1993（03）

彭拥军，阮筱棋.从高等教育视角看农村社会流动的路径与秩序［J］.西南交通大学学报（社会科学版），2008（05）

彭正梅，顾娟，王清涛.布因克曼的练习理论及其与儒家练习传统的比较［J］.外国教育研究，2021（8）

蒲蕊，柳燕.教育管办评分离中政府、学校和社会的角色［J］.教育科学研究，2016（12）

祁型雨，李春光.我国教育政策价值的反思与前瞻［J］.现代教育管理，2020（03）

祁占勇，杜越.什么是好的教育政策执行效果的评估［J］.华东师范大学学报（教育科学版），2022，40（02）

钱广荣.关于制度伦理与伦理制度建设问题的几点思考［J］.江淮论坛，1999（06）

秦玉友.新时期农村教育的取向选择［J］.教育发展研究，2019，39（06）

秦子忠.现代化进程中的中国嬗变——"差序格局"的再考察［J］.兰州学刊，2023（09）

屈廖健，贺绍栋.重点学校制度的社会学再批判［J］.江苏教育学院学报（社会科学），2011，27（02）

瞿连贵，李耀莲.职业教育如何促进社会流动——机理、向度、限度及其进路［J］.职教通讯，2021（1）

曲铁华，姚旖璇.我国农村职业教育政策的变迁与启示——基于1949—2019年政策文本的分析［J］.沈阳师范大学学报（社会科学版），2021，45（01）

曲铁华，张立军.农村义务教育教师政策：近30年的演进与思考——以农村教师工资待遇为视角［J］.沈阳师范大学学报（社会科学版），2012，36（05）

饶静，叶敬忠，郭静静.失去乡村的中国教育和失去教育的中国乡村——个华北山区村落的个案观察［J］.中国农业大学学报（社会科学版），2015，32（02）

任吉东.历史的城乡与城乡的历史：中国传统城乡关系演变浅析［J］.福建论坛（人文社会科学版），2013（04）

任剑涛.再绘国家蓝图："世界"框架中的"中国式现代化"［J］.中央社会主义学院学报，2023（03）

容中逵.中国教育历史演进的历共时态与运行基础［J］.教育研究与实验，2023（03）

阮成武.我国义务教育均衡发展政策的演进逻辑与未来走向［J］.教育研究，2013，34（07）

阮成武.依据常住人口规模配置义务教育资源：逻辑生成与政策优化［J］.教育研究，2023，44（04）

单新涛.统编教材建设十年：历史境遇、实践逻辑与发展路向［J］.北京教育学院学报，2022，36（06）

申恒胜，王玲."外嵌型悬浮"：国家型构下的农村义务教育治理与张力［J］.广西大学学报（哲学社会科学版），2018，40（06）

申仁洪，闫加友.我国特殊教育的困境与突破：基于制度伦理的考察［J］.重庆师范大学学报（哲学社会科学版），2012（6）

申素平，王俊.美国高等教育积极行动纠纷的司法审查与启示［J］.中

国高教研究，2007（9）

沈承诚. 后发国家现代化角落的权利贫困与中国式现代化的超越［J］. 江汉论坛，2023（04）

沈素素. 我国实现教育公平的几点思考［J］. 经济研究导刊，2011（8）

施惠玲. 制度伦理研究述评［J］. 哲学动态，2000（12）

石火学. 教育政策认同的意义、障碍与对策分析——教育政策执行视域［J］. 重庆大学学报（社会科学版），2012，18（01）

石娟. 新世纪以来我国乡村教师政策的审思［J］. 教师教育学报，2022，9（02）

石中英. 教育公正与正义理论［J］. 现代教育论丛，2001（02）

司林波. 新时代教育评价改革的现实背景、内在逻辑与实践路向［J］. 陕西师范大学学报（哲学社会科学版），2022，51（01）

司马懿茹. 教育公平视域下的农村留守儿童教育问题探析［J］. 西南石油大学学报（社会科学版），2015，17（04）

司廷才，乌凤琴. 论中国人对社会公平理念的认识过程［J］. 辽宁省社会主义学院学报，2014（3）

宋德孝，别杨杨. "低欲望躺平主义"的本质、危害及其超越——基于当代青年多元需求的分析视角［J］. 中国青年研究，2022（02）

宋希仁. 西方伦理学史上的正义观［J］. 道德与文明，1988（05）

宋增伟. 制度公正与人性假设［J］. 社会科学，2005（08）

苏海，蒲大勇. 我国就近入学政策的价值取向、失真与回归［J］. 现代教育科学，2021（05）

苏雪串. 中国城乡二元经济的形成和演变分析［J］. 学习与实践，2008（2）

睢瑞丹. 义务教育阶段"择校热"的政策归因与改进［J］. 教学与管理，2017（21）

孙春晨. 市场伦理发展的自然逻辑与人性基础［J］. 河北学刊，2005，

23（3）

孙刚成，徐艺心．百年乡村教师政策演进：历程、逻辑与取向［J］．现代教育论丛，2023（01）

孙绵涛．关于教育政策若干理论问题的探讨［J］．教育研究与实验，2002（2）

孙美红．改革开放40年我国农村学前教育的变迁与政府责任［J］．学前教育研究，2019（01）

孙绵涛，康翠萍．教育体制改革与教育机制创新关系探析［J］．教育研究，2010，31（07）

孙绵涛．关于国家教育政策体系的探讨［J］．教育研究，2001（3）

孙启明．考试招生制度改革的问题与逻辑［J］．教育学术月刊，2017（03）

孙小金．儒家圣人政治与西方契约政治比较［J］．深圳大学学报（人文社会科学版），2005（03）

覃文松．从制度伦理角度论我国基础教育财政制度改革［J］．内蒙古师范大学学报（教育科学版），2004（10）

谭敏．乡土性与现代性：乡村学校的文化反思与文化自觉［J］．教育科学研究，2020（6）

汤美娟．走出现代性：乡村教育的重新定向［J］．教育理论与实践，2015（34）

汤水清．论新中国城乡二元社会制度的形成［J］．江西社会科学，2006（8）

唐成努．制度伦理的价值意蕴［J］．求索，2008（08）

唐任伍．中国共产党百年城乡关系探索［J］．人民论坛，2021（36）

唐钰滢．浅析中国近代教育体系的演进［J］．河北师范大学学报（教育科学版），2016，18（06）

陶涛．教育焦虑传导机制下的低生育意愿及应对［J］．华中科技大学学报（社会科学版），2023，37（03）

腾建华，刘美平.近代中国城乡经济结构失衡的历史原因［J］.北方论丛，2003（1）

田汉族，王东，蒋建华."超级中学"现象演化的制度逻辑——以衡水中学、毛坦厂中学、黄冈中学为例［J］.教育与经济，2016（05）

田秋梅，刘妍.随迁子女教育政策的变迁、问题与改进策略［J］.教学与管理，2021（21）

童锋，夏泉，曹艺凡.高考自救行动："毛坦厂"文化现象的表征及逻辑［J］.上海教育科研，2017（12）

涂端午，魏巍.什么是好的教育政策［J］.教育研究，2014，35（01）

涂晓明，叶忠，涂建明.农村留守儿童教育困境与政府主导的治理［J］.现代教育管理，2009（02）

汪丁丁.斯密的幽灵［J］.IT经理世界，2004（1）

汪行福.躺平主义理性批判［J］.广州大学学报（社会科学版），2022，21（04）

汪晖.当代中国的思想状况与现代性问题［J］.文艺争鸣，1998（6）

汪杰锋，叶凤青.教育制度伦理化：缺失与建构［J］.天津师范大学学报（基础教育版），2018，19（02）

汪明，贾彦琪，茹国军，罗立.农村地区"代课教师清退"政策分析及对策建议［J］.教育理论与实践，2016，36（07）

王本陆.教育公正：教育制度伦理的核心原则［J］.华南师范大学学报（社会科学版），2005（4）

王本陆.消除双轨制：我国农村教育改革的伦理诉求［J］.教育参考，2004（5）

王大泉，卢晓中，朱旭东，朱德全，邬大光，刘志军，刘善槐，范国睿.什么是好的教育政策研究［J］.华东师范大学学报（教育科学版），2018，36（02）

王芳.教师教育政策文本的实践解读[D].北京：首都师范大学，2006

王国红.试论政策执行中的政策认同[J].湖南师范大学社会科学学报，2007（04）

王后雄."高考城市化倾向"的问题、成因及矫正[J].教育发展研究，2009（5）

王后雄."重点学校"问题及其背后之坎[J].中国教育学刊，2009（08）

王欢.引导"蚁族"群体行动倾向的策略研究[J].鸡西大学学报，2013，13（10）

王辉，孙海波，李晓勇，欧阳谦，钟秉林，王恩科，张先龙.考试招生制度改革这十年[J].中国考试，2022（10）

王慧，陈晴晴."六三三"学制百年回眸与展望[J].河北师范大学学报（教育科学版），2023，25（01）

王慧.新制度主义政治学的观念维度[J].宁夏社会科学，2023（01）

王金娜.减负如何导致教育机会不均等——从"水龙头理论"反思小学生"减负"的政策与实践[J].湖南师范大学教育科学学报，2016，15（03）

王举.教育公平：教育政策合法性的价值前提[J].当代教育论坛，2015（01）

王钧林.近代乡村文化的衰落[J].学术月刊，1995（10）

王康.教育公平：走向作为正义制度保障的法律实践[J].内蒙古社会科学，2009，30（3）

王黎芳.高考惯习的塑造与重塑：对县中现象的社会学解读——兼论对素质教育改革的启示[J].教育学术月刊，2013（08）

王绍光.中国公共政策议程设置的模式[J].中国社会科学，2006（05）

王世光."教材城市化倾向"刍议[J].教育发展研究，2007（06）

王曙光.论经济学的道德中性与经济学家的道德关怀——亚当·斯密《道德情操论》和"斯密悖论"[J].学术月刊，2004（11）

王帅.从"衡中模式"看基础教育治理的困境与出路[J].湖南师范大学教育科学学报,2017,16(06)

王贤.博弈论视角下城市义务教育就近入学政策实施的权利与义务关系[J].教育学术月刊,2009(04)

王宪平.我国城乡中小学教师资源配置失衡问题及对策[J].浙江师范大学学报(社会科学版),2011,36(05)

王献玲.中国民办教师始末研究[D].杭州:浙江大学,2005.

王学荣.中国城乡二元经济结构的逻辑理路[J].理论月刊,2017(11)

王兆林.反思与前瞻:城市化进程中的农村教育[J].教育探索,2008(5)

王正平.教育伦理学:作为一门学科的形成与发展[J].上海师范大学学报(哲学社会科学版),2019(2)

王至远.城乡二元结构转变与中国城市化战略[J].经济学动态,2004(12)

王鐘,蒋建华,崔彦琨.教育政策议程设置的内涵及模式[J].当代教育与文化,2022,14(06)

魏峰.改革开放40年我国农村教育发展:成就、动力与政策演进特征[J].基础教育,2018,15(06)

魏宏聚.义务教育经费投入政策失真现象研究[D].重庆:西南大学,2007

魏吉华.权力与权利关系视角下的改革开放[J].理论月刊,2009(1)

魏杰,黄皓明,桑志芹."985废物"的集体失意及其超越——疫情危机困境下精英大学生的"废"心理审视[J].中国青年研究,2021(04)

魏姝.政治学中的新制度主义[J].南京大学学报(哲学·人文科学·社会科学版),2002(01)

魏淑艳,高登晖,孙峰.新时代政策议程设置:场景、行动逻辑与未来趋向[J].理论导刊,2022(02)

邬志辉，马青．中国农村教育现代化的价值取向与道路选择［J］．江苏教育研究，2008（11）

吴丰华，白永秀．中国近代以来城乡关系变迁机理：一个文献综述［J］．学术评论，2015（04）

吴丰华，韩文龙．改革开放四十年的城乡关系：历史脉络、阶段特征和未来展望［J］．学术月刊，2018，50（04）

吴丰华．中国近代以来城乡关系变迁轨迹与变迁机理（1840-2012）［D］．西安：西北大学，2013

吴家庆，陈利华．改革开放以来我国农村基础教育政策创新发展的特点［J］．湖南师范大学社会科学学报，2008（4）

吴康宁．中国教育改革为什么会这么难？［J］．华东师范大学学报（教育科学版），2010（4）

吴克明，吴丹．高等教育与社会流动的关系：一个文献综述［J］．教育经济评论，2021（4）

吴南中，李少兰，陈恩伦．中国式教育现代化的治理逻辑［J］．教育学术月刊，2023（03）

吴秋翔．从"县中塌陷"到县中振兴：高考专项计划如何改变县中困局［J］．中国教育学刊，2022（02）

吴全华．义务教育学校重点班制度应该废止——兼析因材施教的误用及后果［J］．教育科学研究，2010（10）

吴愈晓．社会分层视野下的中国教育公平：宏观趋势与微观机制［J］．南京师大学报（社会科学版），2020（04）

相雅芳．祛魅与重构："躺平文化"的社会根源及文化反思［J］．新疆社会科学，2021（05）

向丹，江亮，刘兵，邓水坚，谭丹华．我国运动休闲特色小镇文化品格的现状审视与理论建构探索［J］．文体用品与科技，2023（06）

项继权，袁青.阶层识别：指标、逻辑及其发展［J］.江汉论坛，2017（01）

项贤明.七十年来我国两轮"减负"教育改革的历史透视［J］.师资建设，2019（11）

肖雪.我国公共图书馆老年服务的制度设计与反思［J］.图书情报工作，2013，57（10）

肖正德，谷亚.农村教育到底为了谁？——农村教育价值取向研究述评［J］.教育研究与实验，2019（06）

谢童伟，施雨婷.中国农村教育贫困研究的进展与趋势［J］.清华大学教育研究，2019，40（04）

谢志平，周德义.社会分层、社会流动与职业教育［J］.教育与职业，2010（3）

谢作栩，王伟宜.不同社会阶层子女高等教育入学机会差异的探讨——陕、闽、浙、沪部分高校调查［J］.东南学术，2004增刊

邢玲，高信奇.公共政策合法性及其危机［J］.政治学研究，2008（5）

徐斌.制度变革与人性发展［J］.北京师范大学学报（社会科学版），2005（06）

徐菁菁.重点学校政策的嬗变及其启示［J］.教育研究与实验，2014（04）

徐勇."接点政治"：农村群体性事件的县域分析——一个分析框架及以若干个案为例［J］.华中师范大学学报（人文社会科学版），2009（6）

薛晓阳.从自治伦理看乡镇农民的道德教化——托克维尔的乡镇精神及其教育遗产［J］.江海学刊，2015（05）

薛晓阳.如何理解"乡村文化教育"的价值与功能——基于文明与教育关系的讨论［J］.安徽师范大学学报（人文社会科学版），2022，50（05）

薛艳丽.人性与制度［J］.理论月刊，2004（01）

学制：颁布施行之学校系统改革案（附图表）［J］.新教育，1922，5（5）

严从根.制度伦理教育的合法性审视[J].南京师大学报（社会科学版），2009（04）

阎凤桥.教育内卷的生成机制、主要特征及其治理困境[J].北京教育学院学报，2023，37（02）

颜笑涵，赵晓春.乡村教育"逆乡土化"的哲学思考[J].江淮论坛，2018（06）

晏辉.契约伦理及其实现[J].道德与文明，2002（06）

杨春时.从平民主义到民粹主义[J].海南师范学院学报（人文社会科学版），2002（05）

杨道宇.中国课程政策研究的回顾与反思[J].河北师范大学学报（教育科学版），2011（6）

杨东平.从权利平等到机会均等——新中国教育公平的轨迹[J].北京大学教育评论，2006（2）

杨东平.平民教育的流变和当代发展[J].清华大学教育研究，2008（3）

杨东平.未来农村教育的新图景[J].人民教育，2015（22）

杨东平.中国教育公平的问题和前景[J].二十一世纪，2007（12）

杨浩强，贺艳洁.城乡教育政策的伦理缺失与回归[J].教育科学论坛，2012（02）

杨会良，杨雅旭.改革开放四十年中国教育财政制度演进历程、特征与未来进路[J].教育经济评论，2018，3（06）

杨建国.论公共政策伦理困境及其应对策略[J].道德与文明，2020（05）

杨磊，朱德全，樊亚博.教育真的内卷了吗？——一个批判分析的视角[J].内蒙古社会科学，2022，43（02）

杨曼，刘风豹.城镇化背景下"空心村"现象背后的农村基础教育研究[J].教学研究，2015，38（03）

杨启亮.转向"兜底"：义务教育优质均衡发展的重心[J].教育研究，

2011, 32（04）

杨清溪, 柳海民. 优质均衡：中国义务教育高质量发展的时代路向［J］. 东北师大学报（哲学社会科学版），2020（06）

杨挺, 李伟. 城乡义务教育治理40年［J］. 教育研究，2018, 39（12）

杨卫安. 城乡义务教育一体化：制度形态与新时代特征［J］. 现代教育管理，2020（9）

杨卫安. 借鉴·生成·发展：中国式农村教育现代化理论建构的三重向度［J］. 东北师大学报（哲学社会科学版），2023（04）

杨银付. 缩小城乡教师资源差距：凝聚理想的探索和创新［J］. 河南教育（基教版），2009（4）

杨兆山, 陈煌. "双减"引发的对基础教育的几点思考［J］. 四川师范大学学报（社会科学版），2021, 48（06）

杨正联. 革命话语与公共政策话语：当代中国公共政策话语变迁的历史路径［J］. 人文，2007（3）

杨正联. 公共政策文本解读的方法论［J］. 理论探讨，2007（4）

姚荣. 从"嵌入"到"悬浮"：国家与社会视角下我国乡村教育变迁研究［J］. 清华大学教育研究，2014, 35（04）

姚荣. 中国乡村教育的意义嬗变与实践逻辑：基于"制度与生活"互动的视角［J］. 清华大学教育研究，2017, 38（06）

衣华亮, 景海燕. 对"蚁族"利益补偿策略的理性审视——基于社会公平的分析［J］. 中国青年研究，2010（06）

殷世东. 新中国基础教育课程政策变革70年回顾与反思［J］. 现代教育管理，2020（4）

殷素梅, 郑华. 从"事实"到"事件"："教材城市化倾向"成因分析［J］. 玉溪师范学院学报，2010, 26（05）

尹秋莲. 我国高考加分政策的演变、动力与革新［J］. 考试研究，2011,

7（02）

尹秋玲.农村教育竞争兴起的逻辑——从"读书的料"到"不能输在起跑线上"[J].中国青年研究，2022（11）

应中元."寒门难出贵子"的时代困境与逆袭之路[J].中国青年研究，2020（08）

于建星.亚当·斯密制度伦理思想初探[J].学术论坛，2005（03）

于维涛.新中国成立70年以来我国教师队伍建设的历程、成就与反思[J].中国教师，2019（12）

余卉，胡子祥.寒门再难出贵子？社会资本双重属性下青年就业的质性研究[J].中国青年研究，2019（12）

余奇.公平的悖论——从罗尔斯的正义论看就近入学政策[J].教育导刊，2015（11）

余雅风.论公民受教育权平等保护的合理差别对待标准[J].北京师范大学学报（社会科学版），2008（04）

玉丽.教师何时告别"代课"——我国代课教师相关问题研究[J].教育科学研究，2005（8）

袁桂林.新机制 新希望 新问题——农村义务教育财政政策回顾与展望[J].人民教育，2006（10）

袁利平，姜嘉伟.中国乡村教育话语体系的百年演进及其现实启示[J].陕西师范大学学报（哲学社会科学版），2022，51（01）

袁利平，靳一诺.中国教育制度性话语权的变迁与重构[J].学术探索，2020（10）

岳金辉.省域基础教育资源优化配置研究[D].武汉：武汉理工大学，2011（10）

岳伟，方金.农村代课教师清退问题的制度伦理分析[J].新课程研究（上旬刊），2013（08）

岳伟，王欣玉，杨雁茹.革新教育：建立一个和平、公正和可持续的未来——《共同重新构想我们的未来：一种新的教育社会契约》报告述评［J］.现代大学教育，2022，38（06）

翟博.均衡发展：我国义务教育发展的战略选择［J］.教育研究，2010，31（01）

张爱军.内卷、躺平、焦虑：政治权利的自由逻辑进退及其回塑［J］.武汉理工大学学报（社会科学版），2023，36（02）

张爱梅.基于身份差别的教育歧视［J］.福州大学学报（哲学社会科学版），2011，25（02）

张炳生.教育公平的价值取向及其实现［J］.河北师范大学学报（教育科学版），2003（5）

张春莉，贺李，曾琦.推动我国基础教育课程政策演变的重要力量［J］.中国教育学刊，2020（07）

张德淼，何跃军.西方行为法学研究的缘起、评价与发展［J］.南京社会科学，2011（1）

张福记.乡村危机与近代中国政治格局的嬗变［J］.山东师大学报（社会科学版），1996（3）

张桂文，王子凤.马克思城乡关系理论中国化的历史演进及实践经验［J］.政治经济学评论，2022，13（06）

张国栋，凌晨雪.从"蚁族"现象看扩招与就业问题［J］.学习月刊，2010（09）

张海鹏.中国城乡关系演变70年：从分割到融合［J］.中国农村经济，2019（3）

张鸿雁.论中国古代城市的形成［J］.辽宁大学学报，1985（1）

张济洲."高考工厂"现象折射社会底层的不满与期待［J］.中国教育学刊，2015（11）

张继明，闫月娇.为"高考移民"辩［J］.观察与评论，2008（6）

张继平.高质量高等教育公平的主要特点及实现机制［J］.高等教育研究，2016（2）

张敬威，苏慧丽.为变化的未来而教育——基于经合组织《回到教育的未来》报告的分析［J］.比较教育研究，2021，43（10）

张立龙，史毅，胡咏梅.2021-2035年城乡学龄人口变化趋势与特征——基于第七次全国人口普查数据的预测［J］.教育研究，2022，43（12）

张丽珍."撤点并校"政策的演变轨迹、主导逻辑及优化机制［J］.四川师范大学学报（社会科学版），2015，42（06）

张鸣.20世纪开初30年的中国农村社会结构与意识变迁——兼论近代激进主义发生发展的社会基础［J］.浙江社会科学，1999（04）

张墨宁.廉思 书写"蚁族"的别样青春［J］.南风窗，2010（26）

张茜，刘庆帅.不平等的"贵子"：基于网络民族志的"小镇做题家"就读体验研究［J］.中国青年研究，2021（06）

张全明.论中国古代城市形成的三个阶段［J］.华中师范大学学报，1998（1）

张守祥.乡村义务教育管理体制：进展、问题、建议［J］.基础教育参考，2005（1）

张婉莹，逄世龙.未来教育的行动框架——《共同重新构想我们的未来：一种新的教育社会契约》解读［J］.世界教育信息，2023，36（03）

张旺.城乡教育一体化：教育公平的时代诉求［J］.教育研究，2012（8）

张卫国，刘杨，宣星宇.高考加分政策的变迁历程、演进逻辑与路径优化——基于历史制度主义视角［J］.教育理论与实践，2022，42（19）

张欣.公共政策与伦理问题相关性分析［J］.理论与当代，2011（03）

张妍，曲铁华.中国共产党百年农村教师政策回眸与前瞻［J］.现代教育管理，2021（06）

张烨.教育政策分析的制度伦理视角［J］.清华大学教育研究，2005（01）

张烨.论教育政策制定与实施中的话语展现——以素质教育政策议题为例［J］.教育研究与实验，2005（03）

张英红.户籍制度的历史回溯与改革前瞻［J］.宁夏社会科学，2002（3）

张玉林.从数字看教育不公［J］.中国改革，2004（12）

张玉林.中国城乡教育差距［J］.战略与管理，2002（6）

张志杰.中国学前教育政策发展脉络与演进研究：1978-2019［J］.教育导刊，2022（11）

张志勇，史新茹.聚焦县中发展提升行动计划 振兴县域普通高中教育的公共政策选择［J］.人民教育，2022（Z1）

张志勇，张广斌.义务教育课程改革的政策逻辑与生态构建——《义务教育课程方案和课程标准（2022年版）》解读［J］.中国教育学刊，2022（05）

张志勇."双减"格局下公共教育体系的重构与治理［J］.中国教育学刊，2021（09）

赵菲菲.对就近入学政策的反思［J］.教育科学论坛，2008（06）

赵富才.农村留守儿童问题产生原因探析［J］.郑州大学学报（哲学社会科学版），2009，42（05）

赵洪波，吴岚，黄晓利.社会流动视角下继续教育的特殊价值——兼议继续教育在促进农民工市民化转化中的作用［J］.继续教育研究，2008（07）

赵洪涛，朱永新.乌托邦精神：中国基础教育变革的内在力量——朱永新教授访谈录［J］.基础教育，2006（05）

赵全军.压力型动员：改革后中国农村义务教育的供给之道［J］.云南社会科学，2008（04）

赵泉民.从"无差别的统一"到"对抗性"形成——基于新式教育兴起看20世纪初期中国城乡关系演变［J］.江苏社会科学，2007（03）

赵婷婷.高等教育学科理论体系建构路径——基于对其他社会科学学科

的考察［J］.高等教育研究，2021（8）

赵旭东，杨修业.中国城乡关系的理想类型——基于一种文化转型人类学的探索［J］.云南师范大学学报（哲学社会科学版），2017，49（01）

赵煦.英国城市化的核心动力：工业革命与工业化［J］.兰州学刊，2008（2）

赵垣可，刘善槐.新中国70年农村教师政策的演变与审思——基于1949-2019年农村教师政策文本的分析［J］.西南大学学报（社会科学版），2019，45（05）

郑刚，宋晓波.自觉内生型：中国教育现代化的新特征［J］.中国教育学刊，2023（05）

郑若玲，庞颖.恪守与突破：70年高校考试招生发展的中国道路［J］.华中师范大学学报（人文社会科学版），2019，58（05）

郑旭辉，余慧莉.我国高校自主招生政策执行偏差现状研究［J］.华北电力大学学报（社会科学版），2018（04）

郅庭瑾.教育管理制度伦理问题研究［J］.华东师范大学学报（教育科学版），2006（12）

郅庭瑾.教育制度分析的伦理视角［J］.全球教育展望，2006（11）

钟秉林，王新凤.迈入普及化的中国高等教育：机遇、挑战与展望［J］.中国高教研究，2019（8）

钟启泉.一纲多本：教育民主的诉求——我国教科书政策述评［J］.教育发展研究，2009，29（04）

周大鸣，廖越.我们如何认识中国乡村社会结构的变化：以"原子化"概念为中心的讨论［J］.广西师范学院学报（哲学社会科学版），2018，39（4）

周大众.乡村中小学教育空间建构论略［J］.当代教育科学，2021（03）

周洪宇，李宇阳.ChatGPT对教育生态的冲击及应对策略［J］.新疆师范大学学报（哲学社会科学版），2023，44（04）

周洪宇，李宇阳．论建设高质量教育体系［J］．现代教育管理，2022（01）

周黎安．中国地方官员的晋升锦标赛模式研究［J］．经济研究，2007（7）

周世中．关于农民宪法权利的几点思考［J］．河北法学，2005（10）

周秀平．跨越"县中困境"的路径研究［J］．中国教育学刊，2022（02）

周晔．"学校离村"的乡村教育新动向及其社会文化隐忧——兼与"文字上移"提法商榷［J］．河北师范大学学报（教育科学版），2015，17（05）

周远坤．教育平等权问题及解决之道［J］．华东政法学院学报，2006（02）

周作翰，张英洪．解决三农问题的根本：破除二元社会结构［J］．当代世界与社会主义，2004（3）

周作翰，郑自立．我国弱势群体面临的现实困境与政策选择［J］．深圳大学学报（人文社会科学版），2010（6）

朱嘉明．元宇宙·制度设计·公共选择——如何解读元宇宙和 all In［J］．经济导刊，2022（2）

朱江华，杨晓平，单奕桐．"双减"背景下农村小学全科教师课后服务的挑战与对策［J］．教育与教学研究，2023，37（03）

朱鹏华，侯风云．新中国城乡关系演进的逻辑、轨迹和规律［J］．福建论坛（人文社会科学版），2022（03）

朱永坤．教育政策伦理研究：教育公平问题解决的理论途径［J］．教育理论与实践，2008，28（3）

朱永新．十年之变：夯实基础教育的基础［J］．中小学管理，2022（10）

（四）报纸文章

包松娅．中小学教师编制标准城乡倒挂亟待调整［N］．人民政协报，2008-12-22

蔡志强．社会阶层固化的成因与对策［N］．学习时报，2011-6-27

柴葳，王家源．教育焦虑何时不再困扰家长［N］．中国教育报，2019-

3-13

陈恒.当代西方城市史研究的五次转向［N］.光明日报,2019-01-14

陈至立.全面实施教师资格制度,建设一支高水平的教师队伍［N］.中国教育报,2001-04-06

陈竹.黄冈中学为何辉煌难续(一)［N］.中国青年报,2013-07-08

崔丽,程刚.我国教师队伍建设三个问题突出［N］.中国青年报,2007-06-29

戴先任.我们该如何拯救"黄冈中学"?［N］.新闻晚报,2013-07-09

狄多华.甘肃会宁"高考状元乡":两千乡里娃往高处走［N］.中国青年报,2007-06-25

樊未晨.大国空村掐断乡土教育的根［N］.中国青年报,2011-10-10

范国睿.40年教育政策与教育改革的逻辑［N］.中国教师报,2018-12-26

冯永亮.这十年,教育面貌发生格局性变化［N］.中国教师报,2022-9-14

傅晓羚.全国农村留守儿童为何"锐减"五千多万［N］.中国青年报,2016-11-10

郭戈.统编教材是新时代的必然要求［N］.中国教育报,2019-12-26

郝全洪.坚持以人民为中心的发展思想［N］.学习时报,2018-05-18

郝薇薇,张远.为解决人类面临的共同问题作出贡献——国际社会眼中的中共二十大［N］.北京日报,2022-10-28

胡秋子,柯利华.盛名之后屡被妖魔化——黄冈中学的"神话"与困惑［N］.中华新闻报,2007-12-21

焦新.保障农村孩子就近接受义务教育——教育部有关负责人就规范农村义务教育学校布局调整答记者问［N］.中国教育报,2012-09-14

靳晓燕.教材建设是国家事权——对话国家教材委员会委员［N］.光明

日报，2017-07-14

柯春晖.中国教育新期许：更高质量更加公平——2016年政府工作报告解读[N].中国教育报，2016-03-21

赖德胜，李廷洲.坚持以人民为中心发展教育[N].中国教育报，2019-01-10

李岚清.谈农村义务教育管理体制改革决策背景[N].中国教育报，2003-12-15

李涛，邬志辉.别让新"读书无用论"撕裂乡土中国——对中国西部一个偏远村落的实证调查[N].中国青年报，2015-08-03

李远方.我国教育面貌正在发生格局性变化[N].中国商报，2022-09-29

刘敏.个人命运，就是国家未来的命运[N].长江商报，2007-06-07

刘文刀.乡镇教育管理机构何去何从[N].中国教师报，2020-04-15

人民日报社论：为什么必须改革学制[N].人民日报，1951-10-03

任洁.中国式现代化蕴含的独特"六观"[N].光明日报，2023-03-30

宋凌燕.教育投入十年增3万亿过半支出用于教师工资[N].南方都市报，2022-09-29

苏华.加快发展面向农村的职业教育[N].人民日报，2019-04-18

唐芊尔.更公平、更科学、更有成效[N].光明日报，2022-09-16

唐芊尔.义务教育这十年：县域均衡发展，让更多孩子"上好学"[N].光明日报，2022-06-22

汪明.教师队伍建设的历史性成就[N].中国教育报，2019-09-18

吴汉锋."县中塌陷"是县域整体教育的警示信号[N].光明日报，2021-03-29

吴晶，叶建平，凌军辉.我国力推教育公平[N].中国青年报，2012-06-28

项怀诚. 社会主义政治文明与公共财政建设［N］. 人民日报，2003-02-12

熊丙奇. 单一模式下中国教育没有未来［N］. 青年时报，2012-06-11

杨润勇. 均衡发展不能"离农"、"弃农"［N］. 中国教育报，2013-07-04

叶小文. 中国式现代化超越了西方现代化，以中国新发展为世界提供新机遇——中国式现代化的世界宣言［N］. 北京日报，2022-10-17

余慧娟，赖配根，施久铭. 中国教育的民生情怀——党的十八大以来教育改革发展成就述评·促进公平篇［N］. 中国教育报，2017-10-15

张家勇. 新时代教育体制改革的四个着力点［N］. 中国教育报，2019-12-04

张鹏. 高考状元县"陪读农民军"的蜗居生活［N］. 中国青年报，2009-12-04

张钦，黄豁，陈钢. 高考新规则让高考"状元县"焦虑［N］. 新华每日电讯，2014-06-07

张志勇. 确立县中在我国教育改革发展中的战略地位［N］. 中国教育报，2021-03-11

赵婀娜，吴月. 用好教育的指挥棒——专家解读《深化新时代教育评价改革总体方案》［N］. 人民日报，2020-12-20

赵帅杰. 4年多来，甘肃一批退休教师深入33个县区开展教学——情系乡村教育重返三尺讲台［N］. 人民日报，2023-01-06

郑富芝. 尺寸教材 悠悠国事——全面落实教材建设国家事权［N］. 光明日报，2020-01-21

周济. 抢抓机遇 乘势而上 加快推进基础教育课程改革［N］. 中国教育报，2004-06-25

（五）网络文章

Yookee. 我国的城乡差别是如何形成的，国外也有这种差别吗?. https://baijiahao.baidu.com/s? id=1618181271310156773&wfr=spider&for=pc.2018-11-27.

白林. 争议中前行的中国"超级中学". http://politics.people.com.cn/n/2013/0909/c70731-22856221.html.2013-09-09.

白如冰. 县城再无清华北大的后果. https://www.163.com/dy/article/HB92PFSM05527HDX.html.2022-07-02.

柴葳. 着力完善教育投入稳定增长的长效机制. https://www.sohu.com/a/212429190_243614.2017-12-24.

陈春保. 黄冈中学"学霸神话"不再 已多年没有出过状元. http://edu.people.com.cn/big5/n/2014/0113/c1053-24100745.html.2014-01-13.

丁栋. 中国明确不同城市城镇化路径中小城市户籍将放开. https://www.chinanews.com.cn/gn/2013/12-15/5620742.shtml.2013-12-15.

樊未晨. 十年来我国中小学教职工编制全面达标. http://news.cyol.com/gb/articles/2022-09-06/content_bOq0zfLjv.html.2022-09-6.

高亚洲. "亚洲最大高考工厂"的隐喻与期许. http://opinion.people.com.cn/n/2015/0606/c159301-27111929.html.2015-06-06.

郭丹. 农村社会管理创新必须改变农民原子化状态. https://www.zgxcfx.com/Article/32381.html.2011-7-7.

郭莹，张晓鸽. 农村教师现状：每天工作时间最长17个小时. https://www.chinanews.com/edu/2013/09-10/5266275.shtml.2013-09-10.

韩民. 农村教育的主体性和乡土性正在丧失. https://www.sohu.com/a/16524945_105067.2015-05-27.

何淼. 教育部：从"层次"到"类型"职业教育进入高质量发展

新阶段.http://www.moe.gov.cn/fbh/live/2020/52735/mtbd/202012/t20201209_504263.html.2020-12-08.

洪俊，熊梅.关于农村基础教育课程改革的初步设想.http://www.eol.cn/20011017/3005307.shtml.2010-12-09.

黄静.孔乙己的长衫，脱不下也不必脱下.https://baijiahao.baidu.com/s?id=1760690441732754396&wfr=spider&for=pc.2023-03-18.

黄敏.湖北黄冈中学辉煌不再 14年仅出1名省状元.http://news.cnhubei.com/xw/kj/201504/t3225435.shtml.2015-04-06.

雷磊，藏瑾.衡水中学的"封神"之路 超级高考工厂.http://www.infzm.com/contents/94916.2013-10-10.

李勇.黄冈中学的没落并非"教育均衡"的利好.http://opinion.people.com.cn/n/2015/0410/c159301-26827877.html.2015-04-10.

廖保平.评论：留守儿童是时代的孤儿.https://news.sina.com.cn/o/2006-05-30/23559071420s.shtml. 2006-05-30.

林伟.漫漫高考路，刻印着"知识改变命运"的轨迹.https://www.southcn.com/node_a3adf2789b/d6c2def79e.shtm.2022-06-08.

刘蒲."衡中现象"给教育者提了个醒.https://hlj.rednet.cn/c/2014/10/24/3501329.htm.2014-10-24.

刘望潮.困住年轻人的"孔乙己长衫"，到底是什么？https://new.qq.com/rain/a/20230301A088SH00.2023-3-1.

刘运喜.解决代课教师问题根本上要靠师资建设.http://opinion.gxnews.com.cn/staticpages/20160309/newgx56df7d05-14552405.shtml.2016-03-09.

吕达.关于我国基础教育课程教材改革的思考.http://www.jyb.cn/gb/2001/10/24/jcjy/jxgg/6.htm.2011-02-21.

马敏.精准施策，提高城乡义务教育一体化改革效应.http://edu.people.com.cn/n1/2016/0712/c1006-28548397.html.2016-7-12.

米奥舒.后双减时代中国教育发展趋势.https://zhuanlan.zhihu.com/p/403368955.2021-8-25.

穆銎.学校不是工厂输出人才岂能是"制造机器".http://opinion.people.com.cn/n/2014/1027/c159301-25914915.html.2014-10-27.

潘晓凌.穷孩子没有春天?——寒门子弟为何离一线高校越来越远.http://www.infzm.com/contents/61888?source=131.2011-08-05.

然茗.李春玲:"寒门难出贵子"就是"阶层固化"吗?.https://www.hubpd.com/c/2017-09-07/605973.shtml.2017-09-07.

申铖.下达2125亿元!财政部加快推进义务教育优质均衡发展和城乡一体化.http://www.news.cn/fortune/2022-05/11/c_1128641622.htm.2022-05-11.

石筠弢.我国基础教育课程政策发展变化的历史轨迹.http://www.edu.cn/gai_ge_272/20060323/t20060323_19001.shtml.2001-11-13.

宋潇.河北衡水中学学生"土猪拱白菜"演讲言论引热议.https://baijiahao.baidu.com/s?id=1701452566717199624&wfr=spider&for=pc.2021-06-02.

苏北.教育焦虑,拷问社会公平.https://baijiahao.baidu.com/s?id=1649424537020779717&wfr=spider&for=pc.2019-11-06.

孙春晨.论经济与伦理的相关性.https://www.docin.com/p-1788289912.html.2008-12-18.

汤欢欢.新课程与农村教育发展的探索.http://www.changxia.net/jlyd.asp?id=2792.2008-1-14.

万静波.教育,实现社会公平的利器.https://max.book118.com/html/2015/0602/18278097.shtm.2003-01-01.

王传涛.取消高考加分,"最彻底"才能带来"最公平".http://views.ce.cn/view/ent/201803/22/t20180322_28567559.shtml?from=groupmessage&isa

ppinstalled=0.2018-03-22.

王友文，赵小雅. "县中"：值得深思的现象. http://www.sygjzx.com/news/2897.cshtml.2005-06-24.

望超凡. 农村父母的教育焦虑从何而来. https://www.thepaper.cn/newsDetail_forward_4995364？commTag=true.2019-11-20.

吴海兵. ChatGPT之后，教育向何处去？. http://k.sina.com.cn/article_5617160370_14ecf10b2019017e6g.html.2023-03-31.

武威. 甘肃会宁状元县高考之惑：囊空如洗也要陪读. http://edu.people.com.cn/n/2013/0531/c1053-21684363.html.2013-05-31.

夏杨. 两会燃话题：留守儿童渴望爱，你说怎么办？. http://news.ycwb.com/2019-03/04/content_30210145.htm.2019-03-04.

晓读晓看. 波伏娃《长征：中国纪行》：中国是一部需要耐心才能读完的史诗. https://baijiahao.baidu.com/s？id=1633967648679523397.2019-05-20.

徐腾. 城市到底属于谁？评《守卫生活：简·雅各布斯传》. https://baijiahao.baidu.com/s？id=1729874117954313260&wfr=spider&for=pc.2022-04-12.

杨丹，何苗.24年间毕业生人数增超10倍，2023届毕业生就业更"难"？.https://baijiahao.baidu.com/s？id=1759251017325153482&wfr=spider&for=pc.2023-03-02.

杨东平. 中国高等教育公平的基本情况. http://www.aisixiang.com/data/94257.html.2015-11-24.

杨津涛. 户籍制度：从自由迁徙到城乡二元化. 人民网 http://www.71.cn/2013/1006/736767_2.shtml.2013-10-06.

杨永厚. 曾经的"县中"现象，为何现在难以重现？. https://baijiahao.baidu.com/s？id=1662366274130251466&wfr=spider&for=pc.2020-03-28.

元之. 吕新雨：乡村危机与新乡土主义——一个世纪以来的中国城乡关

系 . https://www.kuaihz.com/tid23/tid81_104056.html.2022-07-20.

贠守勤."高考状元县"——会宁教育最大的里程碑 .https://www.sohu.com/a/284339257_716848.2018-12-25.

原春琳."县中模式显灵了"今夏高考如何"刺痛"南京？.http://yantai.dzwww.com/xypd/wbxw/200706/t20070626_2310859.htm.2007-06-26.

张晓晶,王莹.剖析县中现象：城里孩子为何热衷下乡求学？. https://www.oubohk.cn/yuwen/14522/.2012-01-30.

张孝德.疫情反思：我们如何看待乡村的价值和未来 .https://mp.weixin.qq.com/s/EOIUyXir-3hZ-PdQw2ka7Q.2020-02-26.

张昭.黄冈中学没有神话：曾凭借三大法宝傲视群雄，终因环境巨变陨落 .https://view.inews.qq.com/k/20190719A0PTKY00? web_channel=wap&openApp=false.2019-07-20.

张智勇,陈秀华."户籍制度、就业歧视与农民工权益保护".www.chinareform.org.cn/cgi-bin/BBS_Read_new.asp Topic_ID=3253.2006-11-4.

郑永年："中国式现代化新道路"是全方位的、均衡的现代化 .http://szzklm.sz.gov.cn/zkjy/content/post_706285.html.2021-07-05.

周大平.农村学校布局陷失衡：价值目标因行政干预变形 .http://www.chinanews.com.cn/edu/2013/06-16/4931559.shtml.2013-06-16.

朱鸿雁.阜康市一中签约衡水中学成为友好学校 .http://xj.cnr.cn/2014xjfw/2014xjfwsh/20151026/t20151026_520275889.shtml.2015-10-26.

朱玲：制度性孤儿在守望 .http://opinion.zjol.com.cn/system/2015/07/21/020749169.shtml.2015-07-21.

朱慕菊.基础教育教材建设的理念及挑战 .http://www.jyb.cn/book/rdss/200908/t20090806_299965.html.2009-08-06.

祝华新.1978，真舍不得你走 .https://zhuhuaxin.blog.caixin.com/archives/195720.2018-12-29.

（六）英文参考文献

E.O. Laumann（ed.），Social Stratification：Research and Theory for the 1970s [M]．Indianapolis：Bobbs-Merrill，1970．

H. D. Lasswell and A. Kaplan.Power and Society [M]．New Haven，Yale University Press，1970．

Lin Justin Yifu.Rural Reforms and Agricultural Growth in China [J]．American Economic Review，1992，82（1）

Social mobility [EB/OL]．The American Heritage? New Dictionary of Cultural Literacy：Third Edition，2013.http://dictionary.reference.com/browse/social mobility．

致　谢

书稿付梓之时，由衷感谢所有给予我教诲、关心和帮助的人。

首先是导师靳希斌、师母杨玉恩和他们的孩子们。导师是我国教育经济学学科的开拓者和奠基者之一，学养深厚，宽厚仁慈，风趣幽默。我与导师及家人渊源深厚，后来也是在导师的直接催促、支持下开始攻读博士学位的，是导师鼓励着我一直坚持了下来。20年的时间里，导师一直在与病魔进行着顽强的斗争，我们一直都认为他是一个达观的人，也一直以他为精神依托。2022年夏天，疫情间隙，我去看望导师时，向其报告了自己正在着手将论文改造成书的事情，导师表示十分赞许。不承想2022年冬天，导师终究还是被病毒夺去了生命，倒在了又一个春天来临之前。疫疠无情，天丧斯文。在此愿导师在天之灵安息。

师门安雪慧教授，凭借其深厚的专业素养和学术经验，给我的学习、论文和论文成书提供了莫大的帮助与指点。师门曲绍卫博士、明航博士、石邦宏博士等，在我写作博士论文期间给予了许多帮助，我由此深切体会了师门大家庭的温暖。

我1982年进入北京师范大学哲学系学习，1986年毕业留校从事学生工作，1993年离开学校到教育部，而后又在教育学部在职攻读博士学位，并长期居住在学校附近。北师大是我的母校，是我灵魂之所系，我所是、所思、所有的一切，无不都与北师大有密切的关联，也深深地打着北师大的烙印。北师大曾经和现在的许许多多先生、老师，给予我的教益和影响良多，还有许许多多的同学、同事、兄弟,我生命历程中的许多时光是和他们一起度过的,这里却难以一一列举他们的名字,因为任何的列举都会有缺漏。谨在此祝他们一切安好。

犹记得当年论文开题的时候,专家们对我的论文选题、立意、写作风格等都提出了建设性的意见。感谢曾经的全国教育科学规划"十一五"教育部重点课题——"城乡二元结构背景下教育政策和制度特征"课题组的同人们。

团结出版社社长梁光玉为拙著的问世付出了极大心血,特约编审王进认真审看了全书,编辑伍容萱做事细致,为本书出版付出了辛劳。陈光巨、彭凯平、褚宏启、赖德胜、石中英、刘复兴、陈浩、曾天山、彭万华、侯玉波、朱振国、郭德军、雷利军、王一等,他们或为著名高校的教授,或为著名媒体人,或为青年文化学者,对我的论文成书工作给予了许多帮助、指点与鼓励。在此感谢他们。

特别感谢顾明远先生、谢维和教授对我的抬爱。

感谢我的父母和家人。父亲已经作古,母亲经受住了新冠病毒的考验,虽年届九秩,仍精神饱满,操心着全家的大事小情。唯愿老母亲放松心情、颐养天年。

感谢在教育部工作时期的许多同事,他们曾经以多种方式对我的学习给予关心,感谢中国教育电视台和中国教育发展战略学会同事们对我工作的支持。大木仓和复兴门30载,岁月峥嵘,时光寂老。云屋去来天岵客,一肩明月旧山河。

柯春晖